普通高等教育
"十三五"汽车类规划教材

汽车工程概论

Introduction to Automotive Engineering

◎ 赖晨光 主编
◎ 陈哲明 刘雪芹 李又兵 彭滔 袁冬梅 副主编

人民邮电出版社
北京

图书在版编目（CIP）数据

汽车工程概论 / 赖晨光主编. -- 北京 : 人民邮电出版社, 2016.8
普通高等教育“十三五”汽车类规划教材
ISBN 978-7-115-43218-6

Ⅰ. ①汽… Ⅱ. ①赖… Ⅲ. ①汽车工程－高等学校－教材 Ⅳ. ①U46

中国版本图书馆CIP数据核字(2016)第199178号

内容提要

本书以向学生介绍汽车相关基础知识为目的，以汽车文化和发展为引导，以汽车基本结构、维护保养、材料、制造、电子技术和新能源为主，汽车新技术、发展趋势和汽车经济为辅，详细介绍了汽车相关领域的基础知识。

本书分为 5 篇，即汽车基础篇、汽车制造篇、汽车材料篇、汽车电子篇和新能源汽车篇。本书内容涉及汽车发展简史、汽车基本工作原理和结构、汽车性能、汽车使用材料及其成型技术、汽车制造技术、汽车电子控制、新能源汽车、新能源经济等。

本书可作为高等学校非工科专业学生的汽车科普教材，以及中、高等职业院校汽车工程、机械制造及自动化等工科类专业的教学用书，也可供有关技术人员、汽车爱好者、汽车维护维修人员参考和学习之用。

◆ 主　　编　赖晨光
　副 主 编　陈哲明　刘雪芹　李又兵　彭　滔　袁冬梅
　责任编辑　刘盛平
　执行编辑　王丽美
　责任印制　焦志炜

◆ 人民邮电出版社出版发行　　北京市丰台区成寿寺路 11 号
　邮编　100164　　电子邮件　315@ptpress.com.cn
　网址　http://www.ptpress.com.cn
　北京昌平百善印刷厂印刷

◆ 开本：787×1092　1/16
　印张：17.75　　　　2016 年 8 月第 1 版
　字数：420 千字　　　2016 年 8 月北京第 1 次印刷

定价：42.00 元

读者服务热线：(010)81055256　印装质量热线：(010)81055316
反盗版热线：(010)81055315

前言

本书围绕汽车工程，系统地介绍汽车工业发展历程、汽车文化、汽车的基本机构、使用材料及其成型技术、汽车电子技术和新能源技术等方面的内容。全书图文并茂、通俗易懂、理论浅显，为读者较为全面地了解汽车工程相关知识提供帮助，是一本适用于非工科类学生学习汽车基础知识、现代汽车发展及汽车新技术的科普性教材，也可作为汽车技术人员和汽车爱好者的参考书。

本书以汽车知识传播为导向，采用篇章组织内容，每个篇章涉及汽车单独领域，内容尽量避免过多专业词汇和较深的理论讲解，以求无工科背景的读者能够全面了解汽车相关知识。本书共分为 5 篇，即汽车基础篇、汽车制造篇、汽车材料篇、汽车电子篇和新能源汽车篇。各篇的编写多采用当代汽车产品上常见的、成熟的技术，使学生能够学有所用，并举一反三、触类旁通。第一篇简要介绍了汽车文化、结构、汽车技术及维护保养。本篇期望学生掌握汽车的发展过程和基础知识，同时为后续篇章奠定基础。第二篇介绍了汽车的制造过程，特别是整车制造四大工艺的介绍，使学生知道汽车是如何从生产车间走入市场的。第三篇介绍了汽车整车及零部件常用材料及其轻量化，使学生了解随着消费观念、环境改变导致汽车发展过程中材料使用的变迁。第四篇介绍了现代汽车产品上应用的电子技术，包括安全、舒适、娱乐、车联网等传统和最新的电子技术应用。该篇不求学生掌握电路及其原理，只求学生知道汽车是机械与电子技术的集成体，电子技术的先进程度也是衡量汽车技术水平和先进程度的重要标志。第五篇介绍了当前汽车产业发展的热点——新能源技术，通过学习该篇学生能够掌握新能源汽车的类别、结构、工作原理及新能源经济，同时也能了解到应对环境恶化、能源减少所采取的措施和国家政策的走向。

本书的参考学时为 48 学时，建议采用多媒体教学模式，各篇的参考学时见下表。

学时分配表

篇　章	课程内容	学　时
第一篇	汽车基础篇	16
第二篇	汽车制造篇	8
第三篇	汽车材料篇	8
第四篇	汽车电子篇	8
第五篇	新能源汽车篇	8
课时总计		48

本书由重庆理工大学车辆工程学院、机械学院、材料学院、电子学院、光电学院相关教师共同编写，并得到了教务处相关领导的鼎力支持。全书由赖晨光任主编，陈哲明、刘雪芹、李又兵、彭滔、袁冬梅任副主编，同时叶宏、周志明、伍光凤、盛旭敏、沟引宁、

刘成军等参与编写。本书在编写过程中还得到了王媛、张朝林、李查、赵利亚等研究生的帮助，在此，对他们表示衷心的感谢。

由于编者水平和经验有限，书中难免有欠妥和错误之处，恳请读者批评指正。

《汽车工程概论》编写组

2016 年 6 月

目 录

第四篇 汽车电子篇

第五篇 新能源汽车篇

第一篇 汽车基础篇

第 1 章 汽车文化

汽车文化凝聚着一百多年来人类物质文明及精神文明的成果，和谐地将科技和艺术相统一，沉淀成现代社会特有的文化底蕴。汽车文化正像人类其他文化一样，经过百年发展，以汽车产品及其产业为载体，渗透到经济社会各个层面并与其构成互为关联的价值链，演绎人类社会的行为、习俗、法规、准则和观念，形成独立而完善的价值观。

1.1 汽车的起源与发展

汽车的起源与发展经历了上百年的历史，它对人类社会所起的作用是无可替代的，汽车作为公路运输的一种重要方式，正在深刻地影响和改变着人们的生活。进入 21 世纪，汽车作为现代化交通工具的重要战略地位得到进一步巩固。

1.1.1 汽车的发明与初期完善

1．最早的蒸汽机的出现

早期人们用煤来浇水时，发现水壶中的水烧开后，蒸汽可以将壶盖顶起来，最早的蒸汽机设想方案就是用水蒸气推进汽车并产生动力。1712 年，英国的工匠托马斯·纽科门利用这一原理发明了蒸汽机，用来驱动抽水机将矿井中的水抽出，被称为纽科门蒸汽机。

1757 年，木匠出身的技工詹姆斯·瓦特早年在格拉斯哥大学做仪器修理工，他对纽科门蒸汽机产生了兴趣。他发现纽科门蒸汽机只利用了气压差，没有利用蒸汽的张力，因此热效率低，燃料消耗量大，他决定对纽科门蒸汽机进行改进。1769 年，瓦特与博尔顿合作，发明了装有冷凝器的蒸汽机。1774 年，瓦特对前人研制的蒸汽机做了重大改进，研制出了世界上第一台具有真正意义的动力机械装置——蒸汽机（见图 1.1）。瓦特发明的高效率蒸汽机一出现立即应用到采矿、纺

图 1.1 瓦特发明的蒸汽机

织、冶金、机械加工、运输业等行业，极大地提高了劳动生产率，掀起了轰动世界的第一次工业革命，为实用汽车的发明创造了必要条件，并为汽轮机和内燃机的发展奠定了基础。

2．早期的汽车

世界上最早的可载人的自备动力汽车就是蒸汽汽车。1769 年，法国工程师尼古拉斯·古诺制造了最早的一辆蒸汽汽车，即将一台蒸汽机装在一个木制的三轮车上，这辆车前部吊装一个锅炉，锅炉产生的蒸汽推动气缸中的活塞以驱动前轮。当时，古诺把这辆车叫作“卡布奥雷”（见图 1.2），这是一辆式样很奇特的蒸汽车，车的前面放着容积为 50L 的梨形的大锅炉，锅炉后边有两个容积为 50L 的气缸。锅炉由简单的曲拐把活塞的运动传给前轮，使前轮转动。同时前轮还是转向轮。由于前轮上压着很重的锅炉，所以操纵转向杆很费力。这辆蒸汽车存在着一个致命的缺点，即每走 15min 后，锅炉的压力就损耗尽了，只能停下来再加上水烧开成蒸汽，而它的车速按照最快的一种说法也只有 3～4.5km/h。这辆车由于方向杆操纵困难，试车中不断发生事故。一次因转弯不及时而撞到了兵营的墙上，这也开创了汽车交通事故的先例。值得纪念的世界上第一辆蒸汽车，被撞得七零八落，面目全非，就这样结束了短暂的一生。

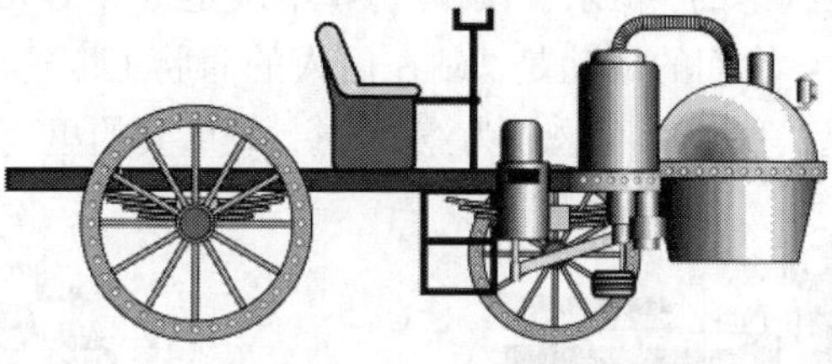

图 1.2 “卡布奥雷”蒸汽汽车

在这种趋势下，英国人、美国人也开始对蒸汽机产生了浓厚的兴趣。1801 年，英国人理查德·特雷蒂克发明了一个能乘坐 8 人，车速 9.6km/h 的汽车。1803 年，英国人脱威迪克制造了一辆蒸汽汽车，这辆蒸汽汽车能载数十名乘客。1825 年，英国人哥尔斯瓦底·嘉内公爵研制了一辆 18 座的蒸汽公共汽车（见图 1.3），时速 19km/h，开始了世界上最早的公共汽车营运。后面的几年，伦敦街头出现了图 1.4 所示的公共汽车，该时期标志着蒸汽汽车进入实用化时期。

图 1.3 英国嘉内公爵研制的蒸汽公共汽车

图 1.4 1835 年伦敦的蒸汽公共汽车

蒸汽汽车在当时称为无马马车，很明显对当时的马车运输业产生了威胁，也招致一些马车业主的反对。另一方面，蒸汽汽车笨重，不好操作，在当时产生的交通事故和锅炉爆炸事故也不少；锅炉燃烧所排出的煤灰、烟灰对沿路住户也会造成影响。因此，在 1865 年英国制定了著名的“红旗法规”。该法规规定蒸汽汽车的参驾人员必须有两个以上，在车前方大约 55m 处必须有人高举红旗和红灯开路，以示意路边的行人及马车避让。在红旗法规生效期间，英国的蒸汽公共汽车不但没有进步反而出现了倒退，1895 年，红旗法规被废除。

3. 近代汽车的诞生

早期蒸汽汽车的缺点使得人们开始致力于一种更加安全、质量轻、功率大、可以直接使燃料在气缸中燃烧的汽车的发明。1838 年，英国人巴尼特研制了原始的二冲程煤气机，但是并没有投入实际的生产应用。1860 年，法国人雷诺尔制成了一辆可供实际使用的常压煤气发动机，因当时的煤气机没有压缩行程，这种发动机热效率很低。1876 年，德国人奥拓试制成功了第一台活塞与曲柄相结合，将煤气和空气的混合气经压缩再点燃的往复式四冲程煤气机。这种内燃机利用活塞的往复运动将进气、压缩、做功、排气四个过程融为一体，使内燃机结构简化，整体更紧凑。

随着燃料技术的发展，石油开始取代煤气。1879 年德国工程师卡尔·本茨首次试验成功一台二冲程实验性发动机。1883 年，德国人戴姆勒发明了世界上第一台轻便快速运转的内燃机（见图 1.5），这台发动机所装配的汽车单位千瓦载质量为 109kg/kW，达到了相当高的转速。1884 年，本茨研制了单缸汽油发动机，并将此发动机装到一辆三轮车上改装成一辆三轮汽车，它是德国梅赛德斯—奔驰汽车的“祖宗”。戴姆勒和本茨是世界上大多数人公认的以内燃机为动力的现代汽车的发明者。他们的成功是“站在巨人的肩膀上取得的”，前人的发明创造为本茨和戴姆勒的蒸汽机奠定了基础，而这成为汽车史上最重要的里程碑。

（a）戴姆勒发明的四轮车

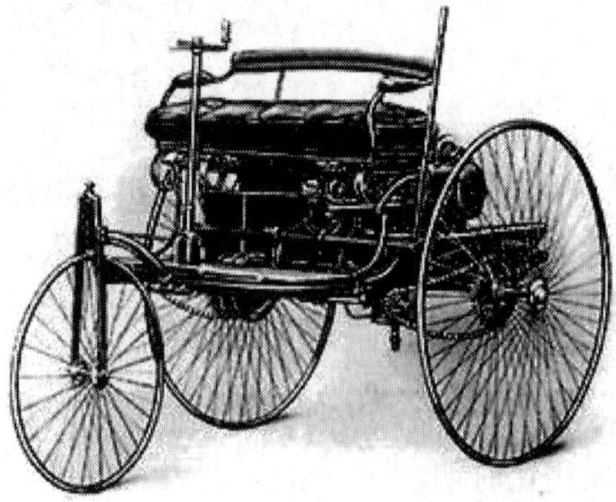

（b）卡尔·本茨发明的三轮汽车

图 1.5　以内燃机为动力的汽车

1890 年，德国人狄塞尔成功制成了世界上第一台柴油机，也因此有“汽油机发明者”的称号。

通常，人们都把 1886 年作为汽车元年，也有人把 1885 年，卡尔·本茨制成第一辆汽车的一年作为汽车诞生年。本茨和戴姆勒也被尊称为汽车工业的鼻祖。

1.1.2　汽车工业的发展

1. 世界汽车工业的发展

在汽车刚被发明时，蒸汽机有较长的发展历史。20 世纪初，美国销量最大的还是蒸汽机汽车，当时的人们一致认为蒸汽机汽车会和汽车有一样的发展前途，但是蒸汽机汽车有一个很大的缺点就是起动困难，起动一次需要 45min。后来才在汽车的结构、性能等方面研制出了一些新的东西。如 1891 年法国人首次采用了前置发动机后轮驱动汽车，研制成功摩擦片式离合器，1895 年法国采用了充气橡胶轮胎，1893 年德国人发明了化油器，1905 年美国开始采用挡风玻璃等。

从 19 世纪末到 20 世纪初，世界上相继出现了很多著名的汽车制造公司，如美国的福特、通用公司，英国的罗尔斯-罗伊斯公司，法国的别儒、雪铁龙公司等。它们都具有一定的生产规模，并制造了许多著名品牌的汽车。1908 年美国福特公司推行了著名的“T”型车，并在 1913 年率先采用了流水线大批量生产，福特公司在汽车城底特律市建成了世界上第一条汽车装配流水线，使 T 型车成为大批量成产的开端。这使得汽车从少数富人的奢侈品变为大众经济实用的交通工具成为现实。由于 T 型车结构紧凑，容易驾驶，价格低廉，在当时的美国是非常受欢迎的。从 1908 年到 1927 年长达 20 年间，美国福特公司共生产 T 型车 1500 多万辆，产生了很大的社会影响。

1937 年，德国政府建立了“大众汽车公司”，并推出了著名的“甲壳虫”汽车。该车 1940 年投入生产，1975 年停产，并将该车型转移到南美洲继续生产，至 1981 年累计生产 2000 多万辆，成为世界上生产时间最长和产量最多的车型。为汽车真正意义上的大众化做出了贡献。

到第二次世界大战之后，日本工业经过 10 年的恢复调整，20 年的创业、投资和高速发展，汽车工业也迅速发展。以丰田汽车公司为代表的几家汽车公司，将“全面质量管理”和“及时生产系统”两种新型的管理机制应用于汽车生产。1973 年，日本汽车出口量达到 200 万辆；1977 年，日本汽车出口量达到 400 万辆；1980 年，日本汽车产量达到 1100 万辆，超过美国汽车产量，跃居世界第一。日本成为继美国、欧洲之后的世界上第三个汽车工业发展中心。

2．我国汽车工业的发展

1902 年，中国人拥有了第一辆汽车，是当时袁世凯送给慈禧的礼物。1903 年以后，上海陆续出现了从事汽车或零件销售、汽车出租的洋行。1953 年，我国在吉林长春兴建了第一汽车制造厂，第一汽车制造厂总体规划项目共 106 项，总投资 6 亿元，第一期工程占地面积为 150 万平方米。同年制造出了第一辆“解放”牌运输车（见图 1.6），终结了中国不能生产汽车的历史。

1964 年，第二汽车制造厂被列入第三个五年计划，1968 年在湖北十堰开始建设第二汽车制造厂，1975 年生产出“东风”牌运输车（见图 1.7）。一汽、二汽当时以生产中型运输车为主，虽然 1958 年以后相继建立了一些汽车制造厂，但产量均较少，使我国汽车工业缺重少轻，轿车工业几乎没有。

图 1.6　“解放”牌运输车

图 1.7　“东风”牌运输车

1978 年，国家实行改革开放，中国汽车工业也随之揭开了新的一页。在这一时期，党和政府提出要让汽车工业成为我国的支柱产业，引进国外先进技术和资本。由此汽车工业迅猛发展，也拉开了汽车进入家庭的序幕。1987 年，国务院又确定了发展轿车工业作为振兴汽车工业的发展战略。确立了汽车的“三大、三小”（三大是：一汽、二汽、上海；三小是：天津、北京、广州）生产基地，并对内实行了联合重组，对外实行引进、合资，使我国汽车工业迅速发展。产量也大幅提升，到1993年我国汽车年产量已达129.7万辆，居世界第12位。

1994年，我国颁布了《汽车工业产业政策》，对我国准备加入WTO起了重要作用。2001年，国家经贸委公布了《汽车工业“十一五”规划》，提出“十一五”期间我国汽车工业的发展目标、任务重点、结构调整的主要内容和主要政策措施等。在总量上，《规划》提出到2005年汽车产量为320万辆左右，其中轿车产量为110万辆左右，汽车工业增加值为1300亿元。实际上，在2003年我国汽车总产量突破400万辆大关，轿车已达180万辆，而且质量上有了很大的提高。2004年，国家发改委发布了《汽车产业发展政策》，进一步推进汽车产业结构调整和升级，全面提高汽车国际竞争力。到2008年我国汽车产量为934万辆，2009年我国汽车产量已经达到1370万辆，汽车产业已成为我国的第五大产业。虽然我国的汽车发展充满了坎坷，但坎坷中又孕育着希望，我们有了生机勃勃的中国汽车工业，预计在2020年，我国的汽车工业将由生产大国走向生产强国。

1.2 汽车的定义与分类

1.2.1 国内外汽车的定义

汽车的概念与科学技术的发展密切相关，在不同国家和时期其含义也不同。在英文中汽车的叫法为“automobile”，其中“auto”表示“自己”，“mobile”表示“移动”，联合起来的意思就是会依靠自身的动力装置移动的汽车。汉语中本来没有“汽车”这个词，最初把它称为“火轮车”，后来才称为“汽车”。通常人们所说的汽车指的是内燃机汽车，但从广义上讲，汽车应包括蒸汽汽车、电动汽车、内燃机汽车和其他燃料汽车。

我国国家标准GB/T 3730.1—2001《汽车和挂车类型的术语和定义》中是这样定义汽车的：由自身的动力装置驱动，具有4个或4个以上的车轮的非轨道承载的车辆。主要用于载运人员和/或货物；牵引载运人员和/或货物的车辆；特殊用途包括与电力线相连的车辆，如无轨电车；整车整备质量超过400kg的三轮车辆。根据国标的定义可知我国的汽车具有以下特征。

（1）车辆自身有动力装置并能够依靠该装置驱动运行。这里所说的动力装置可以是各种类型的发动机，如蒸汽机、内燃机等，也可以是电机。

（2）必须具有四个或四个以上的车轮，车轮不依靠轨道承载。两轮摩托车和三轮机动车不属于汽车的范畴，有轨电车也不属于汽车范畴。

（3）动力能源应随车携带，不得在运行途中依靠地面轨道或架空线取得。

（4）车辆的主要用途是运输，即载运人员或货物及牵引挂车或特殊用途。有些进行特种作业的轮式机械，如轮式推土机、铲运机、叉式起重机以及农田作业用的轮式拖拉机等，尽管也具有汽车的基本特征，但由于主要用途不是运输，因此将它们分别划入工程机械和农业机械范畴。

美国对汽车的定义为：汽车是由本身携带的动力驱动（不包括人力、畜力和风力），装有驾驶操纵装置，能在固定轨道以外的道路或自然地域上运输客货或牵引其他车辆的车辆。

日本工业标准中对汽车的定义是：自身装有动力装置和操纵装置，不依靠固定轨道和架线能在陆地上行驶的车辆。

德国对汽车的定义：汽车是使用液体燃料，用内燃机驱动，具有三个或三个以上轮子，用于载运人员或货物的车辆。

1.2.2 国内外汽车的分类

出于不同的需要，汽车的分类也不尽相同。例如，可以从大小、用途、使用的燃料、驱动方式及结构形式等多角度来区分不同的汽车，不同的分类反映了汽车不同的属性，为了便于车辆管理，许多国家会根据车辆的种类以及国家标准形式规定汽车型号的编制规制。

1. 发动机布置和形式

发动机是汽车上最重要的部件，它的布置形式对汽车性能具有重要影响。按发动机的布置和驱动形式的不同，可以分为发动机前置前轮驱动（FF）、发动机前置后轮驱动（FR）、发动机后置后轮驱动（RR）、发动机中置后轮驱动（MR）和全轮驱动（NWD）五种类型，具体见表1.1。

表1.1 汽车布置形式

发动机布置和驱动形式	优点	缺点	应用
发动机前置前轮驱动（FF）	传动效率高，燃油经济性好；地板高度低，空间宽敞；高速时操纵稳定性和制动时方向稳定性好	结构复杂，制造成本高，维修保养困难	轿车
发动机前置后轮驱动（FR）	操纵性好，行驶平顺；结构简单，便于维修	传动效率低，燃油经济性差；地板高度高，内部空间小，乘坐舒适性差	货车
发动机后置后轮驱动（RR）	传动效率高，燃油经济性好，内部空间宽敞，舒适性好	高速时操纵稳定性差，发动机不宜散热，后轴荷大，维修保养困难	大客车
发动机中置后轮驱动（MR）	操纵稳定性，行驶平顺性好，传动效率高，转向灵敏	发动机占了座舱的空间，乘坐舒适性差	赛车
全轮驱动（NWD）	越野性强，安全性好	制造成本高，燃油经济性差	越野车

汽车的驱动形式可以表示为：全部轮毂数×驱动轮毂数，如二轴汽车，4×2：表示全车4个轮毂，2个驱动轮毂，多用于乘用车或质量小的商用车。

2. 我国的汽车分类

根据国家标准的规定，将汽车分为8类：轿车、货车、客车、越野汽车、自卸汽车、牵引汽车、专用汽车、半挂车。

（1）轿车。轿车是指用于载运人员及随身物品且座位布置在两轴之间的四轮汽车。轿车按发动机的排量大小，一般可以分为微型级、普通级、中级、中高级、高级（见表1.2）。轿车按车身形式分为普通轿车、旅行轿车、活顶轿车和豪华轿车等几种。

表1.2 轿车分类表

类型	微型级	普通级	中级	中高级	高级
发动机排量/L	≤1.0	1.0～1.6	1.6～2.5	2.5～4.0	>4.0

（2）货车。一种主要为载运货物而设计和装备的商用车辆称为货车，在其驾驶室内还可以

容纳2～6个乘员，有的货车也可牵引全挂车。国家标准规定按最大总质量分类可分为微型、轻型、中型和重型（见表1.3）。

表1.3　载货汽车分类表

类型	微型	轻型	中型	重型
最大总质量/t	≤1.8	1.8～6.0	6.0～14.0	>14.0

（3）客车。客车具有厢式车身，可乘坐9个以上乘员，主要用于公共服务。客车根据车辆长度可以分为微型客车、轻型客车、中型客车和大型客车（见表1.4）。中型客车和大型客车又根据运行条件分为城市客车、长途客车、旅游客车、团体客车。铰接客车和双层客车为特大型客车。

表1.4　客车类型

类型	微型客车	轻型客车	中型客车	大型客车
总长 L/m	≤3.5	3.5～7.0	7.0～10.0	>10.0

（4）越野汽车。越野汽车是一种能在复杂的坏路或无路面上行驶的高通过性汽车。越野汽车可以是轿车、客车、也可以是货车或其他用途的汽车。常见的轮式越野汽车都配备越野轮胎并采用全轮驱动的结构形式。越野汽车按额定最大总质量分类为轻型、中型、重型和超重型（见表1.5）。

表1.5　越野汽车分类表

类型	轻型	中型	重型	超重型
额定最大总质量/t	≤5	5～13	13～24	>24

（5）自卸汽车。自卸汽车是用于运输沙土、石块、矿物等的散装货车，它具有自卸机构，能够自动倾卸货物。货箱倾卸方式分为后倾卸、三面倾卸、两侧倾卸三种。根据最大总质量和用途又可以分为轻型、中型、重型及矿用4类。其中，矿用自卸汽车允许的最大装载质量一般在15t以上，最大可达300t。

（6）牵引汽车。牵引汽车是专门或主要用于牵引挂车的汽车，通常可分为半挂牵引汽车和全挂牵引汽车。半挂牵引汽车后部设有牵引座，用来牵引和支撑半挂车前端。全挂牵引汽车本身带有车厢，其外形虽与货车相似，但其长度与轴距较短，并且尾部设有拖钩。

（7）专用汽车。专用汽车也称特种车，是指为完成特定的载运或作业任务，装置有专用设备或用基本车型特殊改装的汽车。专用汽车分为运输型专用汽车和作业型专用汽车，运输型专用汽车如封闭车厢货车、冷藏车厢货车、罐式车、专用自卸汽车、集装箱汽车、仓栅式汽车、挂车及半挂车等；作业型专用汽车如医疗救护车、消防车、环卫环保作业车、市政工程作业车、电视转播车、石油地质作业车等。

（8）半挂车。半挂车依公路运行时厂定最大总质量划分为：轻型半挂车、中型半挂车、中型半挂车、重型半挂车和超重型半挂车（见表1.6）。

表1.6　半挂车分类

类型	轻型半挂车	中型半挂车	重型半挂车	超重型半挂车
最大总质量/t	≤7.1	7.1～19.5	19.5～34	>34

汽车除按以上规定分类外，也可以按所装发动机的型号不同分为汽油汽车、柴油汽车；按驱动桥数目不同分为单桥驱动或多桥驱动汽车；按驾驶室布置形式不同分为平头汽车、断头汽车和长头汽车。也可以按国家制定的法规分类，如按公路交通法规将汽车分为公路用汽车和非公路用汽车。

3．国外汽车分类

国际上通常将汽车分为两大类：一类是乘用车，另一类是商用汽车。乘用车主要是指轿车，一般也将与轿车相似的汽车，如轿车的各种变形车、轻型越野车等包括在乘用车内。乘用车以外的汽车统称为商用汽车，一般分为三类：载货汽车、载客汽车和特种汽车。目前，国际上还没有统一的汽车分类标准，下面将列举德国、美国和日本等国有关乘用车的分类情况。

（1）德国。德国汽车等级划分主要依据轴距、排量、重量等参数，分为 A00、A0、A、B、C、D 等级别（见表 1.7），A 级车（包括 A0、A00）是指小型轿车，B 级车是中档轿车，C 级车是高档轿车，而 D 级车指的则是豪华轿车。字母顺序越靠后，该级别车的轴距越长、排量和重量越大，轿车的豪华程度也不断提高。

表 1.7　德国汽车分类表

级别	A00	A0	A	B	C	D
排量/L	<1	1.0～1.3	1.3～1.6	1.6～2.0	2.0～2.5	2.5～3.0
轴距/m	2.0～2.2	2.2～2.3	2.3～2.45	2.45～2.6	2.6～2.8	2.8～3.0

下面根据分类标准列举几种常见的车型：奥拓属于 A00 级轿车；两厢的夏利属于 A0 级轿车；一汽大众的捷达、上海大众的 POLO 属于 A 级车；奥迪 A4、帕萨特、中华等属于 B 级车；奥迪 A6 属于 C 级车；奔驰 S 系列、宝马 7 系、奥迪 A8 和劳斯莱斯、宾利等车型属于 D 级车。

（2）美国。美国轿车是按照乘客舱和货物舱内部容积大小来分级的：对两个座位的轿车不分级；普通轿车按容积大小分为微型、小型、紧凑型、中型和大型 5 个档次；旅行车只分为小型、中型和大型 3 个档次。

（3）日本。日本轿车是按照日本国情来分的，把轿车按发动机排量和尺寸分为轻四轮轿车、小型轿车和普通轿车 3 级（见表 1.8）。

表 1.8　日本轿车分级标准

级别	排量/mL	车长/mm	车宽/mm
轻四轮轿车	<660	<3300	<1400
小型轿车	660～2000	3300～4700	1400～1700
普通轿车	>2000		

1.2.3 车辆识别代码（VIN）

1．车辆识别代码的意义和作用

目前世界各国汽车公司所生产的绝大部分汽车都使用了汽车识别代码，简称 VIN（Vehicle Identification Number）码。汽车识别代码的作用及其重要性，被越来越多的人所重视。

VIN 码是汽车制造厂为了识别一辆汽车而规定的一组字码，它由一组英文字母和阿拉伯数字组成，一共 17 位，故又称 17 位码。17 位 VIN 码的每一位代码代表着某一方面的信息参数。我们从该码可以识别出车辆的生产国家、制造公司或生产厂家、车辆的类型、品牌名称、车型系列、车身形式、发动机型号、车型年款（即属于哪年生产的年款车型）、安全防护装置型号、检验数字、装配工厂名称和出厂顺序号码等信息。

VIN 码具有全球通用性、最大限度的信息承载性和可检索性，已成为全世界识别车辆唯一准确的“身份证”。17 位编码经过特定的排列组合可以保证每个制造厂在 30 年之内生产的每辆汽车识别代号具有唯一性，不会发生重号或错认。由于现代汽车的使用周期逐渐在缩短，一般是 6～10 年就会被淘汰，所以 VIN 码已足够应用。

当每辆车打上 VIN 码后，其代号将跟随车辆的注册、保险、年检、保养、修理直至回收报废。在办理车辆牌照、处理交通事故、查获被盗车辆、侦破刑事案件、保险索赔、车辆维修与检测、汽车营销、进口贸易等方面，17 位码都具有十分重要的作用。

（1）车辆管理部门通过对 VIN 码的统一管理，能够实现对车辆管理的规范化，保证车辆登记状况的准确性，使车辆年检和报废管理体系更加完善。如果推行条形码管理，可以大大提高车辆登记和年检的效率和准确性。工作人员只要利用条码读取设备就能够快速获得车辆信息，减少了人工输入次数。到目前为止，国内厂家已有上海大众和长安汽车采用了“条形码”的 VIN。因此，交通管理部门可以在年检中打印车辆的 VIN 码，这将为日后的车辆管理工作提供极大的方便。

（2）各大保险公司通过车辆的 VIN 码，结合车辆管理部门提供的车辆登记和使用记录，就可以分析车辆的盗抢、交通事故情况等，估计车辆承保的风险程度，从而能够针对不同的车辆制定相应的保险制度。这对于当前保险公司推行的浮动车险费率制度至关重要。

（3）整车制造厂通过 VIN 码，结合车辆制造档案就可以明确各批次车辆及零部件的去向和车辆的生产、销售及使用情况，对于调整生产、改进售后服务和实行汽车召回具有重大的指导意义。

（4）维修企业通过车辆 VIN 码，查询相关的 VIN 规则说明，可以准确确定车辆的车型年款及相应的配置状况，从而选择合适的仪器设备和相关的车型维修资料，正确地进行故障诊断和车辆维修。另外，配件订购也离不开 VIN 码，因为不同批次的同一车型选用的配件也不尽相同，通过 VIN 码就能明确车辆配置及生产年限、批次，从而找到正确的零件。

（5）在二手车市场，车辆 VIN 码也起到很大作用。通过它，可以了解车辆的生产年份、产地、车型、发动机配置等信息，将这些数据与实际车辆比对，再听卖家的介绍，便可辨别真假了。

2．汽车 VIN 码的组成及规定

各国的技术法规一般只规定车辆识别代码的基本要求，如对字母和数字的排列位置、安装位置、书写形式和尺寸都有相应的规定，并且保证 30 年之内不重号。除对个别符号的含义有统一要求外，其他的不做硬性规定，而是由厂家自行规定其代码含义。

各国有关车辆识别代码的技术法规各有不同，但也有共同之处，如汽车识别码的第 9 位必须是工厂检查数字代码。对于 VIN 码在汽车上的安装位置，各汽车生产厂家的各类车型也有所不同。譬如美国规定应安装在汽车仪表盘左侧，在车外透过挡风玻璃可以清楚地看到而便于检查，而欧洲则规定 VIN 码应该安装在汽车右侧的底盘车架上或标注在厂家名牌上。我国《车辆识别代码管理规则》规定：汽车识别代码应尽量位于车辆的前半部分、易于看到且能防止磨损或替换的位置。对于小于或等于 9 人座的乘用车和最大质量小于或等于 3.5t 的载货汽车，车辆识别代码应位于仪表盘上靠近风窗立柱的位置，在白天日照下，无须移动任一部件从车外即可分辨出车辆识别代码。

我国规定汽车识别代码由三部分组成，对于年产量大于或等于 500 辆的汽车制造厂，汽车识别的第一部分为世界制造厂识别代码（WMI），第二部分为车辆说明部分（VDS），第三部分为车辆指示部分（VIS），如图 1.8 所示。

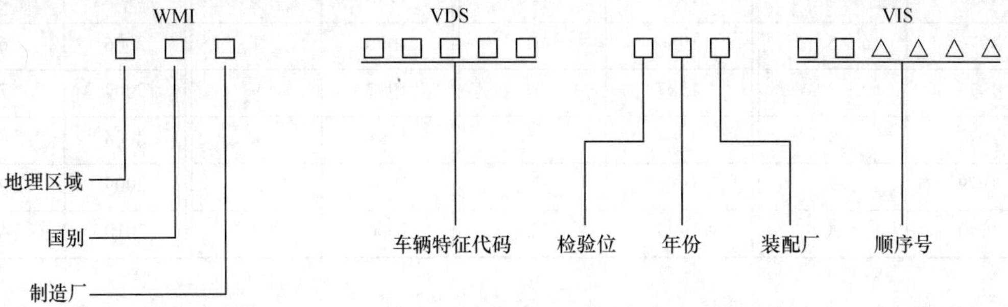

图 1.8　年产量大于或等于 500 辆的汽车制造厂的识别代码组成

（1）世界制造厂识别代码（WMI）。该部分由三维字母或数字组成，必须经过申请、批准和备案后才能使用。

第 1 位字码标明一个地理区域的字母或数字；如 1～5 代表北美洲，S～Z 代表欧洲，6 和 7 代表大洋洲，A～H 代表非洲，8，9 和 0 代表南美洲等。

第 2 位字码表示这个特定区域的一个国家的字母或数字。

第 3 位字码标明某个特定的制造厂的字母或数字。

我国实行的车辆识别代码中 WMI 中的第一位是 L，表示中国，第二位和第三位表示制造厂。

国内常见汽车制造厂家的 WMI 编号，如图 1.9 所示。

（2）车辆说明部分。VIN 中第 4～9 位为 VDS，表示车辆的类型和配置。若其中的一位或几位字符不用，必须用选定的数字或字母占位。VDS 一般包括以下信息：①车系；②动力系统，如发动机型号、变速器形式；③车身形式；④约束系统配置，如气囊、安全带等；⑤检验位，为第 9 位，用 0～9 或 X 表示。

LSV	上海大众	LFV	一汽大众	LDC	神龙汽车	LNE	北京吉普
LHG	广州本田	LHB	北汽福田	LKD	哈飞汽车	LS5	长安汽车
LSG	上海通用	LNB	北京现代	LNP	南京菲亚特	LFP	一汽轿车

图 1.9　国内常见汽车制造厂家的 WMI 编号

（3）车辆指示部分。VIN 中第 10～17 位是制造厂为了区别每辆车而制定的一组字符。VIS 一般包括以下信息。

① 车辆年代（见表 1.9）：第 10 位，用字母或数字表示，但数字不能为 0，字母不能为 O，U，Q，I，Z。

② 装配厂：第 11 位，用字母或数字表示。

③ 生产顺序号：最后 6 位，一般为数字。

表 1.9　　标示年代的字码

年份	代码	年份	代码	年份	代码	年份	代码
1971	1	1981	B	1991	M	2001	1
1972	2	1982	C	1992	N	2002	2
1973	3	1983	D	1993	P	2003	3
1974	4	1984	E	1994	R	2004	4
1975	5	1985	F	1995	S	2005	5
1976	6	1986	G	1996	T	2006	6
1977	7	1987	H	1997	V	2007	7
1978	8	1988	J	1998	W	2008	8
1979	9	1989	K	1999	X	2009	9
1980	A	1990	L	2000	Y	2010	A

第2章 汽车基本组成

汽车是由成千上万个零件所组成的结构复杂的交通工具。根据其动力装置、使用条件等不同，汽车的具体结构也可以有很大差别，但大致上的结构都是由发动机、底盘、车身以及汽车电气设备四大部分组成。轿车的总体构造如图 2.1 所示。

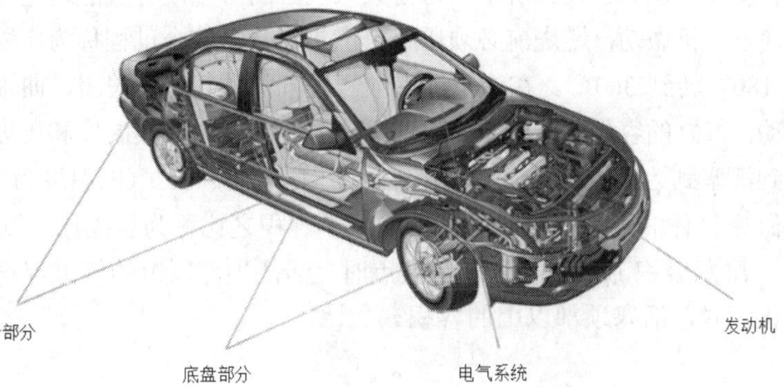

图 2.1　轿车的总体构造

2.1　发动机基本构造及原理

发动机是将某种形式的能量转化为机械能的装置。汽车的动力来自发动机，因此也有人称发动机是汽车的“心脏”。汽车发动机大多数是热能动力装置，简称热力机。热力机是借助工质的状态变化将燃料燃烧产生的热能转化为机械能的。

热力机分内燃机和外燃机两种。内燃机将液体或气体燃料和空气混合后直接输入机器内部燃烧产生热能，热能再转变为机械能。反之则为外燃机。现代汽车多装有内燃机，因为内燃机具有热效率高、体积小、起动性能好、便于移动和维修方便等诸多优点。

发动机根据活塞运动方式的不同，分为往复活塞式发动机和旋转活塞式发动机两种。往复式活塞内燃机应用最为广泛。本章中主要内容所涉及的发动机均指活塞式内燃机。

发动机根据燃料种类不同，分为汽油机、柴油机和气体燃料发动机三类。使用汽油为燃料的活塞式内燃机称为汽油机，使用柴油为燃料的活塞式内燃机称为柴油机，使用天然气、液化石油气和其他气体燃料的活塞式内燃机称作气体燃料发动机。

2.1.1 发动机基本原理

1. 四冲程汽油机工作原理

四冲程发动机每完成一个工作循环需要经过进气、压缩、做功和排气四个行程，将空气与汽油形成的混合气，在进气行程被吸入气缸，然后经压缩行程点火燃烧，从而产生热能，高温高压气体作用于活塞顶部，推动活塞做往复直线运动，通过连杆、曲轴飞轮机构对外输出机械能。需要注意的是发动机每完成一个工作循环对应的曲轴旋转 720°（两圈）。

（1）进气行程，如图 2.2（a）所示。活塞在曲轴的带动下由上止点向下至点运动，此时进气门开启，排气门关闭。曲轴由 0° 转到 180° 。活塞在移动过程中，气缸容积逐渐增大，气缸内压力下降，在气缸内形成真空，汽油与空气的可燃混合气就被吸入气缸，由于进气系统有阻力，进气终了时气缸内的气体压力为 0.075～0.09MPa。流入气缸内的可燃混合气，因为与气缸壁、活塞顶等高温部件表面接触并与残余废气混合，所以进入气缸内的可燃混合气的温度要高于大气温度，所以温度可达 370K～400K（摄氏温度+273.15=开尔文温度）。

（2）压缩行程，如图 2.2（b）所示。为使吸入气缸的可燃混合气能迅速燃烧，以产生较大的气体压力，使发动机做功，燃烧前必须压缩可燃混合气，这个过程称为压缩行程。在压缩过程中，曲轴由 180° 转到 360° 。在这个过程中，进气门排气门均关闭，曲轴推动活塞由下至点向上止点运动，气缸的容积不断缩小，可燃混合气受到压缩，其温度和压力不断升高，这个过程一直持续到活塞到达上止点时为止。压缩终了时，可燃混合气的温度为 600K～700K。

压缩前气缸中气体的最大容积与压缩后的最小容积之比称为压缩比，以 ε 表示。也就是压缩比 ε 等于气缸总容积 V_a（活塞位于下至点时，活塞顶部以上的气缸容积）与燃烧室容积 V_c（活塞在上止点时，活塞顶部以上的容积）之比，即

$$\varepsilon = \frac{V_a}{V_c}$$

在压缩行程终了时刻，压缩比越大表示燃烧速度越快，因而发动机发出的功率就越大，经济性越好。但压缩比过大则会出现爆燃和表面点火等不正常燃烧现象。现代汽油发动机的压缩比一般为 8～11。

（3）做功行程，如图 2.2（c）所示。做功行程也称作燃烧或膨胀行程，在这个行程中，进排气门仍然关闭，当活塞接近上止点时，由火花塞跳火点燃可燃混合气，可燃混合气燃烧后释放出大量的热量，使气缸内气体的压力和温度急剧升高，在这个过程中所能达到的最高压力为 3～5MPa，相应温度为 2200K～2800K。高温高压的气体膨胀，推动活塞由上止点向下止点运动，通过连杆使曲轴旋转并输出机械功。随着活塞的下移，气缸容积增加，气体温度和压力逐渐下降，在做功行程终了时，压力可降至 0.3～0.5MPa，温度降为 1300K～1600K。在这个过程中曲轴由 360° 旋转到 540° 。

（4）排气行程，如图 2.2（d）所示。当膨胀接近终了时，排气门开启，进气门仍然关闭，活塞从下止点向上止点运动。当排气门开启后，燃烧的废气在自身压力和活塞的推动作用下，经排气门向外排出，在排气行程中，气缸内的压力稍高于大气压力，为 0.105～0.115MPa。排气终了时，废气温度为 900K～1200K。活塞越过上止点后，排气门关闭，排气行程结束。曲轴由 540° 转到 720° 。在实际过程中燃烧室占有一定的容积，因此在排气终了时，废气不可能排尽，这一部分留下的废气称为残余废气。

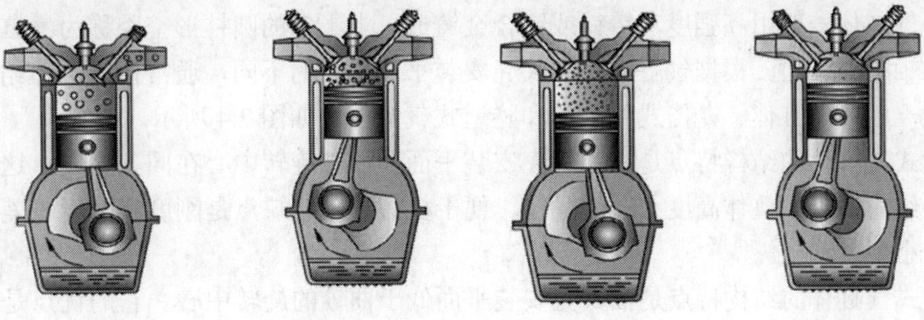

图 2.2　四冲程汽油机工作原理图

2. 四冲程柴油机工作原理

四冲程柴油机与四冲程汽油机工作原理相同，每个工作循环也是由进气行程、压缩行程、做功行程和排气行程组成。但是由于柴油机和汽油机的使用性能不同，因此柴油机在可燃混合气的形成方式、着火方式上都与汽油机不同。

柴油机在进气行程中吸入气缸的是纯空气。柴油机没有火花塞，活塞运动到上止点附近时由缸内压力使可燃混合气着火燃烧。由于柴油机的压缩比高（一般为 16～22），所以在压缩终了时气体的压力和温度都比汽油机高，一般为 3.5～4.5MPa，同时温度可达 750K～1000K，大大超过柴油的自燃温度。因此，柴油喷入气缸后，在很短的时间内和空气混合后就能自行着火燃烧，缸内温度急剧上升，可达 6～9MPa，最高温度可达 1800K～2200K。

柴油机与汽油机相比，各有特点。汽油机具有转速高、质量轻、工作噪声小、制造和维修费用低的特点，故在轿车和轻型车上得到了广泛应用；其不足之处是燃油经济性差。柴油机因压缩比高，燃油消耗率比汽油机低，其缺点是质量大、制造维修费用高。

2.1.2　发动机两大机构

汽油发动机一般由两大机构、五大系统组成，而柴油机主要由两大机构、四大系统组成。发动机的两大机构主要包括曲柄连杆机构和配气机构。对于汽油机五大系统分别是燃油供给系统、点火系统、冷却系统、润滑系统和起动系统，柴油机没有点火系统。

1. 曲柄连杆机构

曲柄连杆机构是发动机传递动力的机构，其作用是把燃气作用在活塞顶面的压力转变为曲轴的转矩。将燃料燃烧时产生的热能转变为机械能，同时将活塞的往复运动转变为曲轴的旋转运动。

曲柄连杆机构由机体组、活塞连杆组、曲轴飞轮组三部分组成，如图 2.3 所示。

（1）机体组。机体组是发动机的骨架，包括气缸体、曲轴箱、气缸盖、气缸垫以及油底壳等。

① 气缸体。气缸体是发动机的基体，一般和曲轴箱铸成一体，统称为气缸体。发动机所有的零件几乎都安装在气缸体上，并且承受高温高压气体的作用力，因此要求气缸体具有足够的刚度

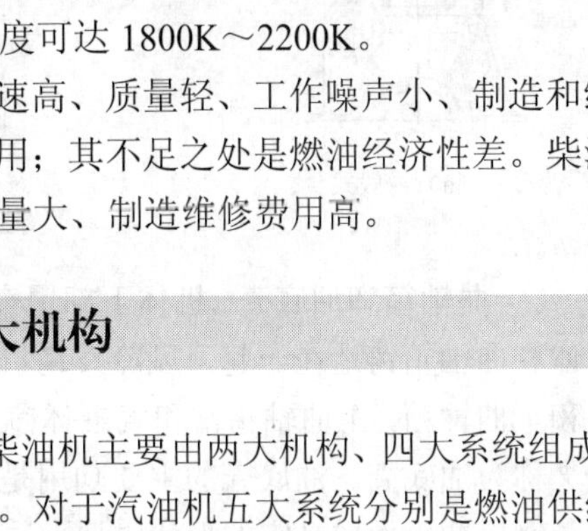

图 2.3　曲柄连杆机构

和强度。气缸体一般用高强度灰铸铁或铝合金铸成，上半部的圆柱形空腔称为气缸，下半部为支撑曲轴的曲轴箱。根据气缸体与油底壳安装平面位置的不同，通常把气缸体结构分为三种形式：一般式气缸体、龙门式气缸体和隧道式气缸体，如图 2.4 所示。

一般式气缸体的结构特点是：油底壳安装平面和曲轴旋转中心在同一高度。这种气缸体的优点是结构简单、整体高度小、质量轻、便于机械加工，缺点是刚度和强度较差，一般适用于中、小型发动机。

龙门式气缸体的结构特点是油底壳安装平面低于曲轴的旋转中心。它的优点是刚度和强度较好、能承受较大的机械负荷、维修方便，缺点是结构笨重、加工困难、工艺性较差。很多轿车发动机都采用龙门式气缸，如捷达、富康和上海桑塔纳等轿车。

隧道式气缸体的曲轴的主轴承孔是整体式，曲轴从气缸体后部穿入安装。其优点是结构紧凑、刚度和强度好，缺点是比较笨重、拆装不便、工艺性较差。它主要用在一些负荷较大的柴油机上。

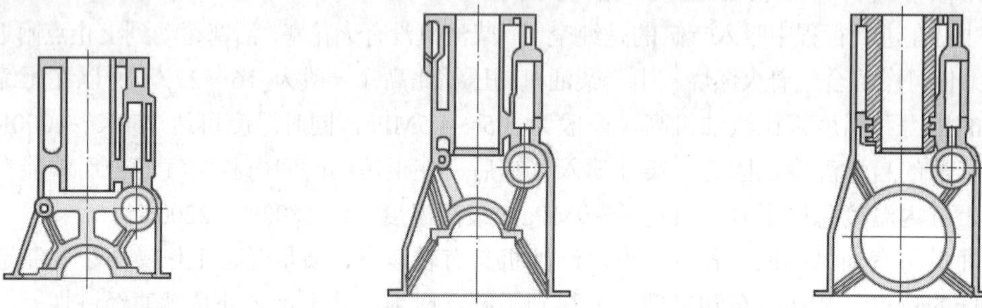

（a）一般式　（b）龙门式　（c）隧道式

图 2.4　气缸体的结构形式

② 曲轴箱和油底壳。机体下部用来安装曲轴的部分称为曲轴箱，大部分水冷发动机的气缸体和曲轴箱铸造在一起，风冷发动机大都将气缸体与曲轴箱分别铸造。曲轴箱分为上曲轴箱和下曲轴箱，上曲轴箱常和气缸体铸为一体，下曲轴箱用来储存润滑油，并封闭上曲轴箱，故又称为油底壳。油底壳的主要功用是储藏机油并封闭曲轴箱，油底壳受力很小，一般都采用薄钢板冲压而成。它的形状主要取决于发动机的总体布置和润滑油的容量，为防止汽车颠簸时油面波动过大，油底壳内还装有稳油的挡板。同时为了保证在发动机纵向倾斜时机油泵能吸到油，油底壳的后部一般也做得较深，油底壳的底部还装有放油螺栓。油底壳如图 2.5 所示。

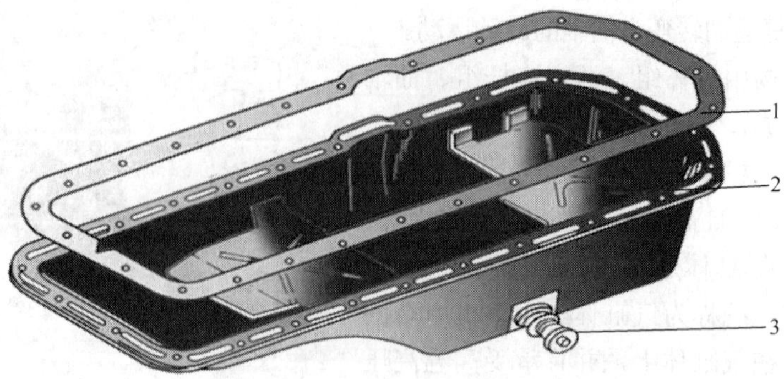

图 2.5　油底壳示意图

1—油底壳衬垫　2—油底壳　3—放油螺栓

③ 气缸盖与气缸衬垫。气缸盖的作用是用来密封气缸，并与活塞顶部组成燃烧室，为了保证气缸良好的密封性，气缸盖既不能损坏也不能变形，因此要求气缸盖具有良好的强度和刚度，气缸盖一般采用灰铸铁和铝合金两种材料。气缸盖的结构比较复杂，它的结构取决于发动机的冷却方式、燃烧室形状以及配气机构的布置形式等因素。通常气缸盖上装有进、排气门座和气门导管孔，用于安装进排气门，还布置有进气道、排气道、冷却水道和润滑油道等。汽油机的气缸盖上加工有安装火花塞的孔，而柴油机的气缸盖上加工有安装喷油器的孔。气缸盖是燃烧室的组成部分，燃烧室的形状对发动机的工作影响很大。由于汽油机和柴油机的燃烧方式不同，因此燃烧室的差别也较大。汽油机的燃烧室主要在气缸盖上，而柴油机的燃烧室主要是活塞顶部的凹坑。

安装在气缸盖和气缸体之间的部件是气缸衬垫，其作用是保证气缸盖和气缸体接触面的密封，防止燃气、冷却液和润滑油互窜。因此，气缸垫的材料要有一定的弹性，保证密封，同时还要有足够的强度、耐热耐腐蚀性，即在高温、高压或有压力的机油和冷却水的作用下不烧坏或变质。

（2）活塞连杆组。活塞连杆组由活塞、活塞环、活塞销、连杆、连杆轴瓦等组成，如图 2.6 所示。

① 活塞。活塞的功用是承受气体燃烧时产生的压力，并将此力通过活塞销传给连杆以推动曲轴旋转。此外，活塞顶部还与气缸盖、气缸壁共同组成燃烧室。在发动机运转过程中，活塞直接与高温气体接触，受热严重，并且活塞的散热条件很差，所以活塞工作时温度很高，顶部温度高达 600K～700K。活塞顶部承受的压力也很大，特别是在做功行程，活塞在这种恶劣的条件下工作，会产生变形并加速磨损，因此活塞一般采用高强度铝合金。活塞可分为三个部分，即活塞顶部、活塞头部和活塞裙部。活塞顶部是燃烧室的组成部分，主要用于承受气体压力，其形状、大小都与燃烧室的形式有关，而燃烧室的选择取决于活塞直径、发动机的选择、经济性、动力性等。汽油机活塞顶部多采用平顶，其优点是吸热面积小，制造工艺简单，受热面积小，顶部应力分布较为均匀。柴油机多采用凹顶活塞，凹坑的形状和位置必须有利于可燃混合气的燃烧。

活塞头部是指第一道活塞环槽与活塞销孔之间的部分，在活塞头部加工有若干环槽，用来安装气环和油环的气环槽和油环槽，在油环槽底面上钻有许多径向小孔，以便使油环从气缸壁上刮下的机油经过这些小孔流回油底壳。第一道环槽工作条件最恶劣，一般应离底部较远些。活塞顶部吸收的热量主要经过头部通过活塞环传递给气缸壁，再经冷却液传出去。活塞环槽的磨损是影响活塞使用寿命的重要因素，在强化程度较高的发动机中，第一道环槽温度较高，磨损严重，为了增强环槽的耐磨性，通常在第一道环槽或第一、二环槽处镶嵌耐热护圈，在高强化直喷式燃烧室柴油机中，在第一环槽和燃烧室喉口处均镶嵌耐

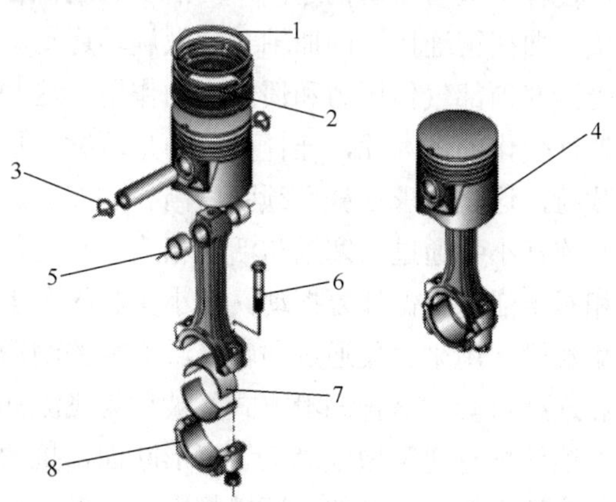

图 2.6 活塞连杆组

1—气环 2—油环 3—活塞销卡环 4—活塞
5—连杆衬套 6—连杆螺栓 7—连杆轴瓦 8—连杆盖

热护圈，以保护喉口不致因为过热而开裂。

活塞裙部是指活塞头部以下的部分。裙部的形状应该能保证活塞在气缸内得到良好的导向，为了使裙部两侧承受气体压力并与气缸保持较小且安全的间隙，要求活塞在工作时具有正确的圆柱形状。

② 活塞环。活塞环是具有弹性的开口环，有气环和油环之分，如图 2.7 所示。

气环的主要作用是密封和传热，即保证活塞与气缸壁之间的密封，防止气缸内的可燃混合气和高温燃气漏入曲轴箱，并将活塞顶部吸收的热量传给气缸壁，由冷却液带走，起散热作用。一般发动机每个活塞有 2～3 道气环。油环的主要作用是刮油和布油。活塞下行时油环刮除气缸壁上多余的机油，以防止机油窜入气缸烧机油；活塞上行时油环在气缸壁上铺涂一层均匀的油膜，可以减小活塞、活塞环与气缸壁间的摩擦阻力。活塞环在高温、高压、高速和润滑极其困难的条件下工作，尤其是第一道环的工作条件最为恶劣，因此活塞环一直是发动机上使用寿命最短的零件。

图 2.7　活塞环

③ 活塞销。活塞销用来连接活塞和连杆，并将活塞承受的气体压力传递给连杆。活塞销在高温下要承受很大的周期性冲击载荷，并且也要在润滑条件很差的情况下工作，因此，要求活塞销必须具有足够的刚度、强度和耐磨性。活塞销一般都做成空心圆柱体，采用低碳钢和低碳合金钢制成，外表面经渗碳淬火处理以提高硬度。

活塞销的结构形状很简单，基本上是一个厚壁空心圆柱，其内孔形状有圆柱形、组合形和两段截锥形，如图 2.8 所示。圆柱形孔结构简单、加工容易，但从受力角度分析，中间部分受力最小、两端较大，所以这种结构质量较大、往复惯性力大。两段截锥形孔的活塞销质量较小，且因为活塞销所受的弯矩在中部最大，所以接近于等强度梁，但锥孔加工较难。

④ 连杆组。连杆组的功用是将活塞承受的力传递给曲轴，并将活塞的往复运动转变为曲轴的旋转运动。连杆组主要包括连杆体、连杆盖、连杆螺栓和连杆轴承等零件，习惯上把连杆盖、连杆体和连杆螺栓合起来称作连杆。

连杆小头与活塞销连接，同活塞一起做往复运动；连杆大头与曲柄销连接，同曲轴一起做旋转运动。连杆工作时，承受活塞顶部气体压力和惯性力的作用，这些力和方向都是周期性变化的。因此，连杆受到的是压缩、拉伸和弯曲等交变载荷，这就要求连杆必须强度高、刚度大、质量轻。

连杆小头通过活塞销与活塞相连，起着传力的作用，同时相对于活塞销做往复摆动。在小头和衬套上加工有集油孔或集油槽，用来收集通过曲轴飞溅上来的润滑油以润滑活塞销和连杆衬套，这种润滑方式又被称为飞溅润滑。

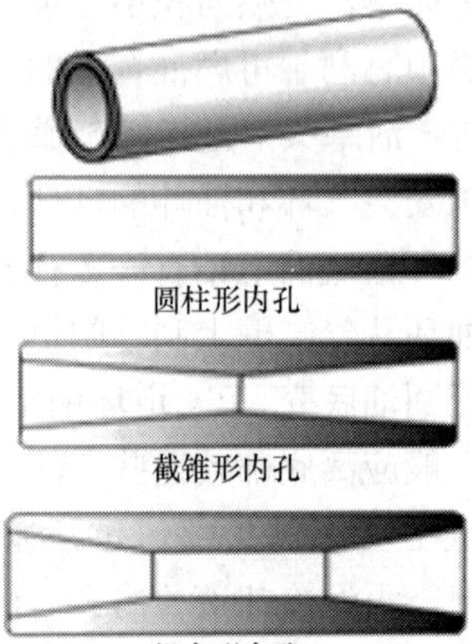

图 2.8　活塞销示意图

连杆杆身通常做成“工”字形断面，抗弯强度好，质量轻，大圆弧过渡，且上小下大。

连杆大头与曲轴的曲柄销相连。为保证发动机工作的可靠性，要求大头应具有足够的强度和刚度。为了便于安装，通常将连杆大头做成剖分式的，上半部与杆身为一体，下半部为连杆盖，二者通过连杆螺栓装配成一体。连杆大头和连杆盖必须配对加工、配对安装，各气缸之间连杆盖不能互换。连杆盖用螺栓或螺柱紧固，为使接合面在任何转速下都能紧密结合，连杆螺栓的拧紧力矩必须足够大。

（3）曲轴飞轮组。曲轴飞轮组主要由曲轴和飞轮以及其他不同功用的零件和附件组成，如图 2.9 所示。

① 曲轴（见图 2.10）。曲轴是发动机最重要的零件之一。曲轴的作用是把连杆传来的气体压力转变为转矩对外输出，将作用在活塞上的气体压力变为旋转的动力，传给底盘的传动机构，同时驱动配气机构及其他辅助装置，如发电机、水泵、风扇等。曲轴在周期性变化的气体力、惯性力及其力矩的共同作用下工作，承受弯曲和扭转交变载荷，同时曲轴又是高速旋转件，因此，要求曲轴具有足够的强度和刚度，具有良好的承受冲击载荷的能力，耐磨损且润滑良好。

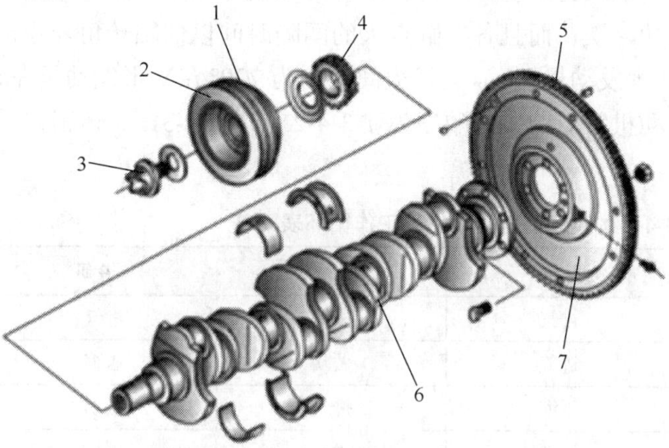

图 2.9　曲轴飞轮组

1—带轮　2—扭转减震器　3—起动爪

4—正时齿轮　5—齿轮　6—曲轴　7—飞轮

图 2.10　曲轴

曲轴可分为整体式曲轴和组合式曲轴两大类。整体式曲轴是将曲轴做成一个整体零件，它的优点是强度和刚度高，结构紧凑，质量轻，目前在发动机上多采用此种形式。组合式曲轴是将曲轴分成若干个零件分别进行加工，然后组装在一起，构成完整的曲轴，其优点是加工方便，使于产品系列通用；缺点是强度、刚度较差，装配复杂。多缸发动机曲轴一般都是整体式的。

曲轴的形状比较复杂，整体式曲轴一般由主轴颈、连杆轴颈、曲柄臂、前端和后端组成。曲轴由若干个曲拐构成，一个曲拐包括一个连杆轴颈（曲柄销）、左右两个曲柄（曲柄臂）和左右两个主轴颈。曲轴的曲拐个数取决于发动机的气缸数和气缸的排列方式，直列式发动机曲轴的曲拐数与气缸数相等，V 形发动机曲轴的曲拐个数是气缸数的一半。

曲轴颈是曲轴的支撑部分，曲轴通过主轴承支撑在曲轴箱的主轴承座中。曲轴的支撑方式一般有两种：全支撑曲轴和非全支撑曲轴。在相邻两个曲拐之间都设置一个主轴颈的曲轴称为全支撑曲轴，否则称为非全支撑曲轴。全支撑曲轴的主轴颈数比气缸数多一个，强度和刚度较好，主轴承的负荷相对较小，但曲轴的表面增多，使机体加长，多用于柴油机和负荷较大的汽油机。非全支撑曲轴的主轴颈数比气缸数少或与气缸数相等。这种支撑的主轴承载荷较大，但缩短了曲轴的总长度，使发动机的总体长度有所减小，有些承受载荷较小的汽油机可以采用这种形式。

主轴颈和曲柄销都是尺寸精度高和粗糙度低的圆柱体，一般都是实心的，部分锻钢曲轴可将曲柄销制成空心的，用来减小曲柄销的质量及其产生的旋转惯性力；部分铸铁曲轴可将曲轴颈和曲柄销均铸成空心的。曲轴的连杆轴颈是曲轴与连杆的连接部分，通过曲柄与主轴颈相连。直列式发动机的连杆轴颈数与气缸数相等，V 型发动机的连杆轴颈数等于气缸数的一半。

主轴承和连杆轴承都采用压力润滑，为了减小质量和离心力，连杆轴颈做成中空的，作为润滑油离心滤清的空腔。主轴承中压力油通过曲柄中的斜油道送到曲柄销空腔中，在旋转离心力的作用下将机油中比重大的金属磨屑和其他杂质甩到空腔的外壁上，中心干净的机油通过油管流到曲柄销和轴承工作表面上。

曲拐的布置取决于气缸数、气缸排列方式及各缸工作顺序。多缸发动机的发火顺序应使连续做功的两缸相距尽可能远，做功间隔应力求均匀，也就是说发动机在完成一个工作循环的曲轴转角内，每个气缸都应点火做功一次，而且各气缸点火的间隔时间以曲轴转角表示，称为点火间隔角，对于缸数为 i 的四冲程发动机而言，其发火间隔角为 720°/i；V 形发动机左、右两排气缸尽量交替做功。四冲程发动机常见的发火顺序为 1-3-4-2 和 1-2-4-3，具体工作循环分别见表 2.1 和表 2.2。

表 2.1　　发火顺序为 1-3-4-2 的直列四缸发动机的工作循环表

曲轴转角/（°）	第 1 缸	第 2 缸	第 3 缸	第 4 缸
0～180	做功	排气	压缩	进气
180～360	排气	进气	做功	压缩
360～540	进气	压缩	排气	做功
540～720	压缩	做功	进气	排气

表 2.2　　发火顺序为 1-2-4-3 的直列四缸发动机的工作循环表

曲轴转角/（°）	第 1 缸	第 2 缸	第 3 缸	第 4 缸
0～180	做功	压缩	排气	进气
180～360	排气	做功	进气	压缩
360～540	进气	排气	压缩	做功
540～720	压缩	进气	做功	排气

② 飞轮（见图 2.11）。飞轮是一个转动惯量很大的圆盘，其主要作用是将做功行程中传输给曲轴的功的一部分存储起来，用以在其他行程中克服阻力，带动曲柄连杆机构越过上下止点，保证曲轴的旋转角速度和输出转矩尽可能均匀，并使发动机有可能克服短时间的超载荷。此外，在结构上飞轮又往往用作汽车传动系统中摩擦离合器的驱动件。

飞轮的外缘上压有一个齿圈，这个齿圈与起动电动机的驱动齿轮啮合，用来带动起动发动机；离合器也装在飞轮上，利用飞轮后端面作为驱动件的摩擦面，对外传递动力。

③ 曲轴扭转减震器（见图 2.12）。当发动机工作时，曲轴在周期性变化的转矩作用下，各曲拐之间发生周期性相对扭转的现象称为扭转震动，简称扭震。当外界作用的频率等于曲轴的自震频率时，便会发生共振。当震动强烈时甚至会扭断曲轴，为了消减曲轴的扭转震动，现代汽车发动机多在扭转振幅最大的曲轴前端装置扭转减震器。

图 2.11　飞轮

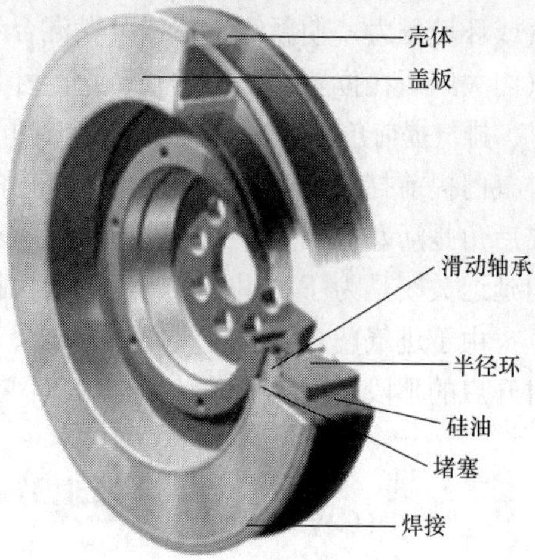

图 2.12　曲轴扭转减震器

2．配气机构

配气机构的功用是按照发动机各缸的工作过程和顺序，定时的开启和关闭进、排气门，保证及时吸进新鲜充足的空气或混合气，燃烧废气及时以最大限度排出气缸，并在压缩和做功行程中保证气门和气门座的良好密封。

气门式配气机构由气门组和气门传动组组成。配气机构可以从不同角度分类，按气门的布置形式分，主要有气门顶置式和气门侧置式；按凸轮轴的布置位置划分。可分为凸轮轴下置式、凸轮轴中置式和凸轮轴上置式；按曲轴和凸轮轴的传动方式划分，可分为齿轮传动式、链传动式和带传动式。按每个气缸的气门数分，可分为两气门式、三气门式、四气门式和五气门式。下面将具体说明用得最多的顶置式气门配气机构的工作过程。

（1）顶置气门式配气机构。顶置气门式配气机构是配气机构中应用最多的一种形式，其特点是进、排气门均倒装在气缸盖上，凸轮轴装在曲轴箱内。气门组包括气门、气门导管、气门座、气门弹簧座、气门弹簧和气门锁片等零件；气门传动组一般由摇臂、摇臂轴、推杆、挺柱、凸轮轴和正时齿轮组成。顶置式配气机构的工作过程是：当气缸的工作循环需要气门打开进行换气时，曲轴通过正时齿轮驱动凸轮轴旋转，使凸轮轴上的凸轮通过挺柱、推杆、调整螺钉推动摇臂摆转，摇臂的另一端便向下推动气门杆，使气门开启，同时使气门弹簧进一步压缩。随着凸轮轴转动，气门升程逐渐加大，当凸轮升至凸起部分顶点时气门全开，凸轮继续转动，此时凸轮的凸起部分的顶点转过挺柱，对挺柱的推力逐渐减小，气门在其弹簧张力的作用下，开度逐渐减小，直至完全关闭，即完成一次进气或排气过程。压缩和做功行程中，气门在弹簧张力作用下严密关闭，使气缸密闭。

由于四冲程式发动机每完成一次工作循环，曲轴转两圈，各气缸只进、排气一次，即凸轮轴只需转一圈，所以曲轴与凸轮轴的传动比为 2:1。

（2）配气相位。配气相位就是进、排气门的实际开闭时刻和开启持续时间，通常用相对于上下止点曲拐位置的曲轴转角的环形图来表示，如图 2.13 所示，这种图形就被称为配气相位图。

为了保证发动机气缸排气彻底、进气充分，要求气门提前开启和关闭。进气门提前开启是为了保证新鲜气体或可燃混合气能顺利、充足地充入气缸，进气提前角一般用 α 表示，一般为 10°～38°；而进气门延迟关闭是为了在压缩行程开始时，利用气缸内的压力暂时低于大气或环境压力，使新鲜气体或可燃混合气仍可继续进入气缸，将活塞从进气行程下止点到进气门关闭所在位置对应的曲轴转角，称为进气滞后角，一般用 β 表示。

排气提前角是活塞从排气门打开到下止点所对应的曲轴转角，用 γ 表示，一般为 40°～80°，排气门提前打开是为了充分利用气缸内的高压，将气缸中的废气先自行排出去一部分。排气滞后角是活塞从上止点到排气门关闭所对应的曲轴转角，用 δ 表示，一般为 10°～30°。排气门延迟关闭是为了利用排气气流的惯性排出更多的废气。

由于进气门早开和排气门晚关，会有一段时间进、排气门同时开启。进气门、排气门同时开启的那段时间或曲轴转角称为气门重叠角，即 $\alpha+\delta$。

2.1.3 发动机五大系统

汽车发动机的五大系统有燃料供给系统、点火系统、润滑系统、冷却系统和起动系统。

1．燃料供给系统

（1）汽油机燃料供给系统。它的功用是根据发动机运转工况的需要，向发动机供给一定数量的、清洁的、雾化良好的汽油，以便与一定数量的空气混合形成可燃混合气，在压缩行程终了时刻混合气点火燃烧并且膨胀做功。汽油机燃油系统有化油器式和汽油喷射式两种形式，现代汽车燃油系统大都采用电控汽油喷射式燃油供给系统，以适应降低油耗、减少污染的要求。

化油器式燃料供给系统主要由燃料储存和输送装置与混合气形成装置两大部分组成。图 2.14 为典型传统化油器式燃料系统的组成。

混合气的形成装置主要是化油器，在汽车上为了及时掌握油箱内油量的多少，还应当设置油位传感器和油位表。汽油储存在油箱中，发动机工作时汽油在汽油泵的作用下从油箱通过油管，流经汽油滤清器和汽油泵，送到化油器，在化油器中与经空气滤清器过滤的空气混合，形成可燃混合气，经进气歧管进入气缸。在气缸内燃烧后的废气经由排气歧管汇集后经过消声器后排到大气中。

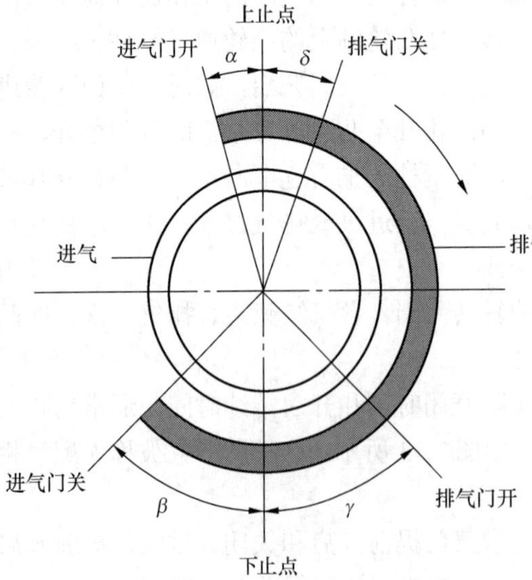

图 2.13　配气相位示意图

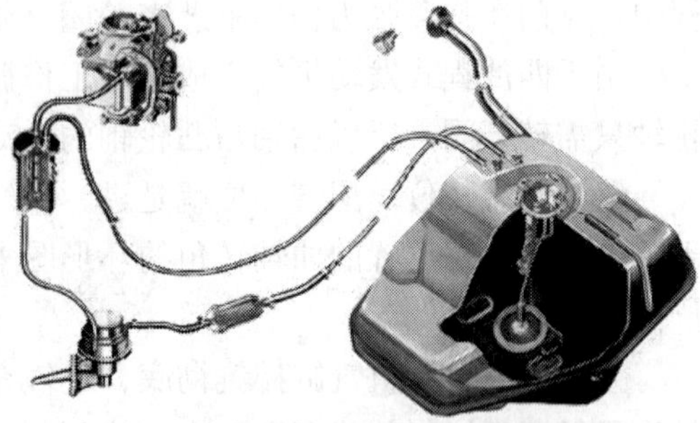

图 2.14　典型传统化油器式燃料系统

电控汽油喷射式燃料供给系统一般由燃油供给系、空气供给系统、电子控制系统等组成，如图 2.15 所示。

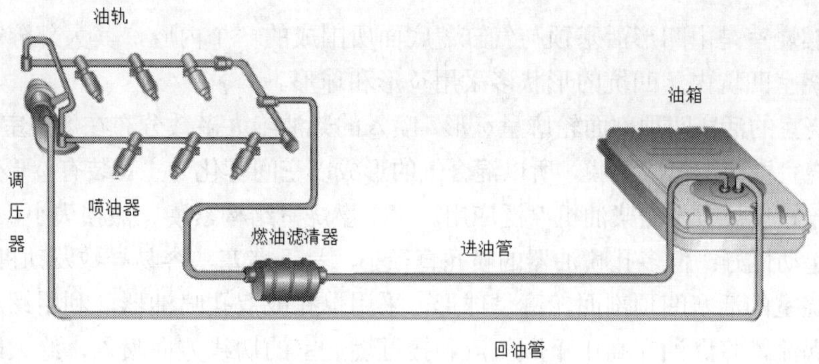

图 2.15　电控汽油喷射式燃油供给系统

燃油供给系统是向气缸内提供燃烧时所需的一定量的燃油。燃油供给系统主要由燃油箱、电动燃油泵、燃油滤清器、燃油压力调节器、燃油分配管及喷油器等组成。电动燃油泵将燃油从燃油箱吸出后经过燃油滤清器，出去杂质和水分送至燃油分配管，燃油分配管与安装在各缸进气歧管上的喷油器相通。在燃油分配管末端装有燃油压力调节器，用来调节供油总管的油压。喷油器根据电控单元的喷油指令，把适量的燃油喷射到进气门前，在进气行程时，燃油与空气形成的可燃混合气被吸入气缸内。

空气供给系统的功用是为发动机可燃混合气的形成提供必要的空气，并测量和控制进入气缸的空气流量，主要由空气滤清器、空气流量传感器和进气歧管等组成。发动机在进气行程时、空气经空气滤清器、空气流量传感器和节气门进入各缸进气歧管。驾驶员通过操纵节气门的开度来控制每工作循环的进气量。发动机在怠速时，节气门几乎处于关闭状态，空气流量由怠速控制阀来控制，保证冷起动暖车时加大空气量，实现快怠速转速，正常怠速时恢复怠速空气量。

电子控制系统的功用是检测发动机的工作状况，精确控制喷油量、喷油正时和点火时刻。电子控制系统主要由电控单元、各种传感器和喷油器三部分组成。传感器负责把各种反映发动机工况和汽车运行过程的参数转变为电信号提供给电控单元，使电控单元正确地控制发动机运转或汽车运行。执行器（喷油器）用来完成电控单元发出的各种指令，是电控单元指令的执行者。

（2）柴油机燃料供给系统。柴油机使用的是柴油，由于柴油比汽油黏度大，蒸发性差，所以在柴油机工作时，必须采用高温喷射的方法在活塞压缩行程接近上止点时，将柴油以雾状喷入燃烧室，直接在气缸内部形成可燃混合气，并借助气缸内空气的高温自行着火燃烧。这样，柴油机燃料供给系统的组成、构造及工作原理与汽油机燃料供给系统有较大的区别。

柴油机燃料供给系统包括燃油供给装置、空气供给装置、可燃混合气形成装置及废气排出装置。空气供给装置由空气滤清器、进气管和进气道组成，有的还装有增压器和中冷器；废气排出装置由排气道、排气管和消声器组成。

柴油机燃料供给系统中的燃料供给装置主要由柴油箱、喷油泵、喷油器、输油泵及柴油滤清器等部件组成。发动机工作时，输油泵从柴油箱内将柴油吸出，经柴油滤清器过滤后，将柴油压力提高，送至喷油泵，喷油泵将柴油压力进一步提高，通过高压油管泵入喷油器，喷油器再将柴油以雾状喷入燃烧室并与空气混合后自行着火燃烧。输油泵供给的多余燃油以及喷油器顶部回油孔流出的少量柴油，都经回油管流回柴油箱。

可燃混合气形成装置为燃烧室。柴油机的燃烧室按其结构形式可分为直喷式燃烧室和分隔式燃烧室两种。

直喷式燃烧室是由凹形活塞顶与气缸盖底面所围成的一个内腔，其大部分容积集中于活塞顶上的燃烧室凹坑内。凹坑的形状多采用ω形和球形。

ω形燃烧室的活塞凹顶剖面轮廓呈ω形，喷入的柴油绝大多数分布在燃烧室的空间，很少部分喷到燃烧室壁面上形成油膜，所以混合气的形成以空间雾化为主。装有ω形燃烧室的柴油机起动性能较好，被中小型柴油机广泛应用。ω形燃烧室结构紧凑、热损失小，故热效率高、经济性好、起动性好；但多孔喷油器的喷孔直径小，易于堵塞，容易导致发动机工作粗暴。

球形燃烧室的活塞凹顶剖面轮廓呈球形，采用单孔或双孔喷油器，利用螺旋进气道组织强烈的进气涡流，将燃油在高压下顺气流和接近燃烧室的切线方向喷入，绝大部分燃油分布于燃烧室壁上形成均匀油膜，极少量燃油喷散在室内空间。混合气形成速度比较慢，喷散在室内空间的少量雾状燃油首先与空气混合而点火，成为火源起引燃作用，故燃烧初期压力升高平缓，发动机工作比较柔和。随着燃烧过程的进行，均布的油膜从燃烧室壁上吸热逐渐蒸发，强烈的空气涡流加速了油膜的蒸发使混合气更为均匀，从而保证了柴油机较高的动力性和经济性。它的缺点是发动机起动性能较差，发动机在低速、低负荷工作时，可燃混合气质量差，排烟较重以及变工况的适应性较差。

2．点火系统

在汽油机中，可燃混合气是靠电火花点燃的，为此在汽油发动机中设置了专门的点火装置，称为发动机点火系统。

点火系统的功用是按照发动机点火次序在规定时刻供给火花塞足够能量的直流高压电，使其两极产生电火花点燃可燃混合气，使发动机做功。

点火系统按点火触发方式不同，又可分为传统点火系统、电子点火系统和微机控制点火系统三大类。随着汽车技术的飞速发展，点火系统已由传统点火系统过渡到电子点火系统，并将发展成微机控制的点火系统。

（1）传统点火系统。传统点火系统主要由电源、点火开关、点火线圈、分电器和火花塞等部分组成，如图 2.16 所示。

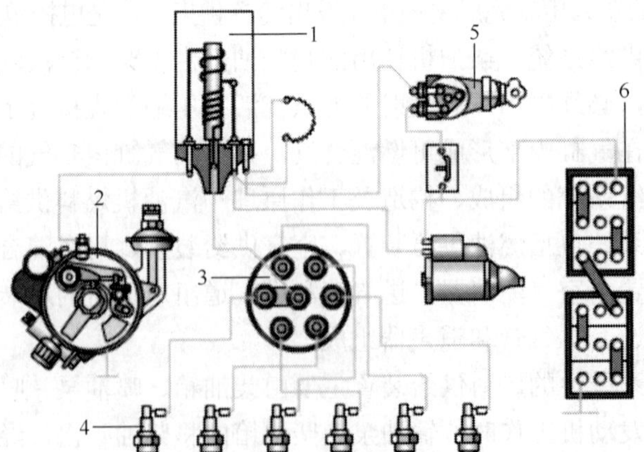

图 2.16 传统点火系统的组成

1—点火线圈 2—断电器 3—配电器 4—火花塞 5—点火开关 6—蓄电池

蓄电池额定电压是 12V，其作用是供给点火系统所需的电能，并供给电能至全车的灯光，辅助电器（收录机、点烟器、影碟机）等，点火开关的作用是接通或断开电源电路。点火线圈为自耦变压器，将低压电变成能击穿火花塞间隙的高电压。

分电器主要包括断电器和配电器两部分，断电器由活动触点和凸轮组成（凸轮数与气缸数相等），其作用是闭合和断开活动触点，从而相应地实现接通和断开初级电路。配电器由分火头和侧电极组成，当分火头旋转时，它上面的导电片轮流和各侧电极相对，将点火线圈产生的高压电按发动机的工作循环顺序送往各缸的火花塞。火花塞的功能是在燃烧室内产生高压电火花并点燃可燃混合气。图 2.17 为传统点火系统的工作示意图。

发动机工作时，断电器的凸轮在配气机构凸轮轴的驱动下随之旋转。凸轮旋转时，交替地将断电器触电闭合或打开。如果点火开关处于“点火”或“起动”位置，则在活动触点闭合时初级绕组中有电流通过。

当断电器凸轮将活动触点打开时，低压电路被断开，初级电流迅速消失，它所形成的磁场也迅速消失，在两个绕组中感应出电动势，在次级绕组中感应出高压电，击穿火花塞的电极间隙，产生电火花点燃可燃混合气。

（2）电子点火系统。电子点火系统是在传统点火系统的基础上发展而来的，也是带有分电器的点火系统，也称为晶体管点火系统。它与传统点火系统最大的区别在于其点火电子组件，点火电子组件由半导体元件组成电子开关电路，根据点火信号发生器产生的点火脉冲信号接通和断开点火线圈初级电路，起着传统点火系统中断电器触电的作用。目前，国内外汽车上使用的电子点火系统主要分为有触点电子点火系统和无触点电子点火系统。

有触点式电子点火系统用减少触点电流的方法减少触点火花，改善点火性能。它是一种半导体辅助点火装置，除了与传统点火系统一样具有电源、点火开关、分电器、点火线圈和火花塞之外，它还在点火线圈初级绕组中增加了由三极管、电阻和电容等组成的点火控制电路，断电器的触点串联在三极管的基级电路中，控制三极管的导通与截止，如图 2.18 所示。

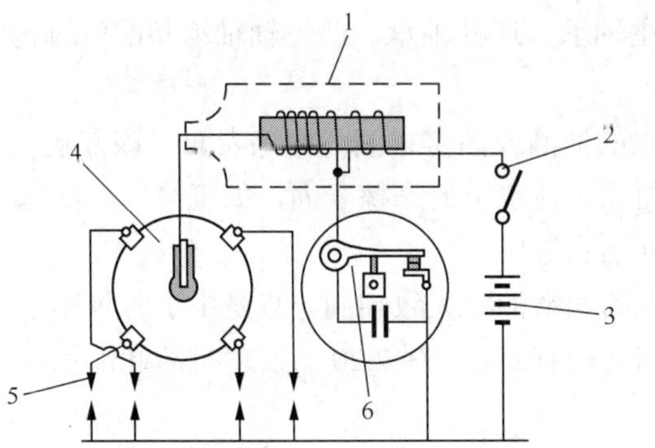

图 2.17　传统点火系统工作原理示意图
1—点火线圈　2—点火开关　3—电源
4—配电器　5—火花塞　6—断电器

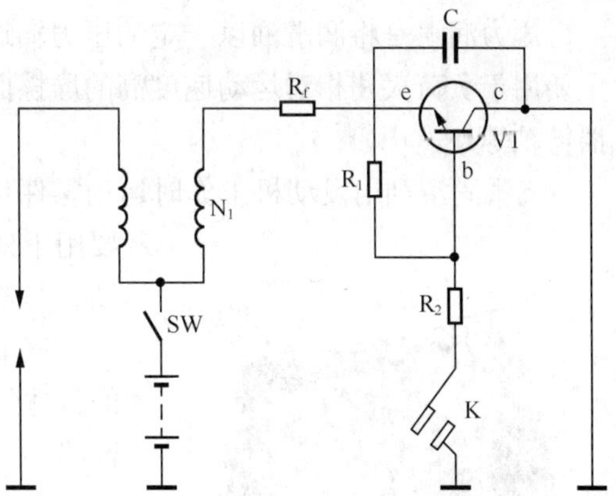

图 2.18　有触点式电子点火系统

其工作过程是：接通点火开关，当断电器触点闭合时，三极管的基级电路被接通，使三极管饱和导通，接通了点火线圈的一次电路。

无触点式电子点火系统利用各种传感器代替断电器的触点，产生点火信号，控制线圈的工作，无触点式电子点火系统的组成如图 2.19 所示，主要是由点火信号发生器、点火控制器、点火线圈、分电器和火花塞等组成。

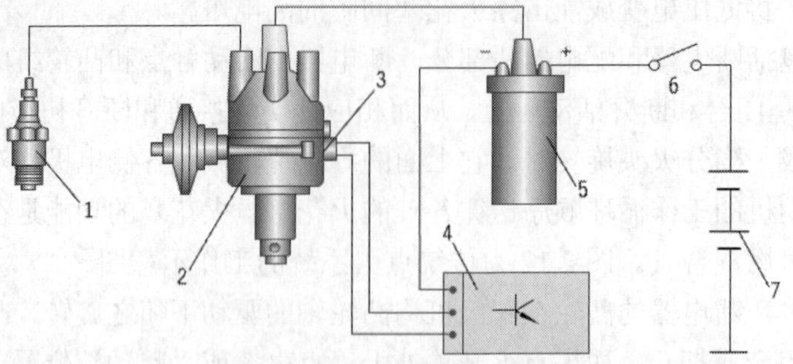

图 2.19　无触点电子点火系统的组成
1—火花塞　2—分电器　3—点火信号发生器　4—电子点火控制器
5—点火线圈　6—点火开关　7—电源

点火信号发生器取代了原来断电器中的凸轮，用来判定活塞在气缸中所处的位置，并将非电量的活塞位置信号转变为脉冲电信号输送到点火控制器，从而保证火花塞在恰当的时刻点火。因此点火信号发生器实际上就是一种感知发动机工作状态和发出点火信号的传感器。它的类型很多，目前应用较多的主要有磁脉冲式、霍尔效应式和光电效应式。

3. 润滑系统

发动机工作时，运动零件的相互运动表面之间必然产生摩擦，金属表面之间的摩擦不仅会增大发动机内部的功率消耗，使零件工作表面迅速磨损，而且摩擦产生的大量热可能导致零件工作表面烧损，使发动机无法运转。因此，为保证发动机的正常工作，必须对相对运动表面加以润滑，也就是在摩擦表面上覆盖一层润滑油使金属表面间形成一层薄的油膜，以减小摩擦阻力，降低功率损耗，减轻机件磨损，延长发动机使用寿命。

由于发动机传动件的工作条件不同，因此对负荷及相对运行速度不同的传动件采用不同的润滑方式。现代汽车发动机润滑方式多采用压力润滑与飞溅润滑相结合的综合润滑方式。

压力润滑是将润滑油以一定的压力输送到摩擦面间隙中形成油膜润滑的方式。压力润滑主要用于负荷大和相对运动速度高的摩擦面，如主轴承、连杆轴承、凸轮轴轴承和配气机构摇臂轴等处。

飞溅润滑利用发动机工作时运动零件飞溅起来的油滴或油雾来润滑摩擦表面。该方式主要用于外露表面和负荷较小的摩擦表面，如气缸壁、活塞销、凸轮、连杆小头等。

图 2.20　润滑系统

汽车发动机的润滑油路大致相同，只是由于各种车型的具体结构不同而稍有差别。图 2.20 为发动机的润滑系统油路。

当发动机工作时，润滑油从油底壳经集滤器初步过滤后进入机油泵，机油经机油泵提高压力进入机油滤清器，机油泵旁边装有溢流阀，多余的燃油可以经溢流阀流回油底壳。滤清器盖上设有旁通阀，当滤清器堵塞时，润滑油则直接由旁通阀进入主油道，进入主油道的燃油分两路，一路经油道润滑曲轴主轴承、连杆轴承和平衡轴轴承；另一路经缸体油道、通过机油控制节流孔进行流量调节后送到缸盖上的油道，润滑凸轮轴和摇臂轴上各轴承。飞溅起来的润滑油则润滑凸轮、摇臂等其他零件，活塞和气缸壁是靠连杆大端轴瓦油孔喷出来的机油润滑的，各润滑部位的机油最后经气缸体回油道流回油底壳，在机油泵的作用下经过过滤再次循环，不断润滑各零件摩擦表面。

4．冷却系统

发动机工作时，气缸内燃烧气体的温度可高达 2200K～2800K（汽油机），使发动机的零部件温度过高，所以必须对发动机进行及时的冷却。

若冷却不足，则会使发动机过热，导致充气效率下降、燃烧不正常、机油变质、零件摩擦和磨损加剧，有时甚至会造成机件卡死或烧毁等事故性损伤。若冷却过度，又会由于气缸温度过低使机油黏度增加、摩擦损失增加、燃油雾化不良、动力下降、散热损失增加及润滑性能变差。因此，必须保证发动机始终处在最适合的温度状态下工作。

为了使发动机正常工作，冷却水应保证在 80℃～100℃的范围内，以保证发动机有较大的功率和较好的经济性。

冷却系统按冷却介质的不同可分为两类：风冷系统和水冷系统。水冷系统是以冷却液为冷却介质，通过冷却液在发动机水套中强制循环流动而吸收多余的热量，再将此热量散入大气而进行冷却的一系列装置。水冷系统因冷却强度大，便于冬季汽车起动而广泛应用与汽车发动机。风冷系统是将发动机中高温零件的热量，通过装在气缸体和气缸盖表面的散热片直接散热到大气中而进行冷却的一系列装置。风冷系统冷却效果差、噪声大且功率消耗大，因此仅有少数汽车发动机采用风冷系统。

（1）水冷系统。水冷系统由水套、水泵、散热器、风扇、冷却液温度表、感温器、节温器和百叶窗等组成，而主要的三大散热部件是：散热器、水泵和风扇。

水泵的功用是对冷却水进行加压，加速冷却水的循环流动，保证冷却可靠。

当叶轮旋转时，水泵中的冷却水被叶轮带动一起转动，在离心力的作用下，冷却水被甩向叶轮边缘，然后经外壳上与叶轮成切线方向的出水管压送到发动机水套内。与此同时，叶轮中心处的压力降低，散热器中的冷却水便经水管被吸进叶轮中心部分。如此连续作用，使冷却水在水路中不断循环。

风扇的功用是提高散热器芯的空气流速，增加散热效果，加速冷却液的冷却。

散热器又称为水箱，由上水室、散热器芯和下水室组成，散热器的功用是增大散热面积，加速冷却水的冷却。

一般通过节温器调节通过散热器的冷却液流量和循环路线，实现对冷却液温度的自动控制。目前常用的节温器为蜡式双阀节温器，如图 2.21 所示。

节温器的上支架和下支架与阀座铆在一起，中心杆上端固定在上支架的中心，其下部插入橡胶管的中心孔内，中心杆下端呈锥形。橡胶管与感应体的外壳之间的空腔里装有石蜡，为了防止石蜡外溢，外壳上端向内卷起，并通过上盖和密封垫将橡胶管压紧在感应体壳的台肩上。

常温下石蜡呈固体，冷却液温度低于 349K 时，主阀门完全关闭，旁通阀完全开启，由气缸盖出来的冷却液经旁通管直接进入水泵，故称小循环。由于冷却液只是在水泵和水套之间流动，不经过散热器，且流量小，所以冷却强度弱。

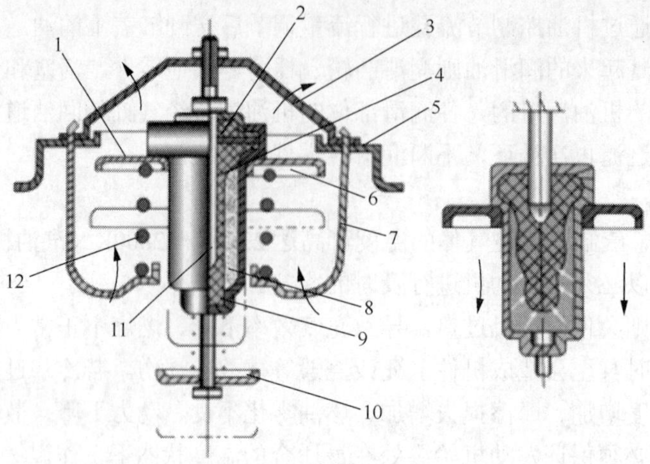

图 2.21　蜡式双阀节温器

1—主阀门　2—盖和密封垫　3—上支架　4—胶管　5—阀座

6—通气孔　7—下支架　8—石蜡　9—感应体　10—旁通阀　11—中心杆　12—弹簧

当发动机内冷却液的温度升高到 359K 时，主阀门完全开启，旁通阀完全关闭，冷却液全部流经散热器，称为大循环，由于此时冷却液流动路线长且流量大，因此冷却强度强。

当冷却液温度在 349K～359K 之间时，大小循环同时进行。循环示意图如图 2.22 所示。

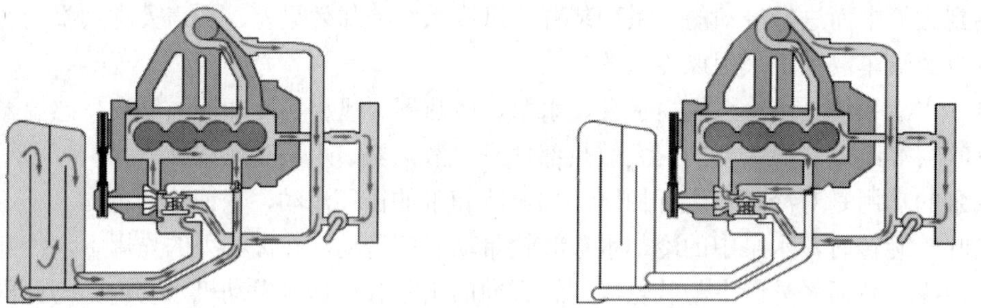

(a) 大循环　　(b) 小循环

图 2.22　水冷系统大小循环

（2）风冷系统。

现代发动机气缸盖都采用导热性良好的铝合金铸造，气缸和气缸盖表面均布了散热片，与气缸体或气缸盖铸为一体，气缸盖和气缸体上部的散热片也比气缸体下部的长一些，这样可以加强冷却。为了有效地利用空气流加以冷却，安装有导流罩；为了保证各缸冷却均匀，安装有分流板。

将发动机中高温零件的热量直接散发到大气中，使发动机的温度降低而进行冷却的一系列装置称为风冷系统，如图 2.23 所示。采用风冷系统的发动机，为了增大散热面积，一般在气缸体和气缸盖上制有许多散热片。发动机利用车辆前进中的空气流，吹过散热片，将热量带走。采用风冷系统的汽车发动机较少，一般只是一些小排量发动机，在现代汽车发动机上较少采用。

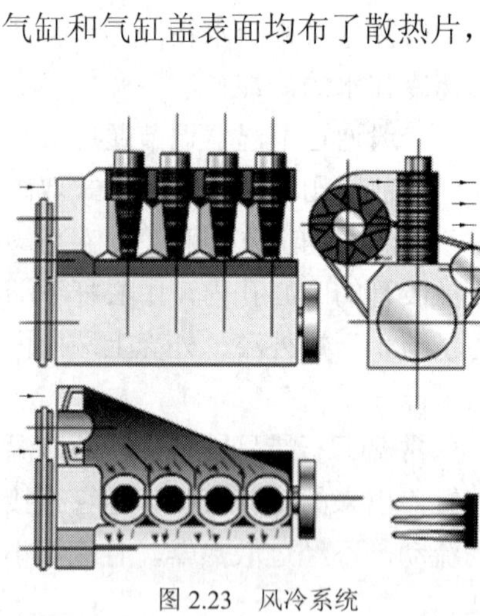

图 2.23　风冷系统

5. 起动系统

起动系统的作用就是在正常使用条件下，通过起动机将蓄电池储存的电能转变为机械能带动发动机以足够高的转速运转，以顺利起动发动机。发动机起动时，必须克服气缸内被压缩气体的阻力和发动机本身及其附件内相对运动的零件之间的摩擦阻力，克服这些阻力所需的力矩称为起动转矩。能使发动机顺利起动所需要的曲轴转速称为起动转速。

起动系统一般由起动机和控制电路两大部分组成。起动机用来生产力矩，并通过小齿轮驱动发动机的飞轮转动，控制电路用来控制起动机的工作。

起动系统主要包括蓄电池、点火开关、起动继电器和起动机等。起动机一般由直流电动机、传动机构和控制机构组成。

图 2.24 所示为附加继电器控制的起动系统电路，该电路主要有两个作用：一是控制起动电动机主电路的通断；二是控制驱动齿轮与飞轮环齿的啮合与分离。

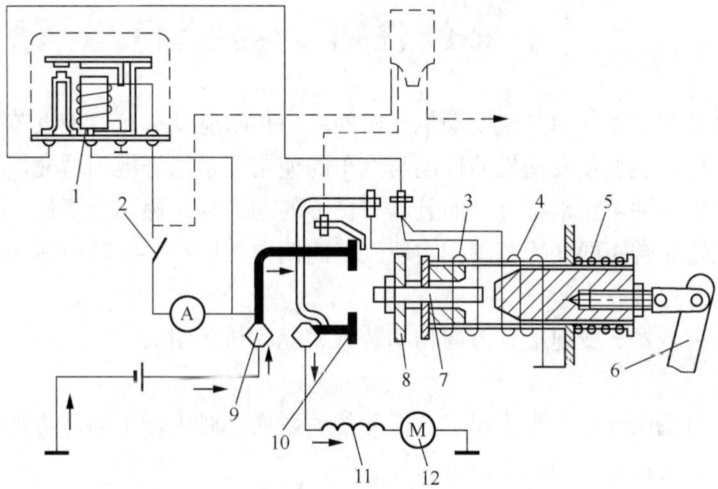

图 2.24　附加继电器控制的起动系统电路
1—起动继电器　2—点火开关　3—吸引线圈　4—保持线圈　5—活动铁心
6—拨叉　7—推杆　8—接触盘　9—起动机主接线柱
10—主接线柱　11—磁场绕组　12—电枢绕组

起动时，当点火开关拨至起动挡使起动电路接通后，就形成了下述电流通路。

（1）起动开关接通。①起动继电器触点闭合，点火开关拨至起动挡后，电磁铁电路接通。起动继电器的线圈电流通路为：蓄电池正极→点火开关→起动继电器线圈→搭铁→蓄电池负极。这一电流通路使继电器线圈产生磁场，在电磁力的作用下继电器触点闭合，于是就接通了电磁起动机控制机构中的吸引线圈和保持线圈电路。②驱动齿轮与飞轮环齿啮合，当电流通过吸引线圈和保持线圈后，由于两者产生的磁场方向一致，磁场增强，磁化固定铁心产生吸力，活动铁心被吸向固定铁心一边，使主接触盘接通起动开关接线柱。同时活动铁心的后端通过带动拨叉上端前移，下端后移，迫使驱动齿轮与飞轮环齿啮合。③起动机开关接通起动发电机。当起动机开关接通后，起动机的主电流通路将被接通：蓄电池正极→起动机开关接线柱一侧→主接触盘→起动机开关接线柱另一侧→磁场绕组→电枢绕组→搭铁→蓄电池负极。由于这一电流通路中的电阻很小，电流很大，使电动机产生较大的转矩，经离合器带动发动机起动。

（2）起动开关断开。起动后，立即放松点火开关，起动继电器线圈首先断电，接着起动继电器触点断开。保持线圈中的电流经起动机开关接线柱、主接触盘、吸引线圈、保持线圈至搭铁构成回路。此时，两线圈产生的磁场方向相反，从而相互削弱，于是活动铁心在回位弹簧的作用下退回原位。活动铁心后移时主接触盘退出，电动机上电路切断，电动机停止工作。在主接触盘离开起动机开关接线柱、活动铁心退回的同时，推动拨叉上端后移，拨叉的下端则带动滑环前移，迫使驱动齿轮与飞轮环齿分离。

2.2 汽车底盘基本构造及原理

底盘是整个汽车的基础，它接收发动机的动力，使汽车产生运动，并保证汽车按驾驶员的操作正常行驶。底盘主要由传动系统、行驶系统、转向系统和制动系统组成。

2.2.1 汽车传动系统

汽车传动系统的基本功用是将发动机发出的动力传给驱动车轮，使汽车行驶。传动系与发动机良好地匹配，能够使发动机的性能与汽车的使用要求很好地相适应，不仅能满足汽车在各种不同的使用条件下正常行驶，而且具有良好的动力性和燃油经济性。其具体功用是：减速增矩和扩大转速转矩的变化范围；实现汽车的倒向行驶；必要时中断动力传递；实现驱动桥两侧车轮的差速行驶。

传动系统由离合器、变速器、万向传动装置、驱动桥等组成。

1．离合器

离合器的功用是保证汽车平稳起步，保证传动系换挡时工作平顺，防止传动系过载。离合器的基本结构和工作原理如图 2.25 所示。

该离合器主要由飞轮、从动盘、踏板、压紧弹簧、从动轴和从动盘毂组成。飞轮与发动机曲轴通过螺栓连接成一体，是离合器的动力输入部分，该部分称为离合器的主动部分。从动盘毂与带有摩擦片的从动盘铆接为一体，并通过从动盘毂的内花键套装在从动轴上，其作用是压紧主、从动部分，使二者之间产生足够的摩擦力矩，来传递发动机的转矩，该部分常称为压紧机构，踏板通过中间的支承销支撑，并作为转动的支点，其下端叉口部分插在从动盘毂的切槽中，通过踏下或放松踏板，使主、从部分分离或结合，该部分称为操纵机构。

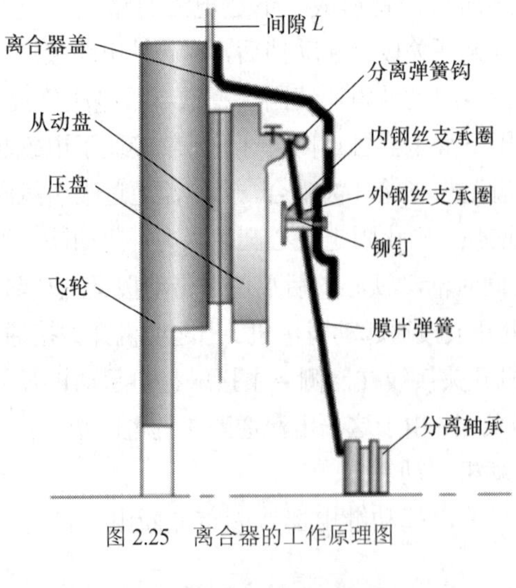

图 2.25　离合器的工作原理图

由于汽车在行驶中，经常需要保持动力传递，因此离合器、从动部分经常处于结合状态。欲使离合器分离，应踩下离合器踏板，使其拨叉部分带动从动盘毂及从动盘压缩压紧弹簧右移，并与飞轮分离。两者间的摩擦力矩消失，切断了动力传递。驾驶员作用在踏板上的力，用于克服压紧弹簧的张力。当需要恢复传递动力时，为了使离合器结合平稳，应逐渐放松离合器踏板，使压紧弹簧逐渐伸张，推动从动盘逐渐左移，并与飞轮接触，二者接触面间的压力逐渐增加，相应的摩擦力矩也逐渐增大，所能传递的力矩也逐渐增加。当飞轮与从动盘结合还不紧密，二者之间的摩擦力矩还比较小时，飞轮与从动盘之间可相对滑转，使其不同步旋转。随着踏板的逐渐放松，二者之间结合的紧密程度逐渐增大，滑转程度逐步减少，直至离合器完全结合而停止滑转。

2．变速器

目前汽车上广泛使用的活塞式发动机，其输出的转速和转矩变化范围很小，而汽车在行驶时所遇到的复杂的道路条件和使用条件要求汽车的驱动力和车速能在相当大的范围内变化，为此，在汽车的传动系中设置了变速器。

变速器的主要功用是：扩大发动机传给驱动车轮的转矩和转速的变化范围，以适应经常变化的行驶条件的需要；在汽车发动机曲轴旋转方向不变的前提下，利用倒挡实现汽车的倒向行驶；在发动机不熄火的情况下，利用空挡中断动力传递，可以使驾驶员松开离合器踏板离开驾驶位置，且便于汽车起动、怠速、换挡和动力输出等。

变速器按传动比变化方式划分有级式、无级式和综合式变速器。有级式变速器采用齿轮传动，具有若干个定值传动比，变速器挡数是指其前进挡数。无级式变速器指变速器的传动比可以在一定范围内连续变化，常见的有电力式和液力式两种。综合式变速器是液力变矩器和齿轮式的有级变速器组成的液力机械式变速器，其传动比可在最大值和最小值之间的几个间断的范围内做无级变化，目前应用比较广泛。

变速器按操纵方式划分，可以分为强制操纵式、自动操纵式和半自动操纵式三种。强制操纵式变速器是由驾驶员直接操纵变速器换挡。自动操纵式变速器是指传动比选择是自动进行的，驾驶员只需操纵加速踏板，变速器就可以根据发动机的负荷信号和车速信号控制执行元件，实现挡位的变换，即可控制车速。半自动变速器可以分为两类，一类是部分挡位自动换挡和部分挡位手动换挡；另一类是预先按钮选定换挡，在踩下离合器踏板或松开加速踏板时，由执行机构自动换挡。

（1）变速原理。一对齿数不同的齿轮啮合时，若小齿轮为主动齿轮，则它的转速经大齿轮输出时就会降低。若大齿轮为主动齿轮，则带动小齿轮传动时转速就会升高。这就是齿轮传动的变速原理。汽车变速器就是利用若干个齿数不同的齿轮搭配啮合传动来实现变速的，如图 2.26 所示。

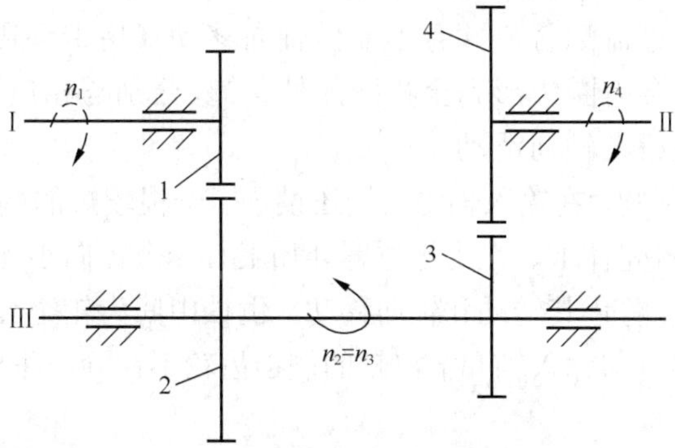

图 2.26　两轴式齿轮传动变速器

发动机的转矩经输入轴Ⅰ输入，经齿轮 1、2 和齿轮 3、4 两对齿轮传动，由输出轴Ⅱ输出，假设第一对的主动齿轮 1 的转速为 n_1，齿数为 z_1；从动齿轮 2 的转速为 n_2，齿数为 z_2，第二对的主动齿轮 3 的转速为 n_3，齿数为 z_3；从动齿轮 4 的转速为 n_4，齿数为 z_4，根据传动比定义得：

$$i_{12}=\frac{n_1}{n_2}=\frac{z_2}{z_1}\quad i_{34}=\frac{n_3}{n_4}=\frac{z_4}{z_3}$$

齿轮 2、3 在同一轴Ⅲ上转速相同，即 $n_2=n_3$，总传动比为：

$$i_{14}=\frac{n_1}{n_4}=\frac{z_2z_4}{z_1z_3}=i_{12}i_{34}$$

同理，多级齿轮传动的传动比为：

传动比=各级齿轮传动比的连乘积

传动比与转矩的关系为：

$$i=\frac{n_{输入}}{n_{输出}}=\frac{M_{输出}}{M_{输入}}$$

（2）普通齿轮式变速器。普通齿轮式变速器主要分为两轴式变速器和三轴式变速器，它们是由变速传动机构和变速操纵机构两部分组成的。下面介绍两轴式变速器。

两轴式变速器的输入轴和输出轴平行，在输入轴和输出轴之间增设一个倒挡齿轮轴。图 2.27 是捷达轿车 02KA 型五挡变速器，该变速器具有五个前进挡和一个倒挡。

它的壳体分为三段，在变速器壳体 5 的前面有离合器壳体 11，后面有后壳体 28。输入轴 1 的前后两端分别利用滚针轴承 12 和球轴承 2 支撑在变速器壳体上，在轴上加工出二挡、倒挡和一挡主动齿轮 8、9、10，轴前部加工出花键与离合器的从动盘毂连接。三、四、五挡主动齿轮 7、3、1 上加工出接合齿圈，通过滚针轴承空套在输入轴上。滚针轴承（图中未示出）的保持架有切口且有弹性，便于装配。输出轴 24 由三个轴承支撑，前端的两个圆锥滚子轴承 14、15 大端向内布置在主减速器主动小齿轮 16 的两侧，分别支撑在变速器壳体的前部和离合器壳体上，承受着轴向力并提高了主动小齿轮的支撑刚度，后端采用圆柱滚子轴承 27 支撑在变速器壳体的后部。一、二挡从动齿轮 18、20 空套在输出轴上，其上加工有接合齿圈，三、四、五挡从动齿轮 21、23 和 25 通过花键和轴用挡圈与输出轴固定在一起，而输出轴上的倒挡从动齿轮 19 与一、二挡的接合套做成一体，节省了轴向空间。接合套 4、29 及 19 分别套在各自花键毂的外面。花键毂（图 2.27 中未示出）以其内花键与轴上的外花键过盈配合，并且不能做轴向移动（用卡环限位），其外圆表面上均制有与其相邻齿轮的接合齿圈齿形完全相同的外花键，分别与相应的具有内花键的接合套接合。接合套可在花键毂上轴向滑动。

为实现汽车的倒退行驶，在输入轴的一侧还设置了一根较短的倒挡轴（图中未示出）。倒挡轴的两端支撑在变速器壳体上，在支撑位置处加工有一个径向小孔，从壳体底部拧入一个螺钉使头部卡在小孔上，防止其转动和轴向移动。倒挡中间齿轮空套在该轴上（不用滚针轴承），可轴向滑动，空挡时与输入轴和输出轴的倒挡齿轮不在同一平面上。

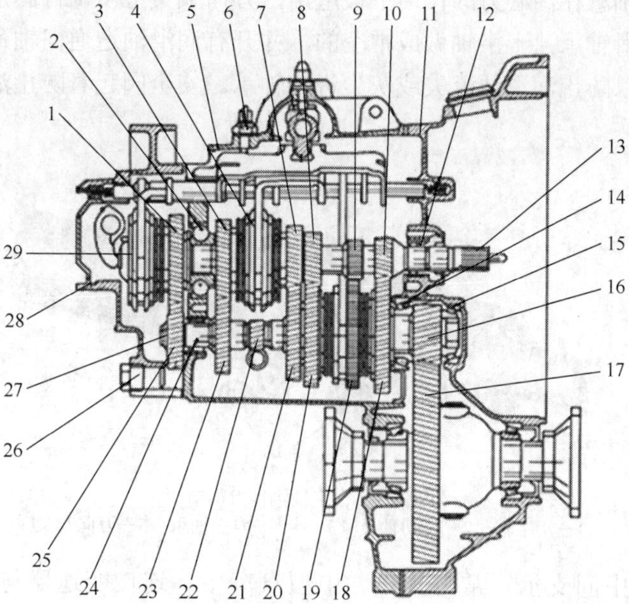

图 2.27　捷达轿车 02KA 型五挡变速器

1—输入轴五挡齿轮　2，12，14，15，27—轴承　3—输入轴四挡齿轮　4，29—结合套　5—变速器壳体　6—通气塞　7—输入轴三挡齿轮　8—输入轴二挡齿轮　9—输入轴倒挡齿轮　10—输入轴一挡齿轮　11—离合器壳体　13—输入轴　16—主减速器主动齿轮　17—主减速器从动齿轮　18—输出轴一挡齿轮　19—输出轴倒挡齿轮　20—输出轴二挡齿轮　21—输出轴三挡齿轮　22—车速里程表传动齿轮　23—输出轴四挡齿轮　24—输出轴　25—输出轴五挡齿轮　26—放油塞　28—后壳体

为了减少摩擦引起的零件磨损及功率损耗，须在壳体内注入润滑油。该结构采用飞溅润滑方式润滑各齿轮副、轴与轴承等零件的工作表面，因此后壳体上开有加油口，壳体底部有放油塞 26。油面高度即由加油口位置控制，一般应超过输出轴的中心线。工作时齿轮转动将润滑油甩起来，使变速器内部充满油雾和油滴，实现对各工作表面的润滑。为防止润滑油从输入轴与轴承盖之间的间隙流入离合器而影响其摩擦性能，在轴承盖内安装了油封总成，轴承盖内孔中有回油槽，可以防止漏油。为防止变速器工作时由于油温升高、气压增大而造成润滑油渗漏现象，在变速器壳体上面装有通气塞 6。

两轴式变速器各前进挡的动力均经过一对齿轮传动，因此，传动效率高，换挡迅速，操纵轻便，同时也减少了结合时齿轮的冲击与噪声。三轴式变速器与二轴式相比多了一根中间轴，也就是说各挡多了一对齿轮传动，三轴式因机械效率低、噪声变化大，故广泛应用于中、轻型货车上。

3．万向传动装置

万向传动装置一般由万向节和传动轴组成，有时还加有中间支承。其功用是能在轴间夹角及相互位置经常变化的转轴之间传递动力。

（1）万向节。万向节按其在旋转方向是否有明显的弹性和变形可分为刚性万向节和挠性万向节。其中刚性万向节中最常见的是十字轴万向节。十字轴万向节一般由一个十字轴、两个万向节和四个滚针轴承组成，允许相邻两轴的最大交角为 15°～20°。

十字轴万向节的基本构造如图 2.28 所示，万向节的两对孔通过四个滚针轴承分别与十字轴的两对轴颈相铰接。当主动轴旋转时，从动轴即可随之旋转，又可绕十字轴中心在任意方向摆动。为了防止轴承在离心力的作用下被甩出，万向节叉上用螺钉固定有轴承盖，并用锁紧垫锁紧，为了润滑轴承，十字轴做成中空的，并开有润滑油道通向轴颈。在十字轴的轴颈上套有毛毡油封，以防止润滑油流失或灰尘进入轴承。安全阀起着防止油压过高而使密封损坏的作用。

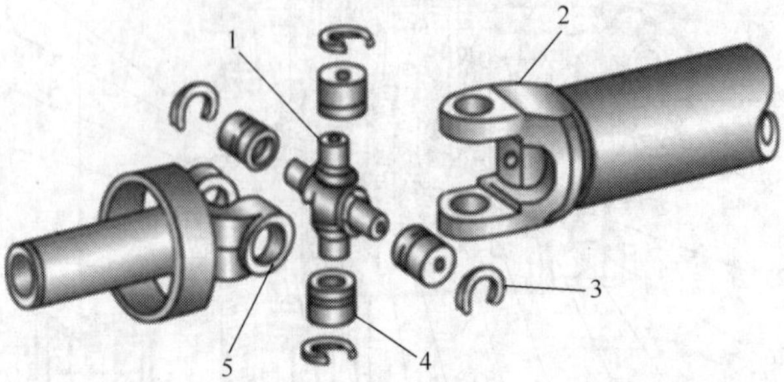

图 2.28　十字轴刚性万向节

1—十字轴　2—传动轴叉　3—卡环　4—轴承　5—万向节叉

（2）传动轴和中间支承。常见的轻、中型汽车中，连接变速器与驱动桥的传动轴部件由传动轴及其两端焊接的花键轴和万向节叉组成。为了得到较高的强度和刚度，传动轴多做成中空的，一般用厚度为 1.5～3.0mm 的厚度均匀的薄钢板卷焊而成。超重型货车的传动轴则直接采用无缝钢管。在转向驱动桥、断开式驱动桥或微型汽车的万向传动装置中，由于受到空间限制，常把传动轴做成实心轴。传动轴过长，自振频率降低，易产生共振，并且产生扭转变形。故将其分成两段并加装中间支承，前端称为中间轴，后端称为主传动轴。

中间轴前端焊有万向节叉，后端焊有花键轴，其上套装制有内花键的凸缘盘；主传动轴前端焊有花键轴，其上套装滑动叉并可在花键轴上轴向滑动，以适应汽车行驶时变速器与驱动桥相对位置的变化需要，滑动叉通过内花键可沿花键轴轴向滑动，使传动轴的长度可以改变，以适应变速器与驱动桥相对位置变化的需要。

4．驱动桥

驱动桥的功用主要是：将万向传动装置传来的发动机转矩传给驱动车轮，实现减速增矩；改变万向传动装置传给驱动轮的动力传递方向；实现两侧车轮的差速行驶，保证在需要时使两侧车轮可以以不同转速旋转。

根据桥壳与驱动轮的连接关系，驱动桥分为整体式和断开式两种。

整体式驱动桥采用非独立悬架。其驱动桥壳为一刚性的整体，驱动桥两端通过弹性悬架与车架相连，左右半轴始终在一条直线上，即两侧的半轴和驱动轮不可能在汽车横向平面内有相对运动，故称为整体式或非断开式驱动桥。

为了提高汽车行驶的平顺性和通过性，有些越野车、轿车的全部或部分驱动轮采用独立悬架，即两侧驱动轮分别通过弹性悬架与车架相连，两侧车轮可彼此独立地相对于车架或车身上下运动。而主减速器壳固定在车架或车身上，驱动桥壳制成分段并以铰链方式连接，这种驱动桥称为断开式驱动桥。

2.2.2 汽车行驶系统

行驶系统的功用有：把来自于传动系的扭矩转化为地面对车辆的牵引力；承受外界对汽车的各种作用力和力矩；减少震动，缓和冲击，保证汽车正常和平顺地行驶。

行驶系统的结构形式因行驶条件和车型的不同而有所差异。绝大多数的汽车采用轮式行驶系统。此外，还有履带式和水路两用式等。本节只介绍轮式行驶系统。

轮式行驶系统由车架、车桥、车轮和悬架四部分组成。

（1）车架。车架是整个汽车装配的基础，用于支撑、连接汽车的各零部件和总成，并承受来自车内、外的各种载荷。现代汽车绝大多数都装有独立的车架，只有部分轿车和一些大客车以车身兼起车架的作用，即将所有部件固定在车身上。这种车身称为承载式车身。汽车车架按其结构形式有以下几种类型：边梁式车架、中梁式车架以及综合式车架和承载式车身。

边梁式车架由两根位于两边的纵梁和若干根横梁组成，如图 2.29 所示。

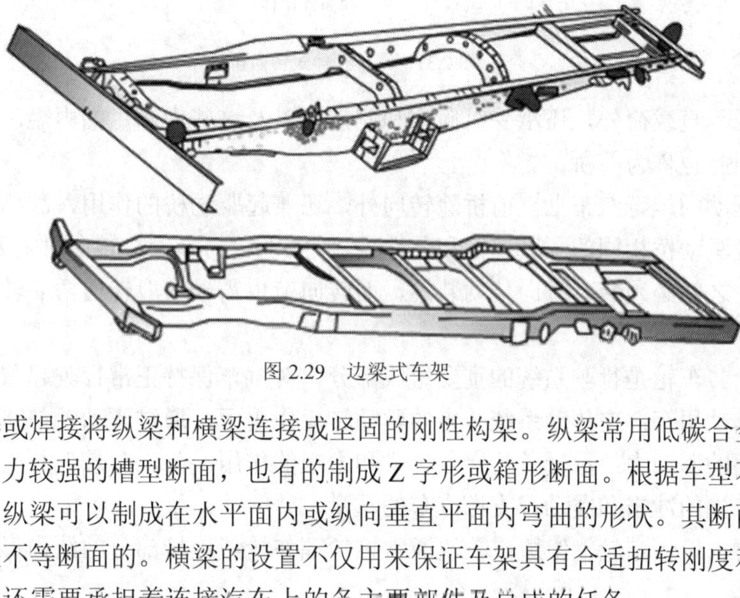

图 2.29 边梁式车架

通常用铆接或焊接将纵梁和横梁连接成坚固的刚性构架。纵梁常用低碳合金钢板冲压而成，采用抗弯能力较强的槽型断面，也有的制成 Z 字形或箱形断面。根据车型不同及总成结构布置的要求，纵梁可以制成在水平面内或纵向垂直平面内弯曲的形状。其断面可以是等断面的，也可以是不等断面的。横梁的设置不仅用来保证车架具有合适扭转刚度和承受一定的纵向载荷，而且还需要承担着连接汽车上的各主要部件及总成的任务。

中梁式车架如图 2.30 所示。这种梁的特点是中间由一根大断面的纵梁和副梁托架等组成，传动轴由中梁内孔通过，纵梁的前端做成叉形支架，用来安装发动机。它的优点是结构简单、部件的安装固定方便。缺点是扭转刚度小。

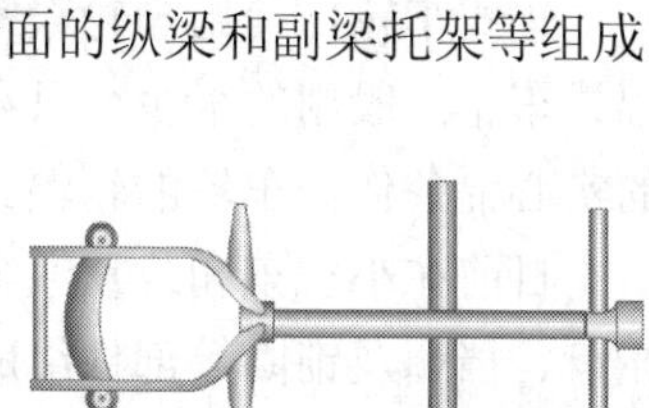

图 2.30 中梁式悬架

综合式车架是中梁式车架的变形。纵梁前部是边梁式的，用于安装发动机；中后部是中梁式的。

（2）车桥。车桥通过悬架和车架相连，它的两端安装车轮，其作用是传递车架与车轮之间各方向的作用力及其力矩。根据悬架结构的不同，车桥分为整体式车桥和断开式车桥两种。整体式车桥中部是刚性的实心或空心梁，它与非独立悬架配合使用；而断开式车桥则采用活动关节式结构，它与独立悬架配用。根据车桥上车轮的作用不同，车桥又可分为转向桥、驱动桥、转向驱动桥和支持桥四种类型。转向桥和支持桥属于从动桥，一般汽车多以前桥为驱动桥，后桥为驱动桥。

转向桥利用车桥中的转向节使车轮可以偏转一定角度，以实现汽车的转向。转向桥的结构如图 2.31 所示。

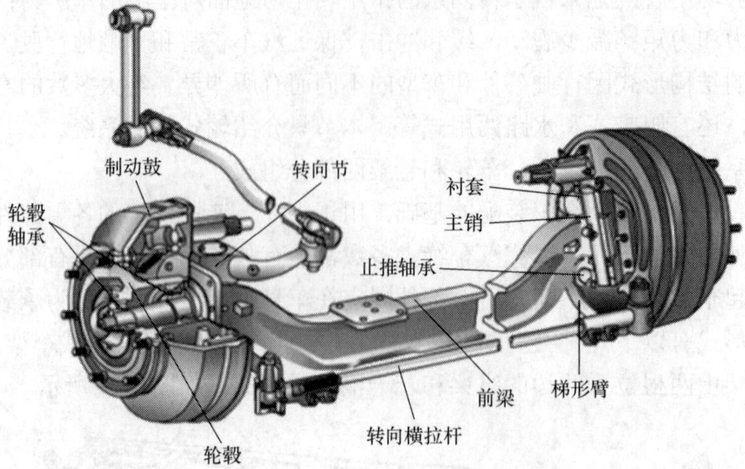

图 2.31　汽车整体式转向桥

它除承受垂直载荷外，还承受纵向力和侧向力以及这些力产生的力矩。转向桥通常位于汽车前部，因此也称为前桥。

在全轮驱动的越野汽车上，前桥除转向外，还兼起驱动桥的作用，故称为转向驱动桥。它有着和一般驱动桥相同的主减速器和差速器，但由于它的车轮在转向时需要转过一个角度，故半轴和车轮之间必须装有万向传动装置，而转向节也需较一般转向桥的转向节在结构上配以相应改变。

（3）车轮。车轮是行驶系统的重要组成部分，对汽车保持正常行驶起着重要作用，如图 2.32 所示。其功用有：在传动系统传来的驱动转矩作用下，通过驱动轮与路面附着作用力产生使汽车行驶的驱动力；承受并传递各种力和力矩的作用；与汽车悬架共同缓和、吸收由于路面不平所产生的冲击和震动；支撑汽车的重量。

车轮主要由轮辐和轮辋组成。车轮通常按轮辐与轮毂连接部分的结构形式分为辐式和盘式两种类型。

辐式车轮，使用与轮毂铸成一体的钢质空心辐条与轮辋连接，故也称铸钢式车轮，这种辐式车轮一般用的很少，只在载重量较大的载重汽车上才采用。但在有些轿车上也采用较细的实心辐条作为车轮的轮辐。

目前在小客车和载重汽车上广泛采用的是盘式车轮，即轮辐为一钢质圆盘，主要由轮辋、轮盘、挡圈及锁圈等部件组成。

现代汽车几乎都采用充气轮胎。轮胎由橡胶制成，安装在轮辋上，直接与地面接触。它的作用是：和汽车悬架共同缓和汽车行驶时所受到的冲击，以保证汽车有良好的乘坐舒适性和行驶平稳性；保证车轮和路面具有良好的附着性，以提高汽车牵引力、制动性和通过性；承受汽车的重力，并传递其他方向的力和力矩。

按轮胎内有无内胎，充气轮胎可分为有内胎轮胎和无内胎轮胎；按轮胎胎压的大小可分为高压胎、低压胎和超低压胎；按胎体中帘线的排列方式不同，可分为普通斜交胎、子午线胎及带束斜交胎。

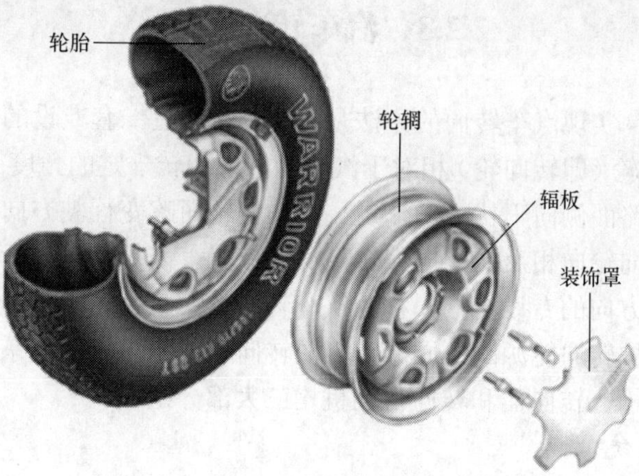

图 2.32　桑塔纳轿车辐板式车轮和轮胎

（4）悬架（见图 2.33）。悬架是车架与车桥之间一切连接和传力装置的总称。悬架的作用有：传递并承受各种力和这些力形成的力矩；缓和、消减由于路面不平所引起的冲击和振动，以保证汽车的正常行驶。

汽车悬架有各种不同的结构形式，但是一般都是由弹性元件、减震器和导向机构三部分组成。

当汽车在不平路面上行驶时，路面作用于车轮上的垂直反力是冲击性的，尤其是在坏路面上行驶时，这种冲击会很大。为了缓和冲击，车架与车桥之间需要做成弹性连接。但因弹性系统在受到冲击后将产生振动，这种振动会使驾驶员感到不舒服，故悬架还应具有减震作用，为此设置有专门的减震器。车轮相对于车架和车身跳动时，车轮的运动轨迹应符合一定的要求，否则对汽车的某些行驶性能有不利的影响，因此，悬架中某些传力构件同时还承担着使车轮按一定轨迹相对于车身和车架跳动的任务，即起到了导向的作用，故称导向机构。根据导向装置的形式，悬架又可分为非独立悬架、独立悬架两种，如图 2.33 所示。非独立悬架的特点是当一侧车轮在汽车横向平面内摆动时，必定会引起另一侧车轮的摆动，使车架和车身也随之摆动；独立悬架的特点是每一侧车轮单独地通过弹性悬架与车架相连，而且车桥制成断开式的。

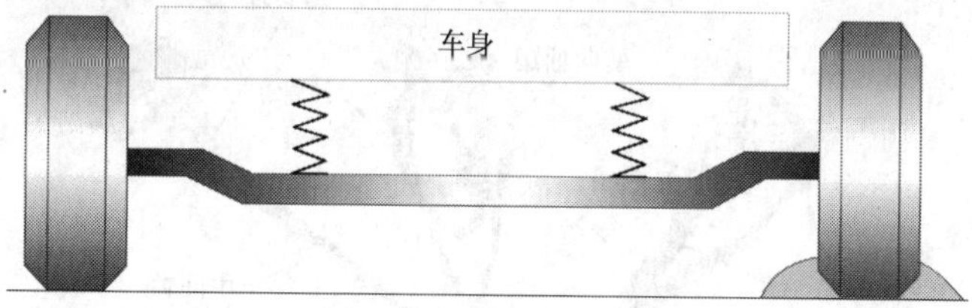

（a）非独立悬架

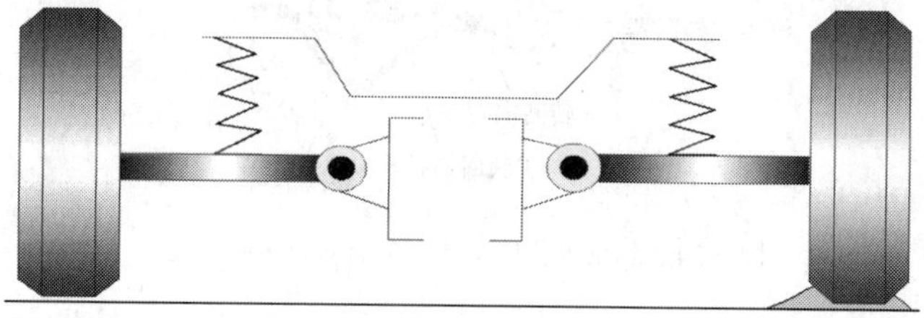

（b）独立悬架

图 2.33　悬架

2.2.3 汽车转向系统

就轮式汽车而言，实现汽车转向的方法是，驾驶员通过一套专设的机构，使汽车转向桥（一般是前桥）上的车轮（即转向轮）相对于汽车纵轴线偏转一定的角度。在汽车直线行驶时，往往转向轮也会受到路面侧向干扰力的作用，自动偏转而改变行驶方向。此时，驾驶员也可以利用这套机构使转向轮向相反的方向偏转，从而使汽车恢复原来的行驶方向。这一套用来改变或恢复汽车行驶方向的专设机构，称为汽车转向系统。

汽车转向系统可按转向能源的不同分为机械转向系统和动力转向系统两大类。汽车转向系一般由转向操纵机构、转向器和转向传动机构三大部分组成。

1. 机械转向系统

机械转向系统以驾驶员的体力作为转向能源，其中所有的传力件都是机械的，主要有转向操纵机构、转向器和转向传动机构三大部分组成。

当汽车转向时，驾驶员对转向盘施加一个转向力矩。该力矩通过转向轴和柔性联轴节输入转向器，再经左、右横拉杆传给固定于两侧转向节上的左、右转向节臂，使转向节和它所支撑的转向轮绕主销轴线偏转一定角度，实现转向。从转向盘到转向器之间的一系列零部件，均属于转向操纵机构。由转向器至转向节这一系列零部件（不含转向节），均属于转向传动机构。

2. 动力转向系统

动力转向系统是兼用驾驶员体力和发动机（或电动机）的动力作为转向能源的转向系统。在正常情况下，汽车转向所需的能量只有一小部分由驾驶员提供，而大部分能量由发动机（或电动机）通过转向加力装置提供。但在转向加力装置失效时，一般还应当能由驾驶员独立承担汽车转向任务。因此，动力转向系统是在机械转向系统的基础上加设一套转向力装置而形成的。

对最大总质量在 50t 以上的重型汽车而言，一旦动力转向装置失效，驾驶员通过机械传动系统加于转向节的力远不足以使转向轮偏转而实现转向。故这种汽车的动力转向装置应当特别可靠。动力转向装置如图 2.34 所示。

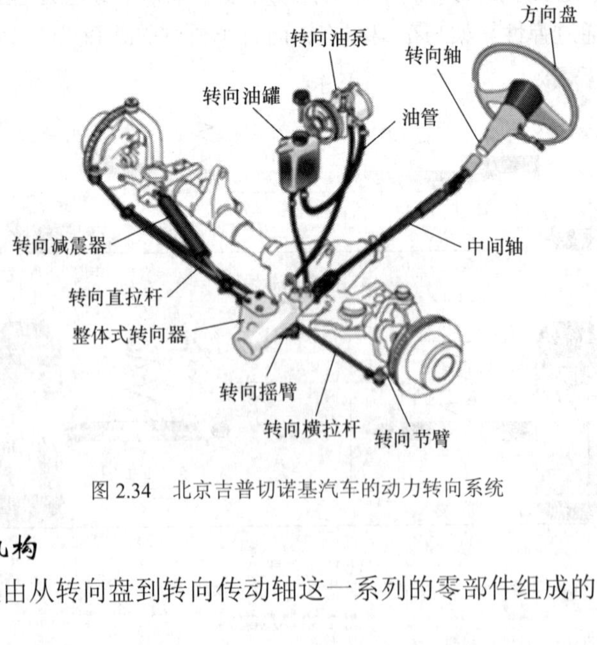

图 2.34 北京吉普切诺基汽车的动力转向系统

3. 转向操纵机构

转向操纵机构是由从转向盘到转向传动轴这一系列的零部件组成的。

（1）转向盘。转向盘由轮缘、轮辐和轮毂组成。轮辐一般为三根辐条或四根辐条，也有用两根辐条的。转向盘轮毂孔具有细牙内花键，借此与转向轴连接。转向盘内部由成型的金属骨架构成，骨架外面一般包有柔软的合成橡胶或树脂，也有的包皮革，这样可有良好的手感，而且还可以防止手心出汗时握转向盘打滑。

当汽车发生碰撞时，从安全性考虑，不仅要求转向盘应具有柔软的外表皮，可起缓冲作用，而且还要求转向盘在撞车时，其骨架能产生变形，以吸收冲击能量，减轻驾驶员的受伤程度。

转向盘上都装有喇叭按钮，有些轿车的转向盘上还装有车速控制开关和撞车时保护驾驶员的安全气囊装置。

（2）转向轴和转向柱管及其吸能装置。转向轴是连接转向盘和转向器的传动件，用以传递它们之间的转矩。转向柱管安装在车身上，支撑着转向盘。转向轴从转向柱管中穿过，支撑在柱管内的轴承和衬套上。对于轿车除要求装有吸能式转向盘外，还要求转向柱管必须装备能够缓和冲击的吸能装置。转向轴和转向柱管的吸能装置有多种形式，其基本结构原理是：当转向轴受到巨大冲击而产生轴向位移时，应使支架或某些支撑件产生塑性变形，从而吸收冲击能量。

4．转向器

转向器是转向系统中的减速传动装置，一般有 1～2 级减速传动副。根据传动副的结构形式不同，转向器可以分为很多种类，目前在汽车上广泛采用的有齿轮齿条式、循环球-齿条齿扇式以及循环球-曲轴指销式等几种，如图 2.35 所示。

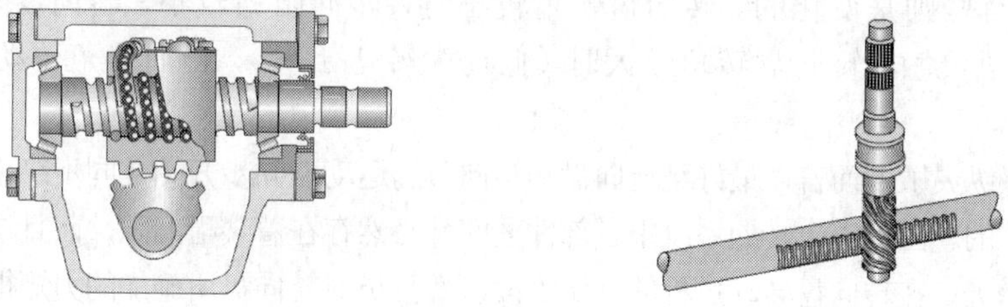

（a）循环球式转向器　　（b）齿轮齿条式转向器

图 2.35　转向器种类

转向器的输出功率与输入功率之比称为转向器传动效率。在功率由转向轴输入，由转向传动机构输出的情况下求得的传动效率称为正效率；而传动方向与上述相反时求得的效率则称为逆效率。逆效率很高的转向器很容易将经转向传动机构传来的路面反力传到转向轴和转向盘上，故称为可逆式转向器。

逆效率很低的转向器称为不可逆式转向器。不平路面对转向轮的冲击载荷输入到这种转向器，即由其中各传动零件（主要是传动副）承受，而不会传到转向盘上。同样，路面作用于转向轮上的回正力矩也不能传到转向盘，使转向轮不可能自动回正。

逆效率略高于不可逆式的转向器称为极限可逆式转向器。其反向传力性能介于可逆式和不可逆式之间，接近于不可逆式。

现代汽车上一般不采用不可逆式转向器。经常在良好的路面上行驶的汽车多采用可逆式转向器。极限可逆式转向器多用于中型以上越野汽车和矿用自卸汽车。

5．转向传动机构

转向传动机构的功用是将转向器输出的力和运动传到转向桥两侧的转向节，使转向轮偏转，并使两转向轮偏转角按一定关系变化，以保证汽车转向时车轮与地面的相对滑动尽可能小。

转向传动机构主要包括：转向摇臂、转向直拉杆、转向节臂和转向梯形。在前桥仅为转向桥的情况下，由转向横拉杆和左、右梯形臂组成的转向梯形一般布置在前桥之后。当转向轮处于与汽车直线行驶状态相对应的中立位置时，梯形臂与横拉杆在与道路平行的平面（水平平面）内的交角大于90°。在发动机位置较低或转向桥兼充驱动桥的情况下，为避免运动干涉，往往将转向梯形布置在前桥之前。

6．转向系统的传动比和转向盘自由行程

转向盘的转角增量与相应的转向摇臂转角增量之比称为转向器角传动比。转向摇臂转角增量与转向盘一侧的转向节相应的转角增量之比称为转向传动机构角传动比。转向盘转角增量与同侧转向节相应转角增量之比则为转向系统角传动比。两个转向轮受到的转向阻力与驾驶员作用在转向盘上的手力之比称为转向系统的力传动比，它与角传动比成正比。

转向系统角传动比越大，则为了克服一定的地面转向阻力矩所需作用在转向盘上的转向力矩便越小，从而在转向盘直径一定时，驾驶员作用于转向盘的手力也越小。但角传动比过大，将导致转向操纵不够灵敏，即为了得到一定的转向节偏转角所需的转向盘转角过大。所以，选取角传动比时应当兼顾转向省力和转向灵敏的要求。

一般汽车的转向传动机构角传动比大约为 1。货车的转向器角传动比为 16:32，轿车为 12:20。由此可知，转向系统角传动比主要取决于转向器角传动比。有些转向器的角传动比是常数，有些则是变化的。转向盘转角较小时，转向阻力较小，转向器角传动比小一些可以使转向盘灵敏；转向盘转角较大时（低速大转弯工况），转向器角传动比应大一些，保证转向轻便。

单从转向操纵灵敏度而言，最好是转向盘和转向节的运动能同步开始并同步终止。然而，这在实际上是不可能的。因为整个转向系统中各部件之间都必然存在着装配间隙，而且这些间隙会随着零件的磨损而增大。在转向盘转动过程的开始阶段，驾驶员对转向盘所施加的力矩很小，只是用来克服转向系统内部的摩擦，使各传动件开始运动直到间隙完全消除。故可以认为这一阶段是转向盘空转阶段。此后，才需要对转向盘施加更大的转向力矩以克服作用在车轮上的转向盘力矩，从而实现各转向轮的偏转。转向盘在空转阶段的角行程称为转向盘自由行程。转向盘自由行程对于缓和路面冲击及避免使驾驶员过度紧张时有利的，但不宜过大，否则将使转向灵敏性能下降。一般说来，转向盘从相应于汽车直线行驶的中间位置向任一方向的自由行程最好不超过10°～15°。当零件磨损严重到使转向盘自由行程超过25°～30°时，必须进行调整。

2.2.4　汽车制动系统

使行驶中的汽车减速甚至停车，使下坡行驶的汽车的速度保持稳定，以及使已停止的汽车保持不动，这些作用统称为汽车制动。

对汽车起到制动作用的是在汽车上、其方向与汽车行驶方向相反的外力。作用在行驶汽车上的滚动阻力、上坡阻力、空气阻力都能对汽车起制动作用，但这些外力的大小都是随机的、不可控制的。故汽车上必须装设一系列专门装置，以便驾驶员能根据道路和交通等情况，借以使外界（主要是路面）在汽车某些部分（主要是车轮）施加一定的力，对汽车进行一定程度的强制制动。这种可控制的对汽车进行制动的外力称为制动力。这样一系列专门装置即称为制动系统。

1. 制动系统的组成

任何制动系统都具有以下4个基本组成部分。

① 供能装置包括供给、调节制动所需能量以及改善传能介质状态的各种部件。其中产生制动能量的部分称为制动能源。人的肌体也可以作为制动能源。

② 控制装置包括产生制动动作和控制制动效果的各种部件。

③ 传动装置包括将制动能量传输到制动器的各个部件。

④ 制动器是指产生阻碍车辆的运动或运动趋势的力（制动力）的部件，其中也包括辅助制动系统中的缓速装置。

较为完善的制动系统还具有制动力调节装置以及报警装置、压力保护装置等附加装置。

2. 制动系统的类型

按制动系统的功用分类如下。

① 行车制动系统，即使行车中的汽车减低速度甚至停车的一套专门装置。它是在行车过程中经常使用的。

② 驻车制动系统，即使已停使的汽车驻留原地不动的一套装置。

③ 第二制动系统，即在行车制动系统失效的情况下保证汽车仍能实现减速或停车的一套装置。在许多国家的制动法规中规定第二制动系统也是汽车必须具备的。

④ 辅助制动系统，即在汽车下长坡时用以稳定车速的一套装置。

按制动系统的制动能源分类如下。

① 人力制动系统指以驾驶员的肌体作为唯一的制动能源的制动系统。

② 动力制动系统是指完全靠由发动机的动力转化而成的气压或液压形式的使能进行制动的制动系统。

③ 伺服制动系统是指兼用人力和发动机进行制动的制动系统。

3. 制动系统的工作原理

一般制动系统的工作原理如图2.36所示。

一个以内圆柱面为工作表面的金属制动鼓固定在车轮轮毂上，随车轮一同转动。在固定不变的制动底板上有两个支承销，支撑着两个弧形制动蹄的下端。制动蹄的外圆柱面上装有摩擦片。制动底板上还装有液压制动轮缸，用油管与装在车架上的液压制动主缸相连通。主缸活塞可由驾驶员通过制动踏板机构来操纵。

制动系统不工作时，制动鼓的内圆柱面与制动蹄摩擦片的外圆柱面之间保持一定的间隙，使车轮和制动鼓可以自由旋转。

要使行驶中的汽车减速，驾驶员应踩下制动踏板，通过推杆和主缸活塞，使制动主缸内的油液在一定压力的作用下流入轮缸，并通过两个轮缸活塞推动两制动蹄绕支承销转动，使其摩擦片压紧在制动鼓的内圆柱面上。这样，不旋转的制动蹄就对旋转着的制动蹄作用一个摩擦力矩，其方向与车轮旋转方向相反。制动鼓将该力矩传到车轮后，由于车轮与路面间有附着作用，车轮对路面作用一个向前的周缘力，同时路面也对车轮作用着一个向后的反作用力，即制动力。制动力由车轮经车桥和悬架传给车架及车身，迫使整个汽车产生一定的减速度。制动力越大，则汽车减速度也越大。当放开制动踏板时，制动蹄回位弹簧即将制动蹄拉回原位，摩擦力矩和制动力矩小时，制动作用即行终止。

显然，阻碍汽车运动的制动力不仅取决于制动力矩，还取决于轮胎与路面间的附着条件。如果完全丧失附着，则这种制动系统不可能产生制动汽车的效果。

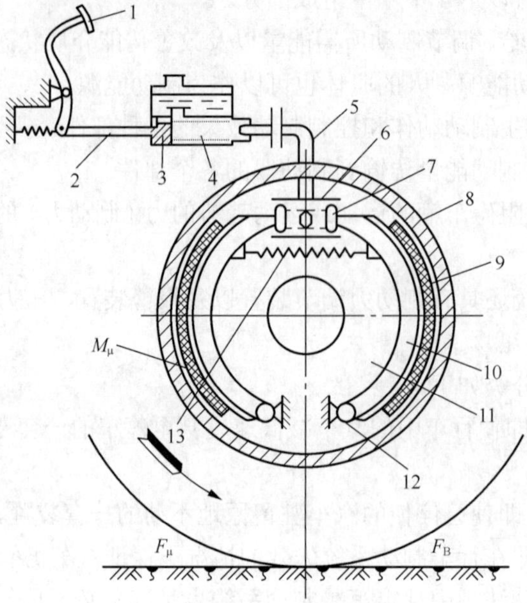

图 2.36　制动系统工作原理示意图

1—制动踏板　2—拉杆　3—主缸活塞　4—制动主缸　5—油管　6—制动轮缸　7—轮缸活塞　8—制动鼓　9—摩擦片　10—制动蹄　11—制动底板　12—支承销　13—制动蹄回位弹簧

4．制动器

由制动鼓、带摩擦片的制动蹄等构成的对车轮施加制动力矩（摩擦力矩）以阻碍其转动的部件，称为制动器。制动器是制动系统中用以产生阻碍车辆运动或运动趋势的力的部件，一般制动器都是通过其中的固定元件对旋转元件施加制动力矩，使后者的旋转角速度降低，同时依靠车轮与路面的附着作用，产生路面对车轮的制动力，以使汽车减速。

各类汽车所用的摩擦制动器可以分为鼓式和盘式两大类。前者摩擦副中的旋转元件为制动鼓，其工作表面为圆柱面；后者的旋转元件则为圆盘状的制动盘，以端面为工作表面。

旋转元件固装在车轮或半轴上，即制动力矩分别直接作用于两侧车轮上的制动器，称为车轮制动器。旋转元件固装在传动系统的传动轴上，其制动力矩需经过驱动桥再分配到两侧车轮上的制动器，称为中央制动器。车轮制动器一般用于行车制动，也有兼用于第二制动（或应急制动）和驻车制动的。中央制动器一般只用于驻车制动和缓速制动。

（1）鼓式制动器。以液压制动轮缸作为制动蹄促动装置的制动器称为轮缸式制动器，如图 2.37 所示。

此外，还有凸轮促动装置的凸轮式制动器和用楔促动装置的楔式制动器等。鼓式制动器有内张型和外束型两种。前者的制动鼓以内圆柱面为工作表面，在汽车上应用广泛；后者制动鼓的工作表面则是外圆柱面，目前只有极少数汽车用驻车制动器。内张型鼓式制动器都采用带摩擦片的制动蹄作为固定元件。位于制动鼓内部的制动蹄在一端承受促动力时，可绕其另一端的支点向外旋转，压靠到制动鼓内圆柱面上，产生摩擦力矩（制动力矩）。凡对蹄端加力使蹄转动的装置，均称为制动蹄促动装置。

（2）盘式制动器。盘式制动器摩擦副中的旋转元件是以端面工作的金属圆盘，此圆盘称为制动盘。其固定元件有多种结构形式，大体上可分为两类。一类是工作面积不大的摩擦块与其金属背板组成的制动块，每个制动器中有 2～4 个。这些制动块及其促动装置都装在横跨制动盘两侧的夹钳形支架中，总称为制动钳。这种由制动盘和制动钳组成的制动器，称为钳盘式制动器。另一类固定元件的金属背板和摩擦片也呈圆盘形，但其制动盘的全部工作面可同时与摩擦片接触，故该类制动器称为全盘式制动器，如图 2.38 所示。

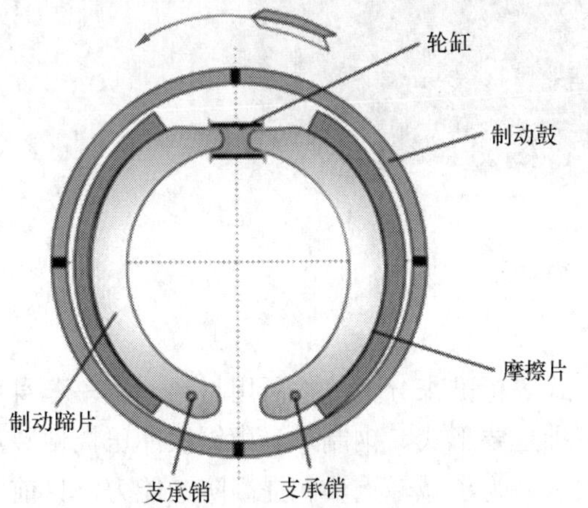

图 2.37　鼓式制动器

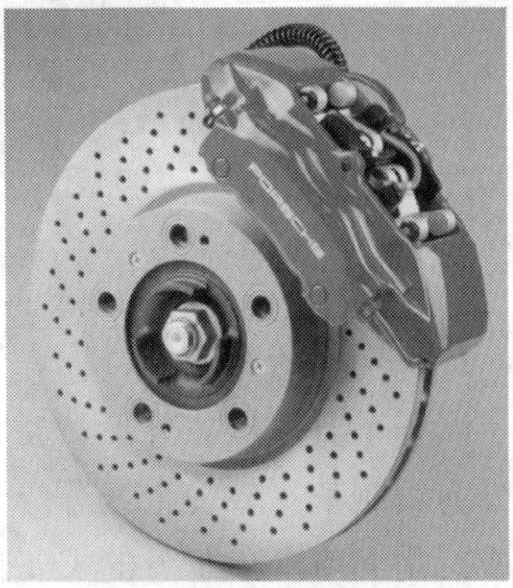

图 2.38　盘式制动器

钳盘式制动器过去只用做中央制动器，目前已越来越多地被各级轿车和货车用做车轮制动器。全盘式制动器只有少数汽车（主要是重型汽车）用做车轮制动器，个别情况作为缓速器。

盘式制动器与鼓式制动器相比，有以下优点：一般无摩擦助势作用，因此制动器效能受摩擦系数的影响较小，即效能较稳定；浸水后效能降低减少，而且只需经一两次制动即可恢复正常；在输出制动力矩相同的情况下，尺寸和质量一般较小；制动盘沿厚度方向的热膨胀量极小，不会像制动鼓的热膨胀那样使制动间隙明显增加而导致制动踏板行程过大；较容易实现间隙自动调整，其他维修作业也较简便。

盘式制动器的不足之处是：效能较低，故用于液压制动系统时所需制动促动管路压力较高，一般要用伺服装置；兼用于驻车制动时，需要加装的驻车制动传动装置较鼓式制动器复杂，因而在后轮上的应用受到限制。

目前，盘式制动器已广泛应用于轿车，但除了在一些高性能轿车上用于全部车轮以外，大都只用做前轮制动器，而与后轮的鼓式制动器配合，以期获得汽车在较高车速下制动时的方向稳定性。

在货车上，盘式制动器目前也采用不少，但离普及还有一定的距离。

2.2.5　汽车车身

1．车身的功用与组成

汽车车身是容纳乘客、货物和驾驶员工作的场所。车身应具备使乘客或货物免受尘土、雨雪、振动、噪声、废气侵蚀以及为驾驶员提供工作便利的条件。车身上的一些结构措施和设备还有助于行车安全和减轻事故的后果。

车身的造型还应能保证有效地引导周围的气流，以减少空气阻力和燃料消耗，且有助于提高汽车行驶稳定性和改善发动机冷却条件，保证车身内部通风良好。

汽车车身主要包括：车身壳体、车门、车窗、前、后板制件、车身附件、车身内外装饰件、座椅、通风、暖气、冷却和空调装置等，如图 2.39 所示。

图 2.39　汽车车身

2. 车身的结构分类

汽车车身可以按外形、材料、用途、承载方式等标准来分类。按所用材料，汽车车身可以分为钢制车身、轻金属车身和复合材料车身三种主要形式。钢制车身由钢板冲压板件装焊而成，是当前汽车车身的主要形式，适于大量生产。为了减轻重量和提高防蚀能力，目前大量使用高强度低合金钢板和镀锌钢板。轻金属车身主要采用铝板，但一般只是部分采用，多用于赛车和特种车辆。复合材料车身采用纤维增强塑料作为车身板件，具有耐蚀、质轻、强度好的特点，但目前受限于生产效率，只适于小批生产，多用于特种汽车。

现代车身结构基本上可以分为三大形式，即无独立车架的承载式车身和有独立车架的非承载式车身以及半承载式车身。

（1）非承载式车身。非承载式车身要配用独立车架，车身带有车架会增加整车的重量，车架的存在还限制了车身底板的降低，这是非承载式车身的缺点。但是，采用这种结构的汽车传动系和悬架装置都是通过橡胶隔振垫同车架柔性连接的，同时车身同车架之间也是通过车身悬置的结构弹性连接的，可以在很大程度上减少传动系和悬架传给车身的振动和噪声，因此乘坐舒适性好，撞车时由车架承担主要的碰撞载荷，乘客也较为安全。同时汽车底盘的生产和装配也较为容易，这是非承载式车身的优点。

（2）承载式车身。承载式车身参与承载，没有独立的悬架，由车身底板及其增强件起车架的作用，车身底板与上部车身装焊成一个质轻、刚性好的整体结构。和非承载式车身相比，承载式车身质心低、质量轻，车内空间也较为宽裕，同时还减少了制造成本。但是这种车身也有明显的缺点，由于汽车的悬架和传动系直接装在车身上，这样的悬架和传动系的工作噪声和振动会直接传入车内，受到撞击时的安全性和可修复性也不如非承载式车身。

（3）半承载式车身。这种车身的结构特点是车身通过焊接、铆接或螺钉与车架刚性连接。在这种情况下，车架仍然是承受各个总成的载荷的主要构件，但车身还在一定程度上有助于加固车架，分担车架所承受的一部分载荷。

3. 车门、车窗及附件

车门是车身上重要的部件之一，它用门铰链安装在车身上。车门的开度应保证在倾斜路面上车门能顺利打开。另外，车门的安装位置可与车身主体的曲面相匹配。

车门按其开启方式可分为顺开式、逆开式、水平移动式、折叠式和上掀式等几种。

（1）顺开式和逆开式车门。顺开式车门在汽车行驶时有借助气流自动关闭车门的趋势，这种方式既安全又便于驾驶员倒车时向后观察，因此被广泛采用。逆开式车门在行车中若关闭不严，有被迎面气流冲开的危险，以致破坏汽车的安全性，故较少采用（一般是为了改善上、下车方便性及适应迎宾礼仪需要才被使用）。

（2）水平移动式车门。这种车门开启时用上、中、下三道滑轨控制车门运动，可像拉窗或拉门那样横向滑开，也有靠转臂摆出的转动式。优点是开启时占用空间小，当车身侧壁与障碍物距离较小时仍能全部开启。

（3）折叠式车门。这种车门广泛用于大、中型客车上。

（4）上掀式或飞翼式车门。该种车门广泛用于轿车及小型客车、救护车等的后门，也可用于低矮汽车的前门。

车门借铰链安装在车身壳体上。由于在汽车行驶时，车身壳体将产生反复扭转变形，因此车门与门框之间应有较大的间隙，以防止相互摩擦产生噪声，其间隙靠橡胶密封条来密封。

轿车、货车驾驶室的车门以及客车驾驶员出入的车门通常由门外板、门内板和窗框（有的车上还装有三角窗）等组成。门外板安装门锁外手柄，门内板是各种附件的安装基体，其上装有门铰链、升降玻璃及其导轨、玻璃升降机、门锁、车门开度限位器等附件。有的轿车门内还布置暖气通风管和立体声收音机的扬声器等。

有的客车为保证车门安全，将车门的开闭与制动器联动，如果车门未关好，车辆便处于制动状态，发动机也处于怠速状态，且蜂鸣器鸣响，告知驾驶员采取措施。

不同部位的车窗通常采用不同形状和不同材质的玻璃。

汽车的前、后车窗通常采用有利于视野而又美观的曲面玻璃。现代汽车前车窗广泛采用较安全的夹层玻璃。若采用普通玻璃，则车窗玻璃在撞车打碎时会刺伤驾驶员。树脂状车窗打碎时虽然很安全，但车窗上容易产生划痕，光反射紊乱，像磨花玻璃那样影响视野。若采用钢化玻璃，则当尖锐物刺伤其某一部分时，整张玻璃会出现裂纹，玻璃的裂纹非常细密，会使人丧失视野。因此，车前窗多采用夹层玻璃。夹层玻璃中间夹有树脂薄膜，具有较高冲击强度，受冲击后只产生蜘蛛网状的裂纹，不像钢化玻璃那样丧失视野。中间的树脂薄膜可防止玻璃碎片的飞溅，减少了玻璃打坏后乘员被刺伤的二次伤害。后车窗可用钢化玻璃。汽车前、后车窗均为固定式，用橡胶密封嵌条在窗框上或用专用的黏合剂粘贴在窗框上。

为了便于自然通风，汽车的侧窗玻璃通常可上下或前后移动。上下移动时，在车门内安装有手动或电动玻璃升降器。手动升降器是用手摇动车门内侧的手柄，使玻璃升降机工作的。电动升降机的内部装有小型电机，通过开关操作即可开闭车窗。具有完善的冷暖气、通风空调的高级客车，侧窗玻璃通常不可移动，以提高车身的密封性。在玻璃与导轨之间装有呢绒或植绒橡胶等材料的密封槽。某些汽车的侧窗还采用有利于汽车布置的圆柱形玻璃。侧窗玻璃采用茶色或隔热层可使室内保温并具有宁静的舒适感。

4. 车身内部装置

（1）座椅。在车内装备中，座椅是最引人注目的装置，人们往往很重视它的造型。从乘坐舒适性和保证驾驶等人体工程学来看，它是重要的装置。

座椅最重要的作用是支撑驾驶员和乘客的身体。为了在汽车减速时不使身体向前移，座椅的前方设计得稍高一些。尤其是注重运动型的汽车，应采用将身体深深包起的凹背式座椅。

在不改变姿势长时间乘坐时，往往认为驾驶员座椅柔软些好。但在座椅适合自己体形的前提下，表面硬一些的座椅不容易使人产生疲劳。而与自己体形不符的座椅会压迫身体的某一部分，使疲劳成倍增加，严重时会感到疼痛。

根据汽车的形式，后排座椅性能的要求不同，高级车重视后座椅的舒适性。

座椅表面最好使用不光滑的、柔软的以及吸湿性良好的材料。以前的轿车大多采用乙烯面人造革作蒙皮的座椅。虽然这种蒙皮具有成本低及用抹布即可清理的优点，但它的吸湿性不好，缺乏质感，现在只用于客车或商用低价车。

羊绒织物等布制座椅蒙皮是现代轿车使用比较多的材料。虽然有的材料存在着容易起毛、不便于清理的问题，但它具有柔软感及吸湿性好的优点。

高级轿车采用真皮座椅，其质感最佳。但是它在使用中不容易护理，日光长时间照射会损伤皮革。

（2）仪表及附件。汽车仪表是驾驶员通过视觉了解汽车工作状态的必备部件，其种类很多，大致分为读取数值的仪表（如车速表）和判断车况是否正常的仪表（或装置）。这些仪表安装在驾驶员最容易看见的驾驶员座椅对面的仪表盘上。

主要仪表及其附件的作用如下。

① 速里程表。它由指示汽车行驶速度的车速表和记录汽车所行使过的距离的里程表组成，它们装在一个共同的壳体中，由同一根轴驱动或由车速脉冲计数。

② 速报警装置。它是为了保证行车安全而在车速表内设置的音响报警系统。

③ 油压力表。它是在发动机工作时指示发动机润滑系统主油道中机油压力大小的仪表。

④ 油低压报警装置。其作用是当发动机润滑系统主油道中的油压值低于正常值时发出报警信号。机油低压报警装置由装在仪表盘上的机油低压报警灯和装在发动机主油道上的油压传感器组成。

⑤ 燃油表。其作用是指示汽车燃油箱内存油量的相对体积数。

⑥ 燃油低油面报警装置（即燃油液位报警灯）。其作用是当燃油箱内的燃油量少于某一规定值时立即发出报警，以引起驾驶员的注意。

⑦ 水温表。其功能是指示发动机水套内冷却液的工作温度。

⑧ 水温报警灯。该灯能在冷却液温度升高到接近沸点（如 95℃～98℃）时发亮，以引起驾驶员的注意。

2.2.6 汽车电气设备

汽车电器及电子设备主要有照明与信号系统、辅助电气设备以及安全气囊系统、巡航控制系统、电子防盗报警系统等。

1. 照明与信号系统

照明与信号系统是汽车安全行驶的主要装置，根据其作用可分为照明系统、灯光信号系统、声响报警装置等。

照明系统由前照灯、雾灯、倒车灯、牌照灯和内部照明灯组成。

① 前照灯。前照灯的用途是照亮前方的道路和物体，确保夜晚行车安全。同时还可利用远光、近光交替变换作为夜间超车、会车信号。要求前照灯应能保证提供车前 100m 以上的

路面明亮、均匀照明，并且不应对迎面来车的驾驶员造成炫目。前照灯按结构形式分为半封闭式和封闭式两种类型。

② 雾灯。雾灯用于雾天、下雨、下雪或尘土弥漫等能见度较低的情况下，作为道路照明和为迎面来车及后面来车提供信号。前雾灯安装在前照灯附近或比前照灯稍低的位置，灯光光色为黄色。后雾灯采用单只时，应安装在车辆纵向平面的左侧，灯光光色为红色。

③ 倒车灯。倒车灯用于倒车时汽车后方道路照明和警告其他车辆和行人，兼有灯光信号装置的功能。倒车灯装在汽车尾部，灯光光色为白色。

④ 牌照灯。牌照灯用于照亮车辆牌照，要求夜间在车后 20m 处能看清牌照号码。牌照灯装在汽车尾部牌照上方，灯光光色为白色。

⑤ 内部照明灯。它由顶灯、仪表灯、踏步灯、工作灯、行李箱灯组成，主要是为驾驶员、乘客提供方便。灯光光色为白色。

2. 灯光信号系统

灯光信号系统由转向信号灯、危险报警信号灯、制动灯、示廓灯、后位灯组成。

① 转向信号灯。转向信号灯装在汽车的前后左右四角，其用途是在车辆转向、路边停车、变更车道或超车时，发出明暗交替的闪光信号，给前后车辆、行人提供行车信号。

② 危险报警信号灯。危险报警信号灯的用途是车辆遇到紧急危险情况时同时点亮前后左右转向灯以发出警告信号。

③ 制动灯。制动灯是指示车辆的制动或减速信号。制动灯安装在车尾两侧，两制动灯应与汽车的纵轴线对称并在同一高度上，制动灯的灯光光色为红色，应保证白天 100m 距离可见。

④ 后位灯。后位灯装于汽车后部，其作用是在夜间行车时指示车辆的位置，后位灯的灯光光色多为红色。

3. 声响信号装置

声响信号装置由电喇叭和倒车警告装置组成。

① 电喇叭。电喇叭的作用是警告行人和其他车辆。汽车电喇叭有筒型、螺旋型和盆型等不同结构形式。由于盆型电喇叭具有结构简单、尺寸小、重量轻、声束的指向性好等特点，因此在汽车上普遍采用。

② 倒车警告装置。倒车警告装置由倒车蜂鸣器和倒车灯组成，其作用是倒车时发出灯光和音响信号，警告车后行人和车辆。

4. 汽车辅助电气设备

在现代汽车上，除前面所述的基本的电气设备外，还增设了一些辅助电气设备，随着汽车技术的发展，辅助电气设备日益增多。

电动刮水器由微型直流电动机驱动，通过联动机构驱动风窗玻璃外表面上的刮水片来回摆动，以清除风窗玻璃上的雨雪或污物。

风窗洗涤器由洗涤器电动机、洗涤器水泵、水管和喷嘴等组成，洗涤电动机为永磁式微型电动机，洗涤器水泵的叶片转子固定在水泵轴上，水泵轴用联轴节与洗涤器电动机轴连接。出水管用胶管分别与发动机罩上的四个喷嘴连接。当接通洗涤器电动机电枢电流时，电枢绕组便在永久磁铁产生的磁场中受力旋转。电枢轴转动时，通过联轴节驱动水泵轴上的泵转子一同旋转，泵转子便将储液罐内的洗涤剂泵入出水软管，并经风窗玻璃前端的喷嘴喷向风窗玻璃。与此同时，刮水器同步工作，刮水片同时摆动，从而清除风窗玻璃上的污物。

5. 汽车空调

(1) 汽车空调的组成。制冷系统，其功能是对客厢内空气或进入客厢的新鲜空气进行冷却或除湿；暖风系统，其功能是对客厢内空气或进入客厢的新鲜空气进行加热和除湿；通风系统，其功能是将外部新鲜空气引进客厢内，进行通风和换气；空气净化装置，其功能是除去客厢内空气中的尘埃、异味，使空气清洁。

(2) 汽车空调的类型。按空调压缩机驱动方式分为独立式空调和非独立式空调。按空调功能分为单一功能型和冷暖型两种。单一功能型是将制冷系统、暖风系统、强制通风系统各自独立安装，独立操作，一般应用于大型客车和载货汽车上。

(3) 汽车空调系统的制冷循环工作过程。

① 压缩过程。空调压缩机将低温低压的制冷剂（蒸汽）从蒸发器中吸入，并加压成高温高压的蒸汽输入冷凝器。

② 放热过程。进入冷凝器中高温高压的蒸汽，在冷却水和冷却风扇的作用下，将热量散发到空气中，使制冷剂冷凝变成高压液态。

③ 节流膨胀过程。高压液态制冷剂经膨胀阀节流后进入蒸发器膨胀成气体，压力和温度下降。

④ 吸热制冷过程。蒸发器中的制冷剂在蒸发过程中从周围的空气中吸收大量的热量，使周围的空气得到冷却，用鼓风机将空气经蒸发器吹入客厢，得到凉爽的冷风。

(4) 汽车空调操作系统。在中、高级轿车上普遍采用手动或全自动空调控制系统。手动空调控制系统由驾驶员拨动空调面板的各种功能键进行控制。全自动空调控制系统采用微机控制，根据输入的温度、送风模式和车内温度传感器、车外温度传感器、冷却液温度传感器等信号进行自动控制。

6. 安全气囊系统

(1) 安全气囊系统的作用。安全气囊系统（SRS）可提高汽车的安全性。当车辆发生意外碰撞时，若碰撞冲击力超过规定限度，位于转向盘的驾驶员气囊和乘客前侧的乘客气囊引爆张开，缓冲驾驶员和前乘员的碰撞冲击，保护驾驶员和前乘员的安全。

(2) 安全气囊系统的组成。电子式安全气囊系统主要由碰撞传感器（或称碰撞识别传感器）、SRS 控制单元、安全气囊组件及 SRS 故障指示灯等组成。碰撞传感器检测车辆碰撞强度，电控单元具有控制安全气囊引爆和故障自诊断等功能。当碰撞速度达到规定限度（美国 13～23km/h，欧洲及日本为 12～32km/h）时，电控单元控制安全气囊引爆。当系统出现故障时，SRS 指示灯点亮，以提醒驾驶员及时检修。

7. 电子防盗报警系统

当锁好所有车门时，汽车电子防盗报警系统处于约 30s 检测时间报警状态。系统中的指示器开式陆续闪光，表明系统处于报警状态。当他方试图撬开门锁或打开车门时，系统控制危险报警信号灯和报警器喇叭发出声光报警信号；当车主用钥匙或遥控器开启车门时，报警状态立即被解除。该系统中带有多个传感器，用于感受车辆不同部分的状况，防盗系统控制器用于监视各传感器的输出信号，且可以在系统状态发生变化时输出报警控制信号，并使起动电路断电。

第3章 现代汽车技术

3.1 现代汽车发动机技术

3.1.1 发动机增压技术

汽车发动机所能发出的最大功率主要是由气缸内燃料有效燃烧所放出的热量所决定的，而这受到每循环吸入气缸内实际空气量的限制。如果空气在进入气缸前得到压缩，空气的密度增大，则在同样气缸工作容积的条件下，可以有更多的新鲜空气进入气缸，因而可以增加循环供油量获得更大的发动机输出功率。汽车发动机增压就是将空气预先压缩然后再供入气缸，以提高空气密度、增加进气量的一种技术。实现空气增压的装置称为增压器。

1880年德国人开始着手研究发动机增压技术，并在一战期间应用于飞机上，当时采用的是机械增压器，这项技术的发明使得当时的航空发动机能够尽可能地轻量化。1905年瑞典人开始申请第一款涡轮增压器的专利，瑞典萨博公司是第一家把涡轮增压器应用到汽车产品上的制造商。

随着材料科学及制造技术的发展，柴油机的涡轮增压技术在 20 世纪中叶开始大规模应用，并逐步推广到汽油机。目前大部分的大功率柴油机、半数以上的车用柴油机以及相当比例的高性能汽油机均采用了增压技术。一般情况下，增压后的功率比原机提高 40%～60%甚至更多，发动机的平均有效压力最高可达 3MPa，发动机的燃油经济性也有所提高。增压已经成为发动机强化有效的手段之一。

发动机增压主要具有以下优点。

① 增压后增大了进气密度，提高了升功率，降低了单位功率成本，提高了材料的利用率；功率相同时，发动机的空间尺寸小，质量减轻。

② 排气能量得到回收利用，热效率显著提高。由于平均有效压力提高，机械损失相对值小，且在相同结构的前提下，增压发动机在达到额定输出功率时，摩擦损失相对更小。因而，效率提高，经济性提高。

③ 发动机和排气噪声降低。柴油机增压后，缸内压力和温度都提高，滞燃期缩短，因此压力升高率和燃烧噪声降低。排放废气冲击增压器的涡轮机产生能量损耗，使排气噪声显著降低。

④ 使有害排放物降低。增压后，缸内压力升高率降低使氮氧化合物排放量降低，废气在涡轮机内的后燃使一氧化碳等有害气体降低。

⑤ 对补偿高原功率损失十分有利。发动机随海拔升高而导致的功率下降可通过增压来弥补。

但是车用发动机增压仍然存在着一些缺点和需要解决的问题，主要表现为以下方面。

增压后气缸压力和温度明显升高，机械负荷和热负荷加大，影响发动机工作可靠性和耐久性，所以必须限制缸内最大爆发压力。

废气涡轮增压发动机在低速时，由于排气能量不足，造成增压效果差。必须通过增压器的合理设计与匹配，将发动机转矩特性改进为低速高转矩。废气涡轮增压从排气能量的变化到进气压力的建立需要一定的时间，所以加速响应特性不如自然吸气式。

1. 内燃机的增压方式

内燃机的增压方式按空气被压缩的方式不同，可以分为 4 种类型。

（1）机械增压。发动机输出轴直接驱动机械装置，实现对进气的压缩。与涡轮相比，机械增压具有较好的低速转矩和加速相应性能，但由于高速时的增压器噪声和使用寿命问题影响了在发动机上的实际使用。近年来，机械增压重新得到了重视，这是因为以下几个原因，如图 3.1 所示。

① 制造工艺水平和材料科学的进步，使现代机械增压器的体积与噪声大幅度降低，效率和使用寿命有很大的提高。

② 小排量发动机采用涡轮增压难度大，而采用机械增压，则可以获得比涡轮增压更好的动力、转矩。

③ 对于排气管中安装有催化转换器等后处理装置的发动机，机械增压系统对排气系统不做任何改动，更有利于有害排放物的消除。

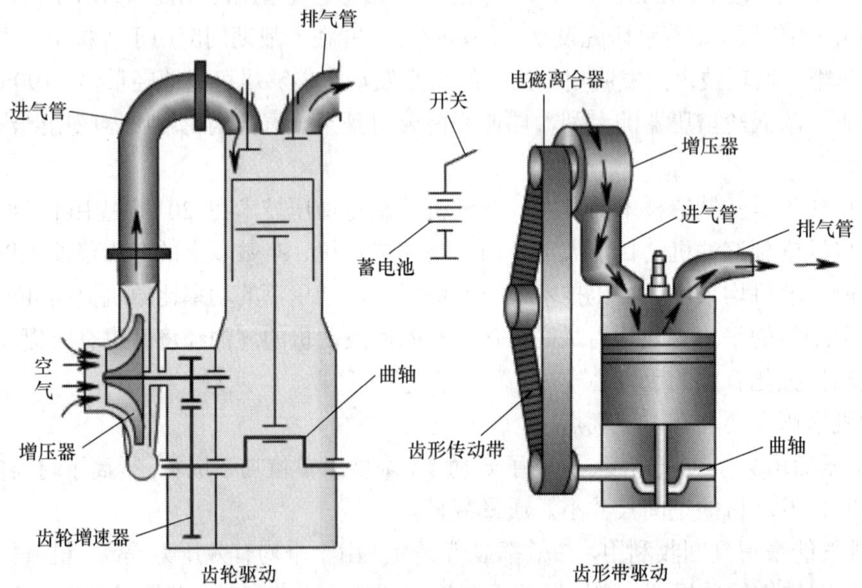

图 3.1　机械增压示意图

（2）排气涡轮增压。压气机与涡轮同轴相连，构成涡轮增压器，涡轮在排气能量的推动下旋转，带动压气机工作，实现进气增压。内燃机排气涡轮增压系统包含压气机、涡轮机、中冷器等部件，如图 3.2 所示。

（3）气波增压。这是利用排气系统中的压力波动来压缩进气，如气波增压器。可变长度进气管直接利用进气压力波和气流惯性，增加缸内进气量，它在某种意义上也是一种气波增压。气波式增压器通过特殊的转子使废气与空气接触，利用高压废气对低压空气产生的压力波，迫使空气压缩，从而提高进气压力。气波式增压器具有充气效率高、低速扭矩大，加速性好等优点。但由于其特殊结构，气波式增压器同样存在体积大、重量大、噪音大等缺点。另外，空气压力波对进、排气阻力过于敏感，要求进气滤清器及排气消声器和管道尽可能地加大尺寸并减小阻力。由于存在许多问题，气波式增压器目前任处于研究实验阶段，如图 3.3 所示。

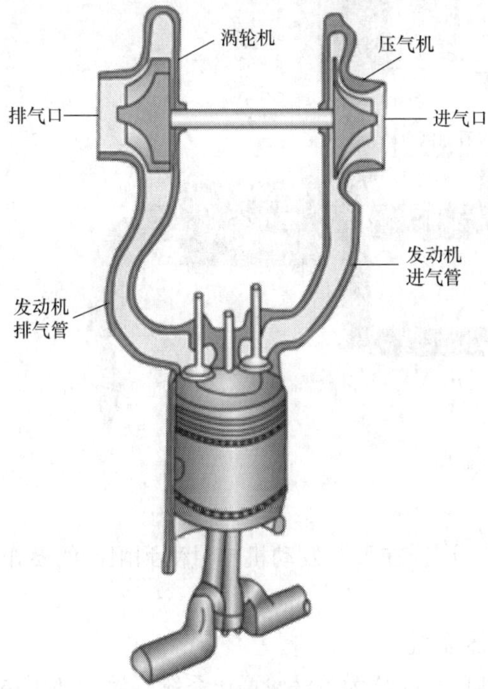

图 3.2　涡轮增压示意图

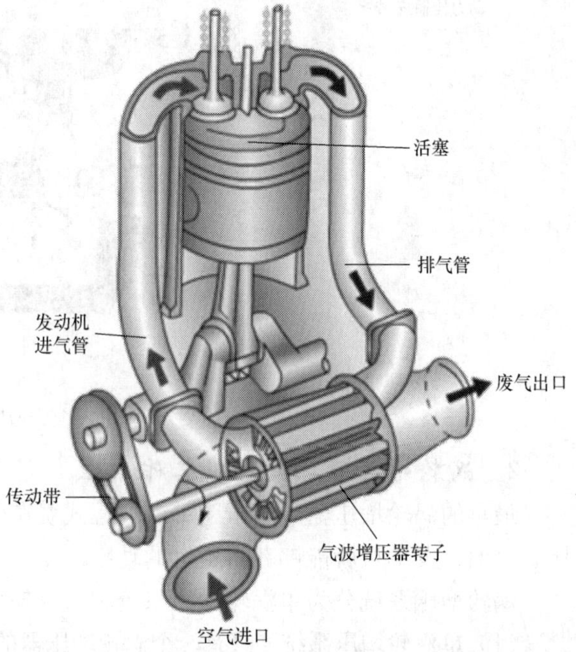

图 3.3　气波增压示意图

（4）复合增压（见图 3.4）。这是将上述多种增压方式加以组合，以获得更好的增压效果。

严格地说，复合增压不是一种独立的增压方式，它只是前面三种增压方式的组合，如机械增压与涡轮增压的组合，二级涡轮增压方式可以获得更高的增压压力。此外还有将涡轮转化为机械能直接驱动曲轴的复合式发动机方案。从实际应用的情况来看，排气涡轮增压占内燃机增压的绝大部分。复合式增压就是把机械增压与废气涡轮增压器联合起来工作的增压装置。

机械增压有助于低速时的扭力输出，但是高转速时功率输出有限。而废气涡轮增压在高转速时拥有强大的功率输出，但低转速时显得力不从心。

以大众高尔夫 1.4TSI 车型为例。在低转速时，由机械增压提供大部分的增压压力，在 1500r/min 时，两个增压器同时提供增压压力，其总增压值约为 250kPa（如果涡轮增压器单独工作，只能产生 130kPa 的增压压力）。随着转速的升高，涡轮增压器能使发动机获得更大的功率，与此同时，机械增压的增压压力逐渐降低。机械增压通过电磁离合器控制，它与水泵集合在一起。在转速 3500r/min 时，由涡轮增压器提供所有的增压压力，此时机械增压器在电磁离合器的作用下完全与发动机分离，防止消耗发动机功率。

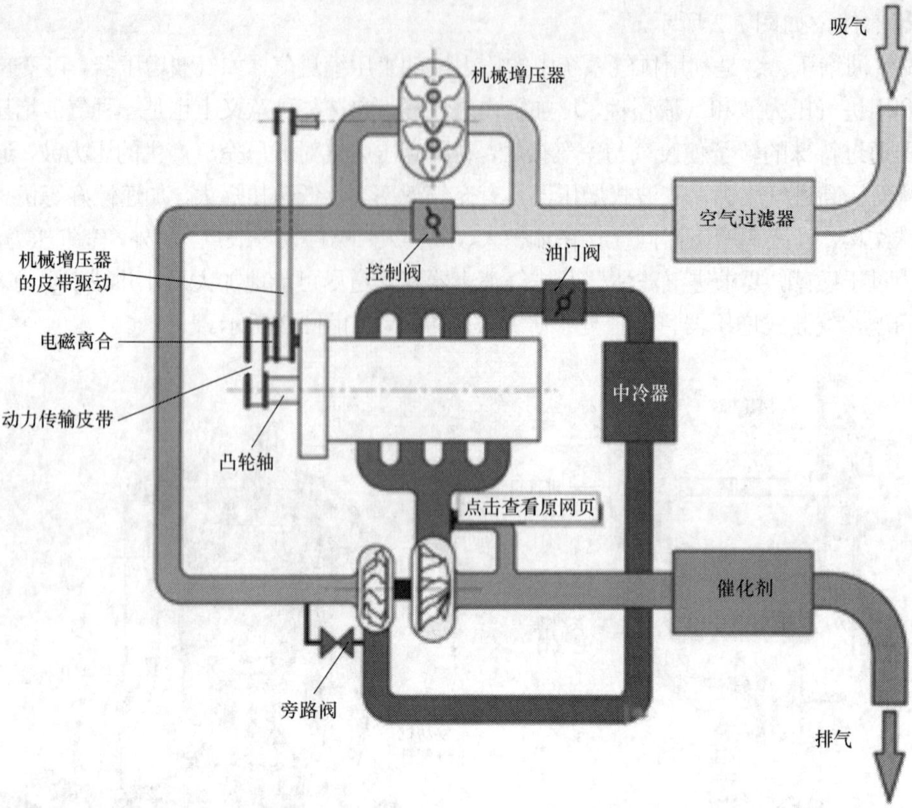

图 3.4　复合增压示意图

2. 涡轮增压器的结构及工作原理

最早的涡轮增压器应用于跑车或方程式赛车上，这样在那些发动机排量受到限制的赛车比赛里面，发动机就能够获得更大的功率。

涡轮增压系统分为单涡轮增压系统和双涡轮增压系统。

（1）单涡轮增压系统。只有一个涡轮增压器的增压系统称为单涡轮增压系统。涡轮增压系统除涡轮增压器外，还包括进气旁通阀、排气旁通阀和排气旁通阀控制装置等，如图 3.5 所示。

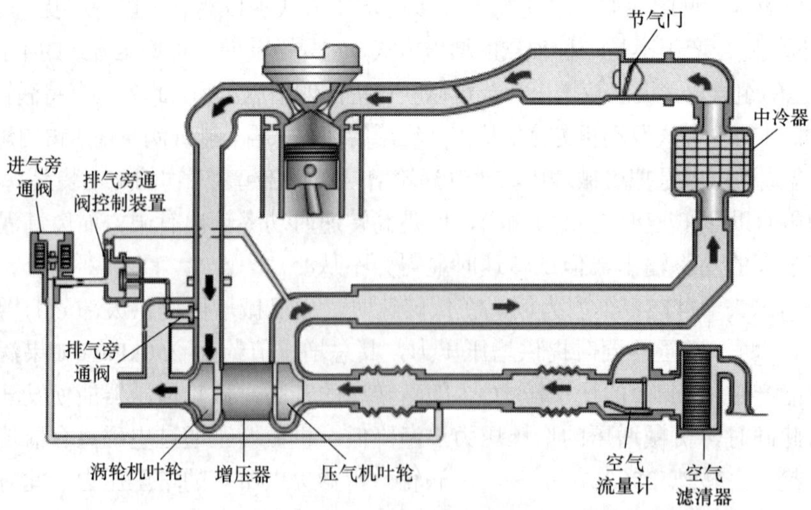

图 3.5　单级涡轮增压系统

（2）双涡轮增压系统。该系统中有两个涡轮增压器并列布置在排气管中。系统除包括涡轮增压器、进气旁通阀、排气旁通阀及排气旁通阀控制装置之外，还有中冷器、谐振室和增压压力传感器等，如图 3.6 所示。

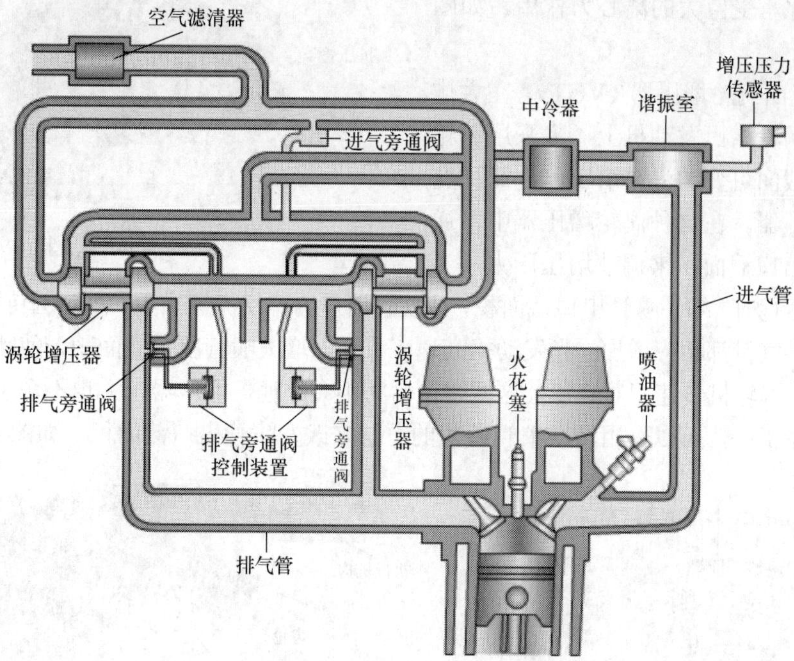

图 3.6　双级涡轮增压系统

车用涡轮增压器由压气机、涡轮机及中间体组成。增压器轴通过两个浮动轴承支撑在中间体内。中间体内有润滑油和冷却轴承的油道，还有防止机油漏入压气机或涡轮机中的密封装置。涡轮进气口与排气歧管相连，涡轮机的排气口接在排气管上。压气机进气口与空气滤清器管道相连，压气机的排气口接在进气歧管上。涡轮机叶轮和压气机叶轮同轴刚性连接。其中涡轮机转化发动机的排气能量，产生机械能，而压气机则消耗这部分能量，用以压缩进气，提高发动机的进气密度。

3. 涡轮增压的类型

（1）离心式压气机。离心式压气机主要由进气道、工作轮（含导风轮）、扩压器和蜗壳等部件组成。离心式压气机比较适合于大流量低压比的内燃机增压。为了获得高的效率，压气机必须高速旋转，因此非常适合与排气涡轮联合运行。首先在很短的呈收敛状的进口段，新鲜空气沿截面收缩的轴向进气道进入工作轮，压力下降，气流略有加速。气流进入高速旋转的工作轮上叶片组成的气流通道内，吸收叶轮的机械能，使气体的压力、流动速度和温度均有较大的增加。空气能量的增加是由驱动工作轮的机械功转化而来的，而机械功又是源于与之同轴相连的涡轮。在扩压器和出气蜗壳的通道内，由于两者的截面积逐渐增大，气体所拥有动能的大部分转变为压力势能，压力和温度进一步升高，而速度下降。出气蜗壳同时还兼有收集流出的气体以便向内燃机进气管输送的功能，如图 3.7 所示。

（2）径流式涡轮机。径流式涡轮机由蜗壳、喷管、叶轮和出气通道等组成。蜗壳的进口与发动机排气管相连，发动机排气经过蜗壳引导入叶片式喷管。喷管是由相邻叶片构成的渐缩形流道。发动机排气流过喷管时降压、降温、增速、膨胀，使排气的压力能转变为动能。

由喷管流出的高速气流冲击叶轮，并在叶片所形成的流道中继续膨胀做工，推动叶轮旋转。涡轮机叶轮一般在 900℃高温的排气冲击下工作，并承受巨大的离心力作用，如图 3.8 所示。

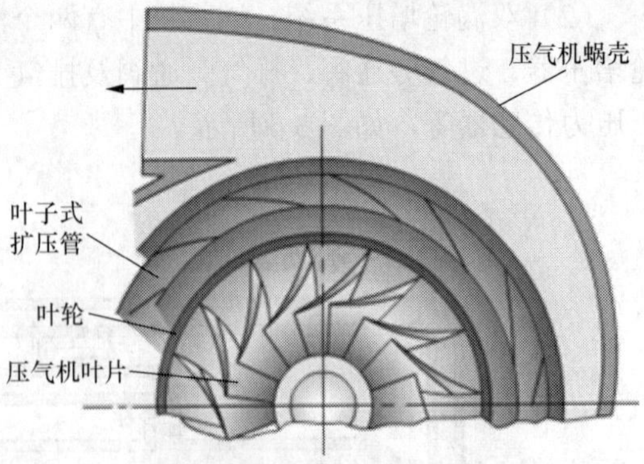

图 3.7　离心式压气机

（3）变截面涡轮增压器（VGT）。在大排量重型车用涡轮增压发动机上，多采用涡轮机喷管出口截面可变的涡轮增压器，简称变截面涡轮增压器。在这种涡轮增压器中，通过改变喷管出口截面积来调节增压压力。当发动机低速运行时，缩小喷管出口截面积，使喷管出口的排气流速增大，涡轮机转速随之升高，增压压力和供气量都相应增加；当发动机高速工作时，增大喷管出口截面积，使喷管出口的排气流速减小，涡轮机转速相对降低，这样增压器将不会超速，增压器压力也不至于过高。在有叶径流式涡轮机中，可以采用转动喷管叶片的方法来改变喷管出口截面积，如图 3.9 所示。

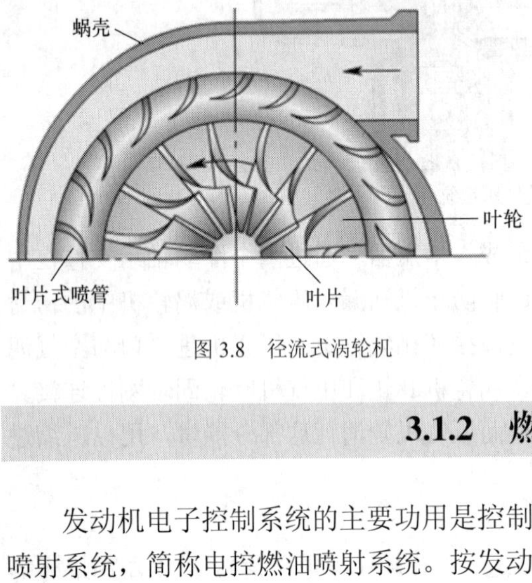

图 3.8　径流式涡轮机

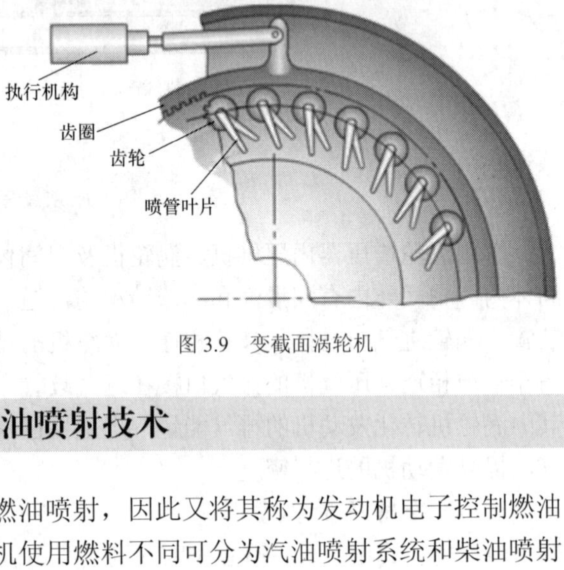

图 3.9　变截面涡轮机

3.1.2　燃油喷射技术

发动机电子控制系统的主要功用是控制燃油喷射，因此又将其称为发动机电子控制燃油喷射系统，简称电控燃油喷射系统。按发动机使用燃料不同可分为汽油喷射系统和柴油喷射系统。

1. 电控汽油喷射的基本概念及组成

汽油喷射，即将一定数量和压力的汽油经过喷油器直接喷入气缸或进气歧管；汽油喷射系统是汽油喷射式发动机燃油供给装置的简称，包括空气供给系统、燃油供给系统、点火系统和电子控制系统四部分，其中电子控制系统是核心。

汽油发动机电子控制系统的功用是控制燃油喷射和点火，除此以外，还控制发动机的起动、怠速转速、空燃比、爆燃、极限转速、减速断油等辅助功能。

电子控制系统主要由传感器、电子控制单元（ECU）和执行器组成。传感器可将发动机各种状态的物理量转换成相应的电量传给 ECU，在 ECU 处理这些电量信号后，发出控制数据，执行器将 ECU 发出的控制数据转换成物理或机械动作，以改变发动机的工作状态，如图 3.10 所示。

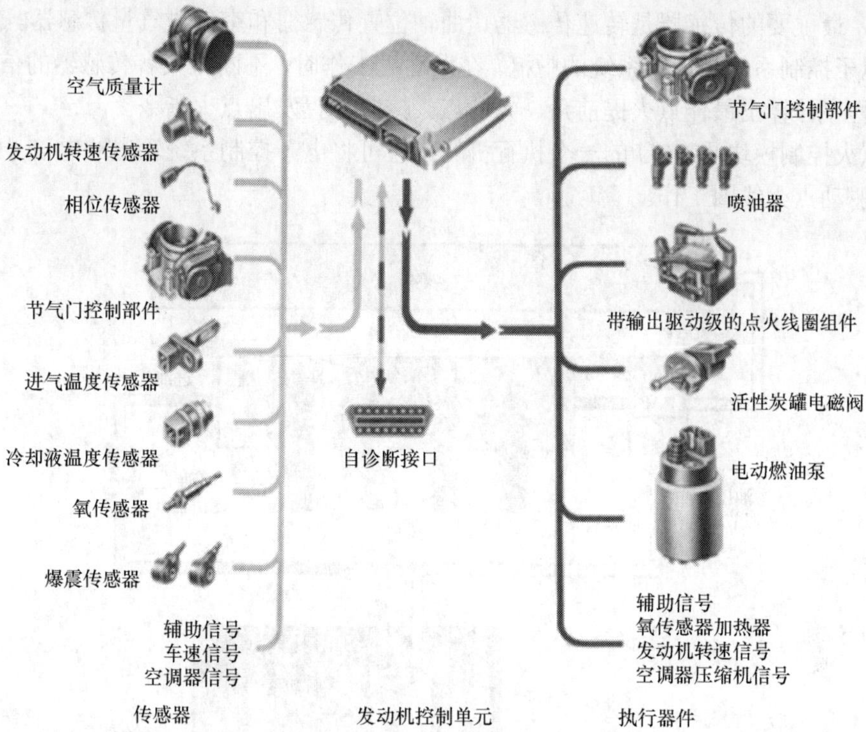

图 3.10　电子控制系统

（1）空气供给系统。空气供给系统的作用是为发动机可燃混合气的形成提供必要的空气，并计量和控制汽油燃烧时所需的空气量。空气经空气滤清器、空气流量计、节气门体进入进气总管，再分配到各进气歧管。再进气歧管内，空气与喷油器喷出的汽油混合后被吸入气缸内燃烧。

（2）燃油供给系统。燃油供给系统的作用是供给发动机燃烧过程所需的燃油。燃油供给系统主要由燃油泵、燃油滤清器、油压脉动阻力器、燃油压力调节器、喷油器等组成，如图 3.11 所示。燃油从油箱中被燃油泵吸出，先由燃油滤清器将杂志滤出后再通过输油管送到各个喷油器。喷油器根据 ECU 发出的指令，将计量后的燃油喷入各进气歧管或稳压室中与流入发动机内的空气进行混合，形成可燃混合气。此外，利用压力调节器可将喷油压力控制在 250～300kPa 范围内，而将多余的燃油从调压器经回油管路送回油箱。

（3）点火系统。点火系统主要由点火电子组件、点火线圈、火花塞及高压导线等组成。在发动机控制系统中普遍采用微机控制点火。

微机控制的点火系统一般由电源、传感器、ECU、点火控制模块、电子配电装置、火花塞等组成，如图 3.12 所示。

① 电源一般由蓄电池和发电机共同组成，可供点火系统所需的能量。

② 点火线圈能将点火瞬间所需的能量存储在线圈的磁场中，还可将电源提供的低压电转变为足以在电极间产生击穿点火的 15～20kV 高压电。

③ 电子配电装置根据发动机的工作时序，将点火线圈产生的高压电依次送到各缸火花塞。

④ 火花塞将具有一定能量的电火花引入气缸，点燃气缸内的混合气。

⑤ 传感器主要用于检测发动机各种运行参数的变化，为 ECU 提供点火提前角的控制依

据。其中，最主要的传感器是转速传感器、曲轴位置传感器和空气进气量传感器。

⑥ 电子控制系统是点火系统的中枢。在发动机工作时，不断采集各传感器的信号，按事先预设的程序计算出最佳点火提前角，并向点火控制装置发出点火指令。

⑦ 点火控制模块是 ECU 的一个执行机构。它可将电子控制系统输出的电信号进行功率放大后，驱动点火线圈工作。

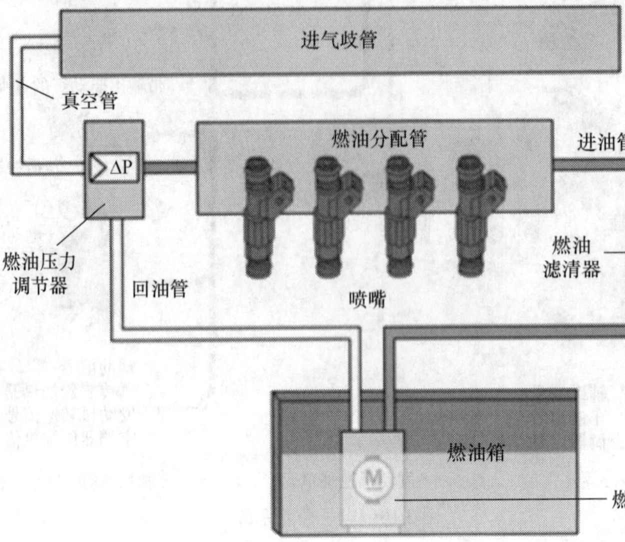

图 3.11 燃油供给系统

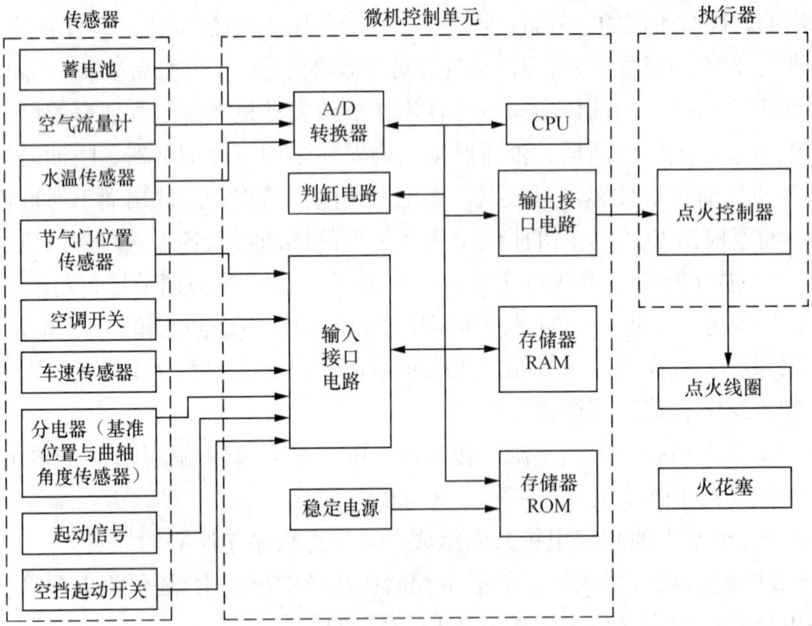

图 3.12 微机控制的点火系统

微机控制点火系统的工作原理及控制过程如下。发动机运行时，ECU 不断采集发动机的转速、负荷、冷却水温、进气温度等信号，并根据存储器 ROM 中存储的有关程序，确定出该工况下的最佳点火提前角和初级电路的最佳导通角，并以此向电火控制模块发出指令。

点火控制模块根据 ECU 的指令，控制点火线圈初级回路的导通和截止。当电路导通时，有电流从点火线圈中的初级绕组通过，点火线圈此时将点火能量以磁场的形式存储起来。当初级绕组中的电流被切断时，在其次级绕组中将产生很高的感应电动势，经电子配电装置送至工作气缸的火花塞，点火能量瞬间释放，并迅速点燃气缸的混合气，发动机完成做功。

（4）电子控制系统。电子控制系统的功用是根据发动机运转工况和车辆运行状况确定最佳喷油量。该系统由传感器、ECU、执行器装置三部分组成。

控制系统的核心是ECU。ECU根据发动机中各种传感器送来的信号控制喷油时间、点火定时等。传感器检测发动机的实时工况，计量各种信号并传输给ECU。ECU输出各种控制指令由执行器执行，主要有喷油脉宽控制、点火提前角控制、怠速控制、自诊断、故障备用程序启动、仪表显示等。

① 传感器是装在发动机各部位的信号装置，用来测量或检测反映发动机运行状态下的各种物理量、电量和化学量等，并将它们转换成计算机能接受的电信号后再送给ECU。常用的传感器主要有：空气流量计、进气歧管绝对压力传感器、曲轴转速与位置传感器、温度传感器、节气门位置传感器、氧传感器、爆燃传感器等。

② 在发动机控制系统中，ECU的主要功能是根据发动机运转状况和车辆运行状态确定燃油最佳喷射量，以此控制发动机的最佳空燃比。

③ 执行装置。电磁喷油器是发动机电控汽油喷射系统的一个重要执行元件，它接受ECU送来的喷油脉冲信号，准确地计量燃油喷射量，将燃油喷射后雾化。

2．电控柴油喷射系统的组成

电控燃油喷射系统由三大部分组成：传感器、电子控制单元（ECU）和执行器。

传感器实时检测柴油机、车辆运行状态及操作量等信息并送给控制单元。主要传感器有：发动机转速传感器、齿杆位置传感器、喷油提前角传感器及加速踏板位置传感器等。

电子控制单元负责处理所有信息、执行程序，并将运行结果作为控制指令输出到执行器。此外，它还有通信功能，和其他控制系统进行数据交换。

执行器根据电子控制单元送来的指令驱动调节器喷油量及喷油正时的相应机构，从而调节柴油机的运行状态。

3．电子控制直列泵燃油系统

电子控制直列泵燃油系统中，由调速器执行机构控制调节齿杆的位置，从而控制供油量；由提前器执行机构控制发动机驱动轴和喷油器凸轮轴间的相位差，从而控制喷油时间。

电子控制直列式燃油系统和传统的机械燃油系统相比具有以下特点。

（1）控制自由度大。在电子控制燃油系统中，发动机的状态和环境条件都可以用各种传感器测出，电子控制单元则可计算、判断出最适合于发动机状态的控制条件，并输出到执行器。

（2）可以检测控制对象，并可进行反馈控制。所以，因机械磨损而引起的时间效应可给予补偿，控制精度高。

（3）具有管长诊断和故障应急等功能。

（4）通过数据信息传输功能，可以提高全系统的功能，而且可使机构简单。

4．电子控制分配泵燃油系统

电子控制分配泵燃油系统根据各种传感器的信息检测出发动机的实际运行状态，由电子控制单元完成喷油量控制、喷油时间控制、怠速转速控制、故障诊断和应急等功能。

电子控制分配泵燃油系统按喷油量、喷油时间的控制方法可以分为位置控制式和时间控制式两类。

5．电子控制泵喷嘴燃油系统

泵喷嘴就是将泵油柱塞和喷油嘴合成一体，安装在缸盖上。喷油嘴由于无高压油管，所以可以消除高压油管中压力波和燃油压缩的影响，高压容积大大减少，因此喷射压力很高。

电子控制泵喷嘴系统的特点是燃油压力升高仍然是机械式的，喷油始点和终点由电磁阀控制。

电子控制泵喷嘴系统的结构特点如下。

（1）采用大容积式供油泵，确保将燃油稳定地供到安装在气缸盖内部的喷油器内。

（2）主供油管和气缸盖上的各个喷油器之间由支管连接，溢出燃油通过连接各喷油器的溢油管经调压阀排出到气缸盖外部。

（3）ECU 直接安装在发动机机体上，缩短了线束长度，同时采用燃油冷却 ECU 的背面。

（4）ECU 根据安装在飞轮一级凸轮相关部位的两个转速传感器检测到的发动机转速和曲轴转角、加速踏板位置传感器信号及其他的传感器信号进行最佳燃油喷射控制。

（5）柱塞通过摇臂由凸轮轴驱动，压缩燃油，建立高压。

（6）喷油器的高速电磁阀是常开的，燃油通过气缸盖内部的油路流动；但电磁阀关闭时，柱塞开始向喷油嘴压油，燃油从喷嘴喷入气缸；当电磁阀打开时，溢油开始，喷油结束。

3.1.3　电控高压共轨技术

电控高压共轨式燃油系统于 20 世纪 90 年代中后期正式进入实用化阶段，作为柴油机燃油系统的第三代电控技术，现在已得到广泛应用。由发动机驱动的高压供油泵将燃油加压后供入共轨内，变成了高压的燃油经喷油器喷射到相应的气缸内，喷油器是由计算机控制的。到目前为止，共轨内的燃油压力可以维持在 130～160MPa 范围内。

“电控”是指喷油系统由计算机控制。ECU 对每个喷油嘴的喷油量、喷油时刻进行精确控制。

“高压”是指喷油系统压力比传统柴油机高出 3 倍，最高能达到 200MPa（传统柴油机喷油压力在 60～70MPa），压力大、雾化好、燃烧充分，从而提高动力性，最终达到省油的目的。

“共轨”是指通过公共油管同时供给各个喷油嘴。经过 ECU 的精确计算，共轨系统同时向各个喷油器提供同样质量、同样高压力的燃油，使发动机运转更加平稳，从而优化柴油机综合性能。而传动柴油发动机由各缸各自喷油，喷油量和压力不一致，运转不均匀，造成燃烧不平稳、噪声大、油耗高。

柴油机共轨式电控燃油喷射技术是一种全新的技术，集成了计算机控制技术、现代传感器技术以及先进的喷油器结构于一身，不仅能达到较高的喷射压力、实现喷射压力和喷油量的控制，而且能实现预喷射、后喷，从而优化喷油特性形状，降低柴油机噪声和大大减少废气的排放量。该技术的特点如下。

（1）采用先进的电子控制装置及配有高速电磁开关阀，使得喷油过程的控制十分方便，并且可控参数多，益于柴油机燃烧过程的优化。

（2）采用共轨方式供油，喷油系统压力波动小，各喷油嘴间相互影响小，喷射压力控制精度高，喷油量控制准确。

（3）高度电磁开关频响高，控制灵活，使得喷油系统的喷射压力可调范围大，并且能方便地实现预喷射、后喷等功能，为优化柴油机喷油规律、改善其性能和降低废气排放提供了有效手段。

（4）系统结构移植方便，适应范围宽，不像其他的几种电控喷油系统，对柴油机的结构形式有专门要求；尤其是高压共轨系统，均能与目前的小型、中型及重型柴油机良好匹配。

1．高压柴油共轨系统的组成

电控高压共轨式燃油系统的组成如图 3.13 所示。电控共轨系统可以分为两大部分，电子控制系统和燃油供给系统。

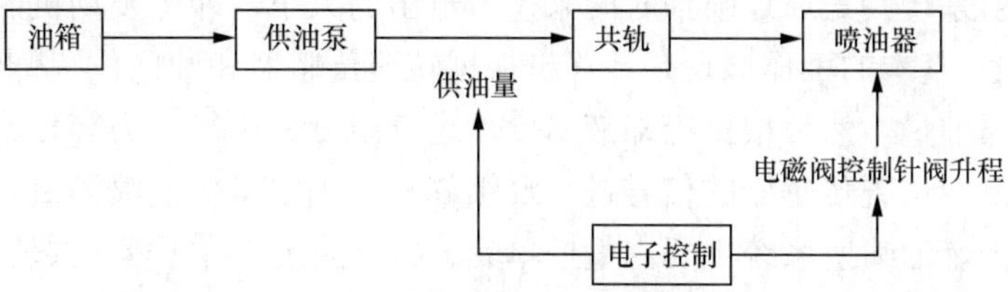

图 3.13　高压柴油共轨系统的组成

（1）控制系统。高压共轨电子控制系统可以分为三大部分：传感器、电子控制单元（计算机）和执行器。其中，计算机是电控共轨燃油系统的核心部分。

① 传感器。传感器的功用是将发动机及车辆运行时的各种状态信息，由非电量转变为电量信号输入电子控制单元，是电子控制器对执行器进行驱动控制的主要分析、判断的依据，它对系统的精确控制起着关键的作用。

② 电子控制单元。电子控制单元（ECU）的作用是接收来自各种传感器的信息，按照预先设计的程序，经过快速的处理、运算、分析和判断后，并把各个参数限制在允许的电压水平上，适时地输出控制指令，控制执行器执行各种预定的控制功能，从而控制发动机。

③ 执行器。发动机电子控制系统的各种控制功能，都是借助于各自的执行器来完成的。在柴油高压共轨电控系统中的执行器主要有电控喷油器和燃油压力控制器。电控喷油器总成是高压共轨燃油系统中最关键、最复杂的零件。喷油过程主要是在电子控制器的控制下进行的，把电信号转变为机械信号，实现机电一体化控制，这个转变过程在电磁阀控制的电控喷油系统中，主要由电磁阀来执行，所以电磁阀在时间控制系统中的作用至关重要。燃油压力控制阀用以分割高压及低压端，一般安装在供油泵上，其作用是调整共轨内的燃油压力，方法是调整供油泵供入共轨内的燃油量，所以，向控制阀通电和断电的时刻就决定了供油泵向共轨内的供油量。

（2）燃料供给系统。燃料供给系统可分为高压系统和低压系统。

低压系统的作用是向高压泵输送足够的清洁燃油，由油箱、粗滤器、输油泵、精滤器及低压管路等组成。

输油泵的主要作用是使燃油产生一定的压力，以克服滤清器和低压管路的油流阻力，把油箱内的燃油不断地输入高压泵，在柴油机的任何工况下，都能提供充足的燃油。

高压系统除使燃油产生高压外，还对燃油进行检测、控制、分配，其中最重要的部件是高压泵、高压共轨（包含压力传感器、压力控制阀、流量限制阀）和喷油器等。供油泵是低压和高压部分之间的接口,它的作用是在车辆所用工作范围和整个使用寿命期间准备足够的、已被压缩的燃油。除供给高压燃油之外，还在于保证在快速起动过程和共轨管中压力迅速上升所需要的燃油储备、持续产生高压燃油存储器（共轨）所需的系统压力；高压共轨又名高压蓄压器，是高压共轨系统中最具有特色的一个部件。其功能是用来储藏高压燃油，保持油压稳定并将高压燃油分配给各缸的电控喷油器。由于各缸共用一个油轨，因此，称其“共轨”。

2. 高压共轨电控柴油喷射系统

现代汽车柴油机一般采用电控喷射、共轨、涡轮增压中冷等技术，在质量、噪声、烟度等方面已取得重大进步，达到了汽油机的水平，相比汽油更环保。

在电控喷射方面，柴油机与汽油机的主要差别是，汽油机的电控喷射系统只是控制燃比，柴油机的电控喷射系统则是通过喷油时间来调节输出的大小，即由发动机的转速和加速踏板位置来决定。因此，基本的工作原理是计算机根据转速传感器和油门位置传感器的输入信号，首先计算出基本喷油量，然后根据冷却液温度、进气温度、进气压力等传感器的信号进行修正，再与来自控制套位置传感器的信号进行反馈修正，确定最佳的喷油量。

高压共轨电控燃油喷射系统主要由电控单元、高压油泵、蓄压器（共轨管）、电控喷油器以及各种传感器等组成。

低压燃油泵将燃油输送到高压油泵，高压油泵将燃油加压送入高压油轨（蓄压器），高压油轨中的压力由电控单元根据油轨压力传感器测量的油压以及需要进行调节，高压油轨内的燃油经过高压油管，根据发动机的运行状态，由电控单元从预设的 MAP 图中确定合适的喷油定时、喷油持续期，再由电子喷油期将燃油喷入气缸。

（1）高压油泵。高压油泵供油量的设计准则是必须保证满足在任何情况下的柴油机喷油量与控制油量之和的需求以及起动和加速时的油量变化的需求。由于共轨系统中喷油压力的产生与燃油喷射过程无关，且喷油正时也不用高压油泵的凸轮来保证，因此高压油泵的油压凸轮可以按照峰值转矩最低、接触应力最小和最耐磨的设计原则来设计。

（2）高压油轨（共轨管）。共轨管将供油泵提供的高压燃油分配到个喷油器中，起到蓄压器的作用。它的容积应削减高压油泵的供油压力波动和每个喷油器由喷油过程引起的压力振荡，使高压油管中的压力波动控制在 5MPa 之下。但容积不能太大，以保证共轨有足够的压力响应速度以快速跟踪柴油机工况的变化。

（3）电控喷油器。电控喷油器是共轨式燃油系统中最关键和最复杂的零件，它的作用是根据 ECU 发射出的控制信号，通过控制电磁阀的开启和关闭，将高压油轨中的燃油以最佳的喷油定时、喷油量和喷油率喷入柴油机的燃烧室。

3. 高压共轨柴油系统的控制功能与基本特点

（1）控制喷油量。发动机电控单元 ECU 根据发动机转速和油门开度信号以及温度、压力等辅助信号，计算发动机实际运转工况下的最佳喷油量，ECU 通过控制电磁阀通、断电时刻及通、断电持续时间直接控制喷油量，使发动机在最佳状态下运转。

（2）控制喷油压力。蓄压器（油轨）压力传感器用来测量油轨内的燃油压力，从而调整高压油泵的供油量，控制油轨中的燃油压力。蓄压器中的压力大小决定了喷油器喷油压力的大小。ECU 还根据发动机的转速、喷油量大小与预置的最佳值相比较进行反馈控制。

（3）控制喷油速率。ECU 根据发动机实际运行工况设置并控制预喷、主喷和后喷。

（4）控制喷油时间。ECU 根据发动机转速和负荷等参数，准确计算出最佳喷油时间，并控制电磁喷油器的开启时刻、关闭时刻，准确控制喷油时间。

（5）控制喷射方式。高压共轨系统采用多次喷射。多次喷射是将每一个工作循环中的喷油过程分为几个阶段，每段喷油都是相互独立的，目的是控制燃烧速率。在共轨系统中采用的多次喷射包括先导喷射、预喷射、主喷射、后喷射和次后喷射等。在多次喷射过程中，电磁阀执行着开启和关闭动作，可以实现喷油规律的优化。多次喷射的作用效果见表 3.1。

表 3.1　多次喷射的作用效果

喷射方式	作用效果
先导喷射	进行预混合燃烧，可降低吸入颗粒排放物
预喷射	缩短主喷射的着火延迟，降低燃烧噪声
后喷射	促进扩散燃烧，降低颗粒排放物
次后喷射	进气温度升高，通过供给还原剂进行后处理，降低颗粒排放物

在共轨系统中，通过发动机转速传感器、油门开度传感器、温度传感器以及其他传感器实时检测出发动机的实际运行状态，由电控单元预先设计的计算程序进行计算后，确定运行状态最佳的喷油量、喷油时间、喷油率等参数，使发动机始终在最佳状态下工作。高压共轨系统的基本特点见表 3.2。

表 3.2　高压共轨系统的特点

对燃油系统的要求		高压共轨系统的特点
喷油压力	最高喷油压力	无二次喷油等的约束，可以实现高压喷射，因为压油和喷油分别进行，所以喷油压力可以控制（喷油压力和转速无关）
	喷油压力控制	
喷油速率控制		系统直接控制针阀运动，这对控制喷油速率非常有利
喷油量控制		电磁阀的通断时刻可以自由控制
喷油时间控制		
系统的构筑		可以自由设定喷油参数；喷油压力、喷油量和喷油时间等各个参数可以独立地满足相应要求

4．电控高压共轨柴油喷射系统的优点

（1）经济性好，降低了噪声，提高了尾气排放标准。高压柴油喷射系统喷油压力高喷射过程分预喷、主喷和二次喷射，使燃油雾化好、燃烧充分，可降低燃烧噪声和燃油消耗。

（2）电控柴油机运转平稳。高压共轨系统，其喷油压力与转速无关，只取决于蓄压器中的燃油压力，喷油压力由压力传感器监测，使压力保持一致。解决了传统喷油泵高、低速时压差过大的问题，也解决了柴油机运转不稳的问题。

（3）电控柴油机工作可靠。电控柴油机控制系统中 ECU 随时监测传感器输入的工作参数是否正确。如果 ECU 监测到一些重要参数不正确并将影响到柴油机的工作可靠性时，ECU 会使燃油高速喷射电磁阀切断燃油通路，使发动机运行进入自我保护。

（4）具有故障诊断功能，减少了维修工作量。ECU 对发动机电控系统中的传感器、执行器和连接路线进行检测，当传感器及其连接电路出现故障时，ECU 会确认故障，并以故障码的形式存储，为排除故障带来方便。

（5）对柴油机的调速可精确控制。在电控柴油机喷射系统中，机械离心式调速器被电子调速器代替，燃油喷射量只与发动机负荷和转速有关，与油门调节无关，所以电控柴油机调

速控制精度高。

（6）响应速度快，控制更为精确。在高压共轨喷射系统中，采用电压式喷油器，响应速度快，解决了电磁阀时间滞后问题，使喷油迅速，断油时间准确，控制精度高。

（7）电控柴油机应用广泛。电控高压喷射柴油机由于采用直喷、涡轮增压、气缸四气门，使排放可以大大减少，因而广泛应用在小客车、轻型客车、大型城市客车以及中、重型货车上。

5．电控高压共轨技术的现状与未来

电控共轨技术的市场潜力巨大，在 1999 年，电控系统已经和小型柴油机、中型柴油机以及重型柴油机匹配成功。比如博世公司的高压电控共轨系统已经在梅赛德斯-奔驰公司 4 缸 65mm 缸径的小型柴油机上匹配成功；MTU 公司在 2720kW 的大型柴油机上成功地匹配了高压电控共轨系统。

日本电装公司开发的 ECD-U2 型高压电控共轨系统是为增压、中冷、中型以及重型柴油机设计的燃油系统。日本电装公司开发的 ECD-U2（P）高压电控共轨系统是为轿车柴油机开发的高压电控共轨系统，并在匈牙利设厂，大量生产 ECD-U2（P）型高压电控共轨系统，供应欧洲轿车市场。

梅赛德斯-奔驰公司成功地把电控共轨系统匹配到二冲程柴油机上。

电控共轨系统生产厂家对电控共轨系统的未来都充满信心。从 20 世纪 90 年代中期开始，电控共轨系统开始进入市场，已经显示出巨大的发展潜力，相比之下，日本杰克赛尔公司的 TICS 系统则逐步失去优势，而日本电装公司的 ECD-U2 系统将成为柴油发动机的主要配套产品。

目前，各家公司都在大力开发第二代、第三代电控高压共轨系统。第二代、第三代电控高压系统将有更出色的控制功能、更可靠、更紧凑、价格更便宜。专家认为电控共轨系统必将以不可阻挡之势迅速发展，并将逐步替代现有的机械式燃油系统。但是，替代过程不会像汽油机中用电控系统代替化油器那样顺利——在不长的时间内几乎是全面完成替代。柴油机复杂多样，可能在某些领域替代过程比较快，某些领域替代过程比较慢，而在某些领域几乎永远不可能完成这种替代。

博世公司第一代电控共轨系统已于 1997 年底批量投放市场。在 2002—2003 年推出的第二代电控共轨喷射系统，使用压电晶体替换高速电磁阀作为执行元件，喷油压力将提高到 160MPa，可以适用于升功率在 52～55kW/L 以下的发动机，并可满足欧Ⅳ排放法规，为降低发动机噪声，预喷油量可控制在 1mm^3/行程之内。每个喷射循环可以实现预喷射、主喷射以及多段喷射等。通过预喷射，可以降低发动机噪声，通过后喷射可以降低发动机 NO_x 和颗粒物等的排放。因此，第二代电控系统共轨喷射系统将更具有更高的喷油压力、喷油器尺寸紧凑、外形小、各缸喷油量差别小、实行闭环控制、多段喷射等一系列新的特点。

3.1.4 可变气门正时

可变技术就是随使用工况（转速、负荷）变化，使发动机某系统结构参数可变的技术。

车用发动机既要满足高功率变化的要求，又要保证中、低转速，中、小负荷的经济性和稳定性，希望在很大转速范围内的动力性和经济性都得到改善、避免出现转矩低谷，提高乘坐舒适性。可变技术在高速轿车发动机上应用广泛且种类繁多，主要有可变进气管、可变气门正时、可变气门升程、可变进气涡流。本节将介绍可变气门正时及升程技术。

1. 可变气门正时（VVT）技术

发动机可变气门正时，简称VVT（Variable Valve Timing），随着发动机转速的提高，短促的进排气时间往往会引起发动机进气不足，排气不净等现象，因此可变气门正时系统出现了，它根据车辆的运行状况，随时改变配气相位，改变气门升程和气门开启的时间。发动机上的气门可变驱动机构可以通过两种形式实现，一种是通过凸轮轴或者凸轮的变换来改变配气相位和气门升程；另一种是工作时凸轮轴和凸轮不变动，而气门挺杆依靠机械力或者液压力的作用而改变，从而改变配气相位和气门升程。

发动机进排气过程中，会出现一个进气门和排气门同时开启的时刻，在配气相位上称为“重叠阶段或气门重叠角”。在高转速下，为了达到更好的进气量，提高发动机的功率，要求气门重叠角更大（进气门提前打开或者排气门晚关）；但在低速或者怠速时，过大的重叠角则会导致废气过多地进入进气歧管，使缸内气流混乱，从而导致低速扭矩较低，因此低速时需要减小重叠角（进气门延时打开），此时燃烧会更充分更稳定。

从原理上可以看出，可变正时气门只是增加或减少了气门的开启时间，并没有改变单位时间的进气量，因此对于发动机动力性的帮助并不显著，但是气门开启角度大小（气门升程）可以随时间改变的话，就可以显著提升发动机在各个转速的动力性。

2. 可变气门升程

这可以使发动机在不同的转速使用不同的气门升程，低速时使用较小的气门升程，有利于缸内气流的合理混合，增加发动机的低速输出扭矩；在高速时使用较大的升程，可以提高发动机的进气量，从而提高功率输出。

欲获得最大的充量系数，减少泵气损失，比较理想的配气机构，应满足以下要求。

（1）低速时，采用较小的气门叠开角以及小的气门升程，防止出现缸内新鲜充量向进气系统的倒流，以便增加低速转矩，提高燃油经济性。

（2）高速时应具有最大的气门升程和进气门迟闭角，最大程度地减小流动阻力，并充分利用过后充气，提高充量系数，满足发动机高速时动力性的要求。

（3）配合以上变化，进气门从开启到关闭的进气持续角也进行相应地调整，以实现最佳的进气正时，将泵气损失减小到最低。

总之理想的气门正时和升程规律应当根据发动机的运转工况及时作出调整，气门驱动结构应具有足够的灵活性。

3.2　现代汽车底盘技术

目前，汽车底盘电子控制技术已经得到迅速发展。防抱死制动系统（ABS）和安全气囊（SRS）的使用，对汽车的制动安全性和碰撞后的安全性起到了很大的改善作用。近些年来，汽车驱动防滑控制系统（ASR）以及电子稳定程序控制系统（ESP）的应用，提高了汽车的起步、加速、通过滑溜路面的能力和汽车在这些情况下的操纵稳定性。电子控制悬架可根据不同的路面、车速等情况，自动控制悬架的刚度和阻尼以及车身的高度，使得汽车的乘坐舒适性和操纵稳定性进一步提高。此外，助力转向电子控制系统、汽车行驶速度控制系统等电子控制装置的使用都使汽车的操纵稳定性、安全性和舒适性得到了进一步的提高。

3.2.1 传动系统——自动变速器

1. 自动变速器的种类

（1）液力自动变速器。液力自动变速器（AT）是由液力变矩器与动力换挡的辅助变速装置组成的。

液力变矩器安装在发动机和变速器之间，以液压油为工作介质，起传递转矩、变矩、变速及离合的作用。液力变矩器可在一定范围内自动无级地改变转矩比和传动比，以适应行驶阻力的变化。但是由于液力变矩器变矩系数小，不能完全满足汽车使用的要求，所以，它必须与齿轮变速器组合使用，扩大传动比的变化范围。目前，绝大多数液力自动变速器都采用行星齿轮系统作为辅助变速器。

行星齿轮系统主要由行星齿轮系统和执行机构组成，通过改变动力传递路线得到不同的传动比。由此可见，液力自动变速器实际上是能够实现局部无级变速的有级变速器。液力自动变速器是目前使用最多的自动变速器。采用此种类型的自动变速器，免除了手动变速器繁杂的操作，使开车变得省力。同时，电子控制也使得自动切换过程柔和、平顺，因此汽车具有良好的乘坐舒适性和安全性、优越的动力性和方便的操纵性。但是这种变速器效率低，结构复杂，成本也较高。

（2）电控机械式自动变速器。电控机械式自动变速器（AMT）是在传统固定轴式变速器和干式离合器的基础上，应用电子技术和自动变速原理来实现机电一体化协调控制的。车辆起步、换挡的自动操纵以电控单元（ECU）为核心，通过液压或气压执行机构来控制离合器的分离与结合、选换挡操作以及发动机节气门的调节。ECU 根据车辆的运行状况（发动机转速、变速器输入轴转速、车速）、驾驶员意图（加速踏板开度、制动踏板行程）和道路路面状况（坡道、弯道）等因素，按预先设定的由模拟熟练驾驶人的驾驶规律（换挡规律、离合器结合规律），借助于相应的执行机构（发动机节气门控制执行机构、离合器执行机构，变速器换挡执行机构），对发动机、离合器、变速器的协调动作进行自动操纵。

AMT 既具有液力自动变速器自动变速的优点，又保留了手动变速器齿轮传动的效率高、成本低、结构简单、易制造的长处。它是在已生产的机械变速器上进行改造的，保留了绝大部分原总成件，只改变其中手动操作系统的变速杆部分，生产继承性好，改造的投入费用少。但其缺点是非动力换挡，在换挡期间由于仅有的离合器需要打开，动力传递必须终止，所以传递的转矩就会出现中断的现象。这可通过电控软件的作用来得到一定弥补，比如快速换挡，快速调整发动机转速接近同步换挡等措施。另外一个缺点是由于没有液力变矩器，在低挡位时，发动机的抖动会比较大，驾驶舒适感差。

（3）无级自动变速器。机械式无级自动变速器（CVT）种类很多，有实用价值的仅有 V 形金属带式。金属带式无级变速器属于摩擦式无级变速器，其传动与变速的关键件是具有 V 形槽的主动锥轮、从动锥轮和金属带，金属带安装在主动锥轮和从动锥轮的 V 形槽内。每个锥轮由一个固定锥盘和能沿轴向移动的可动锥盘组成，来自液压系统的压力分别作用到主、从动锥轮的可动锥盘上，通过改变作用到主、从动锥盘可动锥盘上液压力的大小，便可使主、从动锥轮传递转矩的节圆半径连续发生变化，从而达到无级改变传动比的目的。

机械式无极自动变速器传动比连续传递动力平稳，操纵方便，同时因加速时无需切断动力，因此汽车乘坐舒适性，超车加速性好。另外，由于可使发动机始终在其经济转速区域内运行，从而极大改善了燃油经济性。但与齿轮传动相比，其效率并不高，且制造困难，价格也较高。

（4）双离合自动变速器（DTC）。双离合自动变速器（DTC）是近几年一种新的自动变速器。2009 年装配有双离合自动变速器（大众公司称为 DSG）的一汽大众新迈腾已上市，其出众的加速性能和超低的油耗吸引着众多消费者，在业内也掀起了一股双离合自动变速器热潮。

20 世纪 90 年代末期，大众汽车公司和博格华纳公司合作，生产第一个适用于大批量生产的双离合自动变速器，博格华纳公司通过使用新的电子液压元件，使双离合自动变速器变成了实用性很强的变速器。2002 年德国大众汽车公司首次向世界展示了这一创新技术，并将其命名为直接换挡变速器（DSG）。2003 年大众汽车公司推出了 6 速 DSG 变速器，成为首个提供双离合自动变速器系统的整车厂，随后 DSG 变速器逐步推广应用在大众捷达、途安等众多车型上。2008 年大众汽车公司联手舍弗勒集团推出了更为先进的 7 速 DSG 变速器。

2007 年，我国科技部“十一五”（863）计划将双离合自动变速器列为“汽车开发先进技术”重大项目，由重庆青山、吉利、杭齿 3 家公司承担。2008 年，上海汽车公司和沈阳华晨汽车公司宣布联合开发双离合自动变速器。同年，在国家发改委支持下，国内 12 家汽车企业联合成立了“中发联”，与美国比格华纳公司进行合作，开发双离合自动变速器。在 2009 年上海车展上，吉利汽车公司展出了我国第一款自主研发的 7 速双离合自动变速器，并基本掌握了双离合自动变速器的关键技术及双离合自动变速器的开发流程。

2．汽车液力自动变速器的优缺点

（1）大大提高发动机和传动系的使用寿命。采用液力自动变速器与采用机械变速器的汽车对比试验表明：前者发动机的寿命可提高 85%，传动轴和驱动半轴的寿命可提高 75%～100%。

液力传动汽车的发动机与传动系统，由液体工作介质“软”性连接。液力传动起一定的吸收、衰减和缓和冲击及动载荷的作用。

（2）提高汽车通过性。采用液力自动变速器的汽车，在起步时，驱动轮上的驱动转矩是逐渐增加的，可防止振动，减少车轮打滑，使车辆容易起步，且换挡平稳，汽车的稳定车速可以降低。

（3）具有良好的自适应性。目前，液力传动的汽车都采用液力变矩器，它能自适应汽车驱动轮负荷的变化。当行驶阻力增大时，汽车自动降低速度，使驱动轮驱动力矩增加；当行驶阻力减小时，减小驱动力矩增加车速。这表明变矩器能在一定范围内实现无级变速，大大减少行驶过程中的换挡次数，有利于提高汽车的动力性和平均车速。

（4）操纵轻便。装备液力自动变速的汽车，采用液压操纵或电子控制，使换挡实现自动化。在变换变速杆位置时，只需操纵液压控制的滑阀，这比普通机械变速器用拨叉拨动滑动齿轮实现换挡简单轻松得多。而且，它的换挡齿轮组一般都采用行星齿轮组，是常啮合齿轮组，降低了换挡时的齿轮冲击，可以不要主离合器，大大减轻了驾驶人的劳动强度。

与单纯机械变速器相比，它也存在一些缺点，如结构复杂，制造成本高，传动效率低等。对于液力变矩器而言，最高效率一般只有 82%～86%，而机械传动效率可达 95%～97%。传动效率低，使汽车的燃油经济性有所降低。自动变速器的结构复杂，相应的维修技术也较复杂。

3．自动变速器基本组成

目前汽车上所用的自动变速器，在结构上虽有差异，但其基本结构和工作原理较为相似，电控液力自动变速器主要由液力变矩器、齿轮变速机构、换挡执行机构、液压操纵系统、电子控制系统五大部分组成，如图 3.14 所示。

（1）液力变矩器（见图 3.15）。它位于自动变速器的前端，安装在发动机飞轮上，用来改变并传递发动机动力到齿轮变速器上。

（2）齿轮变速机构。它一般是行星齿轮变速器机构，少数也有普通齿轮的传动机构，用来改变液力变矩器输入的转速和转矩。

（3）换挡执行机构。它主要用来改变齿轮变速器机构中的主动元件或限制某个元件的运动，改变动力传递的方向和速比，其主要由多片离合器、制动器和单向离合器等组成。

（4）液压操纵系统。它主要由油泵、调压器、油箱、过滤器、散热器及管道组成，主要为自动变速器提供液压油，对部件进行润滑、冷却，对换挡执行元件进行操纵，对液压油进行冷却。

（5）电子控制系统。它包括传感器、执行器、控制器，用于采集自动变速器各传感器和其他控制器的信号，通过控制器自身的控制逻辑的判断输出控制信号，驱动执行机构的执行器的动作，切换液压油道，进而使换挡执行元件分离或结合，实现不同挡位的切换。

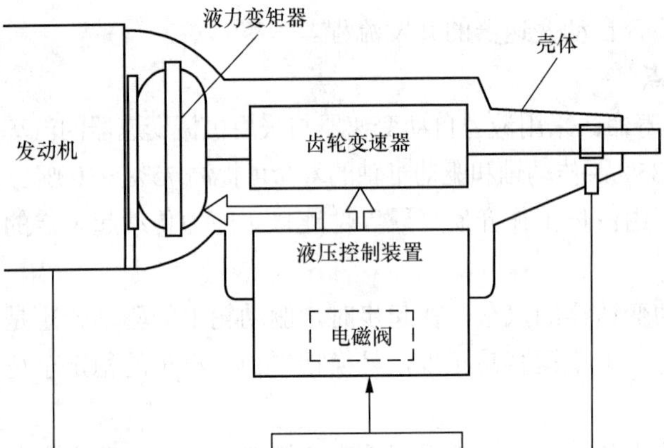

图 3.14　自动变速器的基本组成

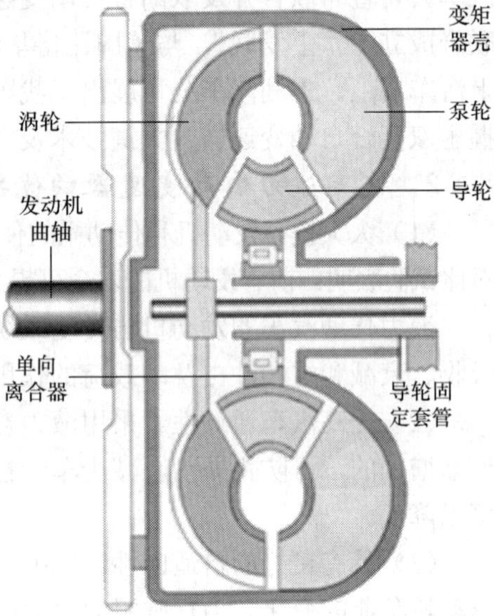

图 3.15　液力变矩器的组成

4．液力变矩器的结构与功能

（1）液力变矩器功能。液力变矩器安装于发动机和机械变速器之间，以自动变速器油为工作介质，主要完成以下功用。

① 传递转矩。发动机的转矩通过液力变矩器的主动元件，再通过 ATF 传给液力变矩器的从动元件，最后传给变加速器。

② 无级变速。根据工况的不同，液力变矩器可以在一定范围内实现转速和转矩的无级变化。

③ 自动离合。液力变矩器由于采用 ATF 专递动力，因此当踩下制动踏板时，发动机也不会熄火，此时相当于离合器分离；当抬起制动踏板时，汽车可以起步，此时相当于离合器结合。

④ 驱动油泵。ATF 在工作的时候需要油泵提供一定的压力，而油泵一般是由液力变矩

器壳体驱动的。

⑤ 过载保护。由于采用 ATF 传递动力，液力变矩器的动力传递柔和，故在汽车行驶状况突然变化而出现过载时，液力变矩器可以对发动机起到保护作用，防止传动系统过载。

⑥ 具有飞轮作用。内部充满自动变速器油的液力变矩器具有较大的转动质量，完全可以起到传统飞轮的作用，使发动机运转平稳，因此配置液力变矩器的发动机飞轮质量可以较小，只满足起动发动机的需要即可。

⑦ 减振隔振。液力变矩器通过液力作用在耦合传动装置上，主、从动件之间无刚性连接，所以可通过自动变速器油的阻尼作用吸收减小发动机的扭振，并隔离这种扭振向传动系统的传递，从而提高发动机和底盘传动系统的使用寿命。

⑧ 实现机械连接。需要时可以实现机械连接，把来自发动机的动力直接传递给变速器，从而提高燃油经济性。

（2）液力变矩器结构。现阶段汽车采用的液力传动装置演变过程为：液力耦合器→液力变矩器→综合式液力变矩器→带锁止离合器的综合式液力变矩器。液力耦合器曾应用于早期的汽车半自动变速器中，目前汽车自动变速器中基本不再使用，而主要采用带有锁止离合器的综合式液力变矩器。在液力变矩器的发展过程中，比较有代表性的结构有三元件液力变矩器、综合式液力变矩器和四元件液力变矩器。

① 三元件液力变矩器。最初的液力变矩器由泵轮、导轮和涡轮组成，称作三元件液力变矩器。泵轮与液力变矩器壳体连成一体，用螺栓固定在发动机曲轴后端的凸缘或飞轮上，壳体做成两半，装配后焊成一体；涡轮通过从动轴与变速器的其他部件相连；导轮位于泵轮与涡轮之间，并与泵轮和涡轮保持一定的轴向间隙，通过导轮座固定于变速器壳体上，三元件液力变矩器的机构原理如图 3.16 所示。

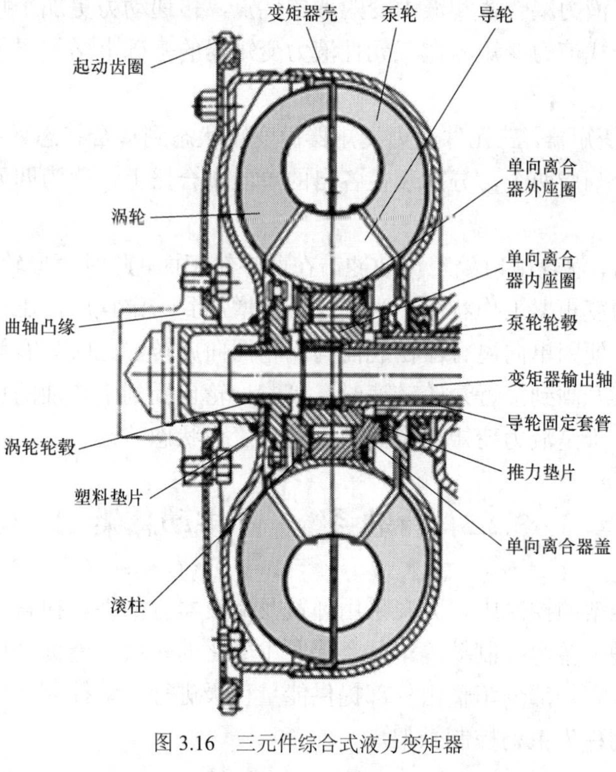

图 3.16　三元件综合式液力变矩器

泵轮是液力变矩器的主动元件，与液力变矩器壳体组成一体，变矩器壳体用螺栓固定在飞轮上，由于飞轮与曲轴相连，因而泵轮总是和曲轴一起转动。泵轮的作用是把发动机的机械能转变为油液的动能，其内部沿径向装有许多较平直的叶片，叶片内缘装有让变速器油平滑流过的导环，当发动机运转时，泵轮内的工作液依靠离心力的作用从泵轮外缘向外喷出进入涡轮。

涡轮是液力变矩器的从动件，与变速器输入轴用花键相连，其作用是把液体能量转换成涡轮轴上的机械能，涡轮也装有许多叶片，方向与泵轮叶片的弯曲方向相反。涡轮叶片与泵轮叶片相对放置，中间留有 3～4mm 的间隙。

导轮处于泵轮与涡轮之间，通过单向离合器固定在变速器壳体的导轮轴上。其作用是改变液流方向，增加转矩。导轮叶片截住离开涡轮的变速器油，并改变其方向，使变速器油冲击在泵轮叶片背面，给泵轮一个额外的助力。

泵轮、涡轮、导轮的相对位置如图 3.17 所示。

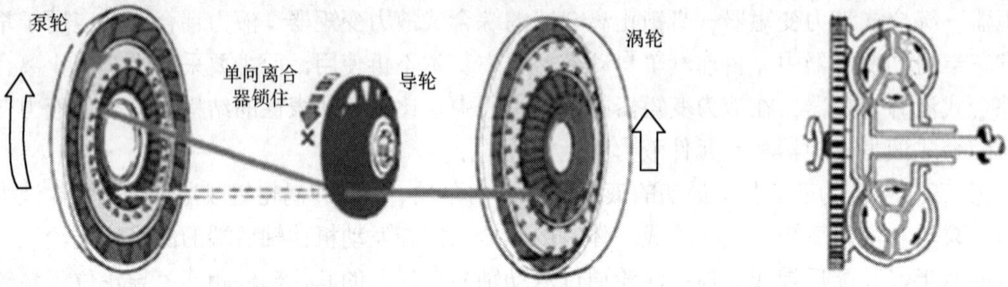

图 3.17　泵轮、涡轮、导轮的相对位置

② 综合式液力变矩器。目前汽车自动变速器中所用的液力变矩器基本都是综合式液力变矩器，它综合利用了液力耦合器和液力变矩器的优点，传递动力更加平顺可靠，同时大大提高了工作效率。综合式液力变矩器在三元件液力变矩器的基础上增加了单向离合器和锁止离合器。

③ 四元件液力变矩器。三元件液力变矩器由变矩状态到耦合状态效率显著下降，为改善这种状态，将导轮分割成两个，分别装在各自的单向离合器上，称为四元件液力变距器，如图 3.18 所示。

当涡轮转速低时，涡轮出口处工作油冲击在两导轮正面，此时两导轮的单向离合器锁住，导轮固定，如同液力变矩器工作状况。当涡轮转速增加到一定程度，工作油对第一导轮的冲击力反向，第一导轮便因单向离合器松脱而与涡轮同向旋转，此时只有第二导轮仍起变矩作用。当涡轮转速继续升高到接近泵轮转速时，第二导轮也受到工作油的反向冲击而与涡轮及第一导轮同向转动，于是液力变矩器全部转入耦合工作状态。

3.2.2　行驶系统——主动悬架

在用于轿车的悬架的控制中，大多采用弹簧及减震器等部件。换言之，就是悬架通过这些被动因素，在行驶、转弯及制动等车体姿势发生变化的时候，能提高操控稳定性及乘坐舒适性。与此相对应，有一部分车辆由外部提供能量积极进行震动控制则属于主动控制，在悬架中采用这种方式的称为主动控制悬架。

主动控制悬架不利用弹簧及减震器等，而是利用液压作为能源，电子控制这些液压，提供给传动装置，或者由传动装置排出使悬架上下运动，来控制车体的震动。另外，还有一种称为空压式的主动控制悬架，它将空气提供给空气弹簧，排出之后控制车体的姿势。本节内容针对通过液压调控悬架系统和空气悬架系统进行说明。

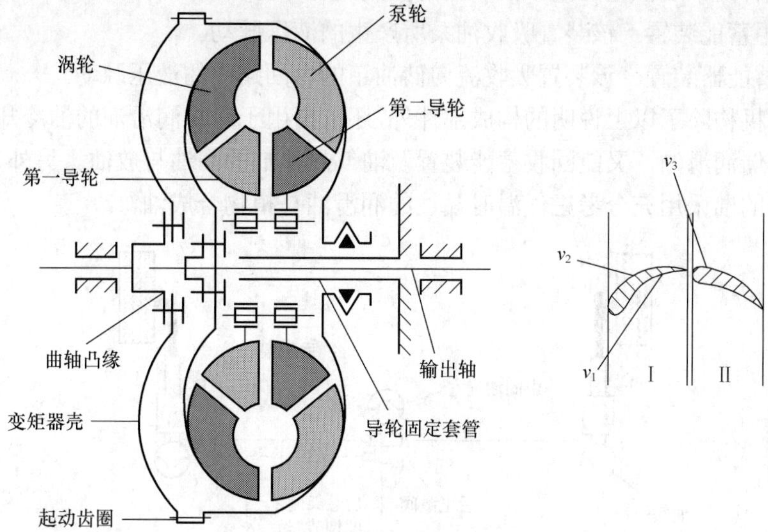

图 3.18　四元件液力变矩器

1. 液压调控悬架系统

图3.19所示的主动控制悬架将通过液压工作的传动装置配置给四轮，通过电脑控制液压，使传动装置工作，从而抑制由路面的凹凸状况，以及车辆的行驶状态所产生的车体震动与摇动，获得乘坐舒适性与操控稳定性的平衡。这种悬架除了由产生液压的控制泵及油气悬挂缸，以及压力控制单元等构成以外，还包括车速传感器及各种传感器，具有如下特征。

① 可以获得良好的乘坐舒适性。

② 大幅减小加速度及减少转向时车辆的姿势变化，维持平坦的姿势。

③ 能够将车辆的运动性能设置得最适合。

④ 通过车高控制，可以保持适应路面与车速的最适合的车高。

主动控制悬架控制油气悬架缸中的油量与油压，使缸内的容积产生变化。

（1）液压悬挂控制功能。液压控制机构由产生系统工作所需要的高压控制泵、配置在各轮处的油气悬挂缸、控制这些压力的压力控制阀单元、提高系统应答性的蓄能装置、吸收油泵脉动的消音用储压器，以及连接各单元的配管等构成。

① 控制泵。悬挂用控制泵与动力转向用控制泵一前一后配置，是一体化的液压泵。悬挂用控制泵采用活塞泵式方法。

② 油气悬挂缸。油气悬挂缸通过液压，在控制车辆姿势的同时，还吸收来自路面的冲击。

③ 蓄能装置。蓄能装置积蓄油泵所产生的液压，使系统液压不至于下降。

④ 压力控制阀单元。该单元配置在油泵与油气悬挂缸之间，通过电脑的控制信号，调节各个缸内的液压，控制车辆的姿势。控制单元内的控制阀及电磁阀等为了单独控制各轮的油气悬挂缸，在一个外壳内放置了以下四组油气悬挂缸。

过滤器：除去系统工作中液体的异物。

压力控制阀：控制油气悬挂缸的液压。

压力保持阀；发动机停止时，通过切断、保持油气悬挂缸内的液压，维持车高。

线性电磁阀：利用电脑的控制信号，改变与流经电磁阀的电流成正比的液压。在压力控制阀单元中具有两个线性电磁阀，控制压力控制阀与保持阀的开与关。

⑤ 消音用蓄能装置。该装置吸收油泵所产生的液压脉动。

⑥ 回油蓄能器装置。该装置吸收流向储油箱的返回路中的液压脉动。

液压控制机构除了以上说明的构成部件外,还包括用于冷却润滑油的油冷却器和储油箱，储油箱既能存储润滑油，又能回收蓄能装置及油气悬挂缸的回油与放油。另外，主动控制悬挂工作所使用的油采用充分考虑低温时黏性的润滑油与植物合成油。

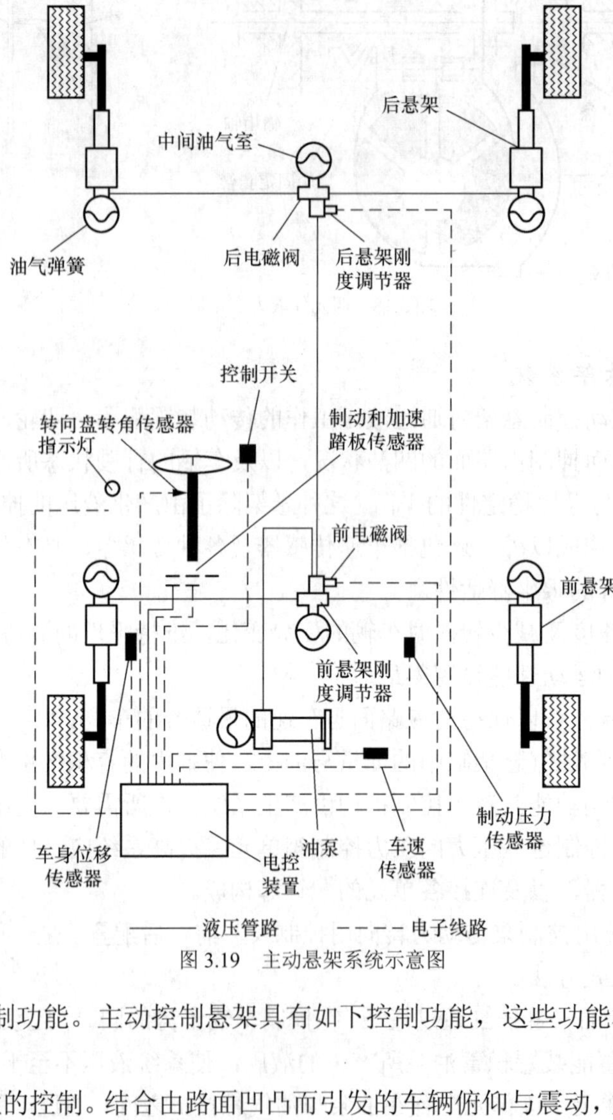

图 3.19 主动悬架系统示意图

（2）悬架的控制功能。主动控制悬架具有如下控制功能，这些功能相互关联，被综合地控制。

① 乘坐舒适性的控制。结合由路面凹凸而引发的车辆俯仰与震动，乘坐舒适性控制使油气悬挂缸的压力发生变化，抑制车体的震动，不断控制使车辆姿势保持水平。

② 车辆姿势的控制。根据各种传感器的输出信号，利用电脑可以算出车辆的姿势，控制

压力控制阀，使得车辆的姿势与所设定的车高值没有偏差，在整个行驶过程中保持一定的车辆姿势。

③ 操控稳定性的控制。主动悬架为尽可能地控制车辆达到最符合行驶条件的程度，需要对包括悬挂臂等结构，以及衬套刚性等进行综合控制，并且在一部分的车辆中，还组成了4WS和4轮ABS装置，更好地平衡乘坐舒适性和与之相反的操控稳定性。

④ 车高的控制。乘坐人员和载重量的变化由安装在各轮处的车高传递器检测，通常通过压力控制阀的工作将车辆控制在车高的设定值。利用选择开关，车高可以在两个状态间进行切换，即标准状态和比标准状态稍高的状态。车辆在行驶时，通过车速感应控制，使车高稍低于设定值，可以提高车辆行驶的稳定性。

2. 轿车空气悬架系统

在汽车的悬架上，除前述的液压悬架，还有利用压缩空气的空气悬架。

空气悬架是一种高度可调的汽车悬架系统，并且，可以与可控的减震器系统联合使用，空气压缩后容积减少，但却具有扩张的性质。利用空气弹簧的悬架叫作空气悬架，是一种相对较为容易实现水平高度调节的系统，如图3.20所示。

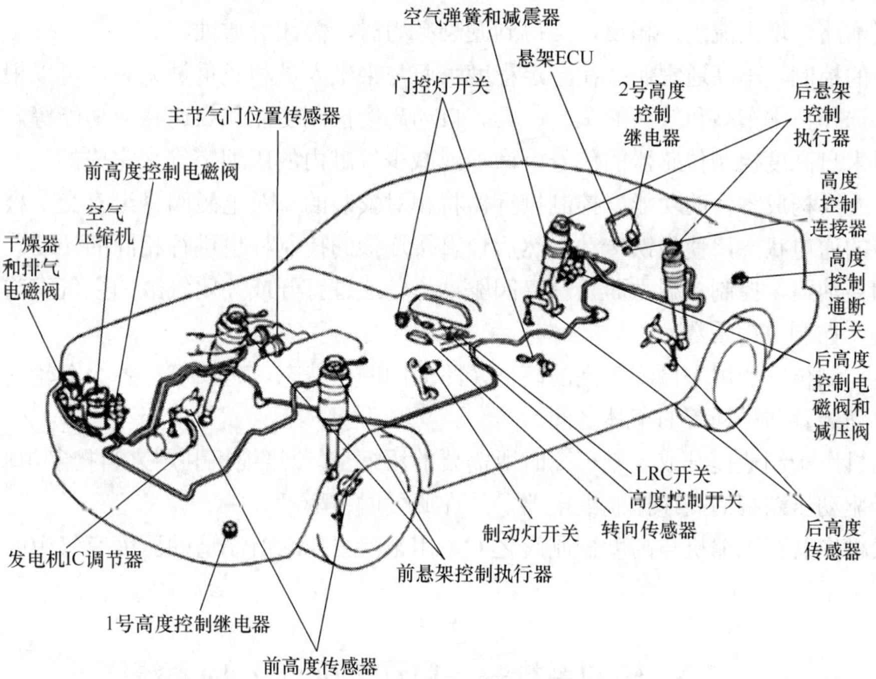

图3.20　主动空气悬架示意图

水平高度调节系统可以将车身保持在恒定高度，即预留的离地间隙。通过调节作用在空气弹簧上的压力以及改变控制空气弹簧支柱中的空气质量就可进行车辆的高度调节。

空气悬架具有如下特征。

① 车辆可以轻松地调整高度。

② 不管有效载荷多少，车辆的静态高度保持不变。

③ 风阻系数和车辆外形不受有效载荷的影响。

④ 很好地吸收高频的震动。

⑤ 乘坐舒适性良好，通过缓和震动，有利于汽车的耐用寿命。

空气悬架除上述特点外，还可以设置三个不同的车辆高度。

① 正常悬架位置。

② 高悬架位置。

③ 低悬架位置，在高速公路行驶时自动设置。

图 3.20 的空气悬架由形成整体的悬挂缸和减震器、由发动机驱动的压缩机、去除压缩空气中水分的干燥机，以及开关空气通道的高度控制阀等构成。通过安装在四轮上的各自的高速控制传感器及其各种传感器，可以正确地检测出车辆的行驶状态，将信号输送给悬架控制电脑，电脑根据这些信号，将弹簧系数、衰减力及车高控制到最佳状态。

（1）控制的概要。以下针对如何控制用于轿车的空气悬架的弹簧系数、衰减力及车高进行简单的说明。

弹簧系数的控制。以片弹簧起始的金属弹簧的弹簧系数通常是一定的，所以利用片弹簧的车辆在行驶时，特别是空车时震动增加，乘坐舒适性变差。而在利用空气弹簧的情况下，因为根据载重可以改变弹簧的弹簧系数，所以乘坐舒适性与载重量无关，具有良好的特性。

衰减力的控制。它是通过改变流过活塞阀的液体的流量来控制的。当获得软性衰减力时，打开旁通油路，增大流量；相反，当得到硬衰减力时，关闭旁通油路。

车高的控制。车高通常保持在一定程度，而与乘坐人员和载重量无关。可以根据驾驶者的偏好，选择正常车高和较高的车高，具有自动高度控制功能和高速感应功能等。车高的控制是利用来自高度控制传感器的信号，增加或减少气缸内的压缩空气来完成的。

（2）主要构成零件的功能。控制执行器将相对安装的一对电磁阀分组直交，根据来自电脑的信号的通电状态，使磁铁转动，然后使直接连接的控制杆也进行相同的转动。结果就是旋转阀切换油路，控制衰减力而且空气阀驱动齿轮通过打开或关闭气缸的主气室与副气室的空气通路，控制弹簧系数。

高度控制传感器用来检测车高的高低及路面的凹凸状态，它安装在各个车轮的悬架下横臂等的可动装置与吊杆等的车体之间。

压缩机用来制造提升或控制车高时所需要的压缩空气。压缩机利用来自控制电脑的信号，通过用于驱动压缩机的高速控制继电器，只在必要时被驱动。

干燥机安装在压缩机与高度控制阀之间，用来除去压缩所制造的压缩空气中的水分，其内部填充了干燥剂。

3.2.3 转向系统——电动/液助力转向系统

电动助力转向（EPS）系统是指利用电动机提供转向动力，辅助驾驶员进行转向操作的转向系统。根据助力机构的不同 EPS 可分为电动液式和电动机直接助力转向。前者其实是液压式助力转向系统的改进，将原来由发动机驱动的液压驱动泵改为由电动机驱动，应用较少。

EPS 系统与传动液压助力转向系统相比具有如下特点。

① 降低燃油消耗。机械系统直接与电动机连接，效率可达 90%，而且只在转向时才工作，其效率高，能量消耗少。

② 提供“按需供能”。EPS 系统助力作用的大小由 ECU 根据车辆行驶状态等信息决定，

低速时转向助力力矩大，高速时小，车速越高，助力越小。在泊车时，驾驶员的转向力显著降低，转向舒适性提高，而在高速时，操纵稳定性好。

③ 增强转向跟随性。在EPS系统中，电动机与助力机构刚性连接，反应灵敏，滞后小，增强了车轮对转向盘的跟随性能，驾驶员的"路感"好。

④ 改善转向回正特性。通过灵活的软件编程，得到电动机在不同车速及不同车况下的转矩特性，这种转矩特性使得该系统能显著地提高转向能力，提供了与车辆动态性能相匹配的转向回正特性。

⑤ 采用"绿色能源"，适应现代汽车的要求。

⑥ 系统结构简单，占用空间小，布置方便。电动转向系统没有液压系统所需要的油泵、油管、流量控制阀等部件，零件数量减少，而且布置灵活方便。

但直接助力式电动转向系统也存在缺点。

① 车用电源的电压较低，这使得助力式电动转向系统提供的辅助动力较小，用于大型车辆比较困难。

② 减速机构、电动机等部件产生的摩擦力和惯性力会影响转向特性，或者改变转向盘的自动回正作用以及它的阻尼特性，因此正确匹配整车性能至关重要。

由此可见，直接助力式电动转向系统尤其适用于对空间、重量要求更高的微型车上。

1．电动机直接助力转向系统

电动机直接助力转向根据车速与方向盘的操作力，利用控制单元控制电动机中的电流，通过转动方向直接驱动转向系统，提供适当的辅助动力。

（1）根据电动机的安装位置不同，电动机直接助力转向系统可分为转向轴助力式、齿轮助力式和齿条助力式，如图3.21所示。

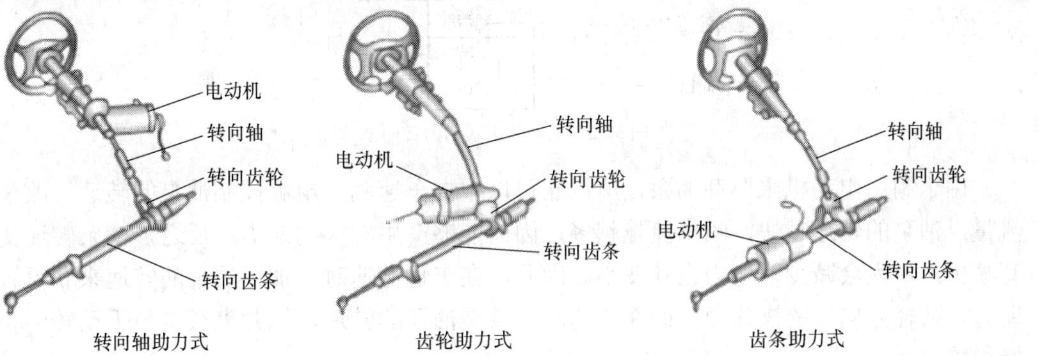

图3.21　电动机直接助力式电动转向系统的类型

转向轴助力式电动转向系统中，电动机固定在转向轴的侧面，装有一个电磁控制的离合器，通过减速机构与转向轴相连，直接驱动转向轴实现助力转向。这种方案可以使转向器占用的空间减小，但由于电动机离驾驶员较近，产生的震动噪声通过转向操纵机构和仪表板向外辐射，严重影响舒适性。

齿轮助力式电动转向系统的转矩传感器、电动机和减速器机构以及离合器集成在一起，电动机直接通过减速机构驱动齿轮轴进行助力。

齿条助力式电动转向系统利用电动机和减速机构直接驱动齿条提供助力。控制单元安装在乘员一侧仪表板的后面，转矩传感器单独安装在转向小齿轮附近，而电动机和减速器机构集成在一起安装在小齿轮另一面的齿条上，电动机的动力直接作用到齿条上。

（2）直接助力式电动转向系统主要部件。转矩传感器是测量驾驶员作用在转向盘上力矩大小与方向的，有的转矩传感器还能够测量转向盘转角的大小和方向。

电动机的功用是根据电控单元的指令输出适当的辅助转矩。电动机不仅要求转矩大、转矩波小、转动惯量小、尺寸小、质量轻，而且要求可靠性高、易控制。减速机构与电动机相连，起降速增矩作用。

电子控制单元的功能是根据转矩传感器和车速传感器传来的信号进行逻辑分析与计算，并发出指令控制电动机和离合器工作。

2. 电动液压式动力转向

虽然其动力转向是液压式的，但却是利用电动机驱动油泵的，因此是电动式与液压式的中间方式，如图 3.22 所示。

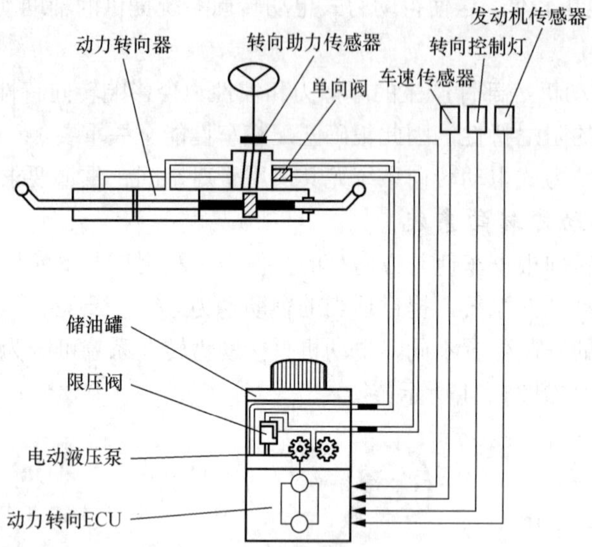

图 3.22　电动液压式动力转向示意图

由于利用电动机来驱动油泵，所以它可以根据车速利用电脑控制油泵的转速，改变喷出流量。油泵的转速越快，喷出流量越多，因而能够产生较大的助力。反之，油泵转速变慢，其喷出流量也会减少，助力也就变小。因此，在车辆低速时，加快油泵的转速来获得较大的助力，减轻方向盘的操作力；而在高速时，减缓油泵的转速，以此来获得与手动转向相同的操控感。

车速传感器位于速度表内部，而转向传感器位于方向盘下面，根据速度表电缆的转动检测车速，并且利用转向传感器检测出是否存在方向盘的操作及其操作量，然后输入动力转向电脑。

电动液压式动力转向通过恰当地控制车速和转向量的喷出流量，控制转向操作力，与发动机驱动方式油泵相比，它不会喷出多余流量，所以能量损失小，通过由车速和转向量决定的行驶状况的判定，能够扩大转向操控力的变化。

转向系统是汽车行驶安全性要求最高的车内系统之一，因此要求 EPS 具有故障显示报警功能，使驾驶员能够第一时间了解所出现的故障以便排除。EPS 还应具有系统失效保护功能，以便在出现故障时，迅速转换为机械转向，避免出现严重的事故。

近年来，基于提高汽车安全、舒适、方便等性能的汽车电子控制开发系统的开发研制愈发普及，例如防抱死刹车系统（ABS）、自动巡航系统（CCS）、电子稳定系统（ESP）、电动转向系统（EPS）等都已投入实际应用中。汽车越来越广泛地采用电子装置，汽车的电子化程度也被看做是一个国家汽车工业发展水平的标志。电动转向系统中，汽车速度信号、发动机转速信号、电源的电压信号由传感器检测后送到 CAN 总线上，通过总线送到 EPS 系统的 ECU 进行处理。同时，EPS 系统将采集到的转向盘转矩和转角信号发送到 CAN 总线上，实现与其他车内电子系统的信息共享。

3.2.4 制动系统——电子稳定控制系统

电子稳定程序控制系统英文为 Electronic Stability Program，简称 ESP 系统，最早由德国博世公司于 1995 年推出，在大众、奥迪、奔驰等车型上使用此简称。在其他车型上，相近或相同功能的系统采用了不同的名字。

① 宝马、捷豹和路虎称为 DSC（Dynamic Stability Control），动态稳定控制系统。

② 本田讴歌称为 VSA（Vehicle Stability Assist），车辆稳定控制系统。

③ 丰田称为 VSC（Vehicle Stability Control），车辆稳定控制系统。

电子稳定控制系统（ESP）综合了加速防滑控制系统（ASR）、防抱死制动系统（ABS）、辅助制动系统（BAS），功能更为强大。例如，前方行驶车辆突然掉下货物，ESP 系统能够帮助驾驶员避免车辆出现不稳定状态，并通过对制动系统、发动机管理系统和变速器管理系统实施控制，从而有针对性地弥补车辆滑动，做到防患于未然。

1. 电子稳定程序控制系统的功能特点

ESP 系统是一个防离心力系统，它能识别出离心危险，并校正车辆状态。具有以下特点。

（1）实时监控。ESP 系统能够实时监控驾驶人的操控动作、路面反应、汽车运动状态，并不断向发动机管理系统、变速器系统和制动系统发出指令，是汽车上的智能安全技术。

（2）主动干预。ABS 系统等安全技术主要是对驾驶人的动作起干预作用，但不能调控发动机和变速器。ESP 系统则可以通过主动调控发动机的转速，并调整每个车轮的驱动力和制动力，来修正汽车的过度转向和转向不足。

（3）事先提醒。当驾驶人操作不当或路面异常时，ESP 系统会用警告灯警示驾驶人。换句话说，ESP 实际上是一种牵引力控制系统，与其他牵引力控制系统比较，ESP 不但控制驱动轮，而且可以控制从动轮。

2. 控制过程

为了让 ESP 系统对不良行驶作出反应，首先需要清楚两个问题：

（1）驾驶人向什么方向转向；

（2）车辆向哪个方向行驶。

第一个问题由转向盘角度传感器和车轮上的轮速传感器来回答。

测量偏转率和横向加速度可得到第二个问题的答案。

如果测出的问题 1 和问题 2 的结果不一致，ESP 可得出结论：车辆行驶状态不好，需要采取措施。行驶状态不好表现在两个方面，如图 3.23 所示。

① 车辆转向不足。ESP 控制系统有意识地对位于弯道内侧的后轮实施瞬间制动机使用发动机和变速管理系统，从而稳定车辆，防止车辆驶出弯道。

② 车辆转向过度。ESP 控制系统有意识地对位于弯道外侧的前轮实施瞬间制动及使用发动机和变速管理系统，防止出现甩尾，并减弱过度转向趋势，从而稳定车辆。

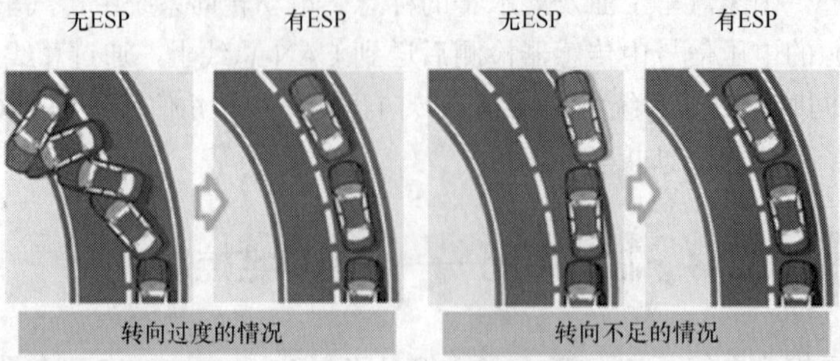

图 3.23　有无 ESP 的转向状态对比

3. 电子稳定程序控制系统的概述

正如前面提到过的，ESP 以可靠的车轮滑移调节系统为基础。这个系统有一些关键的附加特征：该系统能较早识别和校正车辆的不稳定状况，如离心力。

在 ESP 系统中，相对于 ABS、ASR 的升级是加装了三个重要的附加部件：转向角传感器、横向偏摆率传感器和横向加速度传感器。

（1）转向角传感器提供表示转向盘旋转角度的输出信号。

（2）横向偏摆率传感器根据车辆绕其纵轴的旋转角度产生对应的输出信号电压，用来记录车辆转向行驶时偏摆角度即侧滑的方向是转向不足还是转向过度。

（3）横向加速度传感器根据车轮侧向滑移量产生对应的输出电压信号，用来检测车辆转向行驶时的横向滑移距离。

第 4 章 汽车维护与保养概述

汽车由大量的零部件构成，根据汽车使用的时间和条件，汽车的性能会因磨损、老化或腐蚀而降低。在行驶一定的里程和时间后，根据汽车维护技术标准，按规定的工艺流程、作业范围、作业项目和技术要求所进行的预防作业即汽车维护。其目的是保持汽车技术状况良好，确保行车安全，充分发挥汽车的使用效能并降低运行损耗，以取得良好的经济效益和环境效益。

4.1 汽车使用寿命与维护制度

4.1.1 汽车零件磨损的三个阶段

汽车技术状况是指定量测得的某一时刻汽车外观和性能综合参数值的总和。汽车技术状况变化规律是指汽车技术状况与行驶里程或时间的关系。了解和掌握其变化规律，有助于采取相应措施延长汽车的使用寿命。

通常以汽车主要部件的磨损情况作为衡量汽车技术状况变化的指标。研究表明，零件的磨损过程可分为三个阶段，如图 4.1 所示。

这三个阶段分别代表，Ⅰ：走合期；Ⅱ：稳定磨损阶段；Ⅲ：剧烈磨损阶段。

第一阶段是零件的走合期（一般为 1000～1500km）。其特征是在较短的里程内零件的磨损速度较快，当配合零件走合良好后，磨损速度开始变慢。

第二阶段是零件的稳定磨损阶段，其特征是零件的磨损速度随汽车行驶里程的增加而减缓。

第三阶段是零件的剧烈磨损阶段，其特征是相配合零件间隙已达到最大允许使用极限，磨损量急剧增加。由于间隙增大，润滑油膜难以维持，冲击负荷增大，磨损量也增大。若继续使用，就会有异常磨损，使零件迅速损坏。

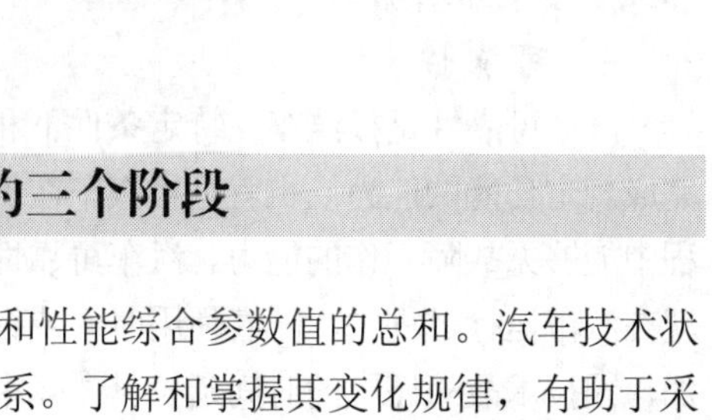

图 4.1 磨损量与行驶里程的关系

车辆在使用过程中，随着行驶里程的增加和外界条件的变化，汽车技术状况逐渐变差。导致汽车技术状况变化的原因是多方面的，有自然磨损、零件磨损、疲劳磨损、变形材料老化或者偶然损伤等，但主要因素依然是零件工作表面严重磨损。

4.1.2 汽车的使用性能

1. 动力性

表现动力性的具体指标为汽车的最高行驶速度、加速时间、加速距离、最大爬坡度、制动效果和片牵引能力。根据实验资料，在汽车行驶到接近大修里程时，发动机功率下降20%以上，最大行驶速度比新车额定车速下降10%～15%，而加速时间将增加25%～30%。

2. 经济性

表现经济性的具体指标为燃油及润滑油料的消耗量、维修费用和运输成本等，在汽车行驶一定里程后，耗油量超过额定量15%，润滑油料消耗达1L/100km以上，排烟增多或有异味，说明该车的经济性显著下降。

3. 安全性

汽车安全性下降主要表现在汽车制动距离加长，跑偏量增大，制动机构反应迟缓甚至出现失灵，转向操纵沉重，摆振不断增加，行驶过程中噪声、振抖和异响不断增多，排气中的的有害气体或烟度不断增加。

4. 可靠性

汽车可靠性是指汽车在特定条件下和规定时间内完成规定功能的能力，也就是指汽车在长时间使用过程中能够无故障工作的能力。汽车可靠性下降主要表现在汽车运行过程中，随着使用时间或行驶里程的增加，因技术故障停歇的时间延长且故障率明显上升。汽车的可靠度与时间的关系如图4.2所示。

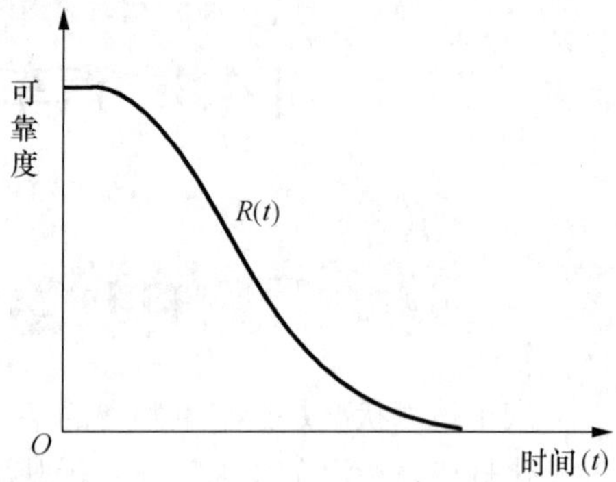

图4.2 汽车的可靠度与使用时间的关系

4.2 现行汽车维护制度

我国现行的汽车维护贯彻“预防为主、强制维护”的原则。“预防为主”的设备管理原则在世界通行，只有做好事前的预防性工作，才能使设备经常保持良好的技术状况，减少故障频率，降低消耗，延长使用寿命。我国现行的汽车维护制度将过去计划预防制度的“定期维护”改为“强制维护”，这是为了进一步强调维护的重要性和必要性，使运输单位和个人更加重视车辆的维护，防止因追求眼前利益而不及时维护，从而导致车况严重下降，影响安全生产。《汽车维护、检测、诊断技术规范》（以下简称《技术规范》）是我国迄今为止汽车维护制度的最新标准。《技术规范》中明确提出了“定期检测、强制维护、视情修理”作为实施汽车维护制度的原则。

车辆维护必须按照交通运输管理部门规定的行驶里程或间隔时间，按期强制执行。由于我国各地区的运行差异大，所以各级维护周期很难统一。各省、自治区、直辖市交通运输管理部门可按车型结合本地区具体情况提出统一的维护周期，并制定车辆维护技术规范，以保证车辆维护质量。各级维护作业项目和周期的规定，必须根据车辆结构性能、使用条件、故障规律、配件质量及经济效果等情况综合考虑。各级交通运输管理部门一经确定某种车型的维护项目和周期后，不得任意改动。随着运行条件的变化，新工艺、新技术的采用，维护项目和周期经论证和交通运输管理部门同意后，可以及时进行调整。运输单位和个人的车辆，应在交通运输管理部门认定的维修企业进行维护，建立维护合作关系，确保车辆按期维护保养。维修企业必须认真进行维护作业，确保维护质量。车辆维护作业完成后，应将车辆维护的级别、项目等内容填入车辆技术档案，并签发合格证。

4.2.1　定期检测

定期检测是利用现代化的技术手段以及汽车检测诊断设备，定期对汽车进行检查测试，以正确判断汽车的技术状况。“定期检测”的贯彻与实施是由道路运政管理机构和汽车维修企业两个方面共同完成的。一是道路管理运政管理机构对所有从事运输的汽车按类型、新旧程度、使用条件和强度等情况制定具体的定期检测制度，使各种车辆在行驶一定里程或时间后，按时间进行综合性能检查。二是定期检测要求汽车维修企业结合汽车的维护周期进行，以此来确定附加作业项目，掌握汽车技术状况的变化规律，同时通过对汽车的检测诊断和技术鉴定，确定汽车需要修理的内容。

通过实施定期保养，可以实现：

（1）今后可能发生的许多较大的故障能得以避免；

（2）使汽车始终处于良好的状态之下；

（3）延长汽车使用寿命；

（4）让车主享受既经济又安全的驾驶体验。

4.2.2　强制维护

强制维护是在定期维护的基础上进行状态检测的维护制度。之所以将过去的“定期维护”改为现在的“强制维护”，就是为了进一步强调维护的重要性，以防止忽视及时维护，造成汽车技术状况急剧变化的现象出现。强制维护是在计划预防维护的前提下所执行的维护制度，是指汽车维护工作必须按照交通运输管理部门或汽车使用说明书规定的行驶里程或时间间隔，按期进行，不得任意拖延，以体现出强制性的维护原则。

4.2.3　视情修理

“视情修理”是随着汽车检测与诊断技术的发展和维修市场的变化而提出的。过去的“计划修理”经常出现修理不及时或提前修理的情况，其结果不是造成车辆技术状况恶化，就是造成浪费。

“视情修理”必须经过检测诊断和技术鉴定，而不能只凭车辆所有者或使用者的意愿来随时确定修理时间和项目。为实现“视情修理”，运输单位必须积极创造车辆检测和技术鉴定的条件，尤其大、中型运输单位应积极配备检测诊断设备和有经验的技术员，不具备上述条件的小型运输单位和个体运输户，可由其主管部门或交通运输管理部门委托有条件的单位进行检测诊断和技术鉴定。同时，交通运输管理部门应创造便利条件，对运输车辆进行定期检测。

“视情修理”的实质，是由原来以行驶里程为基础确定车辆修理方式，改变为以车辆实际技术状况为基础确定修理方式。车辆修理的作业范围是通过检测诊断后确定的，检测诊断技术是实现“视情修理”的重要保证。“视情修理”体现了技术与经济相结合的原则。

4.2.4 汽车保养的周期

1. 整车保养周期

在保养方法中，首先应确定整车保养周期。在人们对汽车的实际保养中，通常有两种误区：一种是根据自己驾驶车辆的感觉，认为车辆没有问题，忽略保养或保养周期没有规律；另一种是出于安全考虑，增加保养频率，缩短保养周期或里程。

汽车制造厂推荐的保养周期是厂家根据汽车性能制定的最科学的保养时间设置。在决定保养周期时，应采用厂家给出的保养期，同时参照汽车自身的技术状况和实际使用条件，对其保养周期做适当的调整。一般技术状况良好的新车，可适当延长保养周期；相反，则应缩短保养周期。比如经常在以下恶劣的环境使用，则应缩短保养周期。

（1）在凹凸不平、特别泥泞、多雪或者灰尘特别大的路面上行驶。

（2）车辆用于拖车或拉着野营挂车或车顶有货物架。

（3）车辆长期在温度高于30℃或经常低于－15℃的地区使用。

（4）警车、出租车或物流车，这些车辆长时间、长距离地低速运行。

（5）车辆高速行驶超过两小时。

（6）频繁地起步、停车，经常低速行驶。

（7）长期在丘陵山地等复杂地形行驶。

（8）当地使用的润滑油不能满足保养规范标准。

2. 部件更换周期

（1）轮胎。应参照汽车自带的保养手册进行轮胎换位。轮胎换位间隔一般新车为1万km，以后每行驶0.5万～1万km进行一次轮胎换位。

（2）制动片。制动片的质量直接决定着车辆的制动性能。一般汽车每行驶1万km需要检查一次，前制动片每3万～4万km应该进行更换，由于后制动片磨损小于前面，因此前片每更换两次，后片应该换一次。

（3）正时带。新车正时带一般跑8万～10万km就应更换。因为发动机在运转时的高温、发动机停止运转后的冷却、油污杂质及正时带张紧轮的匹配，都会导致正时带的使用寿命缩短，所以在更换了正时带后，由于车辆的折旧、使用和安装等问题，正时带的使用寿命也会相应缩短。所以，很多修理企业会建议汽车行驶6万km左右最好更换正时带。

3．油液更换周期

（1）自动变速器油（ATF）。ATF 的更换周期是以行驶千米数或使用时间为准，哪项指标先到就先执行。如果自动挡汽车在使用过程中出现换挡迟缓、脱挡和跳挡，则应对 ATF 进行检查或更换。

（2）转向助力液压油。一般为了防止液压油过脏或变质，建议汽车每行驶 2 年或 3 万 km 更换一次液压油。在使用过程中，如果发现油变稀或者油的颜色变得发黑，则必须更换转向助力油。

（3）发动机润滑油。按一般的规定，发动润滑油的换油周期为 5000km。

4.2.5 汽车维护的分类

在《技术规范》中规定：汽车的维护保养可分为日常维护、一级维护、二级维护、走合期维护和季节性维护几种。

日常维护是日常性作业，由驾驶员负责执行，其作业中心内容是清洁、补给和安全检查。日常维护是驾驶员保持车辆正常状况的经常性作业。

一级维护由专业维修工负责执行。其作业中心内容除日常维护作业外，以清洁、润滑、紧固为主，并检查制动、操纵等安全部件。也就是车辆经过较长里程运行后，特别要注意对车辆的安全部件进行检查维护。

二级维护由专业维修工执行。其作业中心内容除一级维护作业外，以检查、调整为主，包括拆检轮胎，进行轮胎换位。这是因为车辆在经过更长里程运行后，必须对车况进行较全面的检查、调整，维护其使用性能，以保证车辆的安全性、动力性和经济性达到使用要求。车辆二级维护前，应该进行检测诊断和技术评估，了解和掌握车辆技术状况及磨损情况，据此确定附加作业或小修项目，一般结合二级维护同时进行。

走合期维护是指新车或大修后的车辆，在开始投入运行的最初阶段所进行的维护作业。此时汽车正处于磨合状态，还不能满足全负荷运转的需要，因此在走合期内为了减少磨损和延长零件的使用寿命，必须做到：减轻重量、限制行车速度、选择优质燃料和润滑材料以及正确驾驶。

每年 4、5 月和 10、11 月汽车即将进入夏冬季运行时，应进行季节性维护。比如进入夏季前及时更换空调滤芯、检查空调制冷剂的含量，进入冬季前要添加冷却液，做好相关部件的保温工作等，一般结合二级维护一起进行。

4.2.6 汽车技术维护作业内容

（1）清洁养护作业。清除汽车外部污泥，打扫、清洗和擦拭车厢、驾驶室及各类附件，使车辆外表保持整洁、美观。

（2）检查与紧固作业。检查与紧固车辆各总成和零件的外部连接螺栓，更换或配置丢失或损坏的螺钉、螺栓等零件。

（3）检查与调整作业。检查车辆各机构、总成和仪表的技术状况，必要时按使用要求进行调整。

（4）电气作业。对汽车所有电气仪表及设备进行清洁、检查、调整，以及进行润滑油等作业。更换或配置已损坏的零件及导线，检查与维护蓄电池。

（5）润滑作业。包括清洗发动机润滑系统和机油滤清器，更换或添加润滑油，更换滤清器滤网，加注底盘润滑油或润滑脂，更换或添加制动液和减震液等。

（6）轮胎作业。轮胎作业包括检查轮胎气压及充气，检查外胎及清除异物。

（7）补给添加作业。补给添加作业包括检查燃油箱储存量，加添燃料、水等。

根据实践生产，汽车各级维护的工艺顺序大致如下。

（1）进行清洁养护作业。

（2）进行添加并紧固作业，与此同时或在其后进行试验与调整作业、电气作业、轮胎作业和补给作业等。

（3）进行润滑作业和外表调整作业。

4.3 汽车的定期维护保养

4.3.1 汽车日常维护

日常维护是汽车正常行驶的保障和基础，日常维护质量的好坏，直接影响汽车性能的发挥和行车的安全。为了解决汽车的技术问题，保持汽车良好的性能，有效预防事故的发生，保证行车安全，汽车在使用过程中，驾驶者应做好日常维护。日常维护的主要内容可以概括为“三查”“四防”“五洁”。“三查”，即出车前、行车中、收车后检查汽车的安全机构及各部件连接的紧固情况；“四防”，即防止漏水、漏油、漏电和漏气；“五洁”，即保持润滑油、空气、燃油滤清器、蓄电池及全车的整洁。日常维护通常是驾驶者本人完成的，如果发现车辆有异常现象应及时送修理站维修。

1．出车前的检查

该阶段的预热操作对汽车的使用寿命影响很大，发动机在未达到正常温度时，由于润滑油的黏度大，起动瞬间润滑油不能及时达到相对运动表面，运动表面之间介于液体摩擦和干摩擦之间，没有形成良好的润滑油膜，此时发动机相对运动零件之间的摩擦量较大。所以，要求以快怠速实现快速预热，缩短发动机低温工作时间，从而减少起动、预热期间的磨损量。其维护内容如下。

（1）清洗汽车车身外部污物。

（2）检查车窗玻璃、刮水器、室内镜、门锁与门窗升降器手柄是否正常。

（3）检查散热器的水量、蓄电池内的电解液液面高度、曲轴箱内的润滑油油量、燃油箱内的燃油储量是否正常。

（4）检查喇叭、灯光工作是否正常。

（5）检查转向机构各连接部位紧固是否可靠。

（6）检查轮毂轴承、转向节主销是否松动，检测转向盘的游动间隙。

（7）检查轮胎气压、清除轮胎表面杂物。

（8）检查离合器踏板和制动器踏板的自由行程。

（9）检查轮胎螺母、半轴螺栓、钢板弹簧骑马螺栓和 U 形螺栓的连接紧固情况。

（10）检查车辆有无漏水、漏油、漏气、漏电现象。

（11）检查仪表是否正常。

2．行车中的检查

车辆在行驶中，要注意观察仪表盘的仪表和警示灯的指示状况，确保车辆处于良好的运行状态；注意道路状况，根据不同的环境条件选用不同的驾驶模式；驾驶过程中必须做到不超速、不超载、不疲劳驾驶，做到安全第一。其维护内容如下。

（1）检查发动机和底盘有无异响和异常气味。

（2）检查离合器和制动装置的工作情况。

（3）检查转向机构的工作情况。

（4）检查各个仪表和灯光照明装置的工作状况。

（5）检查轮胎气压并清除胎肩、胎纹中的杂物。

（6）检查有无漏水、漏油、漏气、漏电现象。

（7）检查转向机构、操纵机构等；检查连接部位是否可靠。

3．收车后的检查

车辆收车后，要选择适当的停靠位置，关闭车上所有的用电设备；根据行驶中检查到的车辆状况，检查、紧固主要连接部件，再次确认无漏油、漏水、漏气或漏电等状况，并对车辆存在的问题及时调整或维修；补充燃油、玻璃清洗剂和制动液，整理好物品，锁好车门，启用车辆防盗系统。其维护内容如下。

（1）清洗汽车车身外部污物。

（2）检查全车有无漏水、漏油、漏气、漏电现象。

（3）检查燃油、润滑油及制动液（对液压制动汽车而言），必要时添加油液。

（4）对全车各润滑点进行检查，并按需要添加润滑脂。

（5）检查冷却系统是否正常，按需添加冷却液。

（6）检查各传动带的松紧度，检查储气筒（对气压制动的汽车而言）气压。

（7）检查蓄电池电解液液面是否正常及存电情况，清洁蓄电池的顶部。

（8）检查各部连接装置的螺栓和螺母有无松动、脱落。

（9）检查悬架总成有无异常。

（10）检查轮胎气压、清除轮胎表面杂物。

（11）转动机油粗滤器手柄，放出沉淀物。

4.3.2　汽车一级维护与保养

1．一级维护工艺流程

一级维护主要由专业维修企业负责执行，是在汽车行驶达到一定里程后强制执行的。一级维护的时间一般按汽车生产厂家推荐或规定的行驶里程或使用时间进行。这对确保维护质量具有十分重要的意义。

汽车一级维护保养的工艺流程如图 4.3 所示。

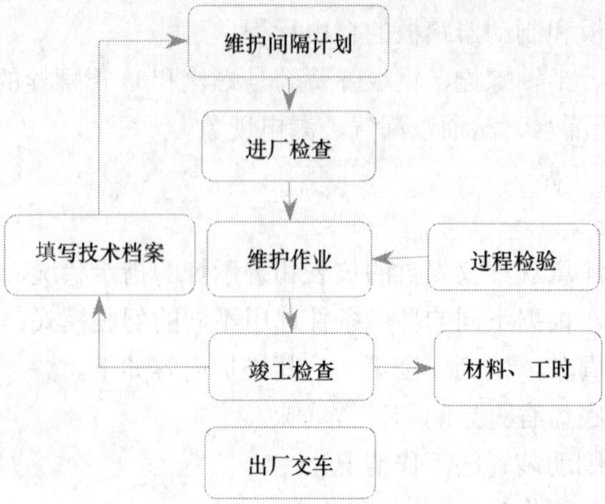

图 4.3　汽车一级维护保养的工艺流程

2. 作业内容

一级维护的间隔里程为 7500～15000km 或 6 个月，以行驶里程或使用时间先达到为准，主要内容除日常维护以外，以清洁、润滑、紧固、补给为主，并检查有关制动、操纵等安全部件，保持车辆能正常运行，见表 4.1。

表 4.1　汽车一级维护作业内容

序号	项目	作业内容	技术要求
1	点火系统	检查与调整	工作正常
2	发动机空气滤清器、空气压缩机滤清器、曲轴箱通风系统空气滤清器、机油滤清器和燃油滤清器	清洁或更换	各滤芯清洁无破损，上、下衬垫无残缺，密封良好，滤清器应清洁，安装牢固
3	曲轴箱油面、冷却液液面和制动液液面高度	检查	符合规定
4	曲轴箱通风装置、三元催化转化装置	外观检查	齐全、无损坏
5	散热器、油底壳、发动机前/后支垫、水泵、空气压缩机、进/排气歧管、输油泵、喷油器等处的连接	检查与校紧	各连接部位的螺栓和螺母应紧固，锁销、垫圈及垫片应完好、有效
6	空气压缩机、发电机、空调器传动带	检查磨损、老化程度，调整松紧度	符合规定
7	转向器	检查液面密封状况，十字轴、拉杆、球头销、转向节等	符合规定
8	离合器	检查与调整离合器	操纵机构灵敏可靠，踏板自由行程符合规定
9	变速器、差速器	检查变速器、差速器油液面及密封状况，润滑传动轴、万向节、十字轴，校紧各连接部位的螺栓，清洁各通气螺塞	符合规定
10	制动系统	检查与紧固制动管路，检查调整制动踏板自由行程	接头不漏气，支架螺栓紧固可靠，联动机构灵敏可靠，储气筒无积水，自由行程符合规定

（续表）

序号	项目	作业内容	技术要求
11	车架、车身及各附件	检查与紧固	各连接螺栓及拖钩、挂钩应紧固可靠，无损坏，无窜动，齐全有效
12	轮胎	检查轮辋及压条挡圈；检查轮胎气压符合规定，气门嘴帽齐全；轮毂轴承间隙无明显松旷	轮辋及压条挡圈应无裂损、变形；轮胎气压符合规定，气门嘴帽齐全；轮毂在轴承间隙无明显松旷
13	悬架机构	检查	无损坏，连接可靠
14	蓄电池	检查	电解液液面高度符合规定，通气孔畅通，极柱夹头清洁、牢固
15	灯光、仪表、信号装置	检查	齐全有效，安装牢固
16	全车润滑点	润滑	各润滑嘴安装正确，齐全有效
17	全车	检查	全车不漏水、不漏电、不漏气、不漏尘，各种防护罩齐全

注：技术要求的“符合规定”是指符合实际使用中的有关规定。

4.3.3　汽车二级维护与保养

1．工艺流程

汽车二级维护主要包括二级维护前的检测工作、发动机二级维护、底盘二级维护、电器及仪表二级维护等，通过二级维护前的检测工作确定车辆二级维护的内容及附加作业项目，对发动机、底盘、电器及仪表进行二级维护后能提高车辆的使用性能并有效消除车辆存在的隐患，如图 4.4 所示。

车辆在经过一段时间的运行后，车上的许多零部件会产生磨损或变形，既影响汽车的经济性能，更影响汽车的安全性能。这就需要对车辆进行二级维护。二级维护除执行一级维护的内容外，以检查和调整为主。二级维护前对车辆进行仪器检测和人工检查以诊断故障和车辆的技术状态，从而确定汽车在二级维护中的附加作业。汽车二级维护前检测大致可归纳为以下几方面。

（1）发动机性能检测。确保发动机的动力性能达到良好的技术状态是汽车维护的重要内容。在二级维护前，通过不解体检测“发动机功率”和“气缸压力”等技术参数，主要判断气缸密封性、磨损状况以及发动机工作性能，确定是否需要对影响发动机动力性的有关工作部件进行检修或更换、是否需要对发动机进行解体维护以及是否需要总成大修。

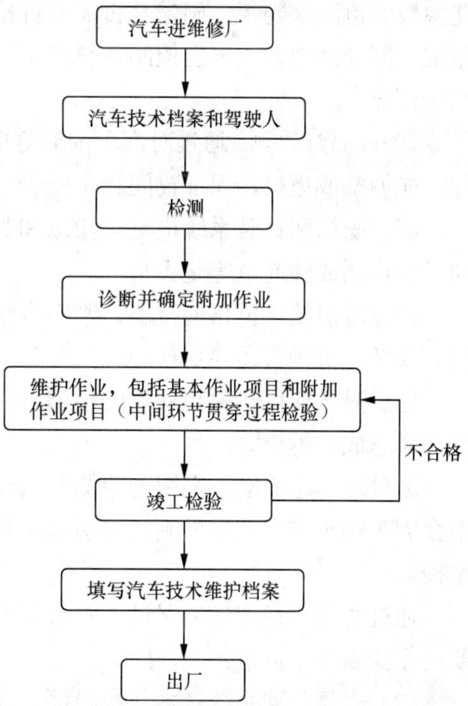

图 4.4　汽车二级维护保养的工艺流程

（2）排放性能检测。汽车排放污染物是大气污染的主要污染源之一，确保汽车排放净化性能满足国家环保的要求是汽车维修企业的不可推卸的责任。在二级维护前，通过对汽车排放物的检测，掌握汽车排放净化性能是否符合有关标准，判断发动机工况和三元催化转换器等排放净化装置的技术状况，以确定对发动机和排放净化装置的维护作业。

（3）电控燃油喷射系统检测。随着汽车技术的发展和环保要求的不断提高，采用电控燃油喷射系统的发动机在汽车上得到了广泛的应用。电控燃油喷射发动机结构复杂，在实际工作中不拆解发动机检测电控燃油喷射系统的工作性能，一般主要有两方面的要求：一是通过对故障自诊断系统故障信息存储（故障码）的查询和电控燃油喷射系统各部件的相关工作参数来判断发动机的工作状况，确定传感器或执行器是否需要检测；二是通过检测燃油喷射系统的工作压力，确定燃油泵、燃油压力调节器、喷油器和燃油管理等是否完好、工作是否正常以及是否需要拆检、清洗或更换。

（4）柴油机工作性能检测。柴油发动机目前在国内主要配置在货车和大客车上，在国外，轿车上配置柴油发动机呈现出一定的发展趋势，标准强调了对柴油车工作性能检测的要求。要求在二级维护前，通过对柴油机供油提前角、供油间隔角和喷油泵供油压力的检测，判断柴油机供油系统的工作状况，确定是否需要对喷油泵进行拆解维护和调试、输油泵是否需要拆检以及喷油器是否需要拆洗并检测喷油雾化情况。

（5）安全性能检测。安全性能检测包括制动性能检测和前照灯检测。

① 制动性能检测。在汽车二级维护时，为保证制动性能，需要对制动器进行拆解检查，这是在新的不解体为主导的维护技术规范中，特别强调要解体作业的内容。但对于制动系统（气压或液压制动系统）的技术状况，必须通过制动力、制动力平衡和制动协调时间等制动性能参数的检测来判断，确定是否需要拆检维护有关部件，如液压控制系统的制动主缸、制动轮缸、制动助力器，气压控制系统的空气压缩机、制动阀、制动气室等，从而保证汽车制动性能可靠。

② 前照灯检测。通过对汽车前照灯的发光强度和光轴照射位置的检测，确定是否需要进行灯光调整或更换，保证夜间行车安全。

（6）操纵和行驶系统检测。操纵和行驶系统检测包括前轮定位角的检测、转向盘自由转动量的检测或转向节等是否损坏。

通过对前轮定位角的检测，判断汽车前轴和传动杆系是否变形、是否需要矫正以及主销衬套或转向节是否需要更换。

通过对转向盘自由转动量的检测，判断转向器和转向轴的技术状况，确定是否需要进行转向器总成的拆检。

通过对车轮的动不平衡的检测和调试，找到动不平衡的原因，确定车轮检修方案，确保不会因车辆不平衡质量早旋转时引起车轮的震动和摇摆，影响汽车的操纵性能，加剧轮胎的磨损。

通过对操纵稳定性的路试，观察行驶时有无跑偏、转向发抖或摆头等现象，确定是否需要进行操纵系统拆检。

（7）底盘传动系统技术状况检测。检查离合器、变速器、传动轴和后桥主减速器、差速器的技术状况，看有无渗漏、异响、松动和裂纹等，齿轮油有无过热现象，判断各总成工作是否可靠。

二级维护前的技术评定由专业人员执行，汽车技术状况评定的方法如下。

（1）了解汽车的使用情况，向驾驶者询问车辆的使用状况。

（2）查阅、参考汽车技术档案的相关内容。

（3）分析汽车检测和人工检查结果，确定故障。

2. 作业内容

汽车二级维护除完成一级维护作业外，以检查与调整转向节、转向摇臂和悬架等经过一定时间使用后容易磨损或变形的安全部件为主，并拆检轮胎，进行轮胎换位，检查与调整发动机工况和排气污染装置等。其中心作业内容为检查调整。

（1）汽车二级维护的检测项目。对汽车二级维护检测项目进行检测时，应使用该检测项目的专用检测仪器，仪器精度必须满足有关规定。汽车二级维护检测项目的技术要求应参照国家有关的技术标准或原厂要求，具体检测项目见表 4.2。

表 4.2　　汽车二级维护的检测项目

序号	检测项目
1	发动机功率，气缸压力
2	汽车排气污染物，三元催化转化装置的作用
3	电控燃油喷射系统
4	对于柴油车，检查供油提前角、供油间隔角和喷油泵供油压力
5	制动性能，检查制动力
6	转向轮定位，主要检查前轮定位角和转向盘转动量
7	车轮动平衡
8	前照灯
9	操纵稳定性，检查有无跑偏、发抖和摆头
10	变速器，检查有无泄漏、异响、松脱和裂纹等现象，换挡是否轻便灵活
11	离合器，检查有无打滑、发抖现象，分离是否彻底，结合是否平稳
12	传动轴，检查有无泄漏、异响、松脱和裂纹等现象
13	后桥，检查主减速器有无泄漏、异响、松动和过热现象

（2）二级维护基本作业项目。检测完成后，根据检测结果进行汽车故障诊断，确定以消除汽车故障为目的的二级维护附加作业项目和作业内容，恢复汽车的正常技术状况。附加作业项目确定后与基本作业项目一并进行二级维护作业。

二级维护过程中，要始终贯穿过程检验，并作检验记录。检验过程中，各维护项目的技术要求需满足有关技术标准或出厂说明书的有关规定。汽车二级维护的基本作业项目见表 4.3。

根据 GB/T 18344—2001《汽车维护、检测、诊断技术规范》的规定，汽车二级维护检测项目如下。

表 4.3　　　　汽车二级维护保养作业项目

序号	维护项目	作业内容	技术要求
1	发动机润滑油、机油滤清器	（1）更换润滑油 （2）视情况更换机油滤清器	（1）润滑油规格性能指标符合规定 （2）液面高度符合规定 （3）机油滤清器密封良好，无堵塞，完好有效
2	检查润滑油油面高度	检查转向器、变速器、主减速器等的润滑规格和液面高度，不足时按要求补给	符合出厂规定
3	空气滤清器	清洁空气滤清器	空气滤清器清洁有效、安装可靠，恒温进气装置真空管安装可靠，进气转换阀工作灵敏、准确
4	（1）油箱及油管 （2）燃油滤清器 （3）燃油泵	（1）检查接头及密封情况 （2）清洁燃油滤清器，并视情况更换 （3）检查燃油泵，必要时更换	（1）接头无破损、渗漏、紧固可靠 （2）燃油滤清器工作可靠 （3）燃油泵工作正常，油压符合规定
5	燃油蒸发控制装置	检查与清洁，必要时更换	工作正常
6	曲轴通风装置	检查与清洁	清洁畅通，连接可靠，不漏气，各阀门无堵塞、卡滞现象，灵敏有效，符合规定
7	散热器、膨胀管、百叶窗、水泵、节温器、传动带	（1）检查密封情况、箱盖压力阀、液面高度、水泵 （2）检视传动带外观，调整传动带松紧度	（1）散热器及软管无变形、破损及渗漏；箱盖结合表面良好；胶垫不老化、箱盖压力阀开启符合要求；水泵不漏水，无异响；节温器工作性能符合规定 （2）传动带应无裂痕和过量磨损，表面无油污，传动带松紧度符合规定
8	（1）进、排气歧管，消声器、排气管 （2）气缸盖	（1）检查与紧固，视情况补焊或更换 （2）按规定次序和拧紧力矩校紧气缸盖	（1）无裂痕、漏气，消声器性能良好 （2）拧紧力矩符合规定
9	增压器和中冷器	检查与清洁	符合规定
10	发动机支架	检查与紧固	连接牢固，无变形和裂纹
11	化油器及联动机构	检查清洁和紧固	清洁，联动机构运动灵活，连接牢固，无漏油、漏气现象，工作系统和附加装置工作正常
12	喷油器和喷油泵	检查喷油器和喷油泵的作用，必要时检测喷油压力和喷油状况，视情况调整供油提前角	（1）喷油雾化良好，无漏油、滴油现象，喷油压力符合规定 （2）供油提前角符合规定
13	火花塞	清洁，检查或更换火花塞，调整电极间隙	电极表面清洁，间隙符合规定
14	气门间隙	检查与调整	符合规定
15	电控燃油喷射系统供油管路	检查密封状况	密封良好，作用正常
16	三元催化转化装置	检查三元催化转化装置的作用是否正常，必要时进行更换	作用正常
17	离合器	检查与调整离合器踏板自由行程	离合器踏板自由行程符合规定

（续表）

序号	维护项目	作业内容	技术要求
18	前轮制动	（1）检查前轮制动器调整臂的作用	作用正常
		（2）拆卸前轮毂总成、制动蹄、支承销；清洗转向节、轴承、支承销，清洁制动底板等零件	清洁、无油污
		（3）检查制动盘和制动凸轮轴，校紧装置螺栓	（1）检查制动底板不变形，按规定力矩拧紧装置螺栓 （2）凸轮轴转向灵活、无卡滞，转向间隙符合规定
		（4）检查转向节及螺母、锁紧片及油封、转向节臂，校紧装置螺栓	（1）转向节无裂纹，螺纹完好，与螺母配合应无径向松旷，锁紧片作用良好，油封完好不漏油 （2）转向节轴径与轴承的配合间隙符合要求，转向节臂装置螺栓拧紧力矩符合规定
		（5）检查内、外轴承	液压挺柱保持架无断裂；滚柱无脱落、无裂损和烧蚀；轴承内圈无裂损和烧蚀
		（6）检查制动蹄及支承销	（1）制动蹄无裂损及明显变形；摩擦片不破裂，铆接可靠，摩擦片厚度符合规定 （2）支承销无过量磨损，支承销与制动蹄承孔衬套配合间隙符合规定
		（7）检查制动蹄回位弹簧	回位弹簧无明显变形，自由长度和拉力符合规定
		（8）检查前轮毂、制动蹄及轴承外座圈，校紧轮胎螺栓内螺母	（1）轮毂无裂损 （2）轴承外座圈无裂纹、无麻点、无烧蚀 （3）制动鼓无裂纹，外边缘不得高出工作表面，检查孔完整，内径尺寸、圆度误差、左右内径差符合规定 （4）轮胎螺栓齐全完好、规格一致并按规定力矩拧紧
		（9）装复前轮轮毂、调整前轮轴承松紧度及制动间隙	（1）装复支承销，制动蹄支承销孔均应涂润滑脂，开口销或卡簧齐全有效 （2）润滑轴承 （3）制动鼓与制动片表面清洁，无油污 （4）制动片与制动鼓之间的间隙应符合规定，转动无碰擦现象或声响，检视孔挡板齐全 （5）轮毂转动灵活，用拉力计测量时可转动且无轴向间隙 （6）安全可靠，防尘罩和衬垫完好，螺栓垫圈齐全紧固

（续表）

序号	维护项目	作业内容	技术要求
19	后轮制动	（1）拆半轴、轮毂总成、制动蹄和支承销，清洗各零件及制动底板、半轴套管	（1）轮毂通气孔畅通 （2）各零件及制动盘、后桥套管清洁，无油污
		（2）检查制动底板和制动凸轮轴，校紧连接螺栓	（1）制动底板不变形，连接螺栓按规定力矩紧固 （2）凸轮轴转动灵活，无卡滞，轴向间隙和径向间隙符合规定
		（3）检查后桥半轴套管、螺母及油封	（1）套管无裂纹及明显松动，与螺母配合无径向松旷 （2）油封完好，无损坏，无漏油
		（4）检查内、外轴承	（1）轴承保持架无断裂，滚柱无脱落、无裂损和烧蚀 （2）轴承内座圈无裂纹、烧蚀
		（5）检查制动蹄及支承销	（1）制动蹄无裂纹及变形；摩擦片不破损，铆接可靠；摩擦片厚度符合规定 （2）支承销与制动蹄承孔衬套配合间隙符合规定 （3）支承销无过量磨损
		（6）检查制动蹄回位弹簧	回位弹簧无变形，自由长度符合规定，拉力良好
		（7）检查后轮毂、制动鼓及轴承外座圈，检查拧紧半轴螺栓，检查轮胎螺栓校紧螺母	（1）轴承无裂损轴承外座圈不松动，无损坏 （2）制动鼓无裂纹，内径、圆度误差、左右内径差符合规定，外边缘不得高出工作表面，制动鼓检视孔完整 （3）半轴螺栓齐全有效
		（8）检查半轴	半轴无明显变形，不磨套管，无裂纹，花键无过量磨损或扭曲变形
		（9）装回后轮轮毂，调整制动间隙	（1）装回支承销和制动蹄片时，孔内应进行涂润滑脂，开口销或卡簧齐全可靠 （2）润滑轴承 （3）套管轴颈表面应涂润滑脂再装上轴承 （4）制动蹄片和制动鼓表面应清洁，无油污 （5）制动蹄片与制动鼓之间的间隙应符合规定，无碰擦和声响，检视孔挡板齐全、紧固 （6）轮毂转动灵活，拉力符合规定 （7）锁紧螺母按规定力矩拧紧
20	转向器、转向传动机构	（1）检查转向器传动机构的工作状况和密封性，校紧各连接螺栓 （2）检查、调整转向盘自由转动量	转向盘自由转动量符合规定，转向轻便、灵活，无卡滞现象

（续表）

序号	维护项目	作业内容	技术要求
21	前束	调整	符合规定
22	变速器和差速器	检查密封状况和操纵机构，清洁通气孔	密封良好，通气孔畅通，操纵机构作用正常，无异响、跳动、乱挡现象
23	传动轴、传动轴轴承支架和中间轴	（1）检查防尘罩 （2）检查传动轴万向节的工作状况 （3）检查传动轴轴承支架 （4）检查中间轴承间隙	（1）防尘罩不得有裂纹、损坏，支架无松动 （2）万向节不松旷，不卡且无异响 （3）传动轴轴承支架无松动 （4）中间轴承间隙符合规定
24	空气压缩机和储气筒	清洁，校紧	清洁，连接可靠，无漏气，安全阀工作正常
25	制动阀、制动管路和制动踏板	（1）检查制动踏板自由行程 （2）检查制动阀和管路接头 （3）对于液压制动，检查制动管路内是否有气	（1）制动踏板自由行程符合规定 （2）制动阀和管路接头连接可靠，无漏气 （3）液压制动管路内无气
26	驻车制动	检查驻车制动性能，检查驻车制动器自由行程	符合规定，作用正常
27	悬架	检查与紧固，视情况补焊或校正	不松动，无裂纹、无断片，按规定拧紧力矩紧固螺栓
28	轮胎（含内胎）	检查与紧固，补气，进行轮胎换位，磨损严重时更换轮胎	气压符合规定，清洁，无裂损、老化和变形，气门嘴完好，轮胎螺栓紧固
29	发电机及其调节器和起动机	清洁和润滑	符合规定
	蓄电池	检查，清洁，补给	清洁，安装牢固，电解液液面符合规定
30	前照灯、仪表、喇叭、刮水器和全车电气线路	检查与调整，必要时进行修理或更换	（1）前照灯、喇叭、各仪表及信号装置功能齐全、有效,符合规定 （2）刮水器电动机运转无异常，连动杆连接可靠 （3）全车线路整齐，连接可靠，绝缘良好
31	车身、车架和安全带	检查与紧固	性能可靠，工作良好，无变形、断裂、脱焊，各连接可靠
32	内装饰	检车与紧固	设备完好，无松动
33	空调装置	检查空调系统的工作状况和密封状态	（1）制冷系统密封，制冷效果良好 （2）暖气装置工作正常
34	润滑	全车加注润滑脂的部位全部润滑	润滑脂嘴齐全有效，润滑良好

4.4 汽车的非定期维护与保养

4.4.1 汽车走合期维护与保养

新购买或进行大修（包括发动机大修）的车，初期的使用阶段称为走合期。在这段时期对汽车进行的维护，称为走合维护。新车的走合期通常为 1000～2500km，大修后的汽车走合期一般为 1000～15000km。新车走合对汽车日后使用性能的发挥及使用寿命的长短等有很大的影响，所以，对于新车一定要做好初驶的维护。不同品牌的汽车，在说明书中规定的初始里程各有不同，如捷达轿车和红旗轿车的初始里程数为 1500km。

1. 初始期的三个阶段

（1）前期（初驶期的前 200km 左右）。汽车在初驶的前期，各零件加工表面还未经过良好的磨合，配合间隙比较紧，润滑也不够正常，零件表面摩擦热量较多、温度较高，零件磨损速度很快，所以，在此阶段车辆应空载低速运行。

（2）中期（大约在初驶期总里程一半以内）。汽车在这个阶段，零件已经形成比较光滑的工作表面，摩擦表面的接触情况有所好转，磨损量减少。但切忌以最高车速运行，车速不能超过最高车速的 3/4；在各挡内均应避免发动机高速运转，同时尽可能避免牵引其他车辆。

（3）后期（零件表面的磨合正逐渐完成）。汽车在初驶的后期，摩擦面之间形成一定的储油间隙，润滑条件改善，各零件逐步进入正常的工作阶段，这时可以逐渐提高到最高车速或以发动机允许的最高车速行驶。

2. 走合期的使用

汽车在走合期内，由于车辆各部分的运动部件还没有磨合，因此必须谨慎使用，否则将加剧部件的损伤。在汽车走合期的使用过程中，应遵循以下基本原则。

汽车在磨合期内装载量不能超过额定载荷的 75%。因为超载会加重发动机、变速器、传动系统和悬架系统等部件的负担，加重磨损，对车辆造成伤害，所以新车在装载时应低于规定的载重量和人数。

选择低黏度和优质的润滑油，能使摩擦表面得到良好的润滑，减缓机件磨损。

要尽量添加质量好的燃油。另外，尽量选择比较好的行车路面来减少车身和动力系统的负荷。

不要猛踩加速踏板进行急加速。由于零件之间尚处于磨合期，过大的负荷和过高的速度都会加剧对零件的冲击。那样不仅无法降低零件的表面粗糙度值，还会对零件造成损伤。如果长时间以某个速度行驶，则也要力求避免高速和大负荷。

起动前，应先对车辆进行检查。起动时应缓抬轻踩离合器踏板和加速踏板。起动后应低速运行，预热升温到 50℃～60℃，行驶中应选择良好路面，适时换挡，正确滑行。尽量避免利用发动机制动，同时将冷却液温度控制在一定范围内。

尽量避免紧急制动，否则不仅会使磨合中的制动系统受到重创，而且会加大底盘对发动机的冲击负荷。行驶中驻车制动杆一定要完全松开，因为新车的制动片较厚，与制动鼓之间的间隙较小，如果没完全松开，则将造成制动片与制动鼓长时间摩擦而损坏，甚至造成事故。

3．走合维护内容

车辆进入走合期后，应进行阶段性能检查与维护，内容包含以下方面。

走合前期，清洁全车，紧固外露的螺栓和螺母，添加燃油和润滑油，补给冷却液，检查变速器、轮胎气压，检查灯光仪表，检查蓄电池，检查制动。

30～50km 时，检查变速器、前后驱动桥、轮毂和传动轴等是否有杂音或有无发热现象；检查制动系统的制动能力及紧固性、密封效果；150km 时，检查全车外露螺栓和螺母的紧固情况；500km 时，更换发动机润滑油并用煤油清洗油底壳，更换机油滤清器滤芯，将前、后轮毂螺母进行紧固；11000km 时，国产车需要更换变速器、主减速器和转向器内的齿轮油，检查与调整离合器踏板自由行程。

走合结束后，到指定维护站进行全车走合保养，换润滑油、换机油滤清器滤芯、清洗气缸并测量其压力，清除燃烧室积炭，拆除限速装置，调整发动机怠速，检查制动系统，调整离合器踏板自由行程，紧固前悬架及转向机构。

4．走合期车体的维护与保养

在购买新车之后，车主通常会先将车内装饰得美轮美奂，而忽略了车体本身的保养。其实首次车体养护和开蜡，往往是日后用车养车的质量保证，如果开始保养得不好，那么以后会出现许多问题。

新车漆面虽无老化问题，但在使用前应该做彻底的保护处理，从出厂到运输至停车场，车漆表面就已经接触了空气和风沙的侵袭。及时、正确地保养，能使车辆得到很好的保护。如果买的是进口车，则首先要考虑使用的是含有石蜡、树脂及特氟隆等材料的车蜡。除蜡时不要用汽油或煤油擦拭，应选用专业的开蜡液，或者到专业的美容养护店进行处理。对于国产车，车身大多采用静电喷涂，漆面呈镜面光泽，所以无开蜡需要。

第一次清洗车辆须得当，如果清洗不当，则会损伤外层的亮油部分，那么车就会越洗越暗。最好是去无尘手工洗车房，选用中性温和的洗净剂，把车漆表面的沙粒和污物清洗干净。有些污物是用肉眼看不出来的，像飞漆、树胶、碱、酸等化学成分的污染，都应当彻底清除。全车清理完毕，再用振抛机把“釉”封入车漆，封完釉的车一年之内不用再打蜡，只用清水清洗后用干净的鹿皮布擦干即可，而且防氧化、防紫外线，保持车漆不会褪色。最后可在轮胎、保险杠和轮眉等部位涂上相应的保护以防止老化。

4.4.2　长期停放车辆的维护与保养

1．防止橡胶制品的老化变质

汽车上的橡胶制品，如轮胎、传动带以及防尘罩等，经常会出现老化、膨胀或者变形现象，致使性能变坏，使用寿命变短。橡胶制品老化主要是由于橡胶属于不饱和高分子碳氢化合物，故容易吸收空气中的氧而氧化，同时硫化橡胶还有一定的透气性，氧容易进入内部引起氧化作用。特别是直射阳光，能使橡胶迅速老化。橡胶制品被汽油和润滑油沾污后，会导致体积膨胀，胶质变松，弹性下降。为防止橡胶制品老化，应避免阳光直射以及矿物油的接触。

2．防止金属零件锈蚀

锈蚀主要是空气中的水分、氧气以及腐蚀性物质的共同作用造成的。因此，对于长期停放的车辆，应保持金属表面清洁。停放车辆的车库内应经常保持通风，使空气相对湿度保持在 70%以下。需及时清除汽车上的灰尘、脏污和水分。在易锈蚀的部位和机件表面应涂上润滑油或润滑脂或者用油纸包裹起来。对于各总成机构上的间隙，应加以密封，避免空气、水分和灰尘进入内部。

3．防止霉变

棉麻制品的霉烂和地毯等很容易吸收水分，特别是在潮湿地区和阴雨季节，更容易受潮霉变。因此，应对车上的棉麻制品经常进行检查，适时晾晒，保持干燥。

4．防止汽油的抗爆性能降低

汽油的抗爆性能取决于辛烷值的高低。汽车长期行驶，汽油的辛烷值会随着轻质成分的损失和胶质含量的增加而下降，从而使其抗爆性能随之降低。所以，汽油箱要严密封闭，并且要避免温度过高。汽油存储的时间最好不要太长。

5．防止燃油系统堵塞

若汽车停放，则燃油箱内没有或只有少量的燃油，水分就有可能侵入系统中而造成生锈和腐蚀。所以，汽车长期停放时要将燃油箱加满。另外，如果燃油箱和管道中的燃油长时间不用，则燃油有可能与氧气发生化学反应而产生胶质沉淀物类的物质，容易堵塞燃油管路。正确的做法是向燃油中添加稳定剂，延长汽油的使用寿命并保证不变质。

6．防止轮胎变形

汽车停驶后，汽车的重量由四个轮胎接触地面的部位承受，从而造成接触部位受压缩变形。汽车停驶时间越长，变形部位越不容易恢复，使轮胎四周的质量分布发生变化，滚动半径不均匀，造成轮胎不平衡。一旦汽车进入高速行驶后，则不仅影响乘车的舒适性，加速轮胎的磨损，还会带来不安全因素。因此，应在停放期间适时移动车辆，以改变轮胎接触地面的部位。

7．防止润滑油变质

如果车辆即将进入一个较长的停驶期，那么就一定要注意润滑油及机油滤清器的保养。这是因为机油容器一旦开封，氧化的问题就随时存在，尤其是车辆长期处于停驶的状态下，润滑油氧化的现象就更严重。润滑油氧化后，不仅润滑效果大打折扣，一些酸性物质还会对机件造成严重腐蚀。另外，变质的润滑油还有许多沉淀物，这些物质会堵塞油道或对摩擦表面造成严重的磨损。因此，若果车辆长期停放，建议最好放掉润滑油。

8．防止车身腐蚀

对于长期停放的车辆，保持车身干净、室内通风非常重要。给车辆套上车衣，定期清理车身表面都是很好的解决办法。同时，对车辆容易生锈的部件表面可以适当地涂抹润滑油。车衣的大小要合适，否则车衣在风的吹动下与车身来回摩擦，其结果如同给汽车罩上了一层砂纸。

9．防止蓄电池亏电

车辆停放不用时，最好能将蓄电池取出并放在温暖的地方，防止其结冰被冻坏。如果不能取出，则应摘掉蓄电池的负极电缆，这样可以避电量的浪费。另外，蓄电池的电解液液面必须高于极板 10～15mm，不足时要及时添加蒸馏水。如果在停放期间能偶尔发动车辆来保证蓄电池有电，那么则能保证以后顺利起动汽车。

4.4.3　季节性维护与保养

1．由冬季进入夏季的保养

由冬季进入夏季，环境气温升高、空气潮湿，加上户外灰尘较多，因此除应进行正常的定期保养外，还应做好以下保养工作。

（1）保持车内干爽卫生，特别是对汽车座垫、脚垫、地毯、出风口这些卫生死角更要做好清洁工作。定期清扫整理行李箱中的杂物，防止久置而发生霉变产生异味。

（2）清洁发动机冷却系统，使用长效冷却液，同时清扫散热器的外侧和堵塞的地方，保持冷却良好的工作性能。由冬季进入夏季，汽车防冻不再是重点，但如果散热器里的冷却液不足，则仍然不能随意用清水来补充。清水易生成水碱、水锈，而且沸点低。

（3）使用适合环境气温较高的润滑油可以有效地防止发动机温度过高时的恶劣工况，保证正常润滑。如果汽车使用的是单级油（只适用于夏季或冬季），则在换季保养时必须更换符合季节温度要求的润滑油；如果使用的是适应冬夏两季的多级油，则只需要根据换油间隔更换润滑油即可。

（4）在炎热的夏季行车时，应注意观察冷却液温度表，如果发动机过热，则应尽快将车辆停放在安全地带，挂空挡，低速空转发动机以降低发动机冷却液温度。不要急于熄火或拧开散热器盖，更不能用泼冷水的方法降温。等发动机的温度降低后，再检查冷却系统的水量。

（5）多给汽车打蜡，给汽车的漆面多一些保护。但在选择车蜡时要注意，在普通的沙蜡中含有细小的、肉眼不可见的研磨颗粒，经常使用普通车蜡的车身上会有细微的划道。最好做漆面封釉，将类似瓷釉的车漆保护剂使用振抛机压入车漆内形成保护层，彻底隔离紫外线、酸雨和风沙的侵蚀。

（6）经常清洁冷凝器和蒸发器的表面，保持其干净无杂质。其次，检查有无异物，石子、塑料袋等杂物会阻碍风扇的正常工作，使其效率极大降低，经常清洁和定期更换空调滤清器，当汽车在尘土飞扬的道路上行驶时，应将空气入口置于内循环位置，以防止车外过多的灰尘进入车内。

（7）冬季因气温低，轮胎的气压一般比较充足。由冬季进入夏季，随着气温升高，应当测量胎压，如果胎压过高，则应当放气到规定范围，若气压不正常，则会导致轮胎的使用寿命缩短，汽车油耗量增加，甚至可能引起爆胎。

（8）刮水器要经常保持清洁，可用面纸或棉布蘸水，顺着橡胶条擦拭，将粘在橡胶条上的灰尘清除。避免使用含氨清洁剂，洗衣用肥皂粉或是某些家用清洁剂中含有氨的成分，这些成分也容易使橡胶条硬化，因此并不适合添加在刮水器水箱中。调整刮臂角度，如果刮片无法保持最佳的刮洗角度，那么就会产生刮不干净或是刮片抖动等现象。

2．由夏季进入冬季的保养

对汽车来说，冬季是比较苛刻的季节。气温下降后，冷却液会结冰，发动机润滑油黏度增大，道路上的冰雪会使车轮打滑失去控制，所以在入冬以前要做好以下工作。

（1）使用长效冷却液。当冬季来临时，对未使用冷却液的发动机加注长效冷却液，并根据当地可测最低气温调整冷却液的冰点温度。通常情况下，汽车冷却液的使用周期为两年，如果在夏天使用的就是冷却液，那么只要不超过使用期限，就不急于更换。如果使用的是自来水，则需要立即更换。

（2）有些发动机没有使用多级油，在冬季来临时，应将发动机润滑油更换成多级油或冬季用润滑油。变速器、分动器、差速器及转向器中的齿轮油应按季节进行更换。同时，由于冬季气温低，作业困难，有些要在冬季里进行的保养作业，如对全车各部位的调整、紧固和清洁作业可以在换季时提前进行。

（3）进行冬季前的换季保养时，应对蓄电池进行清洁并补充蒸馏水。低温使蓄电池容量降低，如果蓄电池使用时间较长，则应将蓄电池送到修理厂进行一次充电，并调整蓄电池的密度，使蓄电池保持良好的使用状态。

（4）玻璃清洗液在冬季一样会结冰，要想保证不出问题，跟冷却液一样，至少在-20℃时不会被冻住，可在清洗液中加些防冻剂。风窗玻璃内表面可擦涂防起雾剂，以免水蒸气凝结而影响视线。下雪天过夜的车辆最好将刮水器翻起来，以保护刮水器橡胶条。

（5）用甘油涂抹车门、车窗和行李箱密封胶条，使之柔软，防止硬化开裂。为防止车门冻结。可事先向车门锁孔内注入少许润滑油，防止有水侵入而结冰。注意前风窗玻璃下的除霜出风口是否正常，热量是否够，若果出现问题，则要及时解决，以免给冬季行车带来不便。

（6）经常行驶在雨雪路面上，车辆的底盘很容易擦伤，而汽车底盘总是直接和雨、雪接触，若擦伤没有及时修复，则会很快生锈。所以，换季前最好给底盘做防锈处理。

（7）在冰雪路上行驶，应使用冬季防滑轮胎。当防滑轮胎的花纹磨损到花纹深度的50%～60%时，会失去防滑的性能，应及时更换。

（8）在冬季洗车要用温水，不能直接用冷水冲洗。尤其是发动机升温后，车前部温度较高，用冷水清洗会造成极速降温，对表面漆不利，冲洗后应及时打开车门擦干水迹，防止门缝处残水结冰。

第二篇

汽车制造篇

第 5 章 汽车制造工艺概论

5.1 汽车生产过程及组织形式

5.1.1 汽车生产过程

汽车的生产过程是指将原材料转变为汽车产品的全过程。如图 5.1 所示，汽车的生产过程包括毛坯的制造、机械加工、热处理、装配等。这些过程是汽车生产的中心环节。除上述生产过程外，还包括保证生产过程能正常进行所必需的其他一些过程，称为辅助生产过程，如生产过程中的运输、储存、保管，投产前的技术准备、生产准备，产品的销售及售后服务等。

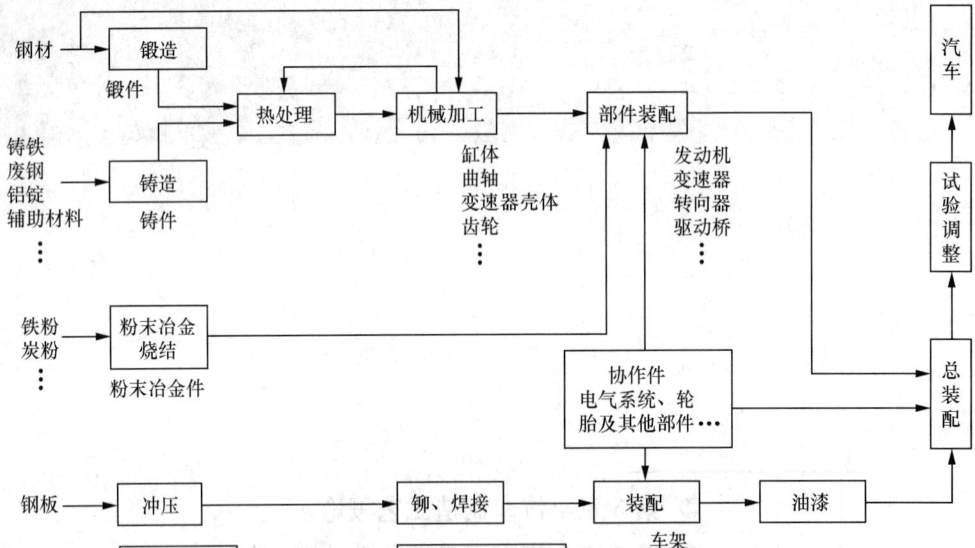

图 5.1　汽车的生产过程示意图

5.1.2 汽车生产过程的特点

汽车是一种复杂的机电产品。汽车的生产涉及多个行业，如机械制造行业、玻璃制造行业、橡胶塑料制品行业、电子电器行业及化学化工行业等。一般汽车企业只完成汽车主要零件或部件的生产，如发动机、变速器、驱动桥、车架、车身等的主要零件制造和总成的装配，其余的一些零部件或附件则由社会的一些专业厂家协作生产。在汽车制造企业内部，按产品专门化和工艺专业化的原则，设置铸造、锻造、热处理、发动机、变速器或传动器、驱动桥、转向器等车间，它们专门制造不同车型的多种零件或总成，以利于保证制品的制造质量和降低制造成本等。汽车行业是一个行业关联性强、技术密集、资金密集的产业，汽车行业的发展能带动其他相关行业的发展。

5.1.3 汽车企业组织形式

1．生产纲领

汽车企业根据市场需求和本企业的生产能力制订的年产量和进度计划，称为该企业的生产纲领，生产纲领表征该企业的生产规模。而汽车零件的生产纲领 T_0（单位为件/年），可按下式计算：

$$T_0=TZ(1+a\%)(1+b\%)$$

式中，T 为企业产品的生产纲领，台（或辆）/年（或月）；Z 是每台（或每辆）产品中该零件的件数，件/台（或辆）；$a\%$是备件率；$b\%$是废品率。

将生产纲领计划的零件数量，在一定的时间内分批生产，每批生产的数量即为批量。汽车制造企业常用生产节拍控制其生产能力。生产节拍是指在汽车零件的生产线上，工序之间被加工零件流动的时间间隔。生产节拍 P（单位为 min/件）可按下式计算：

$$P=\frac{60F_n\eta}{T_0}$$

式中，F_n 是生产线上年有效工作时间，h/年；η是工时利用率；T_0 是零件年生产纲领，件/年。

2．生产类型

汽车的社会需求与企业的生产能力，决定了企业的生产纲领。而生产纲领的确定，决定了产品的生产类型，生产类型是企业（或车间、工段、班组、工作地）生产专业化程度的分类。根据企业的生产性质（如产品的特征、外形尺寸、质量大小等）和生产纲领的不同，生产类型分为单件生产、成批生产和大量生产。

（1）单件生产。一次生产一辆或几辆汽车，不重复或很少重复制造的一种生产方式称为单件生产。这种生产类型，常出现在汽车产品试制阶段。由于其生产过程往往只进行一次或很少重复，因此在生产组织上很灵活，加工设备为通用设备，专用夹具使用很少，而更多的是采用通用夹具或组合夹具。

（2）成批生产。小批生产、中批生产、大批生产统称为成批生产。在成批生产中，产品一批一批地周期性投入生产。每一工作场地或加工设备分批完成不同零件的一道工序或同一工件的几道相似工序。中、重型载货汽车的生产即属于这种生产类型。在小批生产中，汽车产品的品种多，批量不大，其特征与单件相近，而中批生产和大批生产的工艺特征与大量生产相似，故通常把这些生产类型称之为单件小批生产和大批大量生产。

（3）大量生产。产品的品种不多，但数量很大，每一设备或工作场地重复地进行一种零件或几种相似零件的某一工序的生产。汽车、发动机大部分零部件均属于这种生产类型。由于大量生产的零件数量很多，因此，在生产组织上，按零件的结构或部件的独立功能进行专业化生产，如发动机、变速器、车身等的生产部门分别称为发动机分厂、变速器分厂和车身分厂等。为提高生产效率，这些专业化分厂常采用专用机床设备、专用工艺设备，并按工艺规程顺序组织生产。

汽车生产企业采用的生产类型与产品的特征及年产量之间的关系，见表 5.1；企业的生产设备或工作场地担负的工序数目和生产节拍与生产类型的关系，见表 5.2。

表 5.1　生产类型与产品特征及产量之间的关系　单位：辆/年

汽车种类 / 汽车生产类型		小轿车及 1.5t 以下轻载货汽车	载货汽车	
			2～6t	8～15t
单件生产		10 以下	10 以下	10 以下
成批生产	小批	2000 以下	1000 以下	500 以下
	中批	2000～10000	1000～10000	500～5000
	大批	10000～50000	10000～30000	5000～10000
大量生产		50000 以上	30000 以上	10000 以上

表 5.2　生产类型与生产数目和生产节拍的关系

确定方法 / 生产类型	设备或工作场地担负的工序数目	生产节拍 /（min/件）
大量生产	1～2	5 以下
大批生产	2～10	5～15
中批生产	10～20	15～60
小批生产	20～40	60 以上

3. 不同生产类型的工艺特征

生产类型不同，则生产组织、管理，生产车间的布置，毛坯的制作，设备、工装夹具、加工方法的选择，以及对工人技术等级等方面的要求均不同。制定工艺规程时，必须考虑与生产类型相适应，这样才能取得最大的经济效益。不同汽车生产类型的工艺特征，见表 5.3。

表 5.3　不同汽车生产类型的工艺特征

特征	项目	单件、小批生产	成批生产	大批、大量生产
产品特征	产量	小	较大	多、大
	产品品种	多	较多	少或单一产品
	生产重复性	经常变化，基本不重复	周期性变换、重复生产	基本固定不变、重复生产
	零件互换性	没有互换性，经常采用试切和修配或调整法装配	大部分有互换性，同时采用调整或修配法装配	大部分有互换性，某些精度高的配对件采用选择法装配
	毛坯制造及加工余量	铸件用木模手工制造，锻件用自由锻，毛坯精度低，加工余量大	部分铸件用金属模，部分铸件用模锻，毛坯精度一般，加工余量较小	金属模机器造型，锻件采用模锻及其他高生产率毛坯制造法，毛坯精度高，加工余量小

（续表）

特征	项目	单件、小批生产	成批生产	大批、大量生产
工艺装备特征	机床设备	通用机床、数控机床、加工中心	数控机床、加工中心、柔性制造单元，部分也采用通用机床、专用机床	流水生产线、自动化生产线、柔性制造生产线或数控机床
	夹具	采用通用夹具，有条件时采用组合夹具	广泛采用专用夹具	采用高生产率专用夹具
	刀具和量具	采用标准刀具和通用刀具	采用标准刀具、量具，部分采用专用刀具及量具	基本采用专用刀具、专用量具
工艺特征	加工方法	试切法、划线找正加工法	调整法为主，偶尔也采用试切法	调整法自动加工
	工艺规程	工艺文件简单	工艺规程较详细，对一些主要或关键零件有非常详细的工艺规程	有详细的工艺规程
技术经济比较	设备投资	小	较多	多
	生产效率	低	较高	高
	生产成本	高	较低	低
	对工人技术要求	全面	较全面	专门、专一

5.2　汽车制造主要设备

5.2.1　模具与夹具

在汽车制造过程中冲压线和焊接线需要大量模具与夹具，人们习惯把模具和夹具等简称为工模。有些汽车制造厂将工模直接外交给专业的工模制造公司生产，也有不少汽车制造厂设有自己的工模生产车间，自己独立制造模具和夹具。

1．模具

装在各种压力机上，使材料变形的金属模型总称为模具，如图 5.2 所示。在常温状态下，把坯料放入模具中，通过压力机和模具对坯料施加压力，使坯料分离或变形，制成需要的零件，这类模具叫冷冲模。汽车的车身零部件制造就是采用冷冲模。在汽车冲压车间常见的冷冲模有冲裁模、弯曲模、拉延模和冷挤压模等。

图 5.2　汽车模具

2．夹具

汽车车身是由若干冲压零部件经过焊接而成的，要精确保证各冲压零部件的空间相对位置，必须运用大量夹具。夹具的主要作用是定位和夹紧。

（1）六点定位原则。任何物体在空间中都是一个自由体，具有六个自由度（见图 5.3），在空间直角坐标轴系中，任何物体都可以沿 x 轴、y 轴和 z 轴移动并可绕这三个坐标轴转动，通常把这种运动的可能性称为自由度。要使这个物体在空间占有一定的位置，就必须约束，限制这六个自由度。在夹具定位时，用六个适当分布的支撑点限制工件的六个自由度，来确定工件在夹具中的位置，就是夹具的“六点定位原则”。

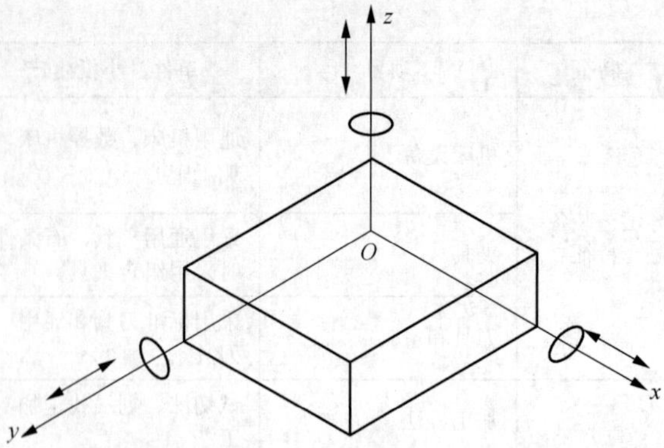

图 5.3　空间直角坐标系中的 6 个自由度

（2）夹紧装置。工件在夹具中定位后，必须用适当的力将其夹紧，使工件在加工过程中始终保持准确的位置，因此，夹具中都设有夹紧装置。夹紧装置的组成如图 5.4 所示，它主要由三部分组成：动力装置、传力机构、夹紧元件。

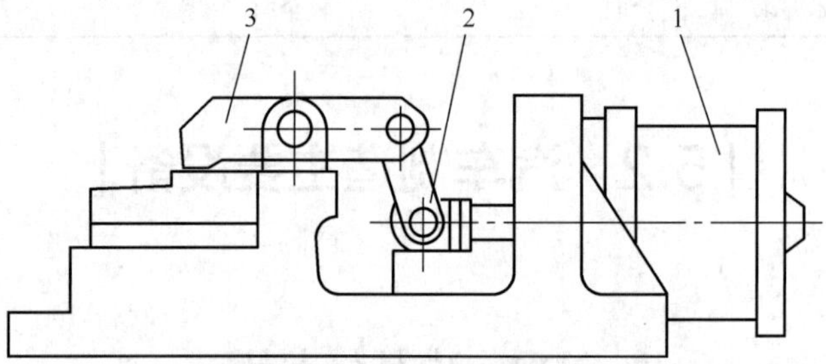

图 5.4　夹紧装置组成示意图

1—动力装置（气缸）　2—传力结构（连杆）　3—夹紧元件（压板）

5.2.2　机床设备

1．专用机床和组合机床

专用机床是一种专门适用于特定零件和特定工序加工的机床，它们往往是自动生产线式生产制造系统中，不可缺少的机床品种。专用机床一般采用多轴、多刀、多工序、多面或多工位同时加工的方式，生产效率比通用机床高几倍至几十倍。专用机床是提高生产率、降低成本的重要途径，因而在大批量生产中被广泛采用。但大多数专用机床本身只是单件生产，制造周期长，价格昂贵。当被加工零件有变动时，它就不能适应了，而必须另造新的机床。因此，专用机床只能用于产品及工艺不变的批量生产的场合，不能适应产品更新的需要。

组合机床（见图 5.5）是专用机床的一种，它以通用部件为基础，配以按工件特定形状和加工工艺设计的专用部件和夹具，组成半自动或自动专用机床。通常一台组合机床有 70%～90%的零件是标准件和通用件。组合机床可以同时从几个方面采用多把刀具对一个或几个零件进行切削。它是实现工序集中、提高生产率的有效设备。当被加工工件或工序内容改变时，组合机床可以部分或全部地进行改装，它的通用零部件可以重新应用，只需配以部分专用部件，就可以组成加工新工件的专用机床。组合机床的通用部件可以组织专门工厂集中生产，有利于提高通用部件的性能及结构可靠性，并可降低制造成本，方便设备维修。

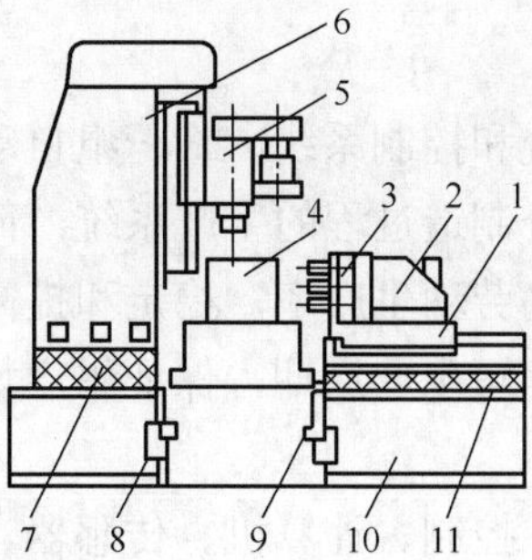

图 5.5 组合机床外形图

1—滑台 2—动力箱镗削头 3—多轴箱 4—夹具 5—钻削头或铣削头 6—立柱
7—调整垫 8—立柱底座 9—中间底座 10—侧底座 11—调整垫

2. 数控机床

数控机床是数字控制机床（Computer Numerical Control Machine Tools）的简称，是一种装有程序控制系统的自动化机床，如图 5.6 所示。该控制系统能够逻辑地处理具有控制编码或其他符号指令规定的程序，并将其译码，用代码化的数字表示，通过信息载体输入数控装置。经运算处理由数控装置发出各种控制信号，控制机床的动作，按图纸要求的形状和尺寸，自动地将零件加工出来。数控机床较好地解决了复杂、精密、小批量、多品种的零件加工问题，是一种柔性的、高效能的自动化机床，代表了现代机床控制技术的发展方向，是一种典型的机电一体化产品。

图 5.6 数控车床外形图

3. 加工中心

加工中心是带有刀库和自动换刀装置的一种多功能数控机床，如图 5.7 所示。工件经一次装夹后，加工中心能对两个以上的表面自动完成铣、镗、钻、铰等多种加工，并且具有多种换刀或选刀功能。因此，加工中心的特点是：工序集中，可以缩短调整机床和搬运工件的时间，减少在制品库存，加工质量高，生产效率及自动化程度更高。加工中心常用于零件比较复杂，需要多工序加工且中等批量生产的场合。

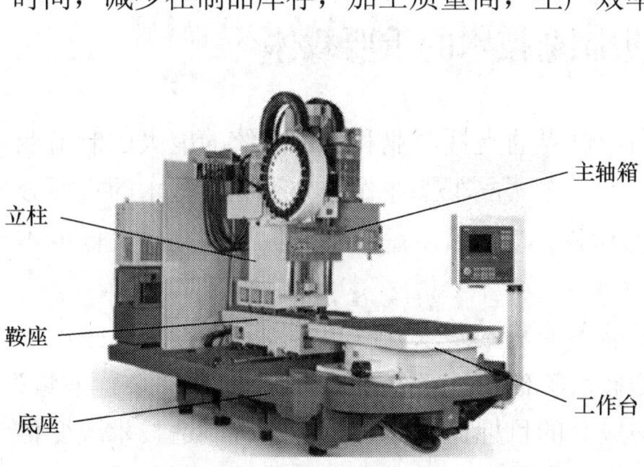

图 5.7 加工中心外形图

加工中心主要分为以下两类。

（1）镗削加工中心。镗削加工中心基本上是在镗、铣床的基础上发展起来的。为了加工出零件所需的形状，这类机床至少有三个相互垂直方向的移动，同时加上 1～3 个绕移动轴的旋转运动。

（2）车削加工中心。车削加工中心一般具有如下运动功能：主轴的旋转运动，转塔刀架的纵向和横向运动，刀架的上下（或左右）运动。车削加工中心按主轴的方向是水平或垂直分为卧式和立式两大类。

4．自动生产线

自动生产线是由工件传送系统和控制系统，将一组自动机床和辅助设备按照工艺顺序联结起来，自动完成产品全部或部分制造过程的生产系统，简称自动线，如图 5.8 所示。在大批、大量生产中采用自动线能提高劳动生产率，稳定和提高产品质量，改善劳动条件，缩减生产占地面积，降低生产成本，缩短生产周期，保证生产均衡性，有显著的经济效益。

5．工业机器人

工业机器人是集机械、电子、控制、计算机、传感器、人工智能等多学科先进技术于一体的现代制造业重要的自动化装备，如图 5.9 所示。广泛采用工业机器人，不仅可以提高产品的质量与数量，而且对保障人身安全，改善劳动环境，减轻劳动强度，提高劳动生产率，节约原材料消耗以及降低生产成本等均有益处。在汽车制造过程中，机器人主要用于搬运、焊接、涂漆、装配等生产环节。

图 5.8　自动生产线

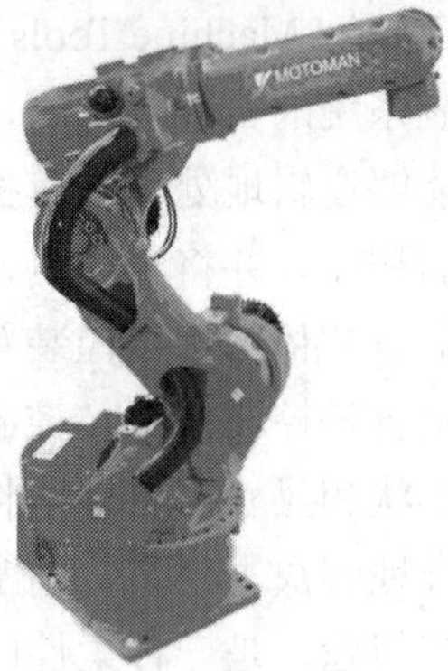

图 5.9　工业机器人

5.3　先进制造技术对于汽车工业的重要性

5.3.1　汽车工业是先进制造技术的重要载体

经过百年的发展历程，汽车工业已成为当今世界的支柱产业和自成系统的庞大的制造业龙头。一方面汽车工业能拉动其他产业发展；另一方面汽车工业作为先进制造技术的重要载体，更需要应用先进制造技术来提高自身的技术水平、产品质量，争创优质、高效及低成本的综合经济效益。

高效、高精、成套是汽车制造业对工艺及装备的基本要求。汽车工业是大批大量生产部门，其整车性能要求满足安全性、可靠性，其配套零部件则应按“高起点、大批量、优质量”原则组织生产。因此，为了实现高效、高精与成套的目标，就必须采用先进制造技术改变传统的制造模式，其重点则是工艺及装备的先进性、高精性及成套性。现进行如下简述。

（1）高效率生产零部件。应尽量采用高端的、高效的专用设备，来胜任复杂零部件的加工，如用于加工曲轴、凸轮轴、十字轴等零件的高效专用 NC 机床；其次是采用加工中心及 NC 高速机床构成的高效柔性自动线。另外，还要采用近净成型技术，如精锻、精铸、激光加工等，尽量减少机械加工的切削工作量，并为采用高效专用 NC 机床做好前期准备。

（2）采用高精度机床保证关键零件的高精度。重点是解决以汽车发动机总成为代表的高精度零件的制造、精密模具的制造以及汽车电子产品的制造。

（3）先进工艺与高效、高精装备的成套技术。现代汽车制造能充分采用先进制造技术，来体现其适用于大批量生产中的高效、高精及成套技术与装备的特点和优势。近十余年来，世界各大知名汽车公司均已采用各种自动生产线、柔性生产线及制造单元的系统集成来解决整车各大总成和发动机关键零部件的制造问题。在这些自动线或系统集成中具有将工艺系统—机床、刀具、量检具、夹具等，物流系统——原材料处理、存储、上下料装置、设备之间工件传输装置等，信息系统——生产线控制、刀（模）具更换、工装及附件更换、工件调度、自动编程、自动监控、自动补偿、工件质量自动检测、刀具磨损或破损后的自动更换及报警等部分集成为柔性自动生产线的能力。能进一步将各种现代高新技术（如数字化技术、柔性自动化技术、NC 高速加工技术、仿真技术、绿色制造技术等）按照精益、快捷理念集成为新一代柔性自动线，涌现出诸如发动机零部件柔性自动生产线、车身覆盖件柔性冲压自动线、白车身焊装柔性加工线及油漆自动线等，从而极大地提高了汽车制造的技术水平，彻底改变了传统的制造模式，并收到显著的经济效益。

5.3.2　先进制造技术在汽车三大总成制造中的应用实例

1．发动机关键零部件的柔性机械加工线

为了提高生产效率和加工精度，目前已形成了由高速加工中心为主的缸体、缸盖柔性加工线，曲轴、连杆加工的高效柔性生产线。

2．底盘系统的毛坯近净成型技术

（1）齿轮与轴件的近净成型。对于传动齿轮中的从动螺旋齿轮坯广泛采用辗扩成型，而相应的主动齿轮则采用楔横轧工艺成型；变速器等齿轮则采用闭塞精锻成型或粉末冶金成型；传动轴采用管材旋压成型，转向节、十字轴等采用精锻成型；货车的驱动桥壳采用液压胀型或机械热扩胀成型。这些近净成型技术的应用，显著地减少了机械加工量，收到节材、节能及降低制造费用等显著的经济效益。

（2）高速、高精机械加工自动线。在采用近净成型制取齿轮坯、轴坯等的基础上，采用数控机床加工齿坯和切齿，不仅提高了生产效率，还提高了齿轮的精度。对于差速器壳体、十字轴等则采用高速、高精加工自动线生产。

3．汽车车身的轻量化及相关新材料、新技术

车身轻量化是整车轻量化的重要内容，为解决车身轻量化，开发与应用了如下新材料与新工艺。

（1）对于钢制车身，已广泛采用高强度钢板、激光拼焊板。同时应用管材液压胀型工艺来生产副车架、车窗框、座椅骨架等结构件。

（2）扩大轻质材料的应用，其中塑料已广泛用于制作内饰件、外装件。铝、镁合金的应用也在逐年增加。

（3）大型多工位压力机车身覆盖件冲压柔性生产线。近十年来，随着大型多工位压力机及柔性技术的日趋成熟，使轿车车身覆盖件生产发生了重大变革。带数控液压气垫的大型多工位压力机的出现及其周边自动化系统的成套装置的运用，彻底摒弃了传统的双动拉深生产覆盖件的理念。在该冲压柔性生产线上，真正将覆盖件的拉深成型工序与其他冲压工序组合到一台多工位压力机上完成。其主机是带数控液压气垫的多工位压力机。其中，数控液压气垫是该设备的技术核心，它通过四角控制即可调节拉深工作的压边力，从而实现单动拉深，多工位压力机能按顺序完成覆盖件冲压的不同工序。生产线的其他硬件组成包括拆垛装置、码垛装置、传送系统、检验系统等。整条生产线采用现场总线控制，各单元控制与总线控制相结合。根据所生产的覆盖件具体形状及所需工序，通过程序控制及调整并更换模具和传送装置，就可在一台大型多工位压力机上实现某一品种多批量生产，从而节约多台大型压力机，减少占地面积，提高生产效率。

综上所述，现代汽车工业必须采用先进制造技术，才能在激烈的市场竞争中，持续、健康地发展，必须在应用先进制造技术中谋求高效、高精与优质的综合效益。

第6章 汽车车身覆盖件冲压工艺

6.1 汽车车身覆盖件结构特点与性能要求

汽车车身是一个形状复杂的空间薄壁壳体，通常由覆盖件和一般冲压件构成。汽车覆盖件是构成驾驶室和车身的表面零件，以及覆盖发动机和底盘其他表面的零件。覆盖件通常可分为内覆盖件、外覆盖件和骨架件。它的主要零部件均由钢板冲压焊接而成，然后进行涂装以增加美观和防蚀性，最后装上各种内饰件，形成完整的车身，如图6.1所示。

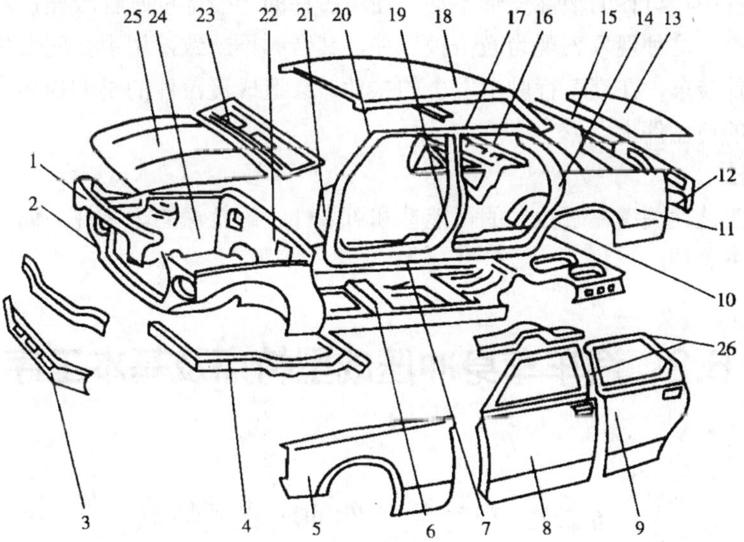

图6.1　轿车车身结构

1—发动机罩前支承板　2—固定框架　3—前裙板　4—前框架　5—前翼子板　6—地板总成　7—门槛　8—前门　9—后门　10—车轮挡泥板　11—后翼子板　12—后围板　13—行李舱盖　14—后立柱　15—后围上盖板　16—后窗台板　17—上边梁　18—顶盖　19—中立柱　20—前立柱　21—前围侧板　22—前围板　23—前围上盖板　24—前挡泥板　25—发动机罩　26—门窗框

6.1.1 汽车车身覆盖件结构特点

（1）轮廓尺寸大。驾驶室顶盖的坯料尺寸可达2800mm×2500mm。

（2）厚度小。外、内覆盖件钢板厚度通常为0. 7mm、0.8mm、0.9mm、1.0mm和1.5mm，而骨架件钢板厚度通常为1. 1mm、1.2mm、1.5mm和2.5mm。

（3）形状复杂。多为三维自由曲面。

（4）轮廓内部带有局部凸起或凹陷。

6.1.2 车身覆盖件性能要求

1．表面质量

覆盖件表面不允许有波纹、皱纹、凹痕、边缘拉痕、擦伤以及其他破坏表面完美的缺陷。覆盖件上的装饰棱线、装饰盘条要求清晰、平滑、左右对称以及过渡均匀。覆盖件之间的装饰棱线衔接处应吻合，不允许参差不齐。表面上的一些微小缺陷都会在涂装后引起光的漫反射而影响外观。

2．尺寸和形状应符合覆盖件图和汽车主模型

覆盖件间的装配多用点焊，兼用螺钉连接。装配连接处的两个覆盖件的空间曲面必须一致，衔接处也是如此。由于覆盖件形状复杂、空间曲面多，故覆盖件图是无法完全表示出来的，只能依赖于主模型。因此，主模型是覆盖件图必要的补充，真正能表示覆盖件的不是覆盖件图而是主模型。主模型是覆盖件冲模、焊装夹具和检验夹具制造的标准。

3．刚性

在拉深过程中，材料的塑性变形不够会使覆盖件的一些部位刚性较差，造成覆盖件受震动后产生空洞声。这种现象表现为敲击拉深件，其音频不一致，用手按时发生“乒乓”声。用这样的覆盖件装车，在汽车行驶中发生的振动，会造成覆盖件的早期损坏，这种情况多产生在曲面平滑的覆盖件上。

4．工艺性

覆盖件的工艺性关键在于拉深的可能性和可靠性，即拉深的工艺性。而拉深工艺性的好坏主要取决于覆盖件的形状。

6.2 汽车车身冲压成型特点及基本工序

6.2.1 车身覆盖件冲压成型特点

车身覆盖件的质量要求和结构特点决定了其冲压成型特点，主要有以下几个方面：

1．一次拉深成型

对于汽车车身覆盖件而言，由于其结构形状复杂，变形复杂，都是采用一次拉深成型的方法。

2．拉胀复合成型

汽车覆盖件成型过程中坯料的变形并不是简单的拉深变形，而是拉深和胀形变形同时存在的复合成型。

3．局部成型

当轮廓内部有局部形状（突起或凹进）的零件冲压成型时，压料面上的坯料由于受到压边圈的压力，会随着拉深凸模的下行首先产生变形并向凹模内流动，在凸模下行到一定深度时，局部形状便开始成型，并在成型终了时全部贴模。所以该局部形状处外部的材料难以向该部位流动，其局部成型主要依靠坯料在双向拉应力下的变薄产生面积的增大来实现，故这种内部局部成型为胀形成型。

4. 变形路径变化

覆盖件冲压成型时，内部的坯料并不是同时贴模的，而是随着拉深过程的进行而逐步贴模。即坯料在整个冲压成型中的变形路径不是一成不变的，而是变路径的。

5. 变形趋向性的控制

覆盖件在冲压成型过程中的变形极其复杂，各部位的变形形式与趋向不同。目前，定量地控制其变形十分困难，只能以板材塑性变形分析为手段，通过正确地设计冲压成型工艺和模具参数来保证进行和完成预期的变形，并排除那些不必要的和有害的变形，以获得合格的高质量的覆盖件零件。

6.2.2 汽车车身冲压基本工序

汽车车身覆盖件的成型过程非常复杂，一般由落料、拉深、修边、翻边、整形、冲孔、弯曲、胀形、切口等基本工序按需要排列组合而成。实际生产中可将一些工序合并，如落料拉深、修边冲孔、修边翻边、翻边冲孔。上述基本工序中，拉深工序是覆盖件冲压成型的关键工序，覆盖件的形状大部分是在拉深工序中形成的。

落料工序主要是获得拉深工序所需要的坯料形状和尺寸。由于覆盖件冲压成型的复杂性，不可能计算出其准确的落料尺寸，故应在拉深工艺试冲成功后，再确定坯料的形状和尺寸。在生产技术准备时，落料工序及落料模的设计应安排在拉深、翻边调试成功后再进行。

整形工序的主要内容是将拉深工序中尚未成型出的覆盖件形状成型出来。整形工序的变形的性质一般是胀形变形，经常复合在修边或翻边工序中。

修边工序的主要内容是切除拉深件上的工艺补充部分。这些工艺补充部分仅在拉深工序中需要，拉深完成后要将其切掉。

翻边工序位于修边工序之后，其主要任务是将覆盖件的边缘进行翻边成型。

冲孔工序用以加工覆盖件上的各种孔洞。冲孔工序一般要安排在拉深工序之后，还有的要安排在翻边工序之后进行。若先冲孔，则会造成在拉深或翻边时孔的位置和孔的尺寸形状发生变化，影响以后的安装与连接。

6.2.3 冲压设备与冲压生产线

1. 冲压设备

冲压车间的主要设备有压力机、开卷机和剪板机。车身冲压件所用钢板大部分以卷料进厂，在冲压成型之前，要开卷并剪切成所需的尺寸和形状。压力机主要用于拉深、弯曲等板料冲压加工。压力机按动力种类分为油压机和机械压力机。机械压力机主要是曲柄压力机。常见的曲柄压力机有闭式压力机（见图 6.2）和开式压力机（见图 6.3）。闭式压力机刚度好，在冲压车间里主要加工形状较复杂、尺寸较大的顶盖、门板、前盖和翼子板等。开式压力机刚性较差，但操作方便，轿车上的许多小型冲压件都在开式压力机上加工。

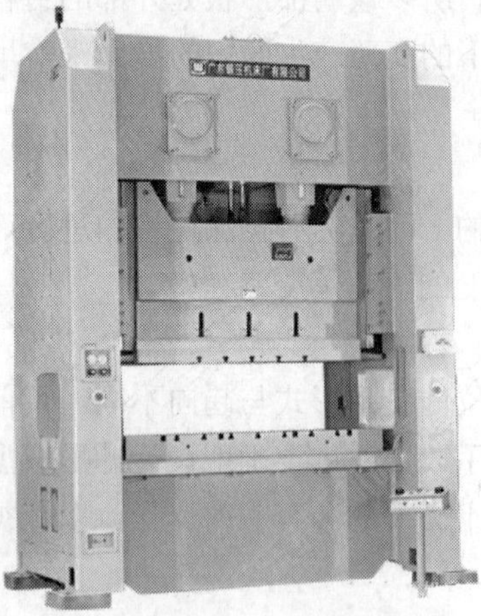

图 6.2 闭式压力机

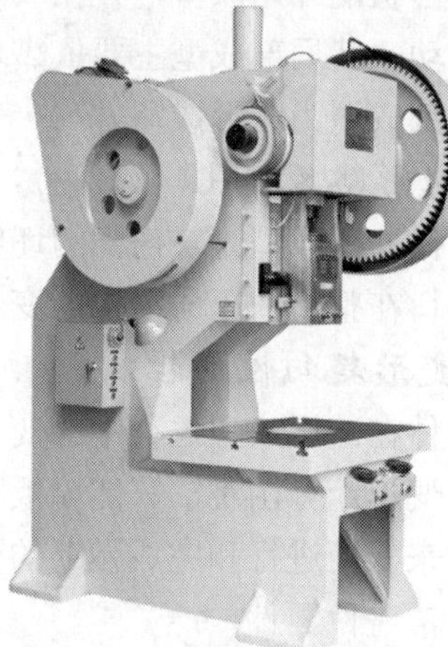

图 6.3 开式压力机

2. 冲压生产线

汽车车身生产都是大批量生产，为提高生产率、稳定质量，一般采用冲压生产线方式生产：冲压生产线的设备一般按工艺流程以双动压力机为首，加上 4～5 台单面压力机组成。排列方式多采取贯通排列，也有采用压力机横向排列的。图 6.4 所示为汽车冲压生产线。

图 6.4 汽车冲压生产线

根据产量的不同，生产线的自动化程度也不同。

半自动化生产线：人工上料、取件，由传送带在设备间运输半成品件。

自动化生产线：自动上料、取件，由传送带在设备间运输半成品件。

全自动化生产线：卷材开卷线、上料、涂润滑油、取件、工序件翻转、输送和工件的质量检测等全部由程序控制或计算机控制，全生产线实现无人化生产。

6.2.4 典型车身覆盖件冲压工艺实例

1. 发动机盖外板冲压工艺流程

发动机盖外板的冲压工艺过程采用五道工序，见表 6.1。

表 6.1 发动机盖外板冲压工艺

工序	工艺说明	设备	简图
1	下料 1230mm×1560mm	开卷线	
2	拉深 镀锌面朝上	双动压力机 14000kN	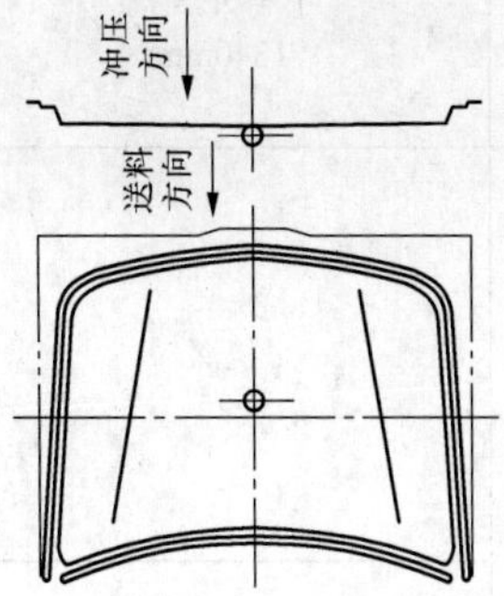
3	修边冲孔 周围修边，冲通风孔	单动压力机 6000kN	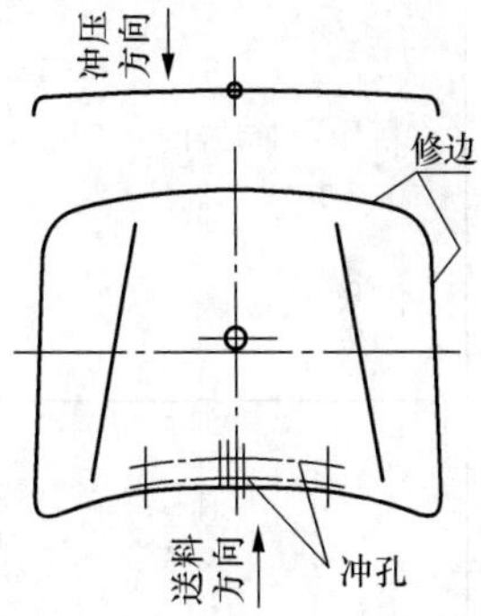
4	翻边 周围翻边，通风口翻口	单动压力机 6000kN	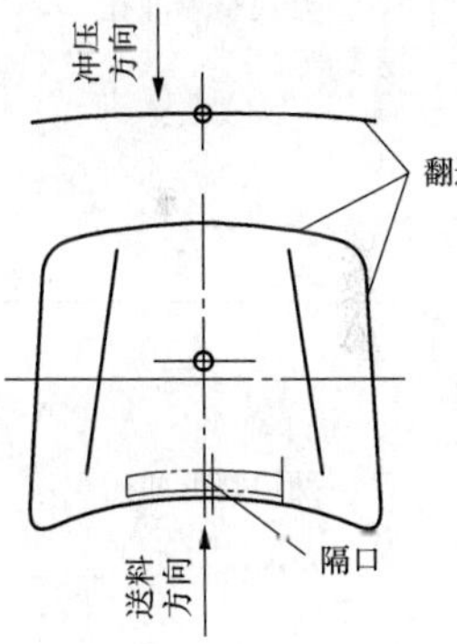
5	翻边 前后翻边	单动压力机 6000kN	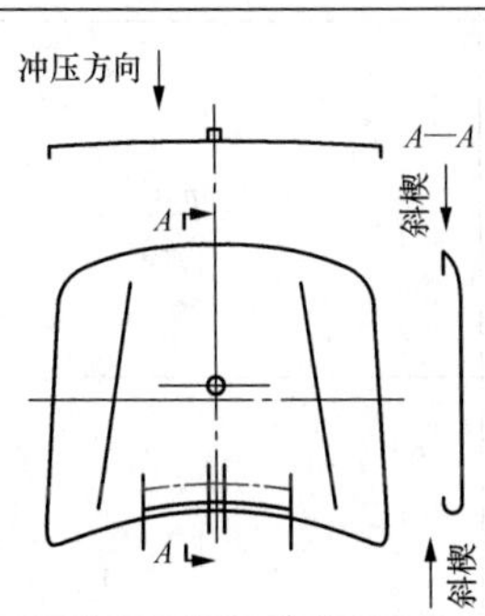

2．侧围外板冲压工艺流程

表 6.2 为某汽车侧围外板的冲压工序。

表 6.2　　　　　　　　　　　　侧围板冲压工艺

工序	工艺说明	设备	简图
1	下料并落料 1340mm	下料：开卷机 落料：单动压力机 6000kN	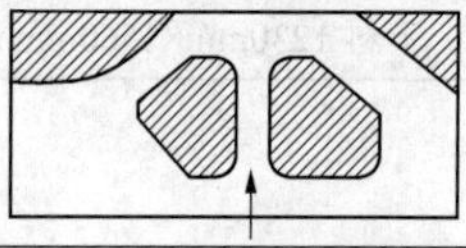
2	拉深	双动压力机 20000kN	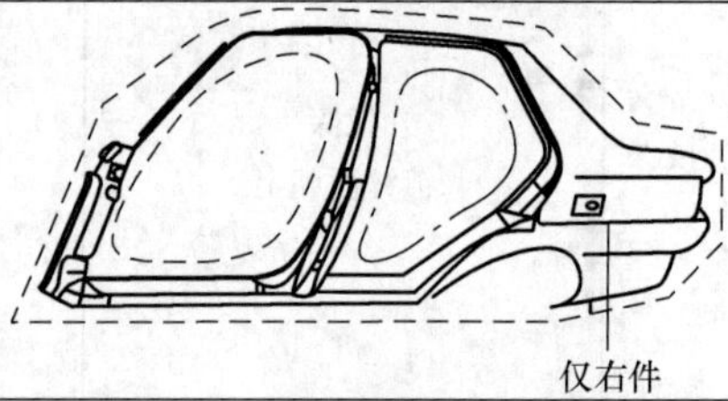
3	修边冲孔	单动压力机 10000kN	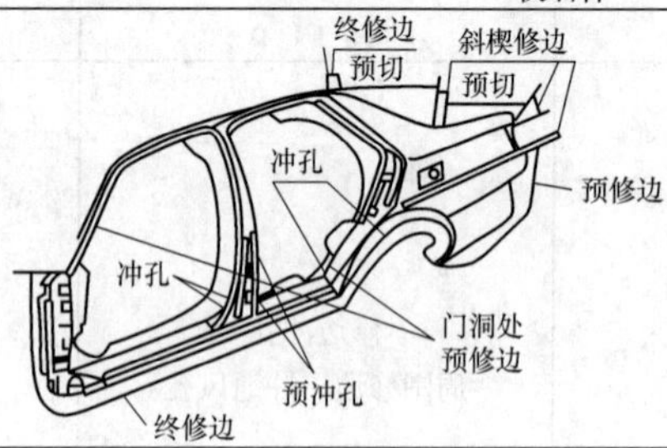
4	修边整形冲孔	单动压力机 10000kN	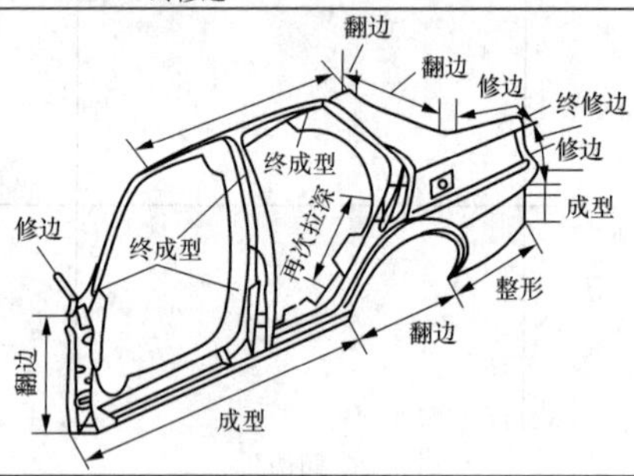
5	翻边整形冲孔	单动压力机 10000kN	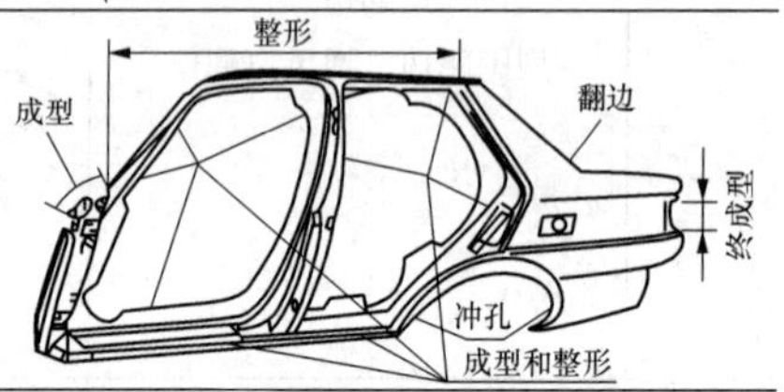
6	修边冲孔	单动压力机 10000kN	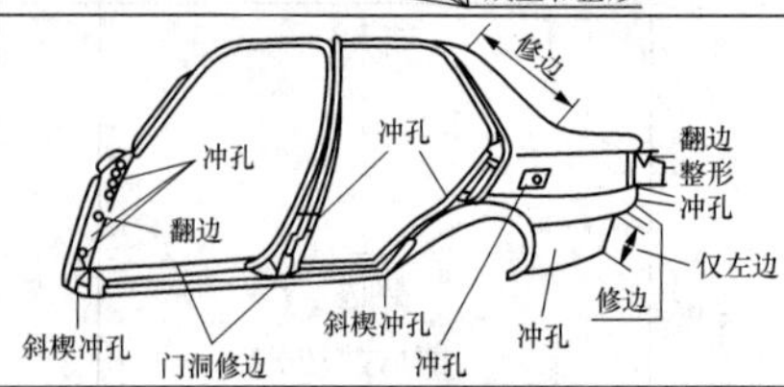
7	修边整形冲孔	单动压力机 10000kN	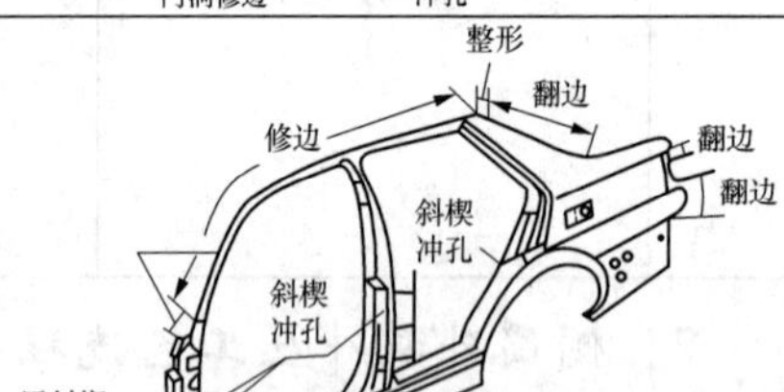

第 7 章 汽车车身焊装工艺

车身是汽车的重要组成部分，尤其是承载式车身应具有承力、保护、美观三项基本功能。这些功能是否能得到最大限度的实现，在很大程度上取决于车身焊接质量。轿车车身是各类汽车车身中结构最复杂、焊点和采用的焊接方式最多、对焊接质量要求最高的，是汽车焊装工艺中的典型代表。

7.1 汽车车身焊接特点

轿车车身是由数以千计的薄板冲压成型的板壳构件，通过焊接工艺方法组合在一起的形体复杂的高强度空间板壳结构，其焊装工艺过程十分复杂。为了便于焊接成型，且获得准确的车身外形尺寸和优良的外观质量，常将由薄板冲压成型的片状冲压件焊装成具有一定强度或功能的分总成，再将分总成焊装成大总成，将大总成焊装在一起组成车身的六大片（车身底板总成、顶盖总成、左 / 右侧围总成、前围总成、后隔板总成），然后将六大片合焊在一起构成车身焊接总成，装上车门、发动机罩、翼子板、行李箱盖便构成了整体焊接白车身，其焊装流程如图 7.1 所示。

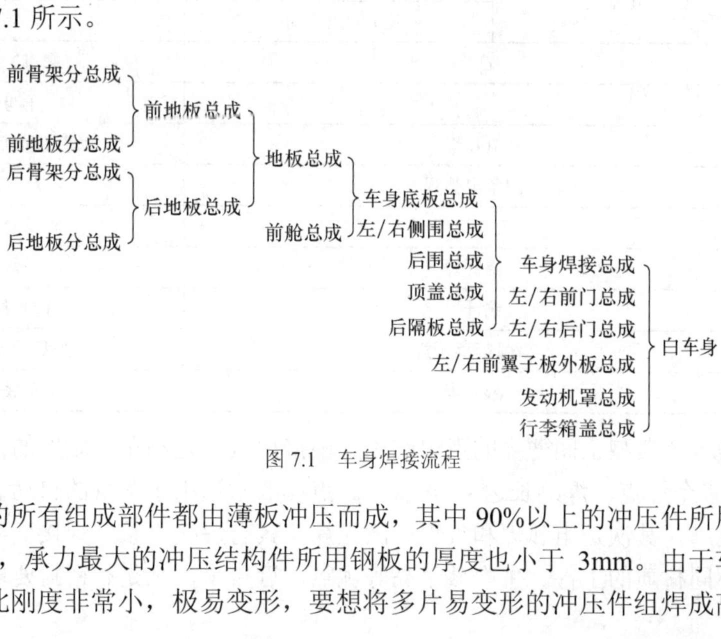

图 7.1 车身焊接流程

轿车车身的所有组成部件都由薄板冲压而成，其中 90%以上的冲压件所用的薄板厚度只有 0.6～0.8mm，承力最大的冲压结构件所用钢板的厚度也小于 3mm。由于车身冲压件的面厚比很大，因此刚度非常小，极易变形，要想将多片易变形的冲压件组焊成高精度（形状公差和尺寸公差均小）的车身分总成，必须在组焊的全过程中保持每一个冲压件的形状不变，且各冲压件的相对位置精度要求很高。因此，车身焊装车间采用了大量与之相适应的焊装夹具。为了提高生产效率，满足生产节拍的要求，汽车车身焊装生产均将满足车身各总成部件及车身合装的焊装夹具，按照一定的要求构成高效的焊装流水线。轿车车身最重要的特点是，除极少数部件（前翼子板、灯板梁）外，90%以上的车身组件采用焊接工艺实现车身的组装。因此，车身焊接工艺的内容多而复杂，为了使车身焊装作业能有序高效进行，需合理规划与布局焊装工艺。焊装工艺布局是否合理，有四项重要的评价指标，即车身在焊装线上的流动应顺畅，无效输送和辅助生产时间应尽可能短；物流配送方便；焊装线两侧有足够的工件摆放空间；便于产能的扩充和信息的导入。

7.2 汽车车身焊接工艺

车身焊接工艺是指将冲压成型的车身各组件组装成一个完整白车身的全部工艺过程，其内容主要有焊接、滚 / 折边、涂胶、合装、返修等。由于焊接工艺的比例超过 90%，因此将其统称为焊接。

车身常用的焊接方法及典型实例见表 7.1。

表 7.1 车身常用的焊接方法及典型实例

<table>
<tr><th>类型</th><th colspan="3">焊接方法</th><th>典型应用实例</th></tr>
<tr><td rowspan="7">电阻焊</td><td rowspan="4">点焊</td><td rowspan="2">单点焊</td><td>悬挂式电焊机</td><td>车身总成、车身侧围等分总成</td></tr>
<tr><td>固定式电焊机</td><td>小型板类零件</td></tr>
<tr><td rowspan="2">多点焊</td><td>压床式多点焊机</td><td>车身底板总成</td></tr>
<tr><td>C 形多点焊机</td><td>车门、发动机罩等总成</td></tr>
<tr><td colspan="2" rowspan="2">缝焊</td><td>悬挂式电焊机</td><td>车身顶盖流水槽</td></tr>
<tr><td>固定式电焊机</td><td>油箱总成</td></tr>
<tr><td colspan="3">凸焊</td><td>螺母、小支架</td></tr>
<tr><td rowspan="3">电弧焊</td><td colspan="3"></td><td>车身总成</td></tr>
<tr><td colspan="3">氩弧焊</td><td>车身顶盖后两侧接缝</td></tr>
<tr><td colspan="3">焊条电弧焊</td><td>厚料零部件</td></tr>
<tr><td>气焊</td><td colspan="3">氧乙炔焊</td><td>车身总成补焊</td></tr>
<tr><td rowspan="2">钎焊</td><td colspan="3">锡钎焊</td><td>散热器</td></tr>
<tr><td colspan="3">铜钎焊</td><td>密封结构处</td></tr>
<tr><td rowspan="2">特种焊</td><td colspan="3">微弧等离子焊</td><td>车身顶盖后角板</td></tr>
<tr><td colspan="3">激光焊</td><td>车身底板总成</td></tr>
</table>

汽车车身是一个典型空间薄壳的点焊结构。根据焊接工艺和车身刚度的需要，一辆轿车车身约有 4000 多个焊点，焊缝长达 40m 以上。点焊非常适用于车身的自动装焊生产，在车身生产中应用最广，其次是电弧焊和气焊。激光焊接具有焊缝平整、焊接变形小、焊缝质量好、能够焊接不同材质的工件、生产效率高等优点，近年来，凡是有密封要求的焊缝几乎都采用激光焊接。

7.3　汽车车身焊接夹具与生产线

7.3.1　车身焊接夹具

汽车车身是由数百个冲压零件组焊而成的复杂的空间壳体，组成汽车车身的每一块板件的自身刚度都很差，在组焊之前需要在专用的工艺装备中定型、定位并夹紧。车身组焊按照组件、合件、分总成及总成的程序进行。装焊过程中为保证各零件之间准确的相对位置而使用的装置称为焊接夹具。

1．焊接夹具的基本要求

（1）保证焊接的钣金件获得准确的空间位置并被夹紧。车身复杂的型面是由若干块板件组焊或装配而成的，因而夹具是保证各待装件相互位置及焊后整体的几何形状和尺寸所不可缺少的工艺装备。例如汽车风窗口、车门洞等部分的尺寸和形状是由许多块板件组焊接而成的，为保证风窗玻璃和车门能正确安装，应使这些散件在组焊之前正确定位和可靠夹紧。

（2）保证焊接工艺能可靠进行，夹具要有足够的精度、强度和刚度。只有这样，才能保证板件的正确位置，保证焊接能顺利进行。

（3）夹具应使装配和焊接过程简化，操作程序合理、方便。如采用结构良好且便于操作的翻转式装焊夹具等。定位、夹紧和松开应省力而迅速，可减轻劳动强度，提高生产率，保证装焊质量。

（4）在制造和使用中便于用调整样架进行检验和校正。

（5）焊接夹具容易制造和便于维修。夹具零部件应尽量标准化、通用化，易于加工制作；易磨损的零件便于更换。

（6）成本低，制作时投资少，使用时能源消耗和管理费用少。

2．焊接夹具的结构与分类

（1）焊接夹具的结构

图 7.2 焊接夹具通常由定位元件、夹紧装置、夹具体、辅助部分组成。

图 7.2　焊接夹具

定位元件保证汽车覆盖件在焊接时有正确的位置。装焊夹具的定位同样满足的是六点定位原则，但是，由于车身覆盖件多是结构形状上具有面积大、刚度差等特殊性的薄板件，因此为增加其刚度、减少焊接变形，常常需要增加非浮动的刚性支承，这就产生了车身焊装夹具上的过定位现象，而这些过定位是允许的，且是必要的。常见的定位元件有定位销、挡铁、支承板、焊胎等。车身装焊时，为了克服零件的弹性变形或其他外力，保证车身冲压件的定位表面与定位元件紧密配合，必须借助夹紧装置对工件进行夹紧，保证装焊精度。夹紧装置根据需要可采用气动夹具和手动夹具。

对夹紧机构有以下基本要求。

① 夹紧作用准确，处于夹紧状态时应能保持自锁，保证夹紧定位的安全可靠。

② 夹紧动作迅速，操作方便省力，夹紧时不应损坏零件表面质量。

③ 夹紧件应具备一定的刚度和强度，夹紧作用力应是可调的。

④ 结构力求简单，便于制造和维修。

目前，车身焊接常采用铰链式夹紧机构。

（2）焊接夹具的类型

① 分总成焊接夹具。工件大多数是用曲面外形定位，各梁在焊接部位需要夹紧。这类夹具有的装在两铰链支座上，整个夹具可以旋转并停留在任何角度上，以便于使焊接部位处于最方便施焊的位置。

② 车身总成焊装夹具。车身总成的焊装夹具直接影响车身总成的装配精度，按照完成一台车身总成焊接需要装夹的次数不同，分为一次装配定位夹具和多次装配定位夹具两种形式，根据生产纲领产量的不同，一次装配定位夹具可以设置一台或数台。固定不动的称为固定式夹具，随生产线移动的夹具称为随行夹具。

多次装配定位夹具是指车身总成要经过两台或以上不同的总装夹具才能完成。车身每通过一台总装夹具就要被定位夹紧一次。这类夹具要求不同夹具上的定位面应当一致，以免产生装配误差，多用于有骨架驾驶室的焊接，分内骨架焊接和外覆盖件焊接两台夹具。通常用地板上的悬置安装孔和车门框作为定位基准。其优点是制造简单、夹具数量少，且不存在水、气和电源的连接问题，其缺点是增加了定位的次数，容易产生装配误差，质量不稳定。

7.3.2 汽车车身焊接线

随着汽车产量的增加，工人劳动成本的提高，要求生产效率随之增加，焊接生产线即是有效的生产设备，焊接生产线具有专用、高效、工人数量少、容易检查修理、车型适应性好以及相对设备费低、经济性高、占地面积小等特点。

焊接生产线普遍应用机器人焊接，焊接机器人具有本体独立、动作自由度多、程序变更灵活、自动化程度高、重复精度高、焊接质量好、运动速度快和动作稳定可靠等特点，有利于实现汽车制造的批量化、高效率和对产品质量一致性的要求。

目前，为了降低成本、提高可靠性，焊接生产线越来越趋于标准化，例如，机械本体框架采用四柱压力机、C 型床身压力机，固定装置与夹具和焊机结合成一体等，当车身部件更改设计时，只需改变固定装置即可形成基本生产线。

汽车车身焊接过程中最重要的特点是具有明显的程序化，即覆盖件焊接存在先后顺序。焊接的程序一般是零件—组件—合件—分总成—总成。车身焊接线的类型如下。

1．贯通式焊接线

贯通式焊接线在国内外汽车车身制造中使用普遍，适合于专用焊机的配置和悬挂式点焊机的手工操作等工艺方法，主要用于车身地板、车门、行李舱盖、发动机罩等轮廓形状较简单、刚度较好、结构较完整、组成零件数较少的分总成的装焊。所有装夹定位的工装都分别固定在各自工位上，占地面积小，适合于固定式夹具，传送方式简单，其典型的装焊线如图 7.3 所示。

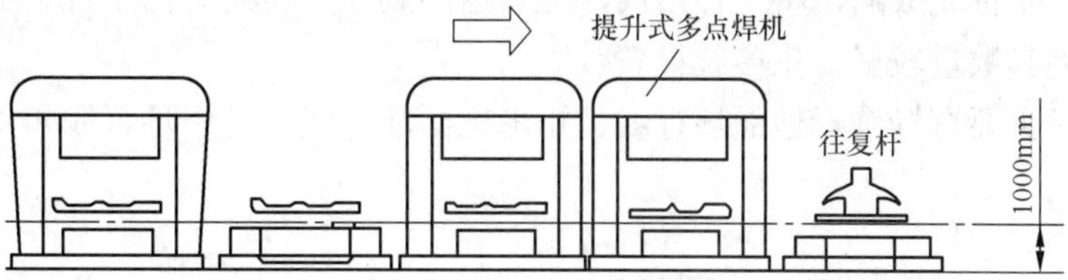

图 7.3　贯通式焊接线示意图

2．柔性装焊线

随着汽车改型速度的加快，汽车生产企业面对瞬息万变的市场，要求生产能力也要弹性地适应市场波动而进行快速调整。多车型共线是降低生产成本的有效措施，这又要求生产线具有一定的柔性。柔性化生产是目前国外先进汽车制造企业广泛采用的一种灵活、高效的生产模式。它既满足了汽车生产要求的规模效益，又保证了产品多元化的需求。这种先进的生产理念，以其时效优势及成本优势，极大地增强了汽车企业的竞争力，给企业带来了良好的经济效益。如图 7.4 所示，焊接机器人是柔性程度极高的焊接设备，是焊接生产线实现柔性化的最佳选择，也是焊装生产线柔性程度的重要标志之一。

图 7.4　柔性装焊线

生产线的柔性主要体现在以下几个方面。

（1）全部焊接配置及工装夹具具有互换性、通用性，通过调换夹具即可快速实现多种产品的生产需求，调换时间不超出 10min。

（2）机器人工作站具有互换性、通用性，整个焊接区有一个公用底板，底板上各方向均设有标准 5t 叉车搬运孔，易搬运。

（3）工装夹具与安装支座标准化连接，水、电、气等采取快速标准连接。

（4）柔性控制。夹具和焊接步骤与工件号相对应，调换时，只需输入工件号即可。

3．环形装焊线

环形装焊线（见图 7.5）适用于工件刚度较差，组成零件数较多，且尺寸精度要求较严格的部件、总成等的装焊。为了保证装焊质量，一般都将工件装夹于随行夹具上，所有的装焊工作均在随行夹具上进行。当前一工位装焊完成后，工件连同随行夹具一起前移传送到下一工位，至最后一工位完成后，将工件吊离，夹具返回到原处待用。由于每个工位都需要一个夹具，因此，夹具数量较多，生产线投资较大。

环形装焊线主要有椭圆形地面环行线、矩形地面环行线、地下环行线和“门框”式装焊线四种。

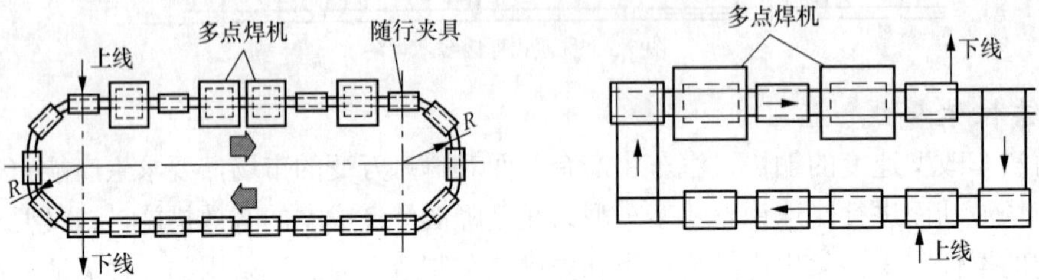

图 7.5　环形装焊线示意图

第 8 章
汽车车身涂装工艺

8.1 汽车车身用涂料

8.1.1 车身涂料的作用

表面涂层是保护和装饰汽车的重要手段。涂装工艺是汽车制造的主要工艺之一，并且越来越受到人们的重视。

表面涂层对汽车有以下几方面作用。

1．保护作用

汽车表面长期暴露在空气中，会受到空气中的水分、气体、微生物、紫外线等侵蚀。有了表面涂层就能起到隔离作用，从而可以防止腐蚀，延长使用寿命。

2．装饰作用

利用涂料的色彩装饰汽车表面，能达到美化环境、满足人们审美需求的目的，并提高产品的使用和销售价值。

3．标志作用

涂料可做色彩广告标志，利用不同的色彩来表示警告、危险、安全、前进、停止等信号，以提高行车安全。

4．特殊作用

特殊涂料具有防振、消声、隔热的作用。

8.1.2 车身涂料的组成

汽车涂料一般有三种基本成分：成膜物质（树脂）、颜料（包括体质颜料）和辅助材料（见表 8.1）。

成膜物质是涂料的主体成分，其作用是使颜料保持明亮状态，使之坚固耐久并能黏附在物体表面，是决定涂料类型的物质。它一般由干性油或半干性油改性的天然树脂（如松香）、人造树脂（如失水苹果酸树脂）、合成树脂类（如甲基丙烯酸甲酯等）制成，通常通过添加增塑剂和催化剂来调整、改进其耐久性、附着力、防蚀性、耐磨性和韧性。

表 8.1　　　　汽车用涂料的组成

<table>
<tr><td rowspan="13">涂料的组成</td><td rowspan="5">成膜物质</td><td rowspan="2">油料</td><td>干性油：梓油、苏籽油、亚麻仁油等</td><td rowspan="10">不挥发成分</td></tr>
<tr><td>半干性油：豆油、棉籽油等</td></tr>
<tr><td rowspan="3">树脂</td><td>天然树脂：松香、虫胶等</td></tr>
<tr><td>人造树脂：松香衍生物、纤维衍生物、橡胶衍生物</td></tr>
<tr><td>合成树脂：缩合型合成树脂、聚合型合成树脂等</td></tr>
<tr><td rowspan="4">颜料</td><td rowspan="2">着色颜料</td><td>有机颜料：酞青蓝、耐晒黄等</td></tr>
<tr><td>无机颜料：钛白、氧化铁红、铝粉、炭黑等</td></tr>
<tr><td>防锈颜料</td><td>红丹、锌铬黄、锌粉等</td></tr>
<tr><td>体质颜料</td><td>滑石粉、碳酸钙、硫酸钙等</td></tr>
<tr><td></td><td>助剂</td><td>增塑剂、稳定剂、固化剂、防霉剂、流平剂、乳化剂、催干剂、防结皮剂等</td></tr>
<tr><td rowspan="3">辅助材料</td><td rowspan="3">稀释剂</td><td>助溶剂</td><td rowspan="3">挥发成分</td></tr>
<tr><td>溶剂</td></tr>
<tr><td>冲淡剂</td></tr>
</table>

颜料是涂料中两种不挥发的物质之一，它赋予面漆色彩和耐久性，同时使涂料具有遮盖力，并提高强度和附着力，改变光泽，改善流动性和涂装性能。

溶剂是涂料中的挥发成分，它的主要作用是能够充分溶解漆膜中的树脂，使涂料能正常涂抹。优质的溶剂能改善面漆的涂抹性能和漆膜特性，增强光泽，减小涂层网纹，而减少抛光工作量，同时也有助于更精确地配色。除了涂料中已有的溶剂外，还可用作稀释涂料使它的黏度适合涂布要求的稀释剂。

近十多年来涂料工艺发生了巨大的变化，添加剂的使用也越来越常见。虽然添加剂在涂料中的比例不超过 5%，但它们起着各种重要作用。有能加速干燥并增强光泽的固化剂，有减缓干燥速度的缓凝剂，还有能减弱光泽的消光剂，有些添加剂起的是综合作用：即减少超皱、加速干燥、防止发白和提高耐化学物质的能力。

8.1.3　车身用底漆

底漆是涂敷在白车身表面的第一道漆，是整个涂层的基础，它对车身的防锈蚀和整个涂层的经久耐用起着主要的作用。对底漆的要求如下。

（1）附着力强。除在车身表面上附着牢固外，并能与腻子或面漆黏附牢固。

（2）有良好的防锈能力、耐腐蚀性和耐潮湿性。

（3）与中间涂层或面漆涂层间的配套性良好，即有耐溶剂性，不被中间涂层或面漆涂层所含溶剂咬起。

（4）底漆漆膜应具有较高的机械强度和适当的弹性，当车身蒙皮膨胀或收缩时，不致脆裂脱落。当面漆老化收缩时，也不致折裂卷皮，能满足面漆耐久性的要求。

（5）有良好的可操作性。应能适应汽车涂装工艺和大量流水生产的特点。

汽车底漆多是含环氧树脂等成分的铁红、锌黄环氧底漆、铁红环氧脂电泳底漆等。

8.1.4 车身用中间层涂料

中间层介于底漆和面漆之间，可以改善车身表面和底涂层的平整度，提高涂层的装饰性。为面漆层创造良好的基底，增加底漆和面漆的结合力。另外，由于载货汽车的车身和一些中级客车、轿车的表面平整度较好，装饰性要求也不太高，为简化工艺，在大量流水生产中，常不采用中间涂层。而对于装饰性要求高的客车、轿车，根据需要有时采用通用底漆、二道浆、腻子和封底漆等多种中间层涂料。

中间层涂料应具有以下特性。

（1）应能与底漆和面漆层配套良好，涂层间结合力强，硬度配套适中，不产生被面漆涂层所含溶剂咬起的现象。

（2）应具有良好的填平性，能消除被涂表面的划伤等微小缺陷。

（3）打磨性能好。在湿打磨后，能得到平整光滑的表面，并能高温烘干，打磨时不粘砂纸。

（4）耐潮湿性好，不应引起涂层起泡。

中间层涂料多采用含环氧树脂、氨基醇酸树脂等成分的醇酸二道浆、环氧树脂烘干二道底漆等。

8.1.5 车身用面漆

面漆是汽车车身覆盖件多层涂层中最后涂层用的涂料，它决定了汽车的装饰性、耐潮湿性、耐候性和抗污性的好坏。在面漆质量很高的汽车生产中，具体提出如下要求。

（1）外观装饰性。保证汽车车身具有高质量的、优美的外观，即漆膜外观应光滑平整、花纹清晰、光彩亮丽。

（2）硬度和抗崩裂性。面漆漆膜应坚硬耐磨，具有足够的硬度，以保证涂层在汽车行驶中由于路面砂石的冲击，或者在车身擦洗时不产生划痕、裂纹。

（3）耐候性。急冷急热的温度变化，面漆层易开裂，尤其是面漆层较厚、未用热塑性型面漆及刚刚涂装完的面漆层更易开裂。在选用面漆时，应通过耐寒性和耐温变性试验，证实即使在最大的许可厚度的情况下，面漆层也不会开裂。另外，烈日暴晒、风雨寒霜的侵蚀都会使面漆失光变色，直接影响汽车的装饰性。因此，要求汽车用面漆涂层在热带地区长期暴晒不少于 12 个月后，只允许有极轻微的失光和变色，不得有起泡、开裂和锈点。

（4）耐潮湿性和防腐蚀性。涂过面漆的工件浸泡在 40℃～50℃的温水中，暴露在相对湿度较高的空气中，面漆应不起泡、不变色或不失光。与底涂层组合后，应能增加整个涂层的防腐蚀性。

（5）耐药剂性。面漆涂层在使用过程中，若与蓄电池酸液、机油和制动液、汽油、肥皂液和各种清洗剂、路面沥青等直接接触，擦净后接触面不应变色或失光，也不应产生斑印。

（6）施工性。在大量流水生产中，面漆的涂布方法多采用自动喷涂或静电喷涂，所选用的面漆对上述施工工艺有良好的适应性。在装饰性要求高时，面漆涂层应具有优良的抛光性能。面漆也应具有较好的重涂性（即在不打磨场合下，再涂面漆，结合力良好）和修补性。

面漆多采用丙烯酸烘干漆、氨基清烘漆、硝基磁漆等。

8.2 汽车车身涂装的典型工艺

汽车车身制造中常用的涂漆方法包括：刷涂、浸涂、喷涂、静电涂漆、电泳涂装和粉末涂饰等，下面分别介绍各种涂漆方法。

1. 刷涂

刷涂是一种使用毛刷手工涂漆的方法。常用的适合刷涂的涂料包括油性漆、酚醛漆和醇酸漆等。特别是油性涂料对金属的表面细孔容易渗透，附着性好，使用得较多。刷涂的特点是设备简单、投资少、施工方面、操作简单、灵活性大。但是，生产效率低、技巧性高、装饰性差，只适合于局部维修或小批量生产。

2. 浸涂

浸涂是将被涂零部件浸入盛有涂料的槽中，经过一定的时间后再取出，经滴漆、流平、干燥即可。这种方法的涂层厚度取决于漆液的黏度，与时间关系不大，因此，对油漆的黏度有要求。浸漆的特点是操作简单、生产效率较高，既不需要很高的技术，也不需要复杂的设备，易实现机械化和自动化，但对涂料有一定的要求，如挥发型涂料、含有重质颜料的涂料及双组分涂料等不适用。同时，由于浸涂所形成的漆膜易产生上薄下厚、流挂等现象，因此，仅适用于外观装饰要求不太高的防蚀性涂层。

3. 喷涂

（1）空气喷涂。空气喷涂利用压缩空气在喷枪喷嘴处产生的负压将漆流带出并分散为雾滴状，涂覆在物面上，这是目前使用最普遍的涂装施工方法。喷涂的特点是工效高、施工方便，可手工喷涂，也可机械化喷涂。它可以适应几乎任何条件下不同形状尺寸的物体以及多种油漆材料。漆膜光滑平整，厚薄均匀。对于快干和挥发性漆最合适。但是油漆的利用率低，喷雾损失较大，并易引起中毒或火灾，需要通风良好。喷涂质量取决于涂料的黏度、空气压力、喷嘴与物面的距离、喷出漆流的方向等。

（2）高压无空气喷涂。无空气喷涂通过高压泵将涂料受压达 10～17.5MPa，然后从喷枪嘴极细的喷孔中喷出，当受高压的涂料离开喷嘴到达大气中时，便立即剧烈膨胀，物化成极细小的漆粒喷到零件上，形成漆膜。这种方法的特点是涂层厚，生产效率高，漆雾少，涂料损失少，劳动条件相比较好，漆膜附着力好，但是漆膜均匀性及外观装饰性较差，不适合含粒度较大的颜料性涂料。

4. 静电涂漆

静电涂漆借助于高压电场的作用，使喷枪喷出的漆物带电，通过静电引力沉积在带异电的工件表面上而完成喷漆过程。这种方法的特点是生产效率高，易于实现自动化，喷雾损失少，涂料利用率达 80%～90%，漆膜均匀，附着力好，质量好，劳动强度小，劳动条件相比较好，但是，仪器设备复杂，需要有良好绝缘，漆膜均匀度较差，另外，漆物密度小，因而流平性和光泽度受到一定影响。

5．电泳涂装

电泳涂装是利用外加电场使悬浮于电泳液中的颜料和树脂等微粒定向迁移并沉积于电极之一的基底表面形成一层均匀漆膜的涂装方法。电泳涂装的原理发明于 20 世纪 30 年代末，但开发这一技术并获得工业应用是在 1963 年以后，电泳涂装是近 30 年来发展起来的一种特殊漆膜形成方法，具有水溶性、无毒、易于自动化控制等特点，在汽车、建材等行业得到广泛的应用。

电泳涂装最基本的物理原理为带电荷的涂料粒子与它所带电荷相反的电极相吸。采用直流电源，金属工件浸于电泳漆液中。通电后，阳离子涂料粒子向阴极工件移动，阴离子涂料粒子向阳极工件移动，继而沉积在工件上，在工件表面形成均匀、连续的漆膜。当漆膜达到一定厚度（漆膜电阻大到一定程度）时，工件表面形成绝缘层，“异极相吸”停止，电泳涂装过程结束。整个电泳涂装过程是复杂的电化学反应过程，整个过程可以概括为以下五个步骤。

（1）电离。电泳漆在水溶液中，离解成带正、负电荷的离子。

（2）电泳。带电的聚合物分别向阴极或阳极泳动的过程，不带电的颜料、填料粒子吸附在带电荷的粒子上也随着电泳。

（3）电沉积。带电的聚合物分别在阴极或阳极脱去电荷而沉积在工件表面形成不溶于水的漆膜并逐步使之均匀的过程。

（4）电渗。沉积的电泳漆膜收缩，脱去溶剂和水，形成均匀致密的湿膜。

（5）电解。电流通过电解质水溶液时，水发生电解反应，过量气体影响漆膜质量。

电泳涂漆系统的组成如下。

（1）电泳槽。用于装载工件和漆液的主体部分，槽体与槽液绝缘，其大小取决于工件、电泳时间、传送速度等。

（2）直流电源（整流器）。提供直流电，使电沉积得以进行。

（3）主循环系统。包括循环泵、喷射管以及过滤器，保证槽液混合均匀，同时设有过滤器用于去除槽液中的颗粒污染物及杂质。

（4）超滤系统。控制槽液电导率，提供后清洗工件的超滤液，并回收浮漆。

（5）热交换器。控制槽液温度。

整个电泳涂装过程分为以下四个部分。

（1）前处理。金属工件经脱脂、酸洗除锈（若必要）、表面调整、磷化处理为下一步电泳做准备的过程称为前处理。为了获得良好的电泳漆膜，清洗和磷化都是非常重要的环节。磷化通常采用铁系和锌系磷化液，处理工艺包括喷淋和浸渍。

前处理步骤可简化为：预脱脂→脱脂→水洗→除锈（如有必要）→去离子水洗→表面调整→磷化→去离子水洗。

（2）电泳。工件经前处理后进入电泳槽液，工件入槽前必须保证工件表面无油无锈，磷化膜均匀，工件表面温度应在 40℃以下，进入电泳槽前工件应全干或全湿，干湿不匀可导致漆膜产生花纹或斑痕。

（3）后冲洗。工件从超滤液出来后，利用超滤液冲洗掉黏附在漆膜表面的浮漆，浮漆可以回收到槽液中，使漆液利用率提高，同时保证了漆膜光滑、美观。通过循环系统，清洗液也回收到槽液中，从而使涂装效率达到95%以上。

采用封闭式循环清洗，可以有效去除和回收浮漆，使漆液利用率最大。通过超滤得到的超滤液（含有去离子水、溶剂等低分子量物质）是构成清洗液的最重要的组成部分。清洗区包括一系列单独的喷淋清洗间或浸渍清洗间。前几道采用超滤液清洗，最后一道采用新鲜去离子水清洗。每道清洗之间都有足够的排液时间。经过最后一道冲洗后，可回收几乎所有的被洗出物。大部分电泳涂装线在工件进入烘房前，会利用自动空气吹干机除去漆膜表面的水分，防止水渍产生。

（4）烘干固化。清洗吹干后，工件进入烘房，漆膜通过交联固化达到最佳性能。不同的电泳涂料所用的烘烤温度不同，在指定工艺温度下，通常至少需要20min的烘烤时间。大部分烘房设有不同的温度区。这种设计有利于工件通过不同温度区，逐步去除挥发性物质，防止剂斑和水渍产生，使漆膜达到最佳流平，得到外观优良的漆膜。

电泳涂漆的特点如下。

① 电泳涂料用水做溶剂，避免了使用有机溶剂易发生中毒和火灾等危险，大大改善了劳动条件。

② 从根本上消除了漆雾，涂料利用率高，可达90%～95%。

③ 施工速度快，可实现机械化和自动化连续操作，提高劳动生产率，减轻劳动强度。

④ 涂层质量好，漆膜均匀，附着力强。一般涂装方法不易涂到或涂不好的地方，都能获得均匀、平整、光滑的漆膜。

⑤ 设备复杂、投资费用大。

⑥ 只限于在导电的被涂物表面上涂漆，烘烤温度较高，耗电量稍大。

⑦ 不易变换涂料颜色。

8.3 轿车车身涂装工艺

根据各工序采用的工艺方法不同，车身涂饰过程主要有以下三种基本体系。

（1）涂三层烘三次体系。这种体系的工艺是底漆涂层+中间涂层+面漆涂层，三层分别烘干，如图8.1所示。

（2）涂三层烘两次体系。这种体系的工艺与上一种不同的是底漆层不烘干，涂中间层后一起烘干，即所谓的“湿碰湿”工艺，因而烘干次数由三次减为两次。

（3）涂两层烘两次体系。这种体系的工艺是底漆涂层+面漆涂层，无中间涂层，两层分别烘干。

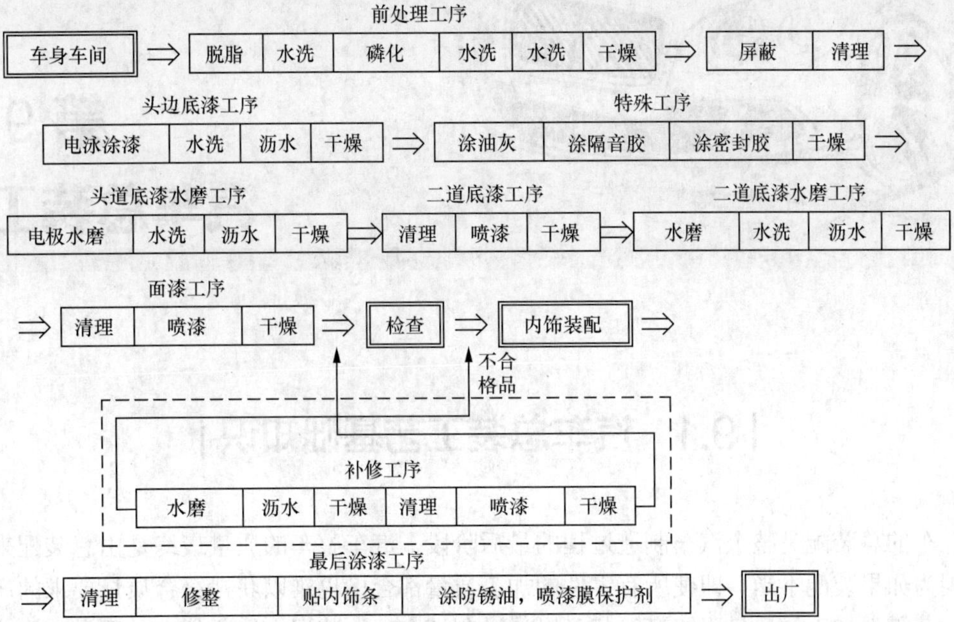
前处理工序
车身车间
脱脂
水洗
磷化
水洗
水洗
干燥
屏蔽
清理
头边底漆工序
电泳涂漆
水洗
沥水
干燥
特殊工序
涂油灰
涂隔音胶
涂密封胶
干燥
头道底漆水磨工序
电极水磨
水洗
沥水
干燥
二道底漆工序
清理
喷漆
干燥
二道底漆水磨工序
水磨
水洗
沥水
干燥
面漆工序
清理
喷漆
干燥
检查
内饰装配
不合格品
补修工序
水磨
沥水
干燥
清理
喷漆
干燥
最后涂漆工序
清理
修整
贴内饰条
涂防锈油，喷漆膜保护剂
出厂

图 8.1　车身涂装工艺

第9章 汽车总装工艺

9.1 汽车总装工艺基础知识

汽车的总装配是整个汽车制造过程的最后阶段，汽车整车的质量最终是由总装配来保证的。因为如果装配不当，即使所有零件的加工质量都合格也难以获得符合质量要求的产品；反之，若零件加工的质量不够高，却可以通过制订合理的装配方法，使产品质量合格。由于汽车总装配所花费的劳动量很大、占用时间多、占用场地大，而其对整车生产任务的完成、企业劳动生产率以及生产成本与资金周转、市场营销等均有直接影响，因此，必须高度重视汽车整车的总装配工作。

9.1.1 总装配的主要工作内容

1．物流系统准备

（1）组织进外协件、外购件。

（2）必要的物资储备。

2．制订生产计划

根据具体情况制订生产计划，更好地控制生产进度。

3．制订装配工艺规程

（1）划分装配单元。

（2）制订装配工艺流程。

（3）制订调整、检测标准。

（4）设计装配中的夹具及工位器具。

（5）通过调试确定保证精度的装配方法。

4．装配的工作内容

（1）清洗、点件。进入装配的零件必须先进行清洗，以去除在制造、储存、运输过程中所黏附的油脂、污物、切屑、灰尘等。相关部件、总成在运转磨合后也应清洗。清洗对于保证和提高装配质量、延长产品的使用寿命有着重要意义。

（2）平衡处理。运转机件的平衡是装配过程中的一项重要工作。尤其是那些转速高、运转平稳性要求高的机器，对其零、部件的平衡要求更为严格。旋转体机件的平衡有静平衡和动平衡两种方法。对于盘状旋转体零件，如皮带轮、飞轮等，通常只进行静平衡；对于长度大的旋转机件，如曲轴、传动轴等，必须进行动平衡。

（3）过盈连接。对于过盈连接件，在装配前应保持配合表面的清洁。常用的过盈连接装配方法有压入法和热胀法两种。压入法即在常温条件下以一定压力压入配合，会把配合表面微观不平度挤平，影响过盈量。压入法适用于过盈量不大和要求不高的场合。重要的、精密的机械以及过盈量较大的连接处常用热胀（或冷缩）法装配，即采用加热孔件或冷缩轴件的办法，使得缩小过盈量或达到有间隙后再进行装配。

（4）螺纹连接。在汽车结构中广泛采用螺纹连接，对螺纹连接的要求如下。

① 螺栓杆部不产生弯曲变形，螺栓头部、螺母底面与被连接件接触良好。

② 被连接件应均匀受压，互相紧密贴合，连接牢固。

③ 根据被连接件的形状、螺栓的分布情况，应按一定顺序逐次（一般为 2～3 次）拧紧螺母。螺纹连接的质量对装配质量影响很大。如拧紧的次序不对，施力不均会使零件发生变形，降低装配精度，并会造成漏油、漏水、漏气等。运转机件上的螺纹连接，若拧紧力达不到规定值，就会松动，影响装配质量，严重时会造成事故。因此，对于重要的螺纹连接，必须规定拧紧力的大小。

5．校正

所谓校正，是指各零部件本身或相互之间位置的找正及相应的调整工作。这也是装配工作内容之一。

除上述装配工作的基本内容外，部件或总成乃至整车装配中和装配后的检验、试运转、油漆、包装等也属于装配工作，应予以合理安排。

9.1.2　汽车总装配工艺过程

汽车总装配是将各种汽车零部件按规定的技术要求，选择合理的装配方法进行组合、调试，最终形成可以行驶的汽车产品的过程。汽车总装配的工艺过程大致可分为装配、调整、路试、装箱、重修、入库等环节。

为了便于汽车总装质量的控制与总装工艺的规范化管理，常将汽车总装工艺分为若干个模块，如内饰装配一线、内饰装配二线、车门分装线、仪表台分装线、车轮分装线、车身合装线、终装线和性能检测线等。

汽车总装工艺十分复杂，由数百个工位组成，图 9.1 所示为某汽车公司汽车总装工艺的主要工艺流程。为了简化总装工艺、提高总装效率，汽车总装已普遍实现了模块化生产，即将多个总成部件按照装配关系或功能的关联性组合成一个个的装配生产线。例如，将动力系统（包括发动机及整个传动系统）、车桥与悬架集成为一个底盘装配线，将汽车全部仪表与空调机组组成一个仪表分装线，将车门及安装在车门上的全部附件组合成车门分装等。当然不同厂家的组合方式会略有差异，不同年代建成的汽车总装厂，其装配模块的差异更大。建设较早的汽车总装厂，汽车装配模块的数量较少，大量的装配工作都放在总装线上完成，汽车总装线相对较长。近几年建设的汽车总装厂，在总装配线旁便于就近分装的地方设置有各总装模块的分装线，总装线相对较短。这样不仅可大大缩短总装生产的节拍时间，而且由于每一个总装模块就是一个功能相对独立的大系统，模块化集中装配，其系统功能和性能更容易保证，因此汽车总装质量得以明显提升。

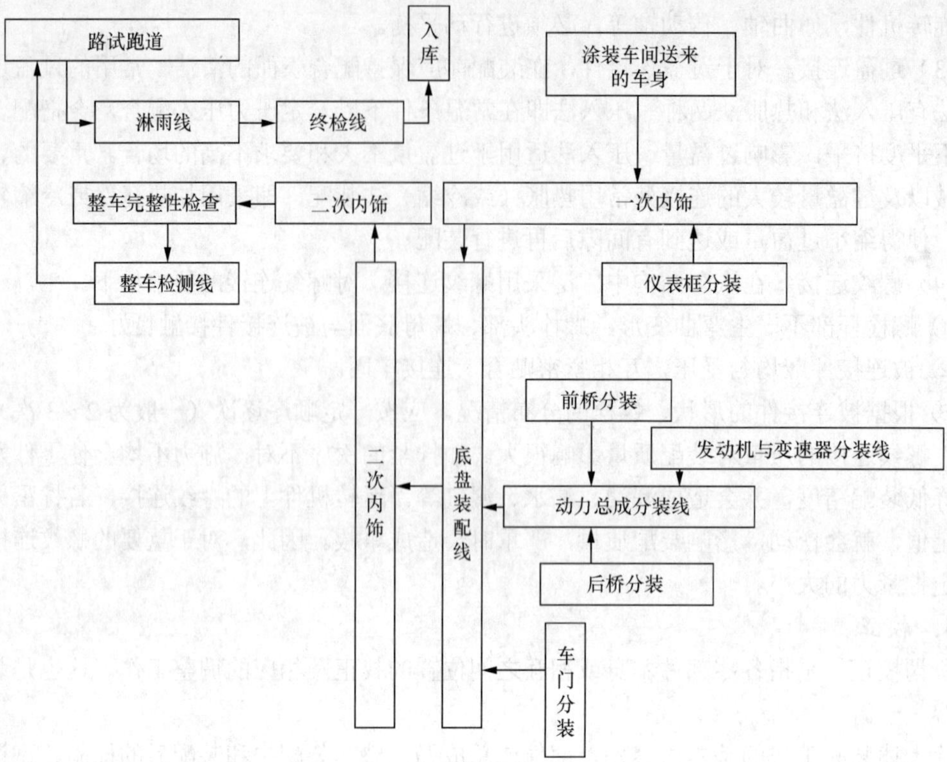

图 9.1　汽车总装工艺流程

1．一次内饰装配线

一次内饰装配线包括车身打号，安装天窗、线束、ABS、顶棚、地毯、气囊帘、车门支承板、车门玻璃、密封条、仪表板和散热器等内容。

2．底盘装配线

底盘装配线包括安装油管、油箱、隔热板、动力总成、后悬架、排气管、挡泥板和轮胎等内容。

3．二次内饰装配线

二次内饰装配线包括安装风窗玻璃、座椅、仪表板后段、蓄电池、空滤器、备胎、后备箱附件、刮水器、介质加注、车门调整和线路管路插接理顺等内容。

4．整车完整性检查

整车完整性检查是对整车零件装配质量进行检查。

5．整车检测线

在两条检测线上主要完成方向盘校正、车轮前束、外倾值调整、前照灯灯光调整、驾驶员气囊装配、整车侧滑量测量、喇叭声级测试、整车加速减速测试、手制动、倒车功能测试、尾气排放值测量、安全气囊模块、PCM＼TCM＼ABS＼IC 等模块故障检测和变速器油加注量等工作。

6．路试跑道

路试跑道主要检测车辆的以下功能：空调功能、手动挡加减速性能、自动挡加减速性能、定速巡航功能、ABS\DSC（动态稳定系统）功能、转向性能、倒车性能、整车异响、制动侧滑、跑偏、手制动功能和音响功能等。

7．调整、淋雨线、终检线与交车

主要包括路试后故障返修、整车淋雨检查、漏点返修、车门饰条装配、终检漆面检查、喷蜡、补漆与交车。

9.1.3 汽车总装配的一般技术要求

1．装配的完整性

按照工艺规程，所有零、部件和总成必须全部装上，不得有漏装现象。

2．装配的完好性

按工艺规定，所装零、部件和总成不得有凹痕、弯曲、变形等机械损伤及锈蚀现象。

3．装配的紧固性

按工艺规定，螺栓等连接件必须达到规定的转矩要求，不得有松动及过紧现象。

4．装配的润滑性

按工艺规定，凡润滑部位必须加注定量的润滑油或润滑脂。

5．装配的密封性

按工艺规定，气路、油路接头不允许有漏气、漏油现象，气路接头处必须涂胶密封。

6．装配的统一性

各种变形车应按生产计划配套生产，不允许有误装、错装现象。

9.2 典型轿车总装线实例

以宝马车为例说明汽车的总装过程，如图 9.2 所示。

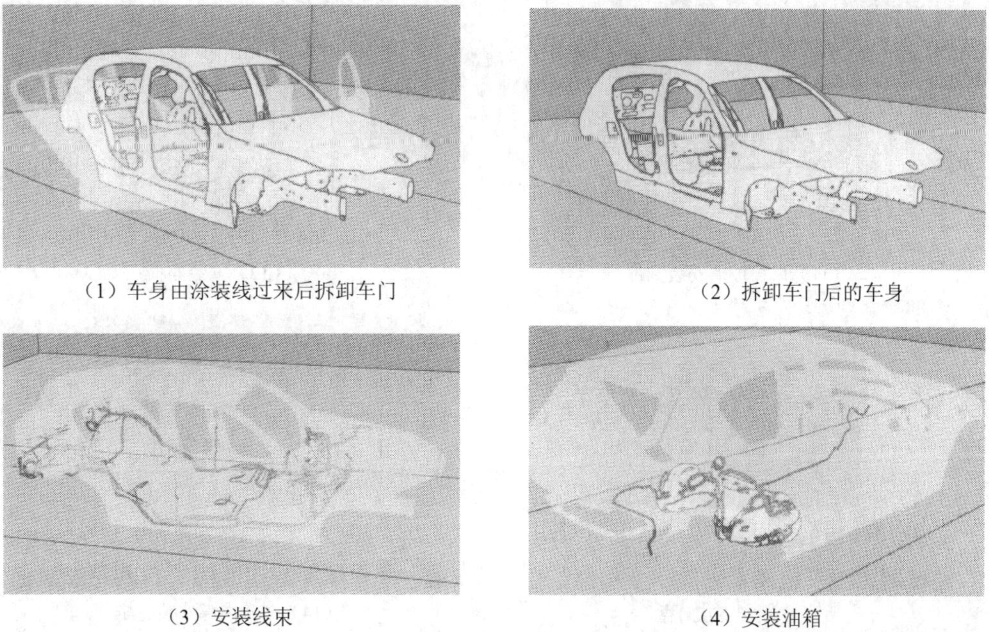

（1）车身由涂装线过来后拆卸车门　（2）拆卸车门后的车身

（3）安装线束　（4）安装油箱

图 9.2　宝马车的总装过程

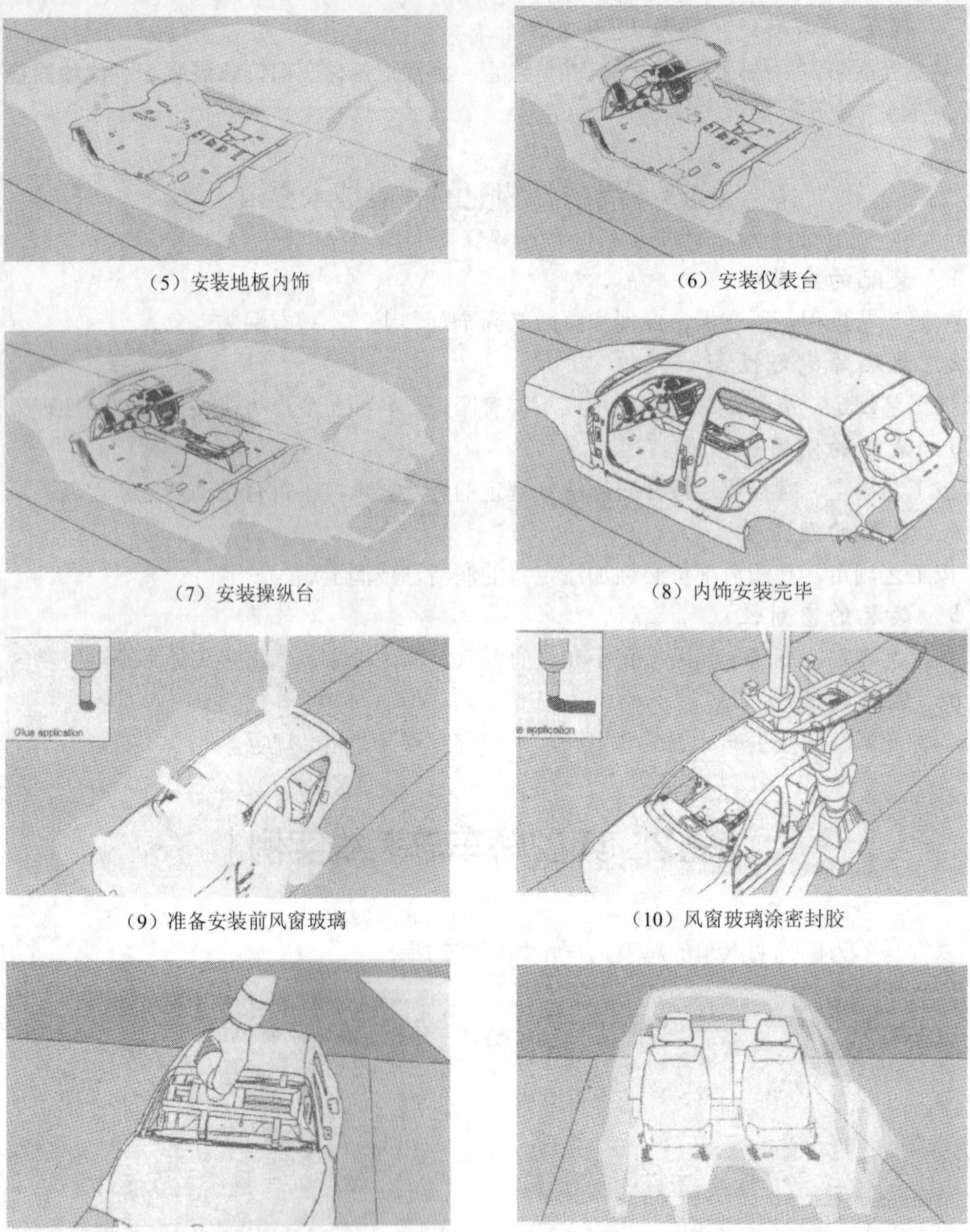

（5）安装地板内饰

（6）安装仪表台

（7）安装操纵台

（8）内饰安装完毕

（9）准备安装前风窗玻璃

（10）风窗玻璃涂密封胶

（11）风窗玻璃安装到位

（12）安装座椅

（13）安装方向盘

（14）车身内部安装完毕

图 9.2　宝马车的总装过程（续）

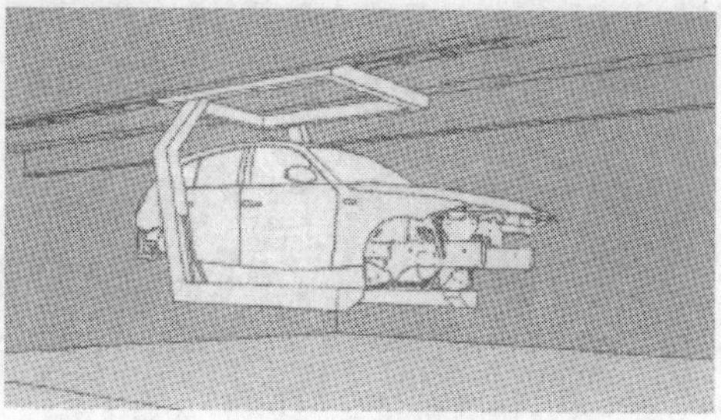

（15）进入底盘装配线

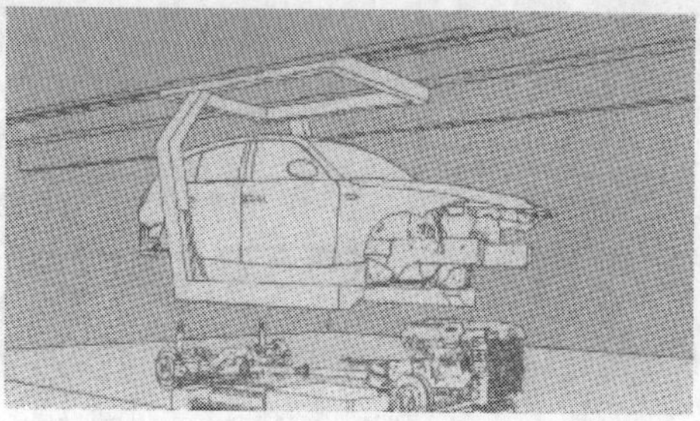

（16）底盘到位

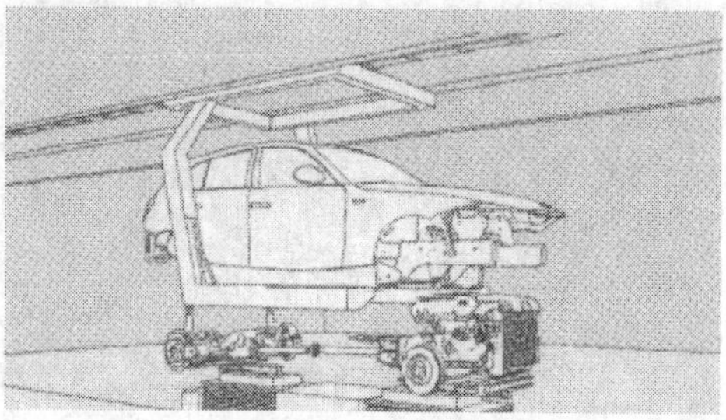

（17）升底盘托架

（18）底盘与车身定位

（19）底盘与车身安装紧固

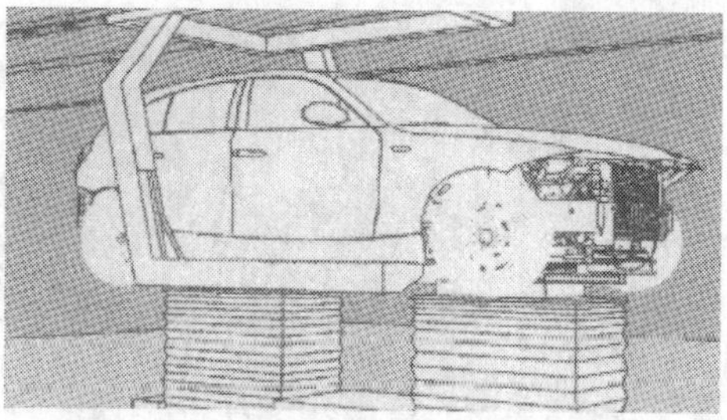

（20）准备安装车轮

（21）完成车轮安装

（22）准备安装前后保险杠

（23）完成安装前后保险杠

（24）放下吊架

图 9.2　宝马车的总装过程（续）

（25）准备放下底盘托架

（26）放下底盘托架

（27）进入底盘调试

（28）底盘检测调试

（29）完成底盘检测调试

（30）完成总装

图 9.2 宝马车的总装过程（续）

9.3 汽车总装常用设备

为了获得高性能、高质量的汽车产品，对于总装车间的生产设备与装备，必须具有非常高的可靠性、先进性和生产效率，要求其基本无故障运转，并保证先进装配工艺的实施。工艺设备设计制造水平也是汽车装配技术水平的标志，生产设备性能高，不仅直接影响到汽车性能的提高，而且还意味着高效的生产能力和自动化程度的发挥。

汽车总装所用的设备主要包括：输送设备，发动机前、后桥等各大总成上线设备，各种油液加注设备，出厂检测设备和专用装配设备等。

1．输送设备

输送设备主要用于总装配线、各总成分装线及大总成上线的输送，是完成汽车装配生产过程最重要的设备之一。

输送设备有刚性和柔性两类。刚性输送设备主要有板式输送带、普通悬挂输送机等。柔性输送设备分三种：第一种是整车柔性输送设备、积放式悬挂输送机（见图 9.3）和自行葫芦输送机（见图 9.4）；第二种是发动机、变速器、前后桥等大总成柔性输送设备（中型非同步输送线）；第三种是空气滤清器、减振器、微电机等零部件柔性输送设备（轻型非同步输送线）。

图 9.3　积放式悬挂输送机

图 9.4　自行葫芦输送机

2．大总成上线设备

大总成上线设备是指发动机、前桥、后桥、驾驶室、车轮等总成在分装、组装后送至总装配线，并在相应工位上线所采用的输送、吊装设备。车轮上线一般采用普通悬挂输送机和积放式悬挂输送机。发动机、前桥、后桥、驾驶室等大总成上线，传统的方式是采用单轨电动葫芦或起重机。

随着汽车装配的机械化、自动化水平的提高，目前各大总成上线普遍采用自行葫芦输送机和积放式悬挂输送机，也有少数厂家采用带有升降装置的电动导引运输车（AGV）自动上线，如图 9.5 所示。

图 9.5　AGV 电动导引运输车

3．各种油液加注设备

随着轿车技术的引进，燃油、润滑油、清洁剂、冷却液、制动液、制冷剂等各种加注设备的水平有了很大的提高，由过去的手工加注发展到采用设备定量加注，直到自动加注。尤其是在轿车装配中，普遍采用具有抽真空、自动检漏、自动定量加注等功能的加注机（见图 9.6），保证加注的质量。

图 9.6　制动液加注机

4．出厂检测设备

整车出厂试验，渐渐由过去采用室外道路试验发展到现在采用室内检测线，如图 9.7 所示。出厂检测线一般由前束试验台、侧滑试验台、转向试验台、前照灯检测仪、制动试验台、车速表试验台、排气分析仪等设备组成。

5．专用装配设备

随着汽车产量的提高和对质量要求的提高，高效专用的装配设备被引进装配线。广泛应用于整车装配的主要专用装配设备有：车架打号机、底盘翻转机、螺纹紧固设备、车轮装配专用设备（见图 9.8）、自动涂胶机、板簧衬套压装机、液压桥装小车等。

图 9.7　出厂检测线图

图 9.8　轮胎螺母自动拧紧机

第 三 篇

汽车材料篇

第 10 章 汽车材料

10.1 概述

汽车材料是指汽车制造及运行过程中所用到的材料，一般包括汽车零部件材料和汽车运行材料。

一辆汽车由约 3 万个零部件组装而成，而这些零部件又是由不同规格、不同性能的材料加工制造而成的，如钢、铸铁、铜、铝及其合金、塑料、橡胶、玻璃、胶黏剂等。因此，在汽车制造中，需要用到大量的机械工程材料作为汽车零部件的材料。

汽车作为现代化的交通运输工具，在运行时还需要使用燃料为其提供动力；运行中，为减少相互接触的运动件之间的摩擦和磨损，延长其使用寿命，降低功率消耗，必须采用各种润滑材料。为了使汽车行驶平稳、安全可靠，还要使用各种工作液，如制动液、防冻液和液力传动油等。因此，在汽车运行及维修过程中需要各种不同用途的运行材料。

10.1.1 汽车零部件材料简介

汽车零部件材料数量大、品种多，几乎涵盖了所有传统和新型机械工程材料。据统计，汽车上的零部件采用了 4000 余种不同的材料加工制造。以现代轿车为例，钢材占汽车自重的 55%～60%，铸铁占 5%～12%，有色金属占 6%～10%，塑料占 8%～12%，橡胶占 4%，玻璃占 3%，其他材料（油漆、各种液体等）占 6%～12%，可见金属材料在汽车制造中占绝对主流地位。汽车零部件用工程材料的具体分类如图 10.1 所示。

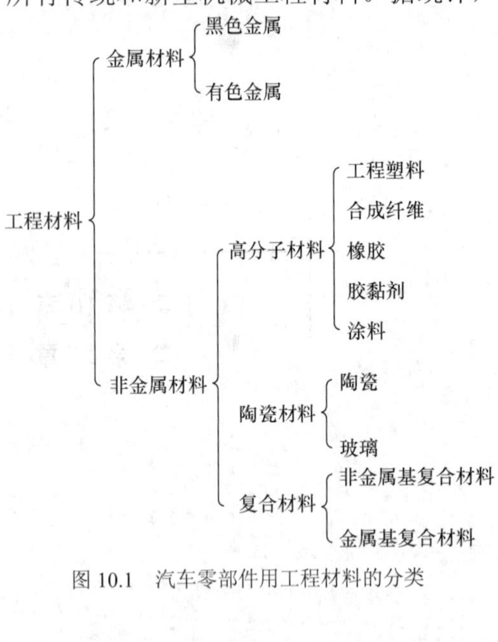

图 10.1 汽车零部件用工程材料的分类

1. 金属材料

金属材料是目前汽车上应用最广泛的工程材料。工业上，一般把金属材料分为两大部分，即黑色金属和有色金属。黑色金属是指钢铁材料；有色金属是指除了黑色金属以外的其他所有的金属材料，如铝、铜、镁、金及其合金。

钢铁材料在汽车工业生产中仍占主流地位。

一部中型载货汽车上钢铁材料约占汽车总重量的 3/4，轿车上钢铁材料则超过总重的 2/3。钢铁材料最大的特点是价格低廉，比强度高，便于加工，因而得到广泛的使用。汽车用钢铁材料有钢板、结构钢、特殊用途钢、钢管、烧结合金、铸铁及部分复合材料等，主要用于制造车架、车轴、车身、齿轮、发动机曲轴、气缸体、罩板、外壳等零件，如图 10.2 所示。

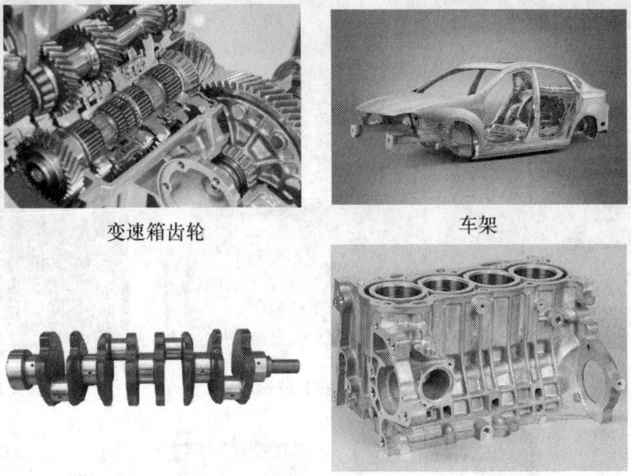

变速箱齿轮　车架

曲轴　气缸体

图 10.2　汽车常用的金属零部件

有色金属因具有质轻、导电性好等钢铁材料所不具备的特性，在现代汽车上的用量呈逐年增加的趋势。例如，铝合金材料具有密度低、强度高和耐蚀性好的特性，在轿车的轻量化中占举足轻重的地位。据统计，近十年来轿车上铝及其合金的用量已从占汽车总重的 5%左右上升至 10%左右。此外，采用新型镁合金制造的凸轮轴盖、制动器等零部件，可以减轻重量和降低噪声。在轿车制造行业，采用铝、镁、钛等轻金属替代钢铁材料来减轻汽车自重，已成为轿车轻量化的一个重要手段。

2．高分子材料

高分子材料又称聚合物材料，是以聚合物为主加入多种添加剂经过加工后形成的制品。高分子材料可分为天然高分子材料（如蚕丝、羊毛、油脂、纤维素等）和人工合成高分子材料。后者因具有较高的强度、良好的塑性、较强的耐腐蚀性、很好的绝缘性和质轻等特点，很快成为工程上发展最快、应用最广的一类新型材料。在工程上，根据物理形态和用途可将合成高分子材料分为塑料、橡胶、纤维、胶黏剂和涂料等种类。

塑料是以树脂（天然、合成）为主要成分，再加入其他添加剂，在一定温度与压力下塑制成型的材料或制品的总称。塑料具有价廉、耐蚀、降噪、美观、质轻等特点。塑料正式应用于汽车始于 20 世纪 60 年代石油化工工业的兴盛期。现代汽车上许多构件如汽车保险杠、汽车内饰件、高档车用安全玻璃、仪表面板等零部件，均采用工程塑料制造，与钢铁材料相比更具有安全性，并可降低造价，较大地改善了汽车的安全性、舒适性、经济性。

其他高分子材料在汽车上也有着广泛的应用。汽车的座垫、安全带、内饰件等多数是由合成纤维制造的。橡胶通常用来制造汽车的轮胎、内胎、防振橡胶、软管、密封带、传动带等零部件；各种胶黏剂起到粘接、密封等作用，并可简化制造工艺；各种车用涂料对车身的防锈、美化及商品价值有不可忽视的作用。

汽车常用的高分子材料零部件如图 10.3 所示。

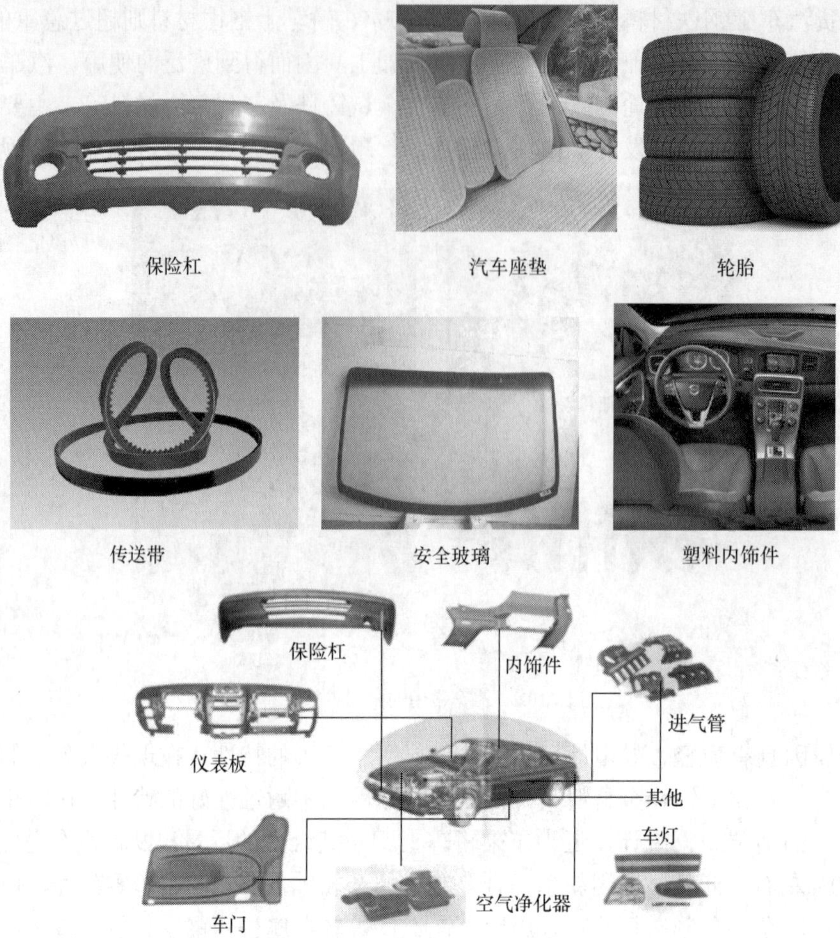

图 10.3　汽车常用的高分子材料零部件

3．陶瓷材料

陶瓷属于无机非金属材料，是人类最早利用自然界提供的原料进行加工制造而成的材料，具有耐高温、耐腐蚀、硬度高、脆性大等特点。在汽车上最早应用陶瓷材料制造的零部件是火花塞、车窗玻璃。现代汽车中陶瓷的用途得到了大大的拓展。一部分陶瓷作为功能材料被用于制作各种传感器，如爆燃传感器、氧传感器、温度传感器等部件；一部分陶瓷则作为结构材料，替代金属材料制作发动机和热交换器零件。近年来，一些特种陶瓷用于制造发动机部件或整机、气体涡轮部件等，可以达到提高热效率、降低能耗、减轻自重的目的。汽车常用陶瓷材料零部件，如图 10.4 所示。

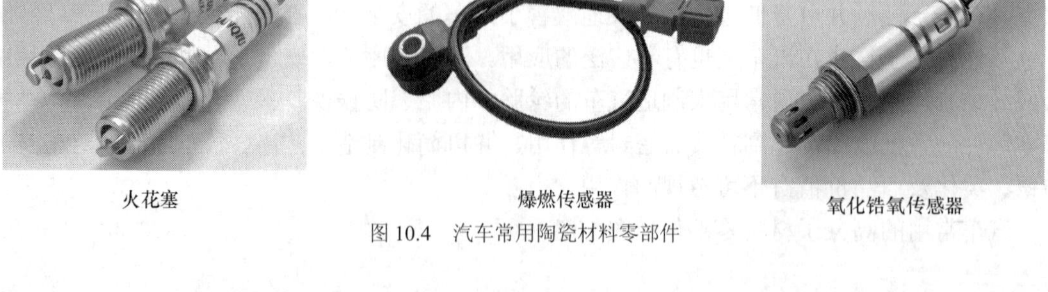

图 10.4　汽车常用陶瓷材料零部件

4. 复合材料

复合材料是指两种或两种以上不同材料组合而成的材料，是一种新型的、具有很大发展前途的工程材料，它在强度、刚度、耐蚀性等方面比单纯的金属材料、陶瓷材料和聚合物材料等都优越。近年来，随着汽车轻量化、高性能要求的不断提高，复合材料在汽车工业中的用途越来越广泛。例如，采用纤维增强复合材料（FRP）制造车身外装板件，如车顶导流板（见图 10.5）、风窗窗框等，具有质轻、耐冲击、便于加工异形曲面、美观等优点；采用纤维增强金属（FRM）制造柴油发动机的活塞顶、连杆、缸体等零件，可提高零件的耐磨性、热传导性和耐热性，并减小热膨胀等。

车顶导流板

图 10.5　汽车常用的复合材料零部件

10.1.2　汽车运行材料简介

汽车运行材料是指汽车在运行过程中所消耗的材料。汽车运行材料大多数是石油产品，据统计，全世界石油产品的 46%左右为汽车所消耗。汽车的各项使用性能和使用寿命都与汽车运行材料密切相关。汽车运行材料主要包括燃料、润滑材料和工作液等。

1. 燃料

汽车作为交通工具在道路上行驶，就需要消耗燃料以提供动力。目前，汽油和轻柴油是汽车的主要燃料。近年来，为了减少能源消耗，降低环境污染，开发了天然气、液化石油气、电能、氢、太阳能、醇类燃料、醚类燃料等作为汽车代用燃料。

2. 润滑材料

在汽车运行中，为了减少各运动零部件之间的摩擦及磨损，延长机件的使用寿命，并降低燃油损耗，就必须使用各种润滑材料。主要包括发动机润滑油、车辆齿轮油和汽车润滑脂等。

3. 工作液

汽车制动液、减震器液、发动机冷却液、液力传动油及空调制冷剂等，统称为汽车工作液。

10.1.3　车用材料的性能

材料的性能包括使用性能和工艺性能。使用性能是指材料在使用过程中所表现的性能，包括力学性能、物理性能和化学性能。工艺性能是指材料在加工过程中所表现的性能，包括铸造、锻压、焊接、热处理和切削性能等。汽车零部件材料主要以金属材料和非金属材料为主。由于非金属材料的性能指标及测试方法与金属材料相同或相似，所以这里主要以金属材料为例阐述车用材料的一般性能及主要指标。

1. 材料的力学性能

材料在外加载荷作用下所表现出来的性能称为力学性能，主要包括强度、塑性、硬度、韧性、疲劳强度等。用来表征材料力学性能的各种临界值或规定值，统称为力学性能指标。材料的力学性能的优劣就是用这些指标的具体数值来衡量的。合理的力学性能指标，为零件的正确设计、合理选用、工艺路线制订提供了主要依据。

（1）强度。材料在外力作用下抵抗变形和破坏的能力称为强度。根据外力作用的方式，强度有多种指标，如屈服强度、抗拉强度、抗压强度、抗弯强度、抗剪强度等。

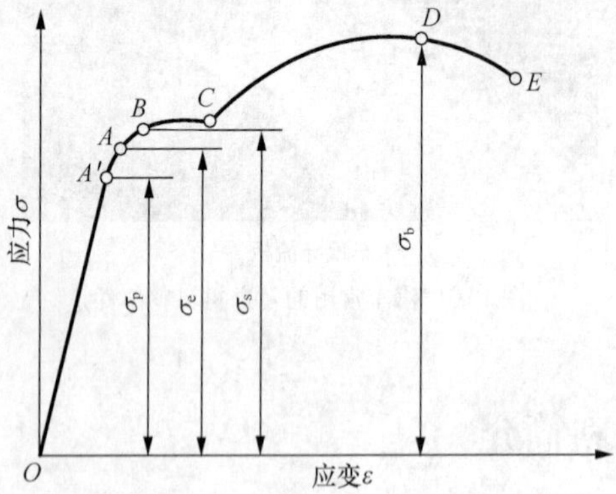

图 10.6　低碳钢应力—应变曲线

测定金属材料强度的基本方法是拉伸试验。在试验中，试样通常为光滑圆柱状，其两端被拉伸试验机的夹头夹紧，然后缓慢而均匀地施加轴向拉力。如图 10.6 所示，随拉力的增大，试样开始被拉长，直至断裂为止。自动记录装置根据负荷—拉长过程绘出拉伸曲线图，如图 10.6 所示。

在应力—应变曲线上，*OA* 段为弹性阶段，其变形称为弹性变形。当应力超过 *A* 点时，试样除了弹性变形外，还产生塑性变形。在图 10.6 中的 *BC* 阶段，应力几乎不增加，但应变继续增加，称为屈服阶段。*CD* 段称为大量变形阶段。在此阶段，因产生加工硬化，欲使试样继续变形必须加大载荷。*DE* 阶段称为局部变形阶段。*D* 点以后，试样产生“颈缩”，应力明显下降，试样继续伸长，直至 *E* 点断裂。

① 屈服强度。在应力—应变曲线上，*B* 点应力 R_{eL} 称为屈服强度。有些材料没有明显屈服现象，因此规定拉伸时产生 0.2%残余变形所对应的应力为条件屈服强度，用 $R_{p0.2}$ 表示。

屈服强度表示材料抵抗微量塑性变形的能力。在大多数情况下，材料不允许产生塑性变形，故屈服强度是零部件设计的主要依据。

② 抗拉强度。在应力—应变曲线上，*D* 点应力 R_m 称为抗拉强度。抗拉强度反映材料抵抗断裂破坏的能力，也是零件设计和材料评价的重要指标。

（2）塑性。塑性是指材料受力破坏前承受最大塑性变形的能力，指标为伸长率（A_t）和断面收缩率（Z）。

A_t 与 Z 值越大，材料的塑性越好。良好的塑性是材料进行压力加工的必要条件。

（3）硬度。材料表面局部区域抵抗更硬物体压入的能力称为硬度。硬度越高，表示材料抵抗局部塑性变形的能力越大。在一般情况下，硬度高耐磨性就好。根据测量方法不同，常用的硬度指标有布氏硬度、洛氏硬度和维氏硬度等。

（4）冲击韧性。一些汽车零部件如内燃机的活塞销、连杆、变速器齿轮等，在工作过程中往往受到冲击载荷的作用。冲击载荷的加速度高，作用时间短，应力分布和变形很不均匀，易产生损坏。因此，在设计和制造时应考虑材料在冲击载荷作用下的性能。

材料抵抗冲击载荷作用而不被破坏的能力称为冲击韧性。通常用冲击功 A_k 来度量。A_k 是冲击试样在摆锤冲击试验机上一次冲击试验时所消耗的冲击功。A_k 越大，表示材料的韧性越好。A_k 值对材料的缺陷（如晶粒大小、夹杂物等）十分敏感，其大小不仅取决于材料本身，而且还随试样尺寸、形状和试验温度的不同而变化。

（5）疲劳强度。汽车发动机曲轴、齿轮、弹簧及轴承等许多零部件都是在交变载荷的作用下工作的。所谓交变载荷是指大小或方向随时间周期性变化的载荷。在这种载荷的作用下，材料常常在远低于其屈服强度的应力下发生断裂，这种现象称为疲劳。实际服役的金属材料有80%是因为疲劳而破坏。疲劳破坏是脆性破坏，它的一个重要特点是具有突发性，因而更具灾难性。

材料在规定次数（钢铁材料为10^7次，有色金属为10^8次）的交变载荷作用下，不发生断裂时的最大应力称为疲劳强度。

提高零件的疲劳抗力，除应合理选材外，还应注意其结构形状，避免应力集中，减少缺陷，提高表面光洁度和进行表面强化等。

2．材料的物理性能

（1）密度。单位体积材料的质量称为材料的密度。对于运动构件，材料的密度越小，消耗的能量越少，效率越高。

（2）熔点。熔点是指材料的熔化温度。一般来说，材料的熔点越高，材料在高温下保持高强度的能力越强。在设计高温条件下工作的构件时，需要考虑材料的熔点。

（3）热膨胀性。大部分固体材料在加热时都发生膨胀，材料的热膨胀性通常用线膨胀系数表示。它是温度升高 1℃时单位长度材料的伸长量。对于特别精密的仪器，应选择热膨胀系数低的材料。在材料热加工和热处理过程中更要考虑其热膨胀行为，如果表面和内部热膨胀不一致，就会产生内应力，导致材料变形或开裂。

（4）导热性。材料的导热性常用导热率表示。导热率是指在单位温度梯度下，单位时间内通过垂直于热流方向单位截面积上的热流量。材料的导热性越差，在加热和冷却时表面和内部的温差越大，内应力越大，越容易发生变形和开裂。金属中，导热性最好的是银，铜和铝次之。

（5）导电性。材料的导电性与材料的电阻密切相关，常用电阻率表示。金属通常具有较好的导电性，其中最好的是银，铜和铝次之。金属具有正的电阻温度系数，即随温度升高，电阻增大。含有杂质或受冷变形会导致金属的电阻上升。

3．金属材料的化学性能

（1）耐蚀性。腐蚀是指材料在外部介质作用下发生逐渐破坏的现象。材料抵抗各种介质腐蚀破坏的能力称为耐蚀性。在金属材料中，碳钢、铸铁的耐蚀性较差，而不锈钢、铝合金、铜合金、钛及其合金耐蚀性较好。

（2）抗氧化性。材料抵抗高温氧化的能力称为抗氧化性。抗氧化的金属材料常在表面形成一层致密的保护性氧化膜，阻碍氧的进一步扩散。

耐蚀性和抗氧化性统称为材料的化学稳定性。高温下的化学稳定性称为热化学稳定性。在高温下工作的设备或零部件，如锅炉、汽轮机和汽车发动机等应选择热化学稳定性高的材料。

4．材料的工艺性能

汽车上大多数零件是采用金属材料制造的，金属材料的工艺性能是指金属材料在加工过程中所表现出来的性能。主要包括铸造性能、锻压性能、焊接性能、热处理性能和切削加工性能等。

（1）铸造性能。金属材料铸造成型获得优质铸件的能力称为铸造性能。金属材料可以通过铸造制成各种零件，如汽车上的曲轴、凸轮轴、气缸体、气缸套、转向器壳体等都是铸造而成的。

铸造性能主要采用流动性、收缩性、偏析性等来评价。液态金属的流动性越好，收缩性越小，成分的偏析越小，其铸造性能越好。在常用的金属材料中，铸造铝合金、灰铸铁和青铜等具有良好的铸造性能。

（2）锻压性能。汽车上约70%的零件是由锻压加工方法制造的，如汽车的车体外板就是冷轧钢板经过压力加工成型的。金属的锻压性能是指金属材料对采用压力加工方法成型的适应能力，是衡量材料通过塑性加工获得优质零件难易程度的工艺性能。锻压性能的优劣常用金属的塑性和变形抗力来综合衡量。塑性越高，变形抗力越小，则该金属的锻压性能越好。低碳钢、铜合金和铝合金在室温状态下就有良好的锻压性能。

（3）焊接性能。金属材料对焊接加工的适应性称为焊接性，也就是在一定的焊接工艺条件下，获得优质焊接接头的难易程度。

（4）热处理性能。金属材料适应各种热处理工艺的性能，称为热处理性能。热处理工艺性包括淬透性、淬硬性、淬火变形开裂倾向、表面氧化脱碳倾向、过热和过烧的敏感倾向及回火脆性倾向等。各种金属材料由于化学成分及内部组织结构的不同，其热处理性能也不同。因此，应根据不同的材料、不同的工件形状，选择不同的热处理工艺，来满足其性能要求。

（5）切削加工性能。切削加工性能是指金属材料接受切削加工的难易程度。一般情况下，金属材料具有适当的硬度（170～230 HBS）和足够的脆性时，对刀具磨损小，切削量大，切屑易于折断脱落，加工表面粗糙度和精度也高。而工件硬度过高时，刀具易磨损，切削加工困难；工件硬度过低时，容易粘刀，且不易断屑，加工后表面粗糙。所以，硬度过高或过低、韧性过大的材料，其切削加工性能较差。

10.2　金属材料及其在汽车上的应用

轻量化与环保是当今汽车材料发展的主要方向，减轻汽车自身质量是减小汽车排放量、提高燃油经济性的最有效措施之一。尽管近阶段钢铁材料仍保持主导地位，但各种材料在汽车上的应用比例正在发生变化，主要变化趋势是高强度钢和超高强度钢、铝合金、镁合金、塑料和复合材料的用量将有较大的增长，铸铁和中、低强度钢的比例将会逐步下降，但载货汽车的用材变化不如轿车明显；轻量化材料技术与汽车产品设计、制造工艺的结合将更为密切，汽车车身结构材料将趋向多材料设计方向。

轻量化材料的应用是实现汽车轻量化的主要途径之一。目前用于汽车轻量化的材料有两类，一类是高强度材料，如高强度钢。另一类是低密度的轻质材料，如铝合金、镁合金、塑料和复合材料。本节将介绍这些材料以及它们在汽车上的应用。

10.2.1　高强度钢

高强度钢是指那些强度、硬度都很高，同时又具有很好的韧性和塑性的合金结构钢。一般强度在200 MPa以上。高强度钢是汽车轻量化同时又保证安全的基础材料，是汽车钢铁材料今后的主要发展方向之一。为了应对来自轻质材料的挑战，钢铁企业将开发的重点放在了高强度材料上，先后开发出了高强度钢（屈服强度大于210MPa）、超高强度钢（屈服强度大于550MPa）和先进的高强度钢（以下统称为高强度钢），取得了良好的轻量化效果。

高强度钢具有较低的屈强比、较好的应变分布能力和较高的应变硬化特性。与铝、镁、复合材料等相比，高强度钢的原料与制造价格较低，经济性较好。目前汽车生产中大量应用高强度钢，以轿车车身高强度钢板应用为例，日本1980年为8.7%，1992年为23.3%。近年来，许多新开发车型的车身高强度钢板应用比例均超过 50%。目前国内生产的高强度钢主要有高强度低合金钢、双相钢、相变诱发塑性钢、马氏体钢、热成型钢、高扩孔钢等。高强度钢在汽车上主要用于制造保险杠、加强板、门、防撞柱、边梁、加强肋、车顶盖、油箱盖板、车身边梁、横梁等，如图10.7所示。

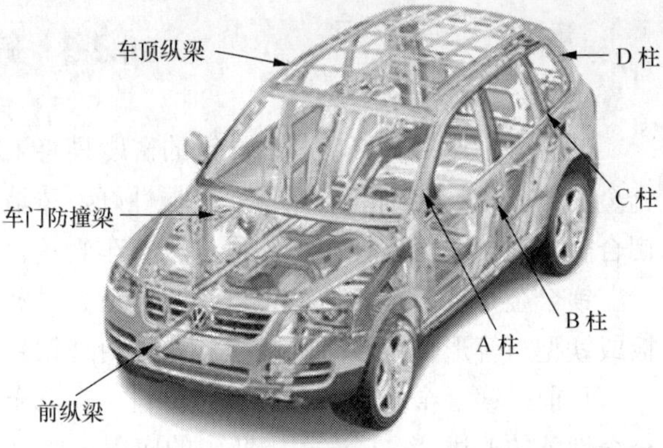

图10.7 汽车常用的高强度钢零部件

10.2.2 铝合金

铝是应用较早且技术日趋成熟的轻量化材料。铝的比重约为钢的 1/3，铝冶炼技术的进步实现了人们让汽车轻装上路的梦想。目前，大量的铸造铝合金已在生产中进行了应用。铝制零件代替钢铁零件如用铸铝代替铸铁制造发动机缸体、缸盖、传动箱壳、水泵壳、前后操纵杆、万向接头等，可使整备质量减轻30%～40%。而目前对于汽车轻量化用的铝合金来说，应该大力发展的是锻铝合金，用于制造悬架支承和商用车的车厢车架。汽车用铝量最大的零部件有车轮、动力系零部件和悬架系零部件（见图10.8），而增长较快的是车身外板、结构件和白车身。铝的另一优点是回收利用率高，几乎90%的汽车用铝都可回收并循环利用。

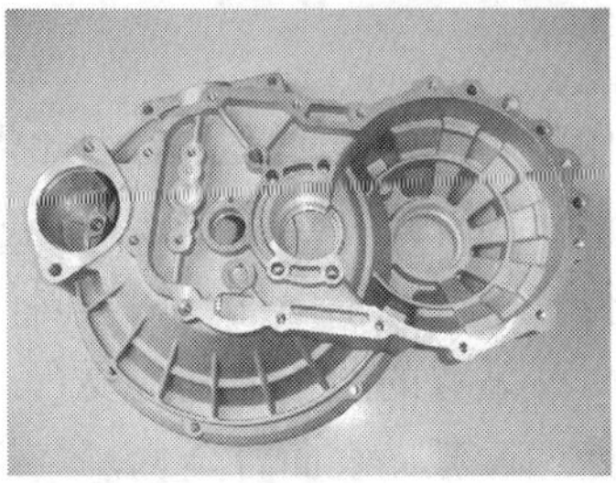

变速器壳体

铝合金车轮

活塞

散热片

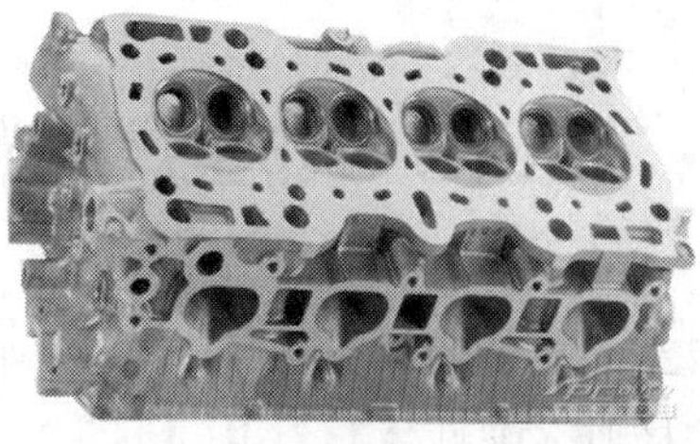

气缸盖

图10.8 汽车常用的铝合金零部件

铝合金也有不足之处，一是承载力与钢相比有差距。因此，未来几年面市的所谓全铝合金轿车，可能仍将装备钢材底盘。二是因为生产技术的局限，其工艺流程复杂，且不易控制，故成本较高。新的汽车铝材开发与应用集中在三个方面，其一，车身全铝化及大型铝合金型材的开发应用；其二，车门刚性结构全铝化；其三，转动部分零部件的全铝化。

10.2.3 镁合金

镁合金是比铝更轻的材料，镁的密度只有 1.74g/cm^3，不到铝密度的 2/3，是铁的 1/4。镁合金的比强度、比刚度高，阻尼减振性好，铸造性能好，易回收利用，承受冲击载荷能力比铝合金大，尺寸稳定性好，因而成为汽车轻量化的首选材料。

镁合金与铝合金相似，可以分为铸造合金和形变合金。在汽车上应用的镁合金除少量镁板或镁型材等形变镁合金外，一般都用铸造镁合金。

目前，镁合金作为汽车轻量化材料，在汽车上的应用明显不如铝合金普遍。但是随着镁合金性能的改进，它在汽车工业中的应用正在逐渐扩大。如汽车发动机中的气缸体、曲轴箱、空气滤清器壳体、进气歧管、风扇叶片等都有用镁合金制造的，如图 10.9 所示。又如汽车底盘中的离合器壳、变速器壳、转向盘柱和转向器壳也有用镁合金制造的。此外，镁合金还可以用于制造车身装饰框、车门铰链、仪表板和挡泥板支架等。

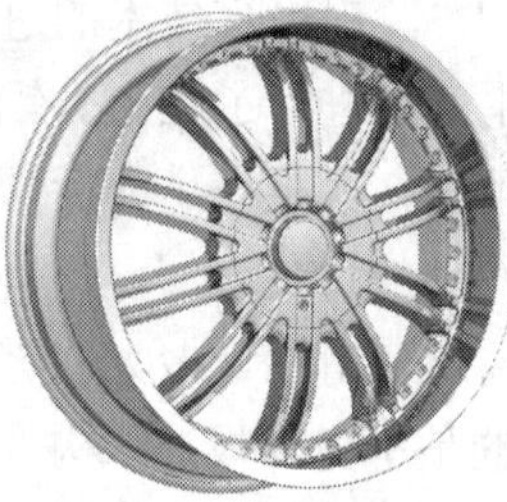
轮毂

离合器壳体

汽车座椅骨架

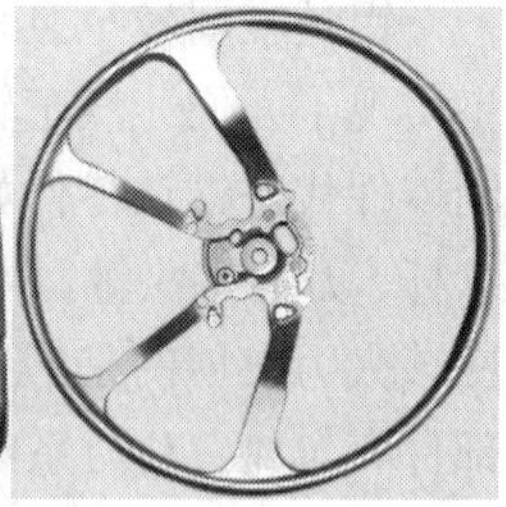
方向盘

图 10.9 汽车常用的镁合金零部件

镁合金存在的主要问题是耐蚀性差，特别是耐电化学腐蚀性能非常差。因此当镁合金部件与钢部件连接在一起时，或者两个镁合金部件使用钢紧固件进行连接时，镁合金部件会加速腐蚀。由于镁合金与铝合金之间的电化学腐蚀要小得多，因此铝垫片、铝紧固件、铝包钢紧固件常用于镁合金。针对提高镁合金的耐蚀性，国内外采取的防护措施主要有：化学转化处理，阳极氧化，微弧氧化，化学镀及电镀，扩散热处理，激光表面合金化，气相沉积，有机涂层等方式。通过工艺攻关和用量的增加，这些问题会逐步克服。

10.3 非金属材料及其在汽车上的应用

用于汽车零部件的非金属材料主要包括高分子材料及陶瓷材料两大类。其中高分子材料中以塑料、橡胶（弹性体）为主。

10.3.1　塑料

1. 塑料的基本组成及特性

塑料是以树脂为主要成分，以增塑剂、填充剂、润滑剂、着色剂等添加剂为辅助成分，加工过程中在一定温度和压力的作用下能流动成型的高分子聚合物（高分子有机材料），是以石油、天然气、煤为基础原料的各种单体通过聚合、树脂黏合、树脂添加、附加缩合等复杂化学反应而生成的高分子材料。

树脂是指受热时通常有熔融范围，受外力作用具有流动性，常温下呈固态或液态的高分子聚合物，它是塑料最基本的，也是最重要的成分，在塑料中的含量一般为 40%～100%。树脂的特性决定塑料的类型和基本性能。塑料的名称往往就是其主要成分树脂的名称。

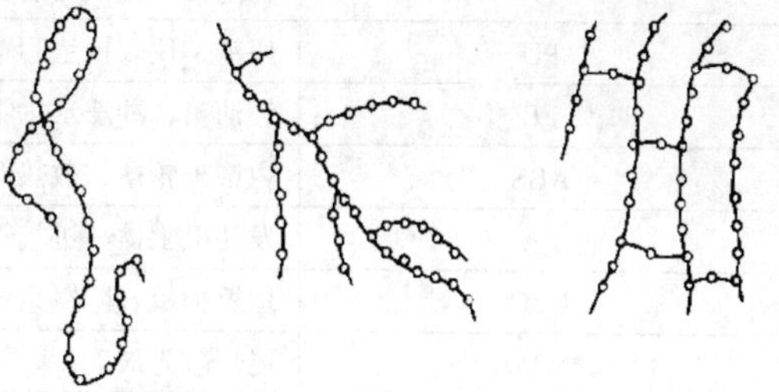
（a）链状结构　（b）树枝状结构　（c）网状结构

图 10.10　高分子物质的结构示意图

按树脂的分子结构和热性能分：塑料可分为热塑性塑料和热固性塑料两类。热塑性塑料指在特定温度范围内能反复加热软化和冷却硬化的塑料，其分子结构是线型或支链线型结构（变化过程可逆）。热固性塑料指在受热或其他条件下能固化成不熔不溶性物质的塑料，其分子结构最终为体型结构（变化过程不可逆）。高分子物质的结构示意图如图 10.10 所示。

通过添加不同的助剂或控制成型工艺，可以使塑料具有质轻、比强度高、优异的电绝缘性能、优良的化学稳定性能、减摩、耐磨、减震、消音性能优良等特性的工程材料，在汽车领域有广泛应用。

目前，塑料在汽车上的应用主要分为 3 类（见图 10.11）：外装件、内饰件和功能结构件。塑料外装件减轻了汽车质量，达到了节能目的；塑料内饰件具有安全、环保、舒适的特征，用可吸收冲击能量和振动能量的弹性体和发泡塑料制造仪表板、座椅、头枕等制品，可减轻碰撞时对人体造成的伤害，提高汽车的安全系数；功能结构件多采用高强度工程塑料，以减轻质量、降低成本、简化工艺，如塑料燃油箱、发动机和底盘上的一些零件等。

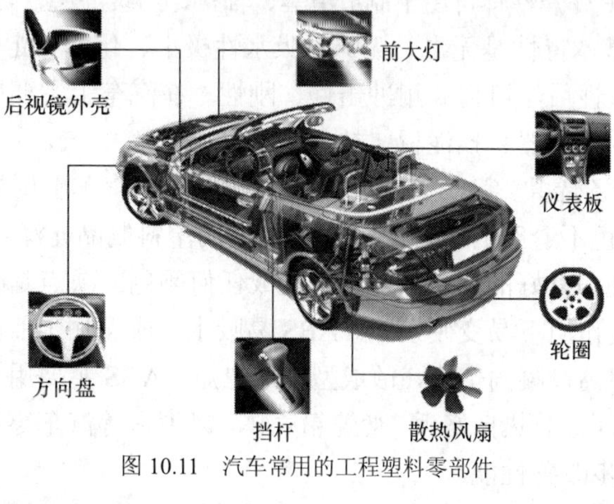

图 10.11　汽车常用的工程塑料零部件

2. 汽车用塑料品种简介

当前，汽车用塑料品种主要包括：聚丙烯（PP）、聚氨酯（PU）、聚乙烯（PE）、丙烯腈-

丁二烯-苯乙烯共聚物（ABS）、聚酰胺（PA）、聚氯乙烯（PVC）、聚甲基丙烯酸甲酯（PMMA）、聚碳酸酯（PC）、聚苯乙烯（PS）、聚甲醛（POM）等，很少使用单一的纯树脂，绝大多数为填充、增强、共混改性后获得性能满意的改性材料以及复合材料。不同塑料在汽车上的应用实例见表 10.1。

表 10.1　不同类型塑料在汽车上的应用

塑料品种	应用实例
PP	保险杠、空气滤清器、壳体、导管、容器、侧遮光板
PU	座垫、仪表板垫和罩盖、车顶棚
PE	燃油箱、冲洗水水箱
ABS	内饰车轮罩、散热器格栅
PA	发动机上盖、进气管、车轮罩、插头
PVC	地板护板、防撞系统、电缆线、绝缘介质、驾驶室内饰
PMMA	尾灯散光玻璃
PC	前大灯散光玻璃、保险杠外包皮、车身覆盖件
PS	仪表外壳、灯罩、电气绝缘材料、接线盒、电池盒
POM	绒夹、杆塞连接件、支撑元件

聚丙烯（PP）是汽车用塑料中增长最快的品种之一。聚丙烯无色、无味、无毒、不吸水，光泽好。具有卓越的介电性能、耐水性、化学稳定性、高频绝缘性能；定向拉伸后抗弯曲疲劳强度特别高；耐热性好。聚丙烯流动性极好，易成型。聚丙烯大量用于生产蓄电池壳、仪表壳、采暖和冷却系统、挡泥板、保险杠等。聚丙烯与 PE、EPDM、SBS 等聚合物进行共混改性或者采用玻璃纤维、碳纤维、碳酸钙、滑石粉、云母等填料进行填充改性，可以改善其冲击性能、刚性、尺寸稳定性、耐热性等，从而进一步扩大了它在汽车领域的应用范围。如制作通风和加热系统零件：电扇叶片、空气过滤器外壳、电动机冷却风扇支架、供暖设备外壳、热风导管、照明灯具外壳、发动机外罩等。

聚氨酯（PU）也是目前汽车上应用最多的塑料之一。由于它可以制成软质、半硬质、硬质的发泡制品和弹性体，广泛用于制作座椅、仪表板、遮阳板、减震器、防撞板、消音器、保险杠、挡泥板、车内地板等。PU 弹性体可用于制造滑套、轴衬、门缓冲层、防尘罩、轴环等零部件。

聚乙烯（PE）的基本特性是无毒、无味、吸水性极小、化学稳定性好、介电性能好等。聚乙烯经云母、玻纤改性后，可提高耐冲击性、刚性。在汽车上主要用作油箱及配套系统，还有挡风玻璃水洗槽、刮水器、挡泥板、扶手骨架等。

丙烯腈-丁二烯-苯乙烯共聚物（ABS）是工程塑料中在汽车上用量最多的品种，它是无毒、无味、微黄色或白色不透明的颗粒。用 ABS 成型的塑料制品光泽较好，尺寸稳定性较好，具有一定的化学稳定性和良好的介电性能，可配成任何颜色。缺点是耐热性不高，不透明，耐气候性差，在紫外线作用下易变硬发脆。ABS 易吸水，成型加工前应进行干燥处理；由于其比热容低，塑化效率高，凝固也快，故成型周期也短。ABS 主要用于制造仪表壳、制冷和采暖系统、工具箱、扶手、散热挡格板、变速箱壳体、风窗框等汽车零部件。ABS 可以与 PA、PC 等进行共混，进一步改善性能。

聚酰胺（PA）通称尼龙（Nylon），是汽车中用量仅次于 ABS 的工程塑料。它有优良的力学性能，抗拉、抗压、耐磨。其结晶性很高，表面硬度大，摩擦系数小，故具有十分突出的耐磨性和自润滑性。缺点是吸水性强，常常因吸水而引起尺寸变化，成型加工前必须进行干燥处理。熔融黏度低，流动性好，容易产生飞边，故模具必须选用最小间隙；热稳定性较差，收缩率较大。PA 品种主要有 PA6、PA66 及其玻纤增强塑料，以及与其他塑料共混制备的合金 PA。PA 可替代黄铜和其他金属，用于制造转向节衬套、各种齿轮、皮带轮等。PA 经玻纤增强后可制作发动机零件等。

聚氯乙烯（PVC）是汽车上应用最早的品种，其树脂为白色或浅黄色粉末。有较好的电气绝缘性能，可以用做低频绝缘材料，其化学稳定性也较好；热稳定性较差，使用温度一般在－15℃～55℃之间。流动性差，过热时极易分解，需加稳定剂和润滑剂，控制成型温度及熔体的滞留时间。成型温度范围小，必须严格控制料温，模具应有冷却装置；模具浇注系统应粗短，浇口截面宜大。它主要用作电线电缆包覆材料、涂布和外装饰材料。随着人们对舒适性要求的日益提高，逐渐使用织物代替人造革，尤其是轿车基本上不用人造革，PVC 用量有下降的趋势。

聚甲基丙烯酸甲酯（PMMA）具有高度的透明性和优异的透光性，它轻而坚韧，容易着色，有较好的电气绝缘性能；化学性能稳定，能耐一般的化学腐蚀；在一般条件下尺寸较稳定。其最大缺点是表面硬度低，容易被硬物擦伤拉毛。为了防止塑件产生气泡、混浊、银丝和发黄等缺陷，原料要干燥；为防止塑件表面出现流动痕迹、熔接痕和气泡等不良现象，一般采用尽可能低的注射速度；模具浇注系统对料流的阻力应尽可能小。它主要用于制造要求具有一定透明度和强度的防震、防爆和观察等方面的零件，如汽车的窗玻璃、车灯灯罩等。

聚碳酸酯（PC）透明度达 90%，被誉为透明金属，几乎无色或呈轻微淡黄色，可以通过注射、挤出成型，无毒性。它目前主要用于车灯玻璃。为了改善 PC 塑料灯罩的耐擦伤性、耐老化性和耐药品性，灯罩表面可涂敷增硬膜。

聚苯乙烯（PS）无色、透明、有光泽、无毒无味，是目前最理想的高频绝缘材料，化学稳定性良好，透明性很好，透光率很高，它的着色能力强，但耐热性低，质地硬而脆，塑件由于内应力而易开裂。它主要用于仪表外壳、灯罩、电气绝缘材料、接线盒、电池盒等。

聚甲醛（POM）有较高的抗拉、抗压性能和突出的耐疲劳强度；尺寸稳定、吸水率小，具有优良的减摩、耐磨性能；能耐扭变，有突出的回弹能力。其缺点是成型收缩率大，在成型温度下的热稳定性较差。特别适合于制作轴承、凸轮、滚轮、辊子、齿轮等耐磨传动零件，还可用于制造汽车仪表盘、汽化器、各种仪器外壳、罩盖、箱体等。

10.3.2 橡胶

1. 车用橡胶概述

橡胶是有机高分子弹性化合物。在很宽的温度（－50℃～150℃）范围内具有优异的弹性，所以又称为弹性体。橡胶按来源可分为天然橡胶和合成橡胶。橡胶虽具有高弹性等一系列优越性能，但还存在许多缺点，如机械强度低、耐老化性差等，必须加入各种配合剂。

橡胶制品的主要原材料是生胶、再生胶以及各种配合剂，有些制品还需要用纤维或金属材料作为骨架材料。橡胶配合剂包括硫化剂、硫化促进剂、防老剂、补强剂等。

橡胶以其优越的弹回性、伸缩性、弯曲性、气密性以及耐油性和各种耐化学药品性等独特性能，在现代汽车上得到了广泛应用。目前，汽车橡胶零部件用的橡胶已达 15 种以上。汽车橡胶弹性体材料已从最初的天然橡胶扩大到热塑性弹性体（TPE），应用遍及汽车发动机、底盘、车身和车轮等各个部位，并且引领着合成材料向更高端领域发展。主要汽车橡胶零部件的分类名称见表 10.2。

表 10.2　　主要汽车橡胶零部件分类名称

分类	产品名称
轮胎类	乘用轮胎、轻卡轮胎、载重轮胎、工程轮胎、工业轮胎、农机轮胎
胶管类胶	刹车胶管、散热胶管、冷却胶管、燃料胶管、增压管、动力转向胶管、空调胶管
胶带类	同步带、多楔带、汽车 V 带
密封条类	车门密封条、车窗密封条、车厢密封条、车盖密封条、顶棚天窗密封条、除尘雨刷条
减震元件类	发动机件：发动机座垫 悬挂件：减震器、橡胶弹簧 车身件：车体支架、保险杆防护件、消声器支座 驱动件：橡胶联轴节、离合器胶件
密封件类	油封、皮碗、O 形环、衬垫、防尘罩、薄膜（膜片）
装饰材料	内装材料：车台垫板、缓冲垫材；外装材料：保险杆、挡泥板、抗撞器
其他	电线、安全气囊

2. 汽车用橡胶品种简介

汽车用橡胶品种主要有天然橡胶（NR）、丁苯橡胶（SBR）、丁腈橡胶（NBR）、氯丁橡胶（CR）、丁基橡胶（IIR）、乙丙橡胶（EPDM）、丙烯酸酯橡胶（ACM）、氯磺化聚乙烯（CSM）、氯醚橡胶（ECO）、氟橡胶（FKM）、硅橡胶、氨酯橡胶等。不同的橡胶品种具有不同的特性，见表 10.3。近年随着耐热性要求的提高，氢化丁腈橡胶（H-NBR）、乙烯-丙烯酸共聚橡胶（AEM）和异丁烯-溴化对甲基乙烯共聚物等耐热性更好的新橡胶也开始得到大量使用，使汽车橡胶制品普遍上了一个档次。

表 10.3　　各种合成橡胶基本因子与一般特性相关表

合成橡胶	简称	基本因子				比重	纯橡胶强度	补强剂配合橡胶强度	反拨弹性	耐老化性	耐油性	耐极性溶剂性	耐寒性	电气绝缘性	耐气体透过性	溶解度指数（SP）
		结晶性 A	极性 B	安定性 C	柔软性 D		A	A.-C	D.-B	C	B	-B	-B.D.-A	-B	B.-D	B
异戊橡胶（天然橡胶）	IR（NR）	3	0	0	4	0.92	◎	◎	◎	△	×	○	○	○	△	8.0
丁苯橡胶	SBR	0	1	1	3	0.94	×	◎	○	□	△	○	□	○	□	8.6
顺丁橡胶	BR	0	0	0	4	0.91	×	○	◎	△	×	○	◎	○	△	8.4
乙丙橡胶	EPDM	0	0	4	3	0.86	×	○	○	◎	×	◎	○	◎	△	7.9

（续表）

合成橡胶	简称	基本因子				比重	纯橡胶强度	补强剂配合橡胶强度	反拨弹性	耐老化性	耐油性	耐极性溶剂性	耐寒性	电气绝缘性	耐气体透过性	溶解度指数（SP）
		结晶性A	极性B	安定性C	柔软性D		A	A.-C	D.-B	C	B	-B	-B.D.-A	-B	B.-D	B
丁基橡胶	IIR	2	0	3	1	0.92	◎	○	×	○	△	◎	□	◎	◎	7.8
硅橡胶	Q（Si）	0	0	4	4	0.95	×	△	◎	◎	□	○	◎	◎	×	7.3
丁腈橡胶	NBR	0	4	1	2	0.98	×	◎	□	□	◎	×	△	×	○	9.6
氯丁橡胶	CR	4	3	2	3	1.23	◎	◎	○	○	○	△	△	△	○	9.2
氯磺化聚乙烯橡胶	CSM	4	3	4	2	1.15	◎	◎	□	◎	○	△	△	□	○	8.9
丙烯酸酯橡胶	ACM	0	4	4	1	1.10	×	△	△	◎	◎	×	×	×	○	9.4
氯醚橡胶	ECO（CHC）	0	4	4	3	1.27	×	□	○	◎	◎	×	□	×	○	9.05
聚氯酯橡胶	U	3	4	3	4	1.16	◎	◎	◎	○	◎	×	□	×	○	10.0
聚硫橡胶	T	0	3	3	1	1.34	×	△	△	○	◎	◎	△	○	◎	9.0
丁二烯（1，2）橡胶	RB	4<	0	3	1	0.91	◎	○	△	○	△	○	×	□	○	8.4
氟橡胶	（FKM）	2	4	4	1	1.82	○	□	□	◎	◎	△	×	△	◎	9.3

注：◎=优；○=良；□=可；△=劣；×=不可

以现今最常见的高性能乘用子午胎为例，整个结构由8个主要部位和15～20个部件组成，每个部位都起着不同的作用，要求不同的特性，使用着不同的橡胶材料，子午轮胎组成部位名称及所用材料如图10.12所示。

天然橡胶（NR）是由异戊二烯链节组成的天然高分子化合物，是用途最广泛的一种通用橡胶。具有良好的物理机械性能和加工性能，大量用于制造非耐油的各种汽车橡胶制品，如各类轮胎，尤其是作为载重（公共）汽车轮胎和减震弹性元件用橡胶。

丁苯橡胶（SBR）是最大的通用合成橡胶品种，也是最早实现工业化生产的橡胶之一。它是丁二烯与苯乙烯的无规共聚物。丁苯橡胶的耐磨性、耐热性、耐油性和耐老化性均比天然橡胶好。丁苯橡胶的缺点是弹性、耐寒性、耐撕裂性和黏着性能均较天然橡胶差，纯胶强度低，滞后损失大，生热高。丁苯橡胶成本低廉，其性能不足之处可以通过与天然橡胶并用或调整配方得到改善，因此，至今仍是用量最大的通用合成橡胶。它可以部分或全部代替天然橡胶，用于制造各种轮胎及其他工业橡胶制品。

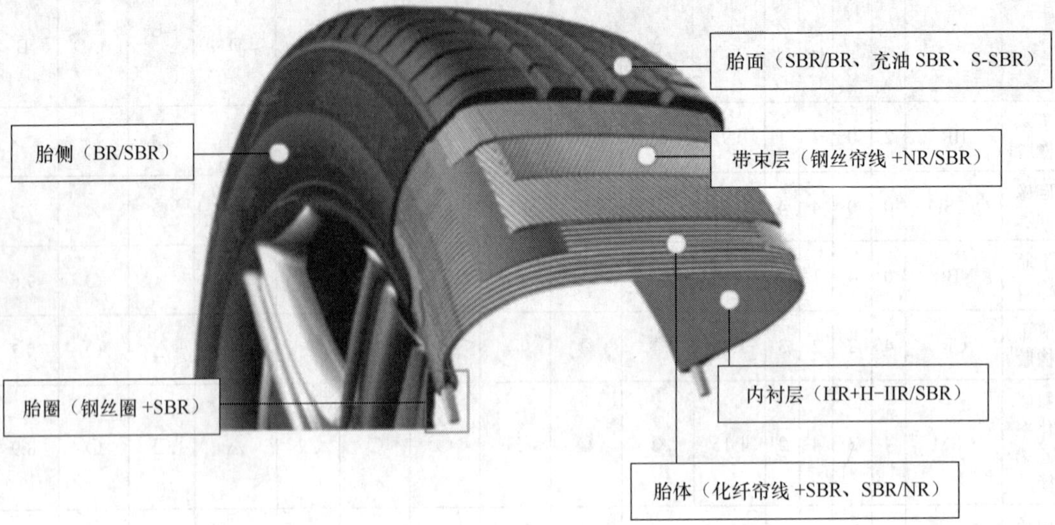

图 10.12　子午轮胎组成部位名称及所用材料

丁腈橡胶（NBR）是以丁二烯和丙烯腈为单体经乳液共聚而制得的高分子弹性体，是以耐油性而著称的特种合成橡胶。NBR 还具有良好的耐水性、气密性及优良的黏结性能，广泛用于制造各种耐油橡胶制品、多种耐油垫圈、垫片、套管、软包装、软胶管、电缆胶材料等，是汽车行业中必不可少的弹性材料。

氯丁橡胶（CR）是 2-氯-1，3-丁二烯聚合而成的一种高分子弹性体。氯丁橡胶具有优异的耐燃性，是通用橡胶中耐燃性最好的。它还具有优良的耐油、耐溶剂、耐老化性能，其耐油性仅次于丁腈橡胶而优于其他通用橡胶。氯丁橡胶具有良好的黏着性、耐水性和气密性，其耐水性是合成橡胶中最好的，气密性比天然橡胶大 5～6 倍。氯丁橡胶的缺点是电绝缘性较差，耐寒性不好，密度大，储存稳定性差。储存过程中易硬化变质。氯丁橡胶广泛用于各种橡胶制品，如耐油、耐化学腐蚀胶管和密封胶条等。

丁基橡胶（IIR）是异丁烯和少量异戊二烯的共聚物，为白色或暗灰色透明弹性体。它是气密性最好的橡胶，其气透率约为天然橡胶的 1/20，顺丁橡胶的 1/30。丁基橡胶的耐热性、耐候性和耐臭氧老化性也很突出。最高使用温度可达 200℃，能长时间曝露于阳光和空气中而不易损坏。其抗臭氧性能比天然橡胶、丁苯橡胶等不饱和橡胶高约 10 倍。丁基橡胶耐化学腐蚀性好，耐酸、碱和极性溶剂。此外，丁基橡胶的电绝缘性和耐电晕性能比一般合成橡胶好。其耐水性能优异，减震性能好，在－30℃～50℃具有良好的减震性能。丁基橡胶主要用于气密性制品。如汽车内胎、无内胎轮胎的气密层等。也广泛用于蒸汽软管、各种耐热耐水密封垫片、电绝缘材料及防震缓冲器材等。

乙丙橡胶（EPDM）是以乙烯、丙烯或乙烯、丙烯及少量非共轭双烯为单体制得的无规共聚物，是一种介于通用橡胶和特种橡胶之间的合成橡胶。乙丙橡胶基本上是一种饱和橡胶，因此具有独特性能。其耐老化性能是通用橡胶中最好的一种。它具有突出的耐臭氧性能，优于以耐老化而著称的丁基橡胶，耐热性好，可在 120℃长期使用，具有较高的弹性和低温性能；其弹性仅次于天然橡胶和顺丁橡胶，最低使用温度可达－50℃以下；具有非常好的电绝缘性和耐电晕性，由于吸水性小，浸水后电气性能变化很小。乙丙橡胶耐化学腐蚀性较好，对酸、碱和极性溶剂有较大的抗耐性。此外，还具有较好的耐蒸气性、低密度和高填充性。乙丙橡胶的缺点是耐燃性、耐油性和气密性差，因而限制了它的应用。乙丙橡胶主要用于汽车轮胎胎侧、内胎及散热器胶管、电缆绝缘材料、垫片等。

热塑性弹性体（TPE）在常温下呈现橡胶弹性，具有价格低、密度小、弹性模量高、低温抗冲击性能好、流动性好、易加工和可重复使用等特点，目前已在汽车外装件中得到了广泛应用。2002 年，全世界聚烯烃热塑性弹性体在汽车的用量约 567.5kt，其中 92%用于汽车外装饰件。新一代聚烯烃热塑性弹性体，用于汽车保险杠，可使保险杠壁厚由 3.5mm 减至 2.5mm 保险杠质量减轻 31%，成型周期缩短 15s。此外，低温抗冲击性能、耐化学药品性和涂装性也较优越。在汽车车身外板开发方面，已开发出尺寸稳定的聚烯烃热塑性弹性体配混料，解决其热膨胀问题，使聚烯烃热塑性弹性体能用于车身外板。

10.3.3 其他非金属材料

用于汽车零部件的非金属材料还包括陶瓷材料。迄今为止，已经在汽车上实际使用的陶瓷部件约有 30 余种，包括结构陶瓷和功能陶瓷。结构陶瓷主要用于汽车发动机中，功能陶瓷主要用于汽车的电子技术系统。

结构陶瓷是一类具有独特的力学和热学性能的无机非金属材料，它高温强度高、蠕变小、耐磨损、耐腐蚀、热导低而且重量轻。用耐高温的结构陶瓷取代金属制造发动机的燃烧室部件，可以减少或取消冷却，使发动机在较高的温度下运行，从而较大幅度地提高热机效率、降低燃料消耗，故结构陶瓷广泛用于发动机和热交换零件的制造。陶瓷耐腐蚀性强，在高温下有良好的热稳定性，可以用作汽油机点火系统的火花塞的基体。在汽车上应用的结构陶瓷部件见表 10.4。

表 10.4 在汽车上应用的结构陶瓷部件

柴油机用	
电热塞•	预热室•
活塞顶	气缸盖
缸套上圈	
柴油机和汽油机用	
水泵密封环•	涡轮增压器转子
摇臂镶块•	活塞环
气门弹簧座	活塞销
进、排气门	喷油嘴针阀
气门座	排气管衬里•
气门导管	排气净化器衬里•
凸轮、挺杆	烟气过滤器

注：•表示已达到实用化并投入生产。

功能陶瓷是一类具有独特的电学、光学、声学和磁学性能的无机非金属材料，在汽车中主要用以制作各种传感器、加热器和过流保护器（见表 10.5）。

表 10.5 在汽车上应用的功能陶瓷部件

氧传感器	雨滴传感器
点燃定时传感器	结露传感器
爆燃传感器	后方障碍传感器
冷却水温传感器	路面传感器
吸入空气温度传感器	防撞击传感器
油温传感器	曲柄角/转速传感器
油位传感器	超速报警蜂鸣器
排气温度传感器	
燃油加热器	冷却风机过流保护器
混合气加热器	空调风机过流保护器
车用取暖器	清扫玻璃马达保护器
驾驶盘暖手器	自动限流电阻器
集成电路封装	

此外，用 Al-Si 合金短纤维和陶瓷复合材料制成排气管骨架，再浇注熔化的铝液制成排气管。采用该排气管可使排气净化效果提高 2 倍，大大降低了排气污染。

第 11 章 汽车零部件成型技术

11.1 金属材料成型技术

11.1.1 铸造

液态材料成型技术通常称之为铸造，它是指熔炼金属，制造铸型并将熔融金属浇入铸型凝固后，获得具有一定形状、尺寸和性能的金属零件或毛坯的成型方法，其主要工序如图 11.1 所示。

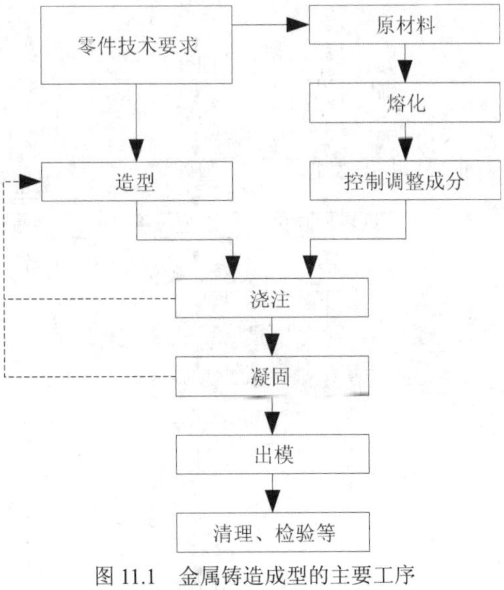

图 11.1 金属铸造成型的主要工序

铸造具有投资小、生产周期短、技术过程灵活性大、能制造形状复杂的零件等优点。然而铸件存在内部组织疏松、晶粒粗大等问题，易产生缩孔、缩松、气孔；铸件外部易产生粘砂、夹砂、砂眼铸造等缺陷。与同样材料的锻件相比，铸件的力学性能低，特别是冲击韧性差。此外，由于铸造工序多、难以精确控制，使铸件品质不够稳定。

铸造是制造零件毛坯常用的一种生产工艺，被广泛应用于机械制造、矿山冶金、交通运输、石化通用设备、农业机械、能源、轻工纺织、土建工程、电力电子、航天航空、国防军工等领域。在各类机械工业中，铸件所占比重很大（见表 11.1）。

表 11.1　　各类机械工业中铸件质量占比

机械类型	占比/%
机床、内燃机、重型机器	70～90
风机、压缩机	60～80
拖拉机	50～70
农业机械	40～70
汽车	20～30

目前铸造成型技术的方法种类繁多。按生产方法可分为砂型铸造和特种铸造。

1. 砂型铸造

以型（芯）砂为主要造型材料制备铸型的铸造技术方法叫砂型铸造。砂型铸造在铸造生产中所占比重极大。世界各国使用砂型铸造生产的铸件约占铸件总产量的 80%～90%。砂型铸造的适应性广，技术灵活性大，不受零件的形状、大小、复杂程度及金属合金种类的限制。砂型铸造生产准备较简单。但生产的铸件的尺寸精度较差且表面粗糙度高；铸件的内部品质也较低；在生产一些特殊零件（如管件、薄壁件）时，技术经济指标较低。砂型铸造的技术流程如图 11.2 所示。

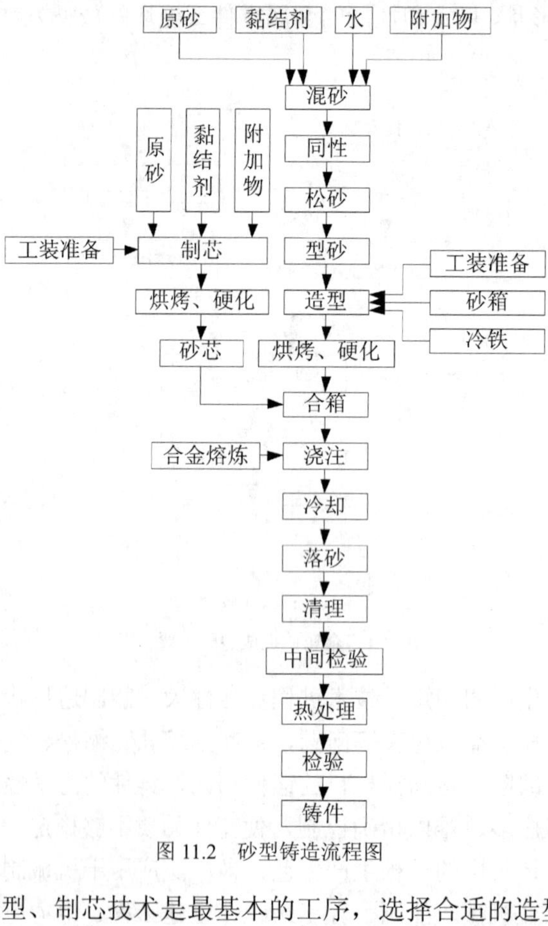

图 11.2　砂型铸造流程图

在砂型铸造中，造型、制芯技术是最基本的工序，选择合适的造型、制芯方法和正确地进行造型、制芯操作对提高铸件品质、降低生产成本、提高生产率都有十分重要的意义。其按照紧实型砂和起模方法的不同可分为手工造型（手工造芯）和机器造型（机器造芯）两大类。

（1）手工造型。手工造型是指全部用手工或手动工具完成紧砂、起模、修整、合箱等主要操作的造型、制芯过程。常用的手工造型方法有两箱造型、三箱造型、脱箱造型、刮板造型、地坑造型等，如图 11.3 所示。常用的手工造型方法的主要特点和适用范围见表 11.2。

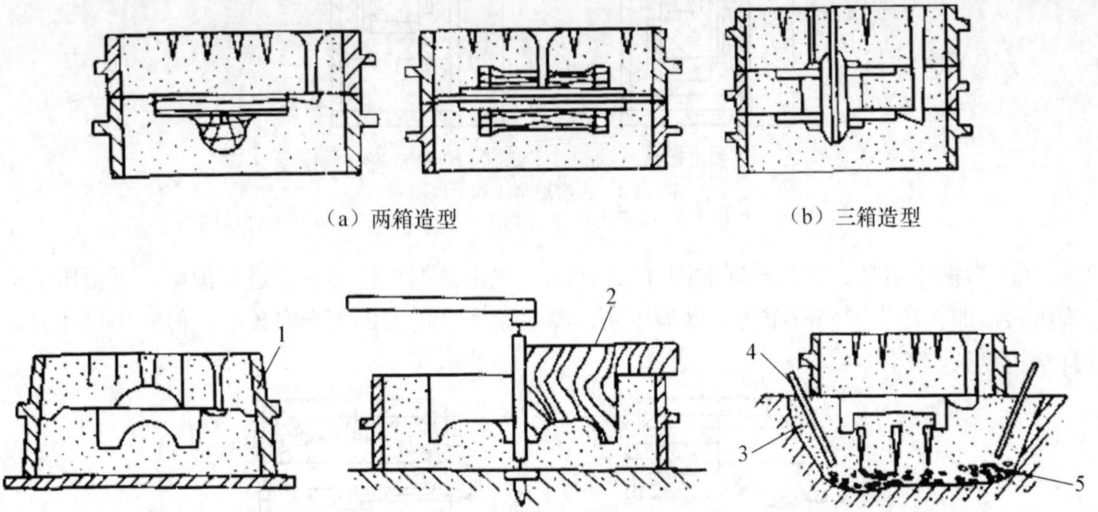

（a）两箱造型　（b）三箱造型　（c）脱箱造型　（d）刮板造型　（e）地坑造型

图 11.3　常用的手工造型方法

1—加固用套箱　2—刮板　3—地坑　4—排气管　5—焦炭

表 11.2　常用的手工造型方法的主要特点和适用范围

造型方法	主 要 特 点	适 应 范 围
两箱造型	用两个砂箱制造砂型。可采用多种模样（整体模、分块模、刮板模等）和多种造型方法（挖砂、假箱等），操作一般较简便	单件或批量生产各种尺寸的铸件，是最基本的造型方法
多箱造型	用三个或以上砂箱制造砂型，须采用分块模，操作费工，生产效率低	单件、小批生产需两个以上分型面的铸件或高大、复杂的铸件
脱箱造型	在可脱砂型内造型，合型后脱去砂箱。操作简便灵活，生产效率高，适应性较强	单件或批量生产湿型铸造的中、小型铸件，在手工造型和机器造型中均可采用
刮板造型	不用模样或芯盒而用刮板造型，可节省制造模样的材料和工时，但操作技术要求高，生产效率低，铸件精度低	单件、小批量生产等截面或回转体类的大、中型铸件
地坑造型	在砂坑或地坑中制造下型，可省去下砂箱，也可不用上型，但技术要求高，生产效率低	单件生产大、中型铸件

（2）机器造型。机器造型是指用机器全部完成或至少完成紧砂操作的造型工序，常用的机器造型方法有振实造型、微振实造型、高压造型、抛砂造型、气冲造型等。

① 振实造型。紧砂过程如图 11.4 所示，压缩空气驱动振击活塞带动工作台及砂箱往复运动时与机体发生撞击，先使砂箱底部型砂紧实，再对顶部型砂补充压实。紧砂完毕，起模机构将砂箱平稳顶起，完成起模。振实造型机主要用于生产中、小型铸件，目前在我国应用较普遍。

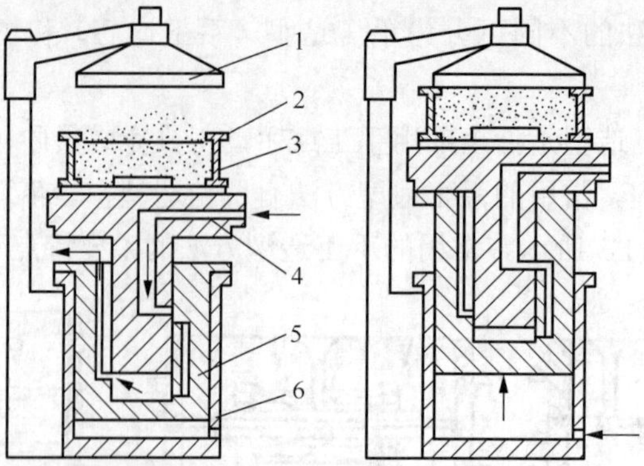

（a）振击紧实　　（b）补充压实

图 11.4　振实造型工作原理图

1—压头　2—模板　3—砂箱　4—振击活塞　5—振击气缸　6—压实气缸

② 微振压造型。紧砂原理如图 11.5 所示，先由微振机构对型砂进行预振，再由压实机构压振，即在压实的同时振实。微振压实造型机紧实度均匀，生产率较高。但噪声仍较大，且结构复杂。

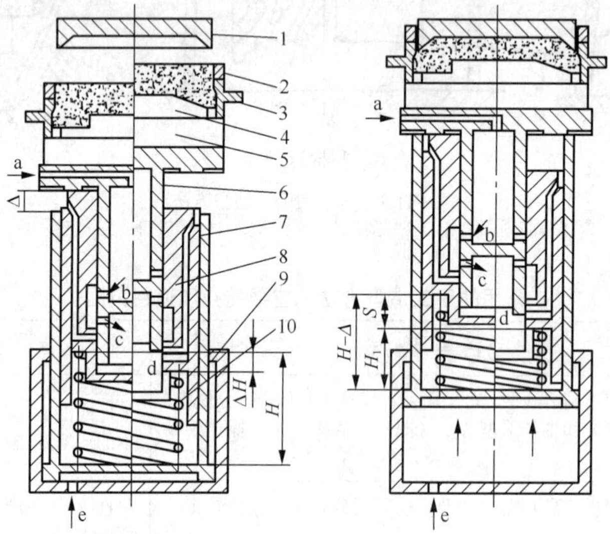

（a）预振　　（b）压振

图 11.5　微振压造型工作原理图

1—压头　2—辅助框　3—砂箱　4—模板　5—模板框　6—振击活塞（工作台）

7—压实活塞　8—振击缸（振铁）　9—压实缸　10—弹簧

i. 预振。如图 11.5（a）所示，压缩空气由孔 a→b→c 进入振击缸，使振击活塞、工作台上升，同时使振击缸和弹簧下降 Δ，进气孔 b 关闭，排气孔 d 打开，工作台等靠自重下落，振击缸则在弹簧作用下上升，并相互碰撞，完成一次振击，如此循环往复。

ii. 压振。如图 11.5（b）所示，压缩空气由孔 e 进入压实缸，使压实活塞、工作台上升，型砂被压头压实。当压缩空气由孔 a→b→c 进入振击缸时，工作台已被压紧不动，只能迫使振铁下降 S 距离，进气孔 b 关闭，排气孔 d 打开，振铁则在弹簧作用下上升，与工作台碰撞，完成一次振击，如此循环往复，从而获得边压边振的紧实效果。型砂紧实后，由起模机构完成起模工序。

iii. 高压造型。压实比压（砂型单位面积上承受的压实力）大于 0.7MPa 的机器造型称为高压造型。与微振压实造型的区别在于比压高，并采用多触头压头（图 11.6）。造型时，先起动微振机构进行预振，然后，多触头压头进入砂箱，每个小压头由独立的油压驱动，行程可随模样高度调节，以使型砂紧实度均匀，随后从压实孔通入高压油进行压振，即压实的同时进行微振，使型砂进一步紧实。多触头高压造型生产率高，噪音小，铸件尺寸精度高，表面品质好。但设备结构复杂，对技术装备及维修保养要求高，投资大，仅用于生产批量大的自动化造型生产线。

iv. 抛砂造型。如图 11.7 所示，型砂从抛砂头上部进入，被抛砂头内部的叶片接住并随之旋转，由弧板导向并挤压成团，到抛砂头下面出口，砂团脱离弧板，由于离心力、惯性力的作用，以很高的速度向外飞出，填入砂箱，在填砂的同时完成型砂的紧实。

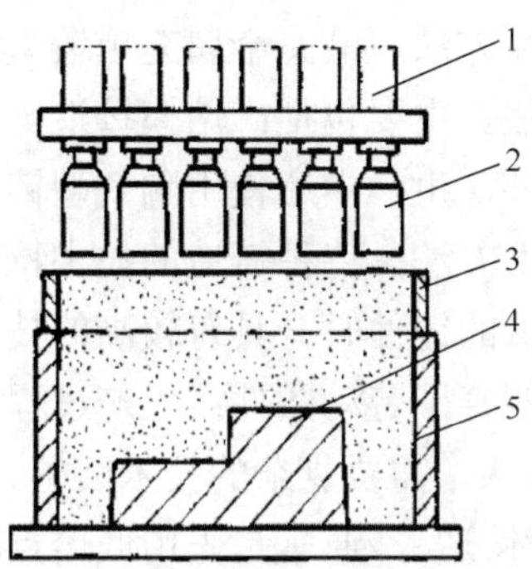

（a）加压前　　（b）加压后

图 11.6　高压多触头造型工作原理图

1—小液压缸　2—多触头　3—辅助框　4—模样　5—砂箱

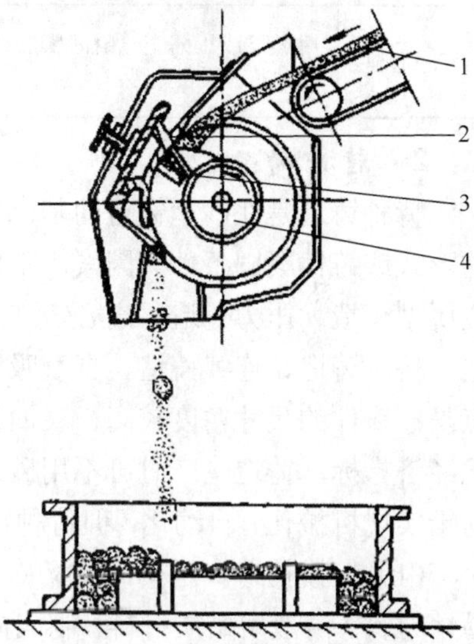

图 11.7　抛砂造型工作原理图

1—送砂胶带　2—弧板　3—叶片　4—抛砂头转子

抛砂造型时，填砂与实砂同时进行，紧实度在砂箱高度上均匀，工作噪声小，抛砂头可以在一定范围内移动，所以抛砂机适宜于造大的砂型。

v. 气冲造型。如图 11.8 所示，先将型砂填入砂箱及辅助框中，并压紧在气冲阀喷孔下面，然后迅速打开冲击阀，砂箱顶部空腔气压迅速提高，产生冲击作用，将型砂紧实。

机器造型生产效率高，劳动条件好，铸件精度高，表面品质好；但设备投资较大，对产品变换的适应性较差。机器造型是现代铸造生产的主要造型方式，适用于成批、大量生产各类铸件。常用的机器造型方法的主要特点和适用范围见表 11.3。

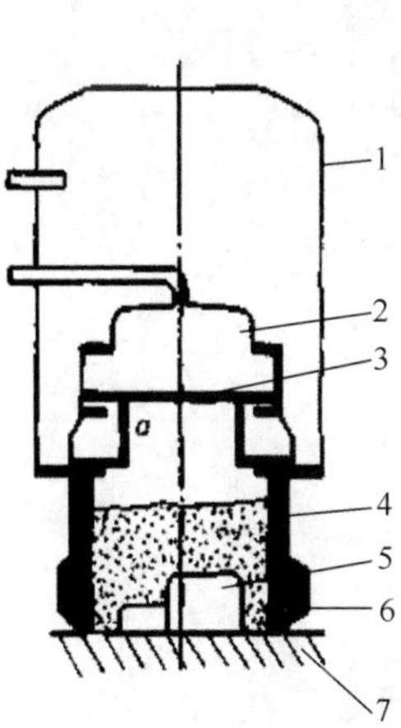

图 11.8　气冲造型的工作原理图

1—压缩空气包　2—气冲阀　3—阀盘　4—辅助框　5—模板　6—砂箱　7—升降夹紧机构

表 11.3　常用的机器造型方法的原理、主要特点和适用范围

造型方法	原理	主要特点和适用范围
振压造型	先以机械振击紧实型砂，再用较低的比压（0.15～0.4MPa）压实	设备结构简单，造价低，效率较高，紧实度较均匀；但紧实度较低，噪声大。适用于成批大量生产中、小型铸件
微振压实造型	在高频率、小振幅振动下，利用型砂的惯性紧实作用并同时或随后加压紧实型砂	砂型紧实度较高且均匀，频率较高，能适应各种形状的铸件，对地基要求较低；但机器微振部分磨损较快，噪声较大。适用于成批、大量生产各类铸件
高压造型	用较高的比压（0.7～1.5MPa）紧实型砂	砂型紧实度高，铸件精度高、表面光洁；效率高，劳动条件好，易于实现自动化；但设备造价高，维护保养要求高。适用于成批、大量生产中、小型铸件
抛砂造型	利用离心力抛出型砂，使型砂在惯性力作用下完成填砂和紧实	砂型紧实度较均匀，不要求专用模板和砂箱，噪声小，但生产率较低，操作技术要求高，适用于单件、小批生产中、大型铸件
气冲造型	用燃气或压缩空气瞬间膨胀所产生的冲击波紧实型砂	砂型紧实度高，铸件精度高；设备结构较简单，易维修且能耗低，散落砂少，噪声小。适用于成批、大量生产中、小型铸件，尤其适于形状较复杂的铸件

2. 特种铸造

特种铸造是在砂型铸造的基础上，通过改变铸型的材料、浇注方法、液态金属充填铸型的形式或铸件凝固条件等因素，形成的有别于砂型铸造的技术方法。主要包括：熔模铸造、金属型铸造、压力铸造、离心铸造、低压铸造、实型铸造等。此外，生产中还使用陶瓷型铸造、挤压铸造、连续铸造、真空吸铸、半固态铸造等多种铸造技术方法。特种铸造的技术特点是：铸件的尺寸精度较高、表面粗糙度低。在生产一些结构特殊的铸件时，具有较高的技术经济指标，铸造生产时可不用砂或少用砂，降低了材料消耗，改善了劳动条件；生产过程易于实现机械化、自动化。但特种铸造适应性差，生产准备工作量大，需要复杂的技术装备。

（1）熔模铸造。熔模铸造又称“失蜡铸造”，亦称“熔模精密铸造”，通常是先用低熔点易熔材料（一般用蜡质材料）制成模样，再在蜡模表面涂上数层耐火材料，待其硬化干燥后，将其中的蜡模熔失制成无分型面的铸型型壳，再经焙烧后进行浇注，获得铸件。熔模铸造技术流程主要由蜡模制作、铸型型壳的制取、金属浇注、铸件清理四个过程组成，如图 11.9 所示。熔模铸造适用于各种铸造合金，尤其是高熔点、难加工的高合金钢（如耐热合金、不锈钢等）的小型铸件的成批、大量生产。

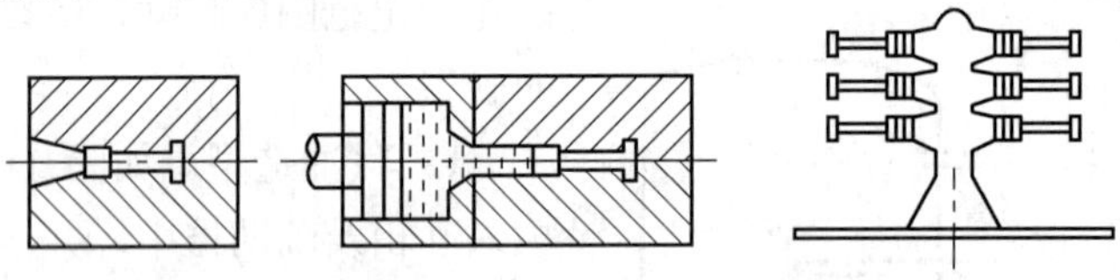
（a）压型　（b）压制蜡模　（c）焊蜡模组

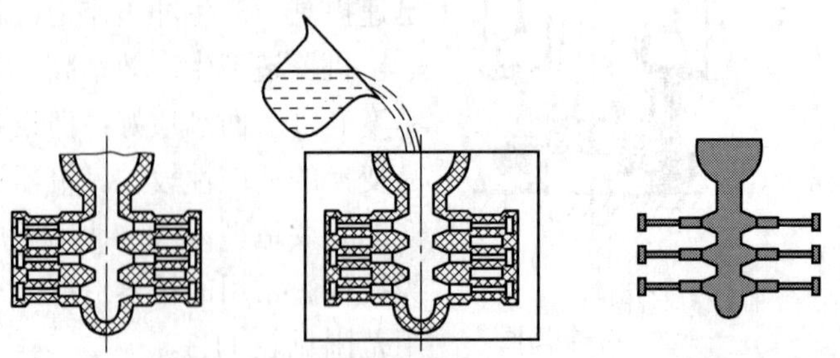
（d）结壳、脱模　（e）浇注　（f）带有浇注系统的铸件

图 11.9　熔模铸造技术流程

（2）金属型铸造。金属型铸造又称硬模铸造、永久型铸造，它是利用重力浇注法将液态金属浇入金属铸型中，并在重力下结晶凝固而生产铸件的铸造方法。金属型多采用铸铁制成，其中应用最多的是灰铸铁。铸件性能要求高时，也可采用合金铸铁、碳钢或低合金钢。金属型可分为整体型、水平分型、垂直分型和综合分型等四种类型，如图 11.10 所示。金属型无透气性，故其上部应开设出气冒口，分型面上应开设排气道，难以排气的部分应增设出气孔或通气塞。与砂型铸造相比较，金属型铸件的力学性能较高；铸件的尺寸精度高和表面粗糙度较低，铸件品质和尺寸较稳定，能节约金属，降低切削加工量；易于实现机械化、自动化，一型多铸、生产率高、适用于大批大量生产；不用型砂或少用型砂，环境污染状况减小，工作条件改善。但金属型铸造的生产周期长；金属型制造成本高；金属型几乎无退让性、透气性也非常差，散热快，铸件易造成浇不足、开裂、气孔、白口等缺陷。金属型铸造不宜铸造结构复杂、薄壁或大型铸件；用于铸钢、铸铁等熔点较高的合金时，铸型寿命短；灰铸铁件铸造时还易产生白口组织。金属型铸造主要用于成批、大量生产铝合金、铜合金等非铁合金的中、小型铸件，如活塞、缸体、液压泵壳体、轴瓦和轴套等。

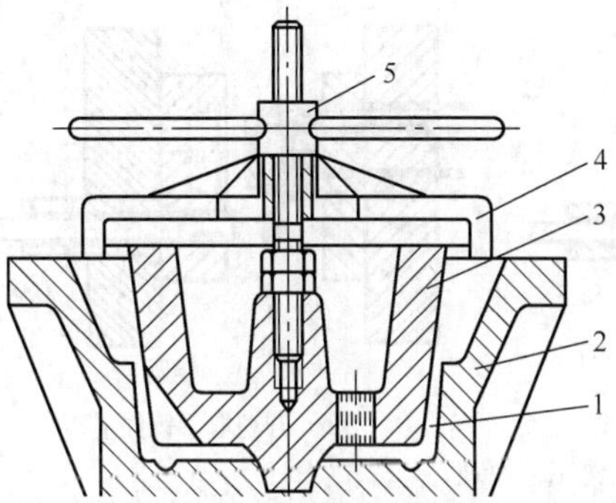

（a）整体金属型

1—铸件　2—金属型　3—型芯
4—支架　5—扳手

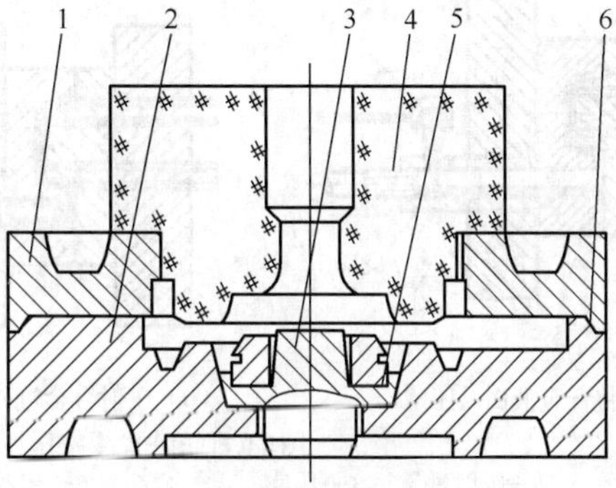

（b）水平分型金属型

1—上半型　2—下半型　3—型块
4—砂芯　5—镶件　6—定位止口

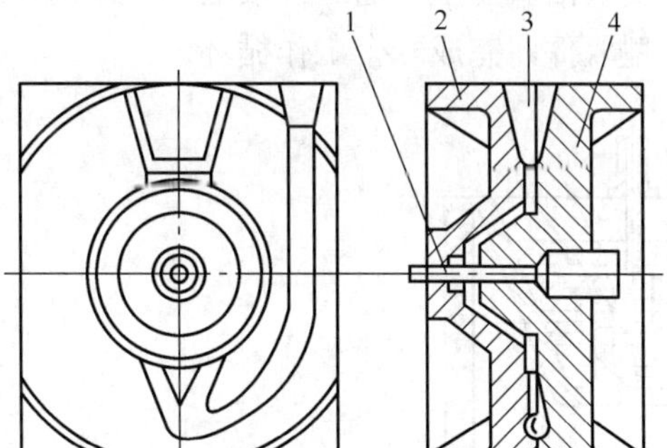

（c）垂直分型金属型

1—金属型芯　2—左半型
3—冒口　4—右半型

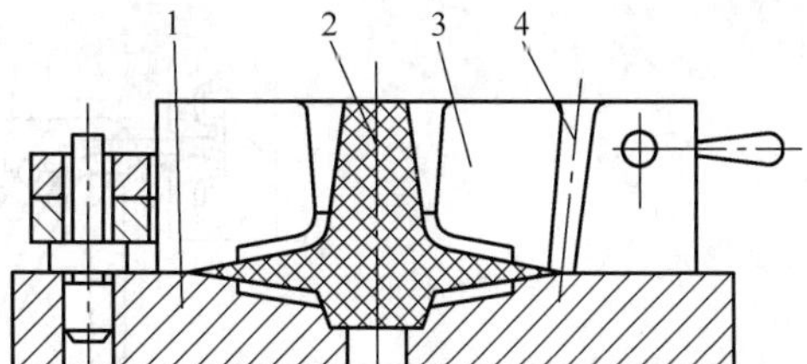

（d）综合分型金属型

1—底板　2—砂芯
3—上半型　4—浇注系统

图 11.10　金属型的类型

（3）压力铸造。压力铸造（简称压铸）是在高压作用下，将液态或半液态金属以高的速度压入铸型型腔，并在高压下凝固成型而获得轮廓清晰、尺寸精确铸件的一种成型方法。高压和高速是压铸的两大特点，也是其区别于其他铸造方法的基本特征。压铸压力通常在 20～200MPa，充填速度为 0.5～70m/s，充填时间很短，一般为 0.01～0.2s。压铸可以制备薄壁、形状复杂，但轮廓清晰的铸件；可生产高精度、尺寸稳定性好、加工余量少及高光洁度的铸件；铸件组织致密，具有较好的力学性能；生产效率高，容易实现机械化和自动化操作，生产周期短；采用镶铸法可以省去装配工序并简化制造工艺；铸件表面可进行涂覆处理等优点。压铸存在压铸件常有气孔及氧化夹杂物存在；压铸机和压铸模具费用昂贵，压铸机效率高，不适合小批量生产；压铸件尺寸受到限制和压铸合金种类受到限制等不足。压铸件应用范围和领域十分广泛，几乎涉及所有工业部门，如交通运输领域的汽车、造船、摩托车工业；电子领域中计算机、通信器材、电气仪表工业；机械制造领域的机床、纺织、建筑、农机工业；国防工业；医疗器械；家用电器以及日用五金等均有应用。压铸分为冷室压铸机和热室压铸机。

① 卧式冷室压铸机。卧式冷室压铸机的压铸工艺原理如图 11.11 所示。动型和定型合型后，金属液浇入压室，压射冲头向前推进，将金属液经浇道压入型腔冷却凝固成型。开型时，余料借助压射冲头前伸的动作离开压射室，和铸件一起贴合在动型上，随后顶出取件，完成一个工作循环。

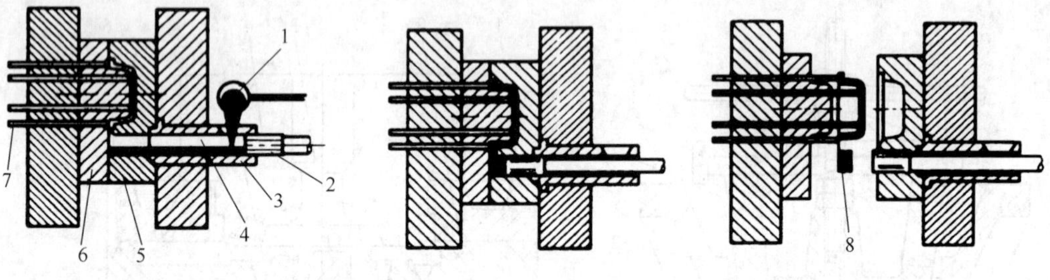

（a）浇勺将合金液倒入压室　（b）压射合金进入型腔　（c）开型取下铸件

图 11.11　卧式冷室压铸机上压铸工艺原理

1—浇勺　2—压射冲头　3—压室　4 一合金　5—定型　6—动型　7—顶杆机构　8—浇注余料和铸件

② 热压室压铸机。热压室压铸机的压铸工艺原理如图 11.12 所示。压射坩埚内的金属液通过进料口进入压室。合型后压射冲头下压，金属液沿着压室、通道经喷嘴与浇道进入压铸型。保压冷却凝固成型，压射冲头回升，随后开型取件，完成一个工作循环。

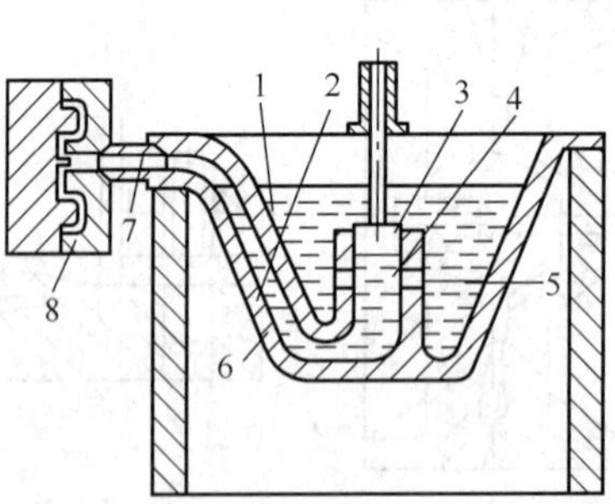

图 11.12　热压室压铸机上的压铸工艺原理

1—液态金属　2—坩埚　3—压射冲头　4—压室　5—进料口　6—通道　7—喷嘴　8—压铸型

（4）低压铸造。低压铸造是将保温炉中的液态金属在 0.02～0.07MPa 的气体压力作用下通过升液管由下而上地充填铸型型腔，在压力下结晶凝固而获得铸件的铸造方法。低压铸造技术过程的基本原理如图 11.13 所示。低压铸造金属液填充平稳，夹杂和气孔少，铸件废品率低；利于提高金属液的充型能力，且充型压力和速度可调；铸件形状可较复杂，精度较高；

在压力下结晶和补缩，铸件组织致密、力学性能高；无需冒口，金属利用率高（一般在 90% 以上）；劳动条件较好。但升液管寿命短，金属液在保温时易氧化且生产效率低于压铸。

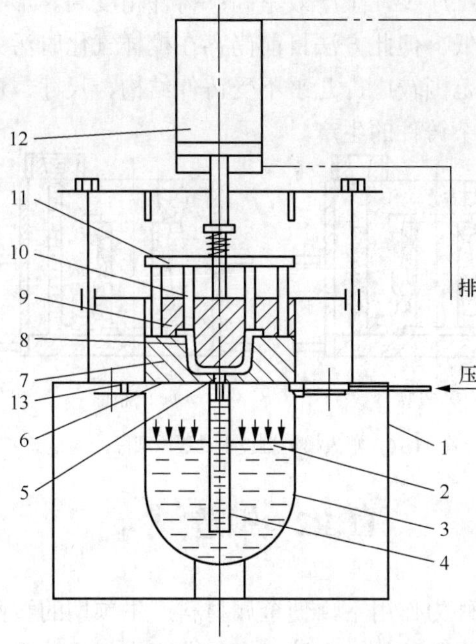

图 11.13　低压铸造技术过程基本原理图

1—保温炉　2—液态金属　3—坩埚　4—升液管　5—浇口　6—密封盖　7—下型　8—型腔　9—上型　10—顶杆　11—顶杆板　12—气缸　13—石棉密封垫

（5）离心铸造。离心铸造是将液态金属浇入旋转的铸型中，使液态金属在离心力的作用下充填铸型结晶凝固而获得铸件的铸造方法。根据铸型旋转轴在空间的位置有立式离心铸造机和卧式离心铸造机两种类型，如图 11.14 和图 11.15 所示。离心铸造使金属液在离心力作用下由外表面向内表面顺序凝固，易于补缩，且渣粒、砂子和气体等易向内表面浮动，铸件组织致密，内部不易产生缩孔、缩松、夹杂物、气孔等铸造缺陷，力学性能好。生产管状、筒状铸件时，采用离心铸造可不用型芯，技术简化，生产率较高。此方法还便于生产双金属铸件，如钢背铜轴瓦（套）、外层为白口铁的铸铁轧辊等。但离心铸造件易形成成分偏析，内表面粗糙且尺寸不易控制，离心铸造设备的投资也较大。

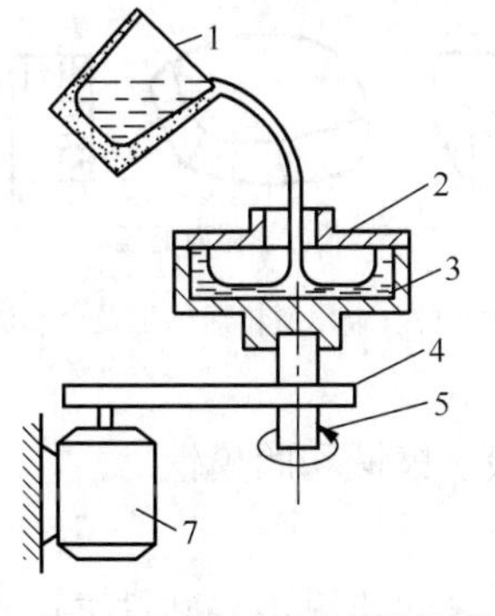

图 11.14　立式离心铸造机铸造过程原理图

1—浇包　2—铸型　3—液态金属　4—皮带轮和皮带　5—旋转轴　6—铸件　7—电机

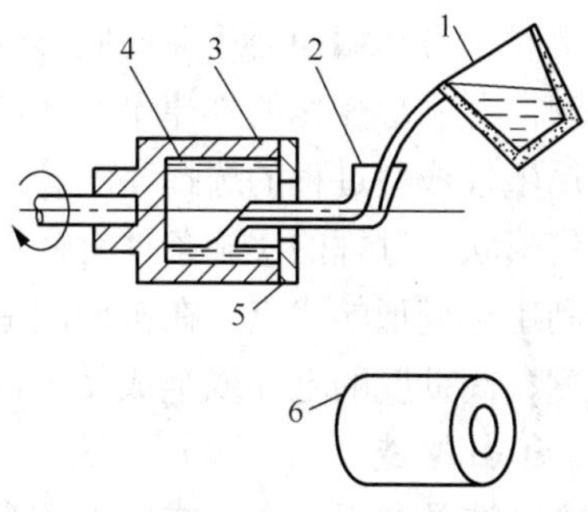

图 11.15　卧式离心铸造机铸造过程原理图

1—浇包　2—浇注槽　3—铸型　4—液态金属　5—端盖　6—铸件

（6）消失模铸造。消失模铸造又称实型铸造，是用泡沫塑料模制造铸型后不取出模样，浇注金属时模样气化消失获得铸件的铸造方法。图 11.16 所示为消失模铸造技术过程原理图。消失模铸造不必起模和修型，工序少，生产效率高；铸件精度高、形状可较复杂；可采用无黏结剂的干砂造型，劳动强度低。但此方法目前尚存在模样气化时污染环境、铸钢件表层易增碳等问题。消失模铸造应用范围较广，几乎不受铸件结构、尺寸、质量、批量和合金种类的限制，特别适用于形状较复杂铸件的生产。

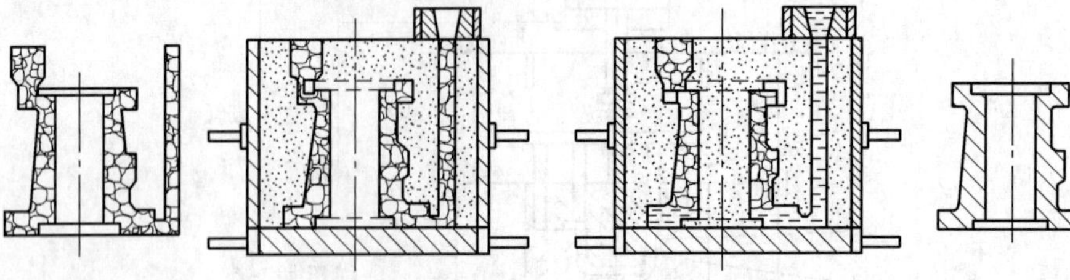

（a）泡沫塑料模　（b）铸型　（c）浇注　（d）铸件

图 11.16　消失模铸造技术过程原理图

11.1.2　锻造

金属固态塑性成型是指在外力作用下，使金属材料产生预期的塑性变形，以获得所需形状、尺寸和力学性能的毛坯或零件的加工方法。在工业生产中又称压力加工。

金属成型过程通过改变固态金属原有的形状和尺寸而得到所需的形状和尺寸，因而金属成型过程的原理属质量不变的“固态成型”（即体积不变定律）。任何固态材料本身具有一定的形状和大小，固态成型就是要改变固体原来的形状和大小，从而获得预期的形状和尺寸。金属在塑性变形过程中，其质点都将沿着阻力最小的方向移动（即最小阻力定律）。在锻造过程中，应用最小阻力定律可以预先判断变形金属的截面变化和提高效率。例如，镦粗圆形截面毛坯时，金属质点沿半径方向移动，镦粗后仍为圆形截面，镦粗正方形截面毛坯时，以对角线划分的各区里的金属质点都垂直于周边向外移动，这就不难理解为什么锻造时正方形截面会逐渐向圆形变化、长方形截面会逐渐向椭圆形变化的规律了，如图 11.17 所示。

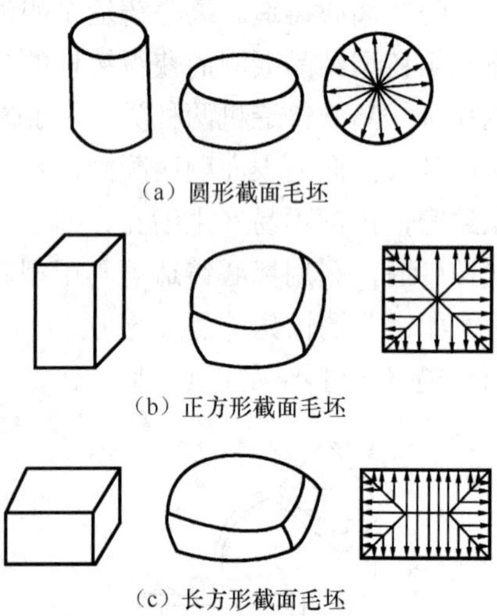

（a）圆形截面毛坯

（b）正方形截面毛坯

（c）长方形截面毛坯

图 11.17　金属镦粗后外形及金属流向

金属塑性成型过程的选择和实施，与材料、成型件的几何形状、过程的实施条件有密切关系。锻造方法充分利用热变形的优点，在机械制造中用来生产各类高强度、高韧度的毛坯或半成品。常用的锻造方法有自由锻、模锻和胎模锻。

1．自由锻造

自由锻造是利用冲击力或压力使金属材料在上下两个砧铁之间或锤头与砧铁之间产生变形，从而获得所需形状、尺寸和力学性能的锻件成型过程。自由锻成型过程中坯料整体或局部塑性成型，金属坯料在水平方向可自由流动，不受限制。自由锻要求被成型材料在成型温度下具有良好的塑性，自由锻锻件形状取决于操作者的技术水平，锻件质量不受限制。自由锻可用多种锻压设备，如空气锤、蒸汽锤、机械压力机、液压机等，其锻造工具简单且通用性大，操作方便，但生产效率低，金属损耗大，劳动条件较差，经自由锻成型的锻件，精度和表面质量差，故其适用于形状简单的单件或小批量毛坯成型，特别是重型、大型锻件的生产。

自由锻中可进行的工序很多，通常分为基本工序、辅助工序和精整工序三类。基本工序有镦粗（坯料高度减小而截面积增大），拔长（坯料截面积减小而长度增大）、冲孔、切割、弯扭和错移等。辅助工序有压肩、倒棱、压钳口等。精整工序有整形、清除表面氧化皮等。

自由锻工序是根据锻件形状和要求来确定的。对一般锻件的大致分类及所采用的工序如表 11.4 所示。

表 11.4　锻件分类及锻造用工序

锻件类别	图例	锻造用工序
盘类锻件	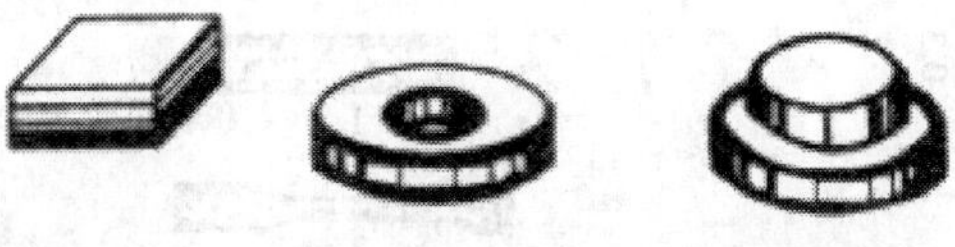	镦粗、冲孔、压肩、整修
轴及杆类锻件	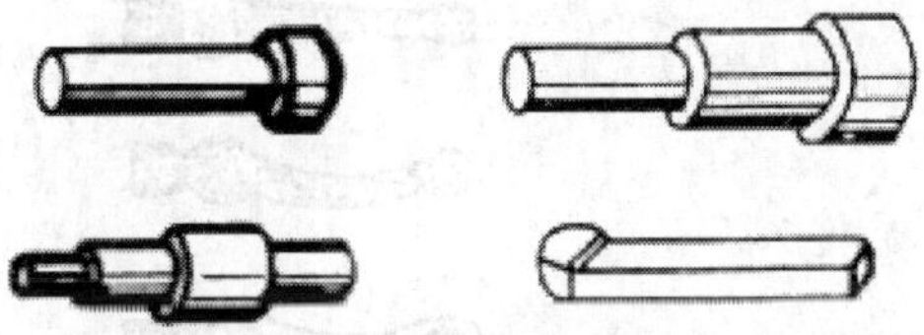	拔长、压肩、整修
筒及环类锻件	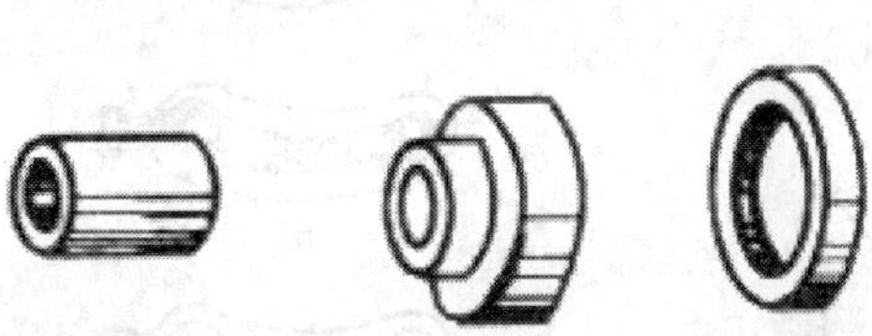	镦粗、冲孔、拔长、整修
弯曲类锻件	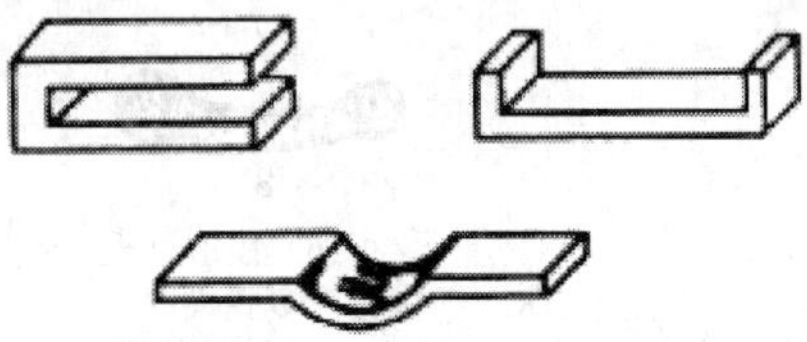	拔长、弯曲
曲拐轴类锻件	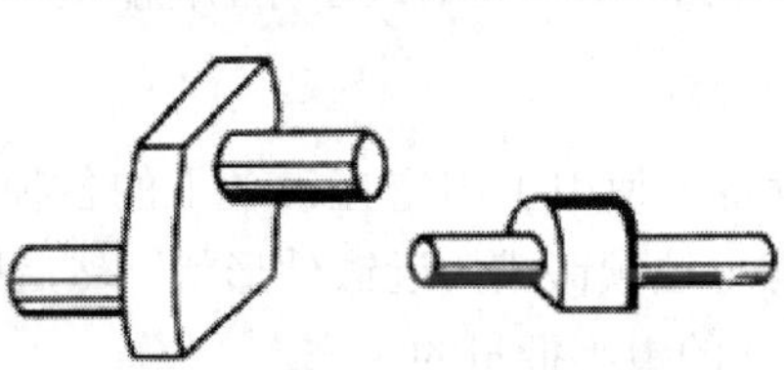	拔长、分段、错移、整修
其他复杂锻件（见图例）	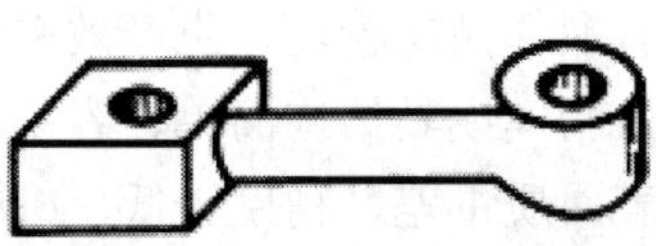	拔长、分段、镦粗、冲孔、整修

2．模型锻造

模型锻造是将坯料置于锻模模腔内，然后施加冲击力或压力使坯料发生塑性变形而获得锻件的成型过程。模型锻造时坯料整体塑性成型，坯料三向受压。与自由锻相比，模型锻造具有生产效率高，能锻造形状复杂的锻件，并可使金属流线分布更为合理；模锻件的尺寸较精确，表面质量好，加工余量较小；节省金属材料，减少切削加工工作量，在批量足够的条件下，能降低零件成本；模锻操作简单，劳动强度低等优点。然而由于模锻设备吨位限制，锻件质量一般在 150kg 以下。模型锻造设备投资较大，模具费用高，工艺灵活性较差，生产准备周期较长，因此适合于小型锻件的大批、大量生产。模锻已广泛应用于飞机、机车、汽车、拖拉机、军工、轴承等制造业中。最常见的零件是齿轮、轴、连杆、杠杆、手柄等。

模锻锻件图设计应考虑分模面、加工余量、锻件公差和敷料、模锻斜度、模锻件圆角半径等。模锻件成型过程中工序的多少与零件结构设计、坯料形状及制坯手段等有关。图 11.18 所示为弯曲连杆的锤上模锻过程。

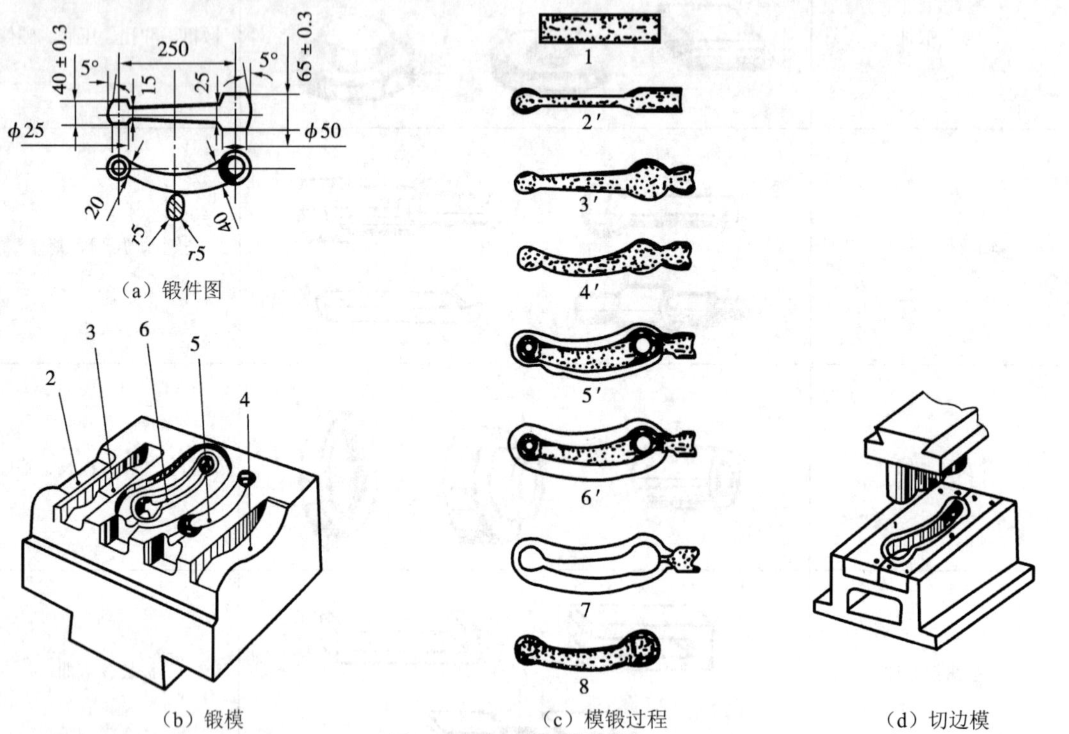

图 11.18　弯曲连杆多膛模锻

1—坯料　2—拔长模膛　3—滚压模膛　4—弯曲模膛　5—预锻模膛　6—终锻模膛　7—切边　8—锻件

3．胎模锻造

胎模锻造是在自由锻造设备上使用不固定在设备上的各种模具（即称为胎模的单膛模具），将已加热的坯料用自由锻方法预锻成接近锻件形状，然后用胎模终锻成型的锻造方法。胎模锻造主要应用于中小型锻件的中小批量的生产。

与自由锻相比，胎模锻造具有锻件品质较高，生产效率高和节约金属的优点；与模锻相比，胎模锻造具有操作比较灵活，胎模模具结构简单、容易制造加工、成本低和生产周期短的优点。但是胎模锻件比模锻件表面质量差，精度较低，机械加工余量大，生产率和模具寿命较低。胎模锻的种类主要如图 11.19 所示，有扣模、套筒模和合模等。

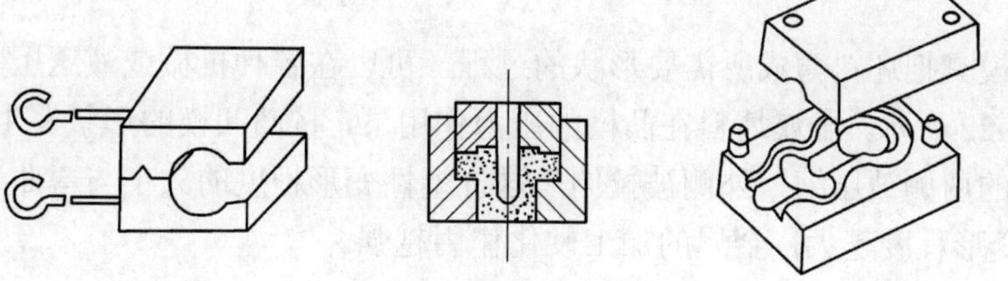

（a）扣模　　（b）套筒模　　（c）合模

图 11.19　胎模类型

11.1.3　冲压

板料成型又叫板料冲压，是利用压力机和模具使板材产生分离或塑性变形，从而获得成型件或制品的一种成型方法。

一般板料冲压板厚<6mm，且通常在常温下进行，故又称为冷冲压，只有当板厚超过 8mm 时才采用热成型。目前，几乎所有制造金属制品的工业部门中，都广泛的采用板料成型，特别是汽车、自行车、航空、电器、仪表、国防、日用器皿、办公用品等，板料成型占有重要位置。板料成型具有精度高，表面光洁，无切削，互换性好；冲压件质量轻、强度、刚性较高；操作简便，生产率高，易于自动化；废料少，成本低等优点。然而板料成型过程中有加工硬化现象，严重时可使金属失去近一步变型的能力。此外，模具费用高，不宜单件小批生产。

冲压主要分为冲裁、拉深、弯曲、胀形、翻边等。

1．冲裁

冲裁是使坯料一部分相对于另一部分分离而得到工件或者坯料。如落料、冲孔、切断、修整等。冲裁所用设备一般为机械压力机。冲裁用于生产有孔的、形状简单的薄板（一般为铝板小于 3mm，钢板小于 1.5mm）件以及作为成型过程的先行工序或者成型过程制备坯料。冲裁过程如图 11.20 所示，冲裁所得到的制品精度较好，通常不需切削加工，表面品质与原材料相同。为能顺利完成冲裁过程，要求凸模和凹模都应有锋利的刃口，且凸模与凹模之间应有适当的间隙。落料是从板料上冲出一定外形的零件或坯料，冲下部分是需要的。冲孔是在板料上冲出孔，冲下部分是废料。

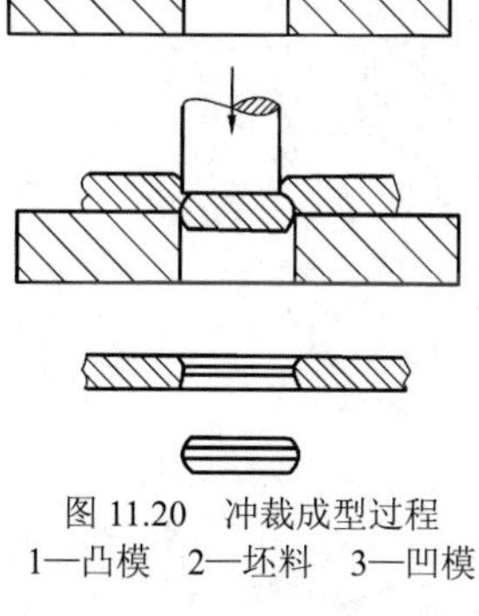

图 11.20　冲裁成型过程

1—凸模　2—坯料　3—凹模

2．拉深

拉深是将平板料放在凹模上，冲头推出金属板料通过凹模形成空心零件的过程。拉深时广泛应用的设备为液压机、机械压力机。拉深过程一般可获得较好的精度和接近原材料的表面品质，拉深时材料应具有足够的塑性，如果变形较大，需对工件进行中间退火。拉深工艺可以生产各种壳、柱状和棱柱状等，如瓶盖、仪表盖、罩、机壳、食品容器等，热拉深通常用于生产厚壁筒形件，如氧气瓶、炮弹壳等。拉深过程示意图如图 11.21 所示，进行拉深时，平板坯料放在凸模和凹模之间，并由压边圈适度压紧，以防止坯料厚度方向变形，在凸模的推压作用下，金属坯料被拉入凹模，形成空心零件。

3. 弯曲

弯曲是用模具把坯料弯成所需要形状的过程，可以在各种机械或液压压力机上进行。弯曲过程如图 11.22 所示，金属坯料在凸模的压力作用下，按凸凹模的形状发生整体弯曲变形，工件弯折部分的内侧被压缩，外侧被拉伸，这种塑性变形程度的大小与弯曲半径 r 的大小有关，r 越小，变形程度越大，金属的加工硬化作用越强。

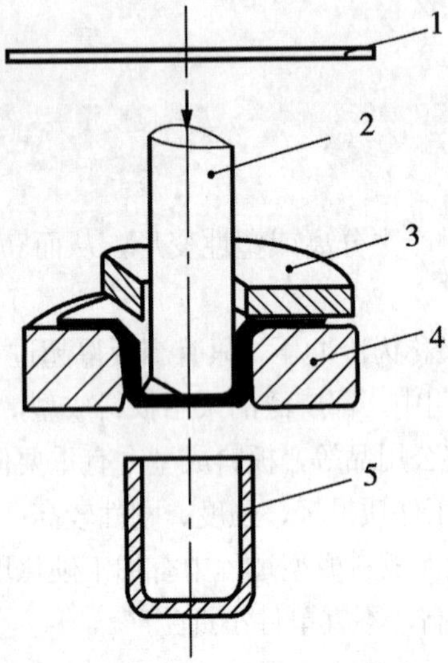

图 11.21 拉深过程示意图
1—坯料 2—凸模 3—压边圈 4—凹模 5—工件

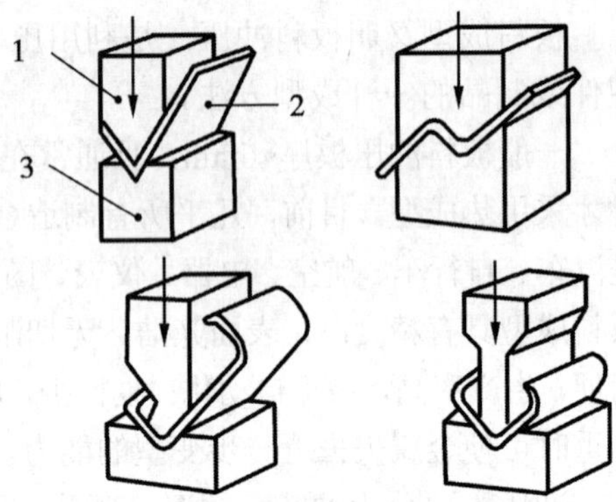

图 11.22 弯曲过程示意图
1—凸模 2—工件 3—凹模

4. 翻边

翻边是在带孔的坯料上获得凸缘的过程。如图 11.23 所示，坯料沿切向伸长，厚度变薄，口部变得最薄。当工件所需的凸缘高度较大，用一次翻边成型可能会使孔的边缘造成破裂时，可以采用先拉深、后冲孔、再翻边成型的过程来实现。

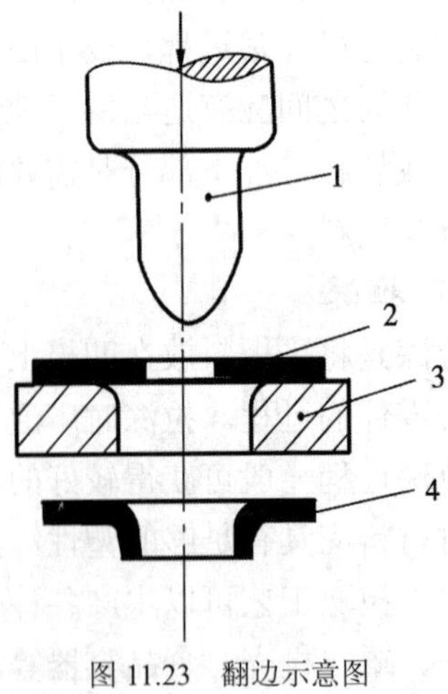

图 11.23 翻边示意图
1—凸模 2，4—工件 3—凹模

5. 成型

成型是利用局部变形使坯料或半成品改变形状的过程。成型过程如图 11.24 所示，主要用于成型刚性筋条，或增大半成品的局部半径等。在坯料成型过程中，工件置于一模具中，对介质施加高压，能量通过介质传递到工件上使其成型，要求材料有足够高的塑性失稳应变，成品精度较好，表面品质主要取决于原始毛坯。

6. 收口

收口是使工件口部缩小的过程，如图 11.25 所示，直径减小，高度增加。

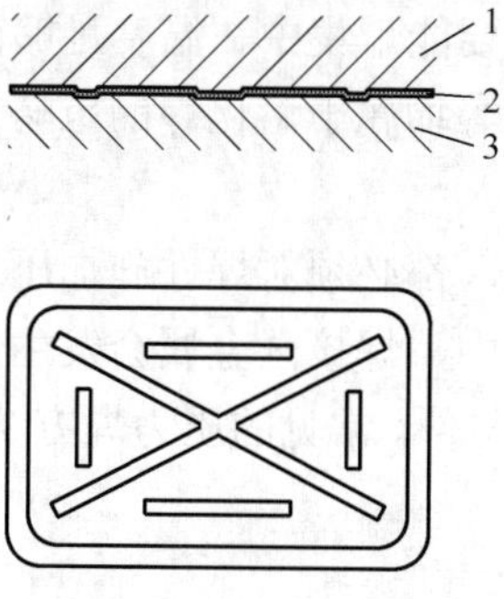

图 11.24　成型过程示意图
1—凸模　2—工件　3—凹模

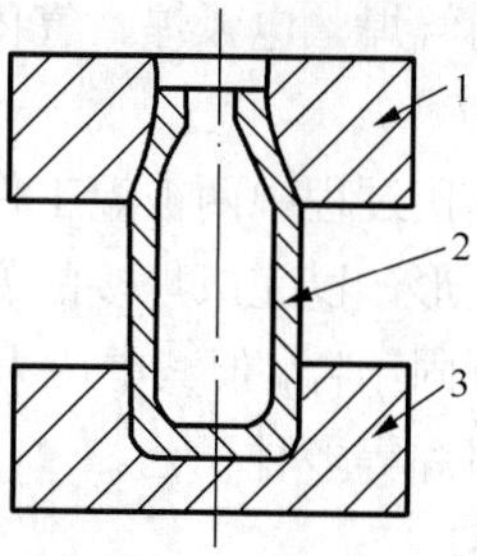

图 11.25　收口示意图
1—收口凹模　2—工件　3—定位模

7. 滚弯

滚弯即将板料（工件）送入可调上辊与两个固定下辊间，根据上下辊的相对位置不同，对板施加连续的塑性弯曲成型。改变上辊的位置可改变板材的滚弯的曲率，如图 11.26 所示，还有一种滚弯是将板料一次通过若干对上下辊，每通过一对上下辊产生一定的变形，最终使板料成型为具有一定形状的截面。滚弯用于生产直径较大的圆柱、圆环、容器及各种各样的波纹板以及高速公路护栏等，尤其是厚壁件，这要求材料有足够的塑性，使工件外表面不超过断裂应变，精度一般符合要求，表面品质主要取决于原材料，且设备用专门的滚弯机。

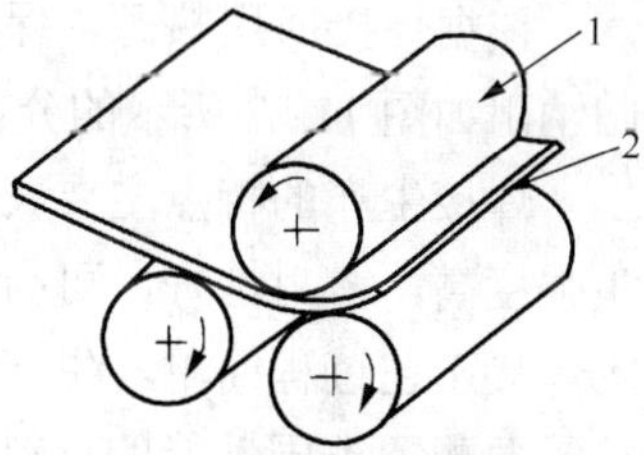

图 11.26　滚弯示意图
1—轧辊　2—工件

11.2　焊接

11.2.1　概述

焊接工程技术是现代机械制造业中一种必要的工艺方法，也是汽车车体与零部件制造中关键的基础制造工艺之一。焊接与冲压、涂装和成车装配为汽车制造的四大技术支柱，更重要的是焊接工程是集材料、工艺、机械、控制、计算机等多学科的、跨领域的集成性技术。在汽车的车架、车身、车厢、发动机、变速箱、车桥六大总成中都离不开焊接技术的应用。

焊接是一种永久性连接金属材料的工艺方法。其实质是通过加热或加压，或两者并用，在使用或不用填充材料的情况下，使分离的物体在被连接的表面间产生原子结合而连接成一体的成型方法。被连接的两个物体可以是各种同类或不同类的金属、非金属（石墨、陶瓷、玻璃、塑料等），也可以是一种金属和非金属。

根据焊接过程中金属所处的状态及工艺特点的不同，焊接方法可以分为三大类：

1．熔化焊

熔化焊即利用热源加热被焊工件的连接部分，使之发生熔化，形成熔池，冷却结晶后形成焊缝，将被焊工件结合为整体的焊接方法。该方法需要能量集中、温度足够高的局部加热热源。常见的气焊、电弧焊、气体保护焊、等离子弧焊等均属于熔化焊的范畴。

2．压焊

压焊即焊接过程中两被焊工件连接处无论加热与否，都必须对焊件施加压力，使其产生一定的塑性变形，以完成焊接的方法。在某些压焊过程中，焊接区金属会发生熔化，同时在压力作用下凝固结合，但其中压力仍为实现焊接的必要条件。常见的压力焊方法包括扩散焊、摩擦焊、电阻焊等多种工艺。

3．钎焊

钎焊即采用熔点低于被连接母材熔点的填充金属（即钎料）做连接的媒介物，使其熔化后填充被焊工件接头间隙，然后冷却结晶形成接头的方法。焊接过程中被焊工件不熔化，只适当地进行加热，无压力作用，仅依靠液态金属与固态金属之间的原子扩散而形成牢固的焊接接头。

依据焊接所用热源、保护方式和焊接设备等的差异，对上述中的三大类方法可以进一步归纳出如图 11.27 所示的分类。

焊接生产的特点主要表现在以下几个方面：①焊接方法灵活多样，适应性强；②焊接接头强度高，密封性好，可与整体成型相当；③焊接成型可以节省金属材料，减轻结构自重；④焊接工艺过程简单，生产率高；⑤采用焊接可实现异种材料连接，同一结构的不同部位可按需要配置不同性能的材料，做到物尽其用。

目前，焊接技术在国民经济各部门中的应用十分广泛，机器制造、汽车工业、造船行业、建筑工程、电力设备生产、航空及航天工业等都离不开焊接技术。

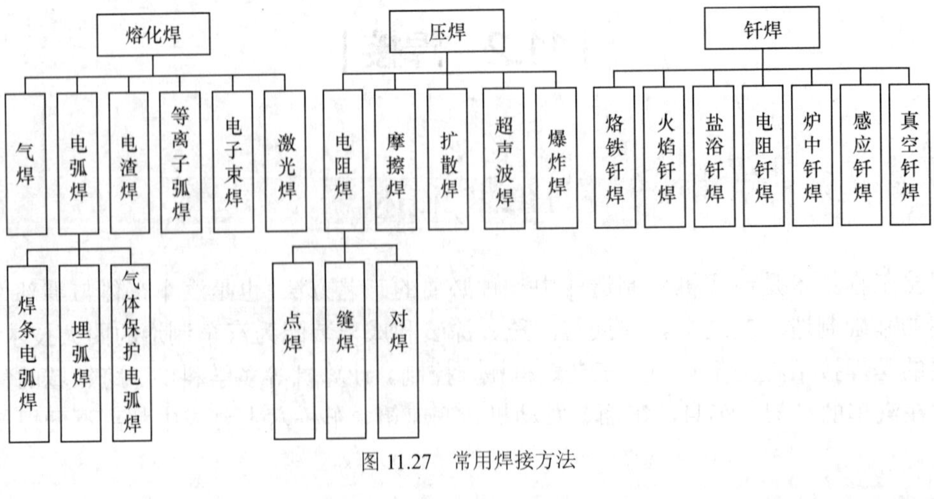

图 11.27　常用焊接方法

11.2.2　汽车工业中常用的焊接技术

汽车制造业是焊接应用最广的行业之一，所用的焊接技术种类繁多，下面详细介绍汽车工业中常用的焊接技术。

1．电弧焊

（1）焊条电弧焊。焊条电弧焊是以电弧作为热源，用手工操作焊条进行焊接的方法，故习惯上简称为手弧焊。其手工操作包括引燃电弧、送进焊条和沿焊缝移动焊条。焊条电弧焊焊接过程如图 11.28 所示。

电弧在焊条与工件（母材）之间燃烧，电弧热使母材熔化形成熔池，同时焊芯熔化以熔滴形式进入熔池，熔化的药皮进入熔池成为熔渣覆盖在熔池表面，保护熔池不受空气侵害。药皮分解产生的气体环绕在电弧周围，隔绝空气，保护电弧、熔滴和熔池金属。当焊条向前移动时，焊条和焊件在电弧热作用下继续熔化形成新的熔池。原先的熔池液态金属则逐步冷却结晶形成焊缝，覆盖在熔池表面的熔渣也随之凝固形成渣壳。在焊接过程中，液态金属与液态熔渣和气相间进行脱氧、去硫、去磷、去氢和渗合金元素等复杂的冶金反应，从而使焊缝金属获得合适的化学成分和组织。

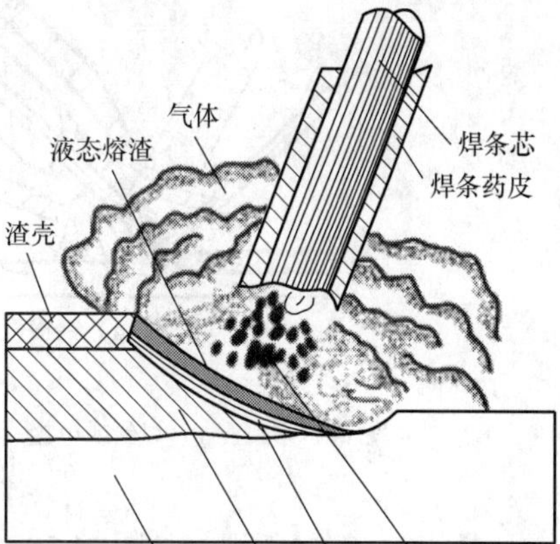

图 11.28　焊条电弧焊焊接过程

焊条电弧焊的操作简便，适应性强，设备简单，易于移动，室内外场合下均可采用，在储罐、锅炉、船舶、桥梁、输油（气）管道等现场焊接施工十分方便；可以进行各种空间位置及各种不规则焊缝的焊接；焊条系列完整，可以焊接大多数常用金属材料。但生产率较低，焊接质量在一定程度上取决于焊工的实际操作技能；焊工需要在高温、尘雾环境下工作，劳动条件差，强度大。

在汽车制造中，焊条电弧焊主要用于厚板零部件如支架、备胎架、车架等的焊接；在车身修复作业中，还可用于断裂零件的焊接及磨损零件的焊补等。

（2）气体保护电弧焊。气体保护电弧焊是指利用气体作电弧介质并保护电弧和焊接区的电弧焊方法，简称气体保护焊。常用的保护气体主要有 Ar、He、CO_2、N_2 等。

① 氩弧焊。氩弧焊是用氩气作为保护气体的电弧焊。氩气是惰性气体，既不与金属起化学反应，也不溶于金属，避免了焊接区金属及合金元素的氧化；氩气的密度比空气大，有利于形成良好的气流隔离层，可以有效地阻止有害气体的侵入，起到保护作用，为获得优质焊缝提供了良好条件。根据焊接过程中电极是否熔化，氩弧焊可分为钨极氩弧焊和熔化极氩弧焊。

i. 钨极氩弧焊。钨极氩弧焊是用高熔点的钨或钨合金（钨钍合金或钨铈合金）棒作电极，在焊接过程中，由于钨的熔点高达 3410℃，钨极基本不熔化，只是作为电极起导电作用，因此需另外添加焊丝作为填充金属，所以又称为不熔化极氩弧焊，简称 TIG 焊。焊接时，氩气从喷嘴中喷出，在钨极和工件之间产生电弧并在电弧周围形成密闭而连续的气体保护层，使焊接区和熔池与大气隔绝，焊丝从一侧送入，电弧热将焊丝与工件局部熔化，冷凝后形成焊缝。钨极氩弧焊的焊接过程如图 11.29（a）所示。

为防止电弧温度过高造成钨极熔化和烧损，钨极氩弧焊的焊接电流不宜过大，其焊缝熔池较浅，一般只适用于厚度为 0.5～6mm 的焊件，因此非常适合汽车板材的焊接。钨极氩弧焊可用直流和交流两种电源。在焊接低合金钢、不锈钢、耐热钢及钛合金和铜合金时，通常采用直流正接，使钨极处在温度较低的负极，减少其熔化烧损，同时也有利于焊件的熔化。当焊接铝、镁及其合金时，由于焊件和熔池表面极易形成难熔的氧化膜（Al_2O_3、MgO），妨碍熔池金属的熔合和电弧的稳定燃烧，通常要求采用交流电源。

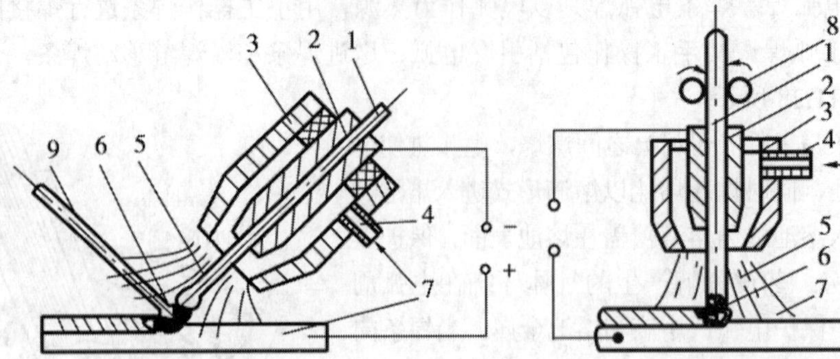

（a）钨极氩弧焊　　（b）熔化极氩弧焊

图 11.29　氩弧焊示意图
1—焊丝或电极　2—导电嘴　3—喷嘴　4—进气管　5—氩气流
6—电弧　7—焊件　8—送丝轮　9—焊丝

ii. 熔化极氩弧焊。如图 11.29（b）所示，熔化极氩弧焊采用连续送进的焊丝作为电极兼做焊缝填充金属。焊接时，在氩气保护下，焊丝通过送丝机构的输送，进入到导电嘴，与焊件之间产生电弧，并不断熔化形成很细小的熔滴，以喷射形式过渡到熔池中，与熔化的母材冷却后一起形成焊缝。该方法中，焊丝熔化起导电和填充金属作用，所以称为熔化极氩弧焊，又称 MIG 焊。

与钨极氩弧焊不同，为提高电弧燃烧的稳定性，熔化极氩弧焊一般采用直流反接。由于采用焊丝作电极，无需考虑电极烧损问题，熔化极氩弧焊可采用较大的电流，因而焊缝熔深大，填充金属熔敷速度快，与钨极氩弧焊相比，大大地提高了焊接工艺性和焊接效率。因此适合于焊接厚度为 3～25mm 的板件。

iii. 氩弧焊的特点及应用

• 焊缝品质好，成型美观。氩气对金属熔池的机械保护效果好，焊缝不易出现气孔和夹杂。此外氩弧焊电弧稳定，飞溅小，焊缝致密，所以焊接质量优良且成型美观。

• 焊接热影响区和变形较小。电弧在保护气流压缩下燃烧，热量集中，熔池较小，所以焊接速度快，热影响区较窄，工件焊后变形小。

• 操作性能好。氩弧焊时采用气体保护，明弧可见，便于观察、易全位置焊接，并且有利于焊接过程自动化。

• 适于焊接易氧化金属。保护气的氧化性很弱，甚至无氧化性，故而几乎可以焊接所有金属，尤其适合焊接易氧化的有色金属及锆、钽、钼等稀有金属。

但氩弧焊焊前对工件清理要求较高，同时，由于 Ar 气昂贵，焊接成本相对较高，所以目前主要用于焊接铝、镁及其合金，有时也用于焊接不锈钢、耐热钢、一部分重要的低合金结构钢。在汽车工业中，氩弧焊主要用于机油盘、铝合金零部件的焊接和补焊。

② CO_2 气体保护焊。CO_2 气体保护焊是以 CO_2 气体作为保护气的电弧焊。其焊接过程及工艺原理与熔化极氩弧焊类似，也是采用焊丝作为电极兼作填充金属，利用焊丝与焊件之间

的电弧熔化工件与焊丝，以自动或半自动方式进行焊接。CO_2 焊的焊接过程如图 11.30 所示。焊丝由送丝机构通过软管经导电嘴送出，在焊丝和焊件间产生电弧，CO_2 气体经焊枪的喷嘴沿焊丝周围喷射形成保护层，使电弧、熔滴和熔池与空气隔绝。

CO_2 虽然起到了隔绝空气的保护作用，但它是一种氧化性气体。在电弧高温下可分解为 CO 和 O 进入熔池，一方面使钢中的 C、Si、Mn 等合金元素氧化烧损，焊缝增氧，力学性能下降；另一方面若焊丝中含碳量高，生成的 CO 在高温下膨胀，从液态金属中逸出时，会造成金属飞溅严重，同时 CO_2 气体冷却能力强，熔池凝固快，焊缝中易产生气孔；因此为保证焊缝质量，必须使用焊接冶金过程中能脱氧和渗合金的特殊焊丝来完成 CO_2 焊。常用的 CO_2 焊焊丝是 H08Mn2SiA。

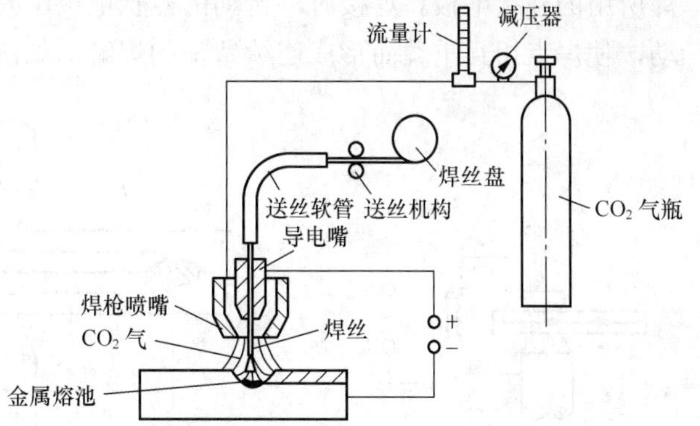

图 11.30　CO_2 气体保护焊示意图

CO_2 气体保护焊的特点及应用范围如下。

i. 生产率高。CO_2 焊电流密度高，焊丝熔化速度快，熔敷率高；电弧挺度大，穿透力强，熔深大，可以不开坡口或开小坡口，所以生产率比手工电弧焊高 1～4 倍。

ii. 焊接成本低。CO_2 气体来源广、价格低，焊接成本仅为焊条电弧焊的 40%～50%。

iii. 明弧焊接，便于观察、操作和控制，适合于各种空间位置的焊接，易实现机械化和自动化。例如 CO_2 电弧焊机器人已成功地应用于汽车制造等自动生产线上，取得了很好的技术经济效益。

iv. 焊接质量好。CO_2 气体具有较强的氧化性，使焊缝含氢量显著降低，抗裂性好，抗氢气孔能力增强。

目前 CO_2 焊主要用于焊接低碳钢、强度级别不高的普通低合金钢及对焊缝性能要求不高的不锈钢焊件。在汽车制造中，CO_2 保护焊用于车厢、后桥、车架、减震器阀杆、横梁、后桥壳管、传动轴、液压缸和千斤顶等的焊接。

2．压焊

压焊广泛应用于汽车、拖拉机、航空航天、原子能、电子技术及轻工业等工业部门。压焊的方法较多，最常用的是电阻焊。

（1）电阻焊。电阻焊是利用电流直接通过工件本身或工件间的接触面所产生的电阻热，将连接处局部加热到高塑性或熔化状态，再施加压力形成接头的焊接方法。

按工艺特点的不同，电阻焊可分为点焊、缝焊和对焊。

① 点焊。点焊是利用柱状电极加压通电，在搭接工件接触面之间形成焊点的电阻焊方法。如图 11.31 所示，点焊前焊件的接触表面须严格清理，焊接时把工件叠合，放在两电极之间预压紧后通电。由于工件接触处电阻大，故大量的电阻热使该处金属迅速熔化形成液态熔核，熔核周围金属则加热到塑性状态。然后立即断电并保持或加大压力，使熔核继续在压力作用下凝固结晶形成组织致密的焊点。而电极与工件接触处所产生的电阻热被导热性好的铜（或铜合金）电极与冷却水带走，因此温升有限，不会焊合。

点焊时，当焊接后续点时，有一部分电流要流经已焊好的焊点，这种现象称为分流，如图

11.32 所示。分流使焊接区电流减小，以致加热不足，造成焊点强度显著下降而影响焊点质量。焊件厚度越大，材料导电性越好，分流越严重。为减轻分流，相邻两焊点间应有一定的距离。

点焊时，熔核金属被周围塑性金属紧密封闭，不与外界空气接触，故点焊焊点强度较高、工件表面光滑，质量较好，其主要用于接头不要求气密，厚度为 4mm 以下的薄板冲压结构焊接。目前，它广泛用于汽车、飞机、电子设备等薄壁构件，尤其适用于汽车制造业，如车身总成、地板、车门、侧围、后围、前桥等，据统计，每辆汽车车身上约有 5000 多个点焊焊点。

② 缝焊。缝焊的焊接过程与点焊相似，只是采用连续滚动、断续通电的盘状电极取代点焊所用的柱状电极。焊接时，转动的盘状电极压紧焊件并依靠摩擦力带动搭接的工件向前移动，使焊点相互重叠而形成连续致密的焊缝，如图 11.33 所示。

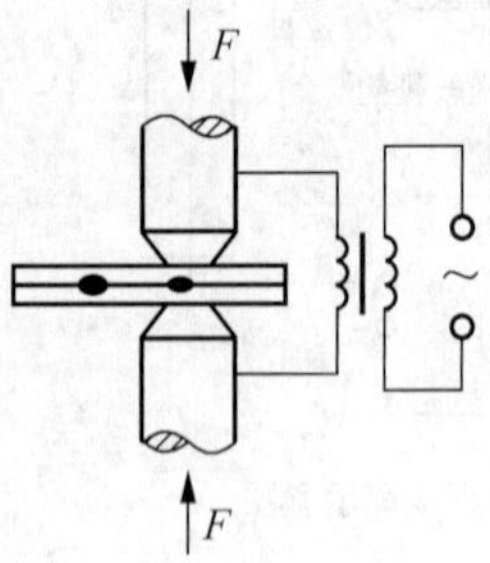

图 11.31　点焊示意图

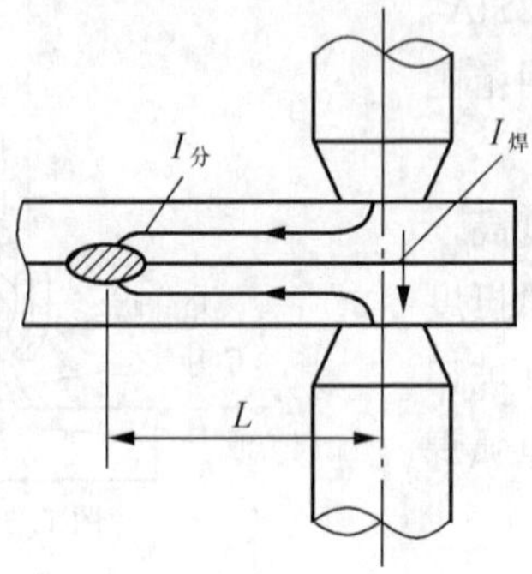

图 11.32　点焊分流现象

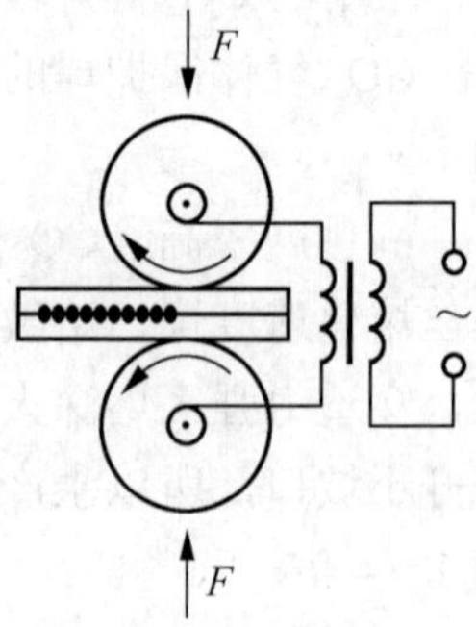

图 11.33　缝焊示意图

缝焊时，焊点相互重叠 50%以上，故焊缝强度高，密封性好。但焊接分流现象严重，所需焊接电流较大，焊接相同厚度的工件时，其焊接电流为点焊的 1.5～2 倍。故缝焊主要用于焊件厚度小于 3mm，要求密封性好的薄壁构件，如汽车油箱、消音器，减震器封头与管道等。

③ 对焊。对焊是把工件装配成对接接头，利用电阻热使两被焊工件沿整个接触面焊合的电阻焊方法。按焊接过程不同，可分为电阻对焊和闪光对焊。

i. 电阻对焊。电阻对焊焊接过程如图 11.34（a）所示。它是将焊件被连接表面清理后对准，装夹在对焊机的夹钳中，先施加预压力使焊件端面压紧，然后通电使接触处产生电阻热并升温至塑性状态，断电并迅速施加顶锻力，使高温端面产生一定的塑性变形而连接的焊接方法。

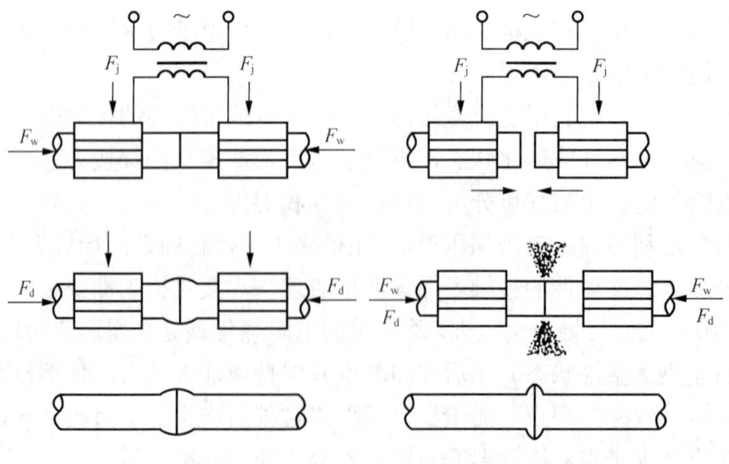

（a）电阻对焊　　（b）闪光对焊

图 11.34　对焊焊接过程示意图

电阻对焊操作简单，接头光滑，毛刺小，但焊前对工件端面加工和清理有较高的要求，否则端面加热不均匀，容易产生局部氧化和夹渣缺陷，质量不易保证。因此电阻对焊一般用于断面简单、直径（或边长）小于 20mm 和强度要求不高的焊件。

ii. 闪光对焊。闪光对焊焊接过程如图 11.34（b）所示。两焊件端面稍加清理后夹持在电极钳口中，先通电并使两焊件逐渐靠近。由于工件端面粗糙不平，故在开始时只有少数的几点接触，强电流通过时，由于电流密度大，因此这些接触点处的金属迅速熔化，连同表面的氧化物一起向四周喷射出火花产生闪光现象。此时继续送进工件，使闪光过程连续进行，待焊件端面全部熔化均匀时，迅速施以顶锻压力并同时断电，焊件在压力作用下产生塑性变形而焊为一体。

与电阻对焊相比，闪光对焊的焊件端面加热均匀，对工件的焊前清理要求不高，因为焊接过程中，工件端面的氧化物及杂质一部分随闪光火花带出，一部分在加压时随液体金属挤出，使得接头中夹渣少、质量好、强度高（与母材相当）。该方法可焊接相同金属，也可焊接异种金属（铝-钢、铝-铜），故广泛用于汽车钢圈、排进气阀杆、刀具等的对接。其缺点是金属损耗多，工件需留出较大余量，接头处有毛刺，焊后需清理。

与其他焊接方法相比，电阻焊具有以下特点。①生产率高。电阻焊焊接电流大（几千安培～几万安培），焊接时间短（0.01 秒～几秒），焊接 1～2mm 的薄板时，焊速可达每分钟 0.5～1mm，因此非常适用于大批量生产。②焊接质量好，且容易控制。电阻焊冶金过程简单，焊缝金属的成分均匀，并且基本上与母材一致，加热集中，热影响区小，焊接变形小。③焊接成本比较低。电阻焊采用内部热源，不需填充材料，焊接也无需保护气体，所以在正常情况下除必要的电力消耗外，几乎没有其他消耗，因此焊接成本比较低。④操作简单，易于实现自动化，工作电压很低（1～12V），没有弧光和有害辐射。

但电阻焊设备复杂，耗电量大，焊件厚度和接头形式受到一定限制，且焊前工件清理要求较高。

（2）摩擦焊。摩擦焊是利用焊件接触面相对旋转运动中相互摩擦所产生的热量，使工件接触面达到热塑性状态，然后迅速顶锻加压，完成焊接的一种压力焊方法，如图 11.35 所示。

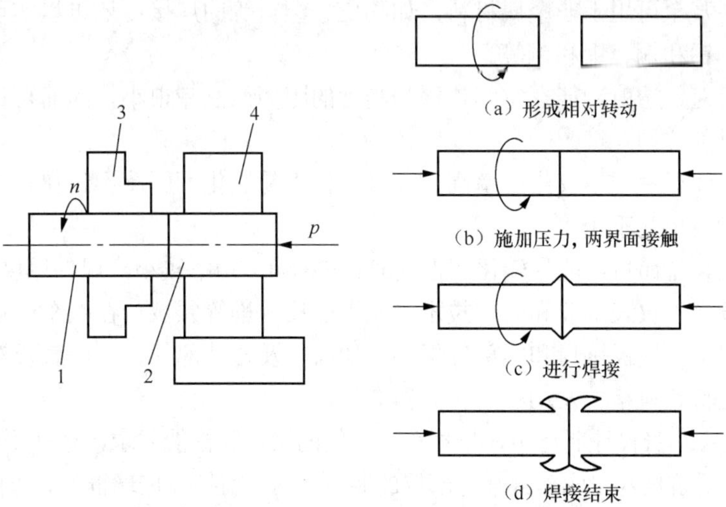

图 11.35　摩擦焊原理示意图

1—工件 1　2—工件 2　3—旋转夹头　4—移动夹头

图 11.35 是摩擦焊的基本形式，两个圆断面的金属工件摩擦焊前分别夹持于旋转夹具和移动夹具上。焊接时，旋转焊件在电机驱动下高速旋转；移动焊件在轴向力作用下逐步向旋转焊件靠拢，使两焊件接触并施加一定的轴向压力。由于两工件接触端有相对运动，发生摩擦而产生热，在压力、相对摩擦的作用下，原来覆盖在焊接表面的异物迅速破碎并挤出焊接区，露出纯净的金属表面。随着焊接区金属塑性变形的增加，焊接表面很快被加热到焊接温度，此时，立即刹车，同时对接头施加较大的轴向压力进行顶锻，使两焊件产生塑性变形而焊接起来。

由于在焊接过程中摩擦界面温度一般不超过熔点，故摩擦焊属于固态焊。目前常用的摩擦焊工艺有连续驱动摩擦焊、惯性摩擦焊、线性摩擦焊、搅拌摩擦焊等。

目前，摩擦焊在汽车、拖拉机、电站锅炉、航空航天、核能、海洋等领域得到较广泛的应用，例如摩擦焊可用于汽车阀杆、后桥、半轴、转向杆和随车工具等焊接。

3. 特种焊接技术

（1）激光焊。激光焊是利用聚焦的激光束作为能源轰击工件所产生的热量进行焊接的方法。激光是物质受激励后，产生的波长均一、方向一致和强度非常高的光束。激光经透射或反射镜聚焦后，可获得直径小于 0.01mm、功率密度高达 $1012W/cm^2$ 的能束，且在极短时间（以毫秒计）内，光能转变为热能，温度可达万度以上，是一种理想的焊接和切割热源。激光焊过程如图 11.36 所示，激光束由激光器产生，通过光学系统聚焦使其能量进一步集中，当射到工件的焊缝处，光能转化为热能，实现焊接。

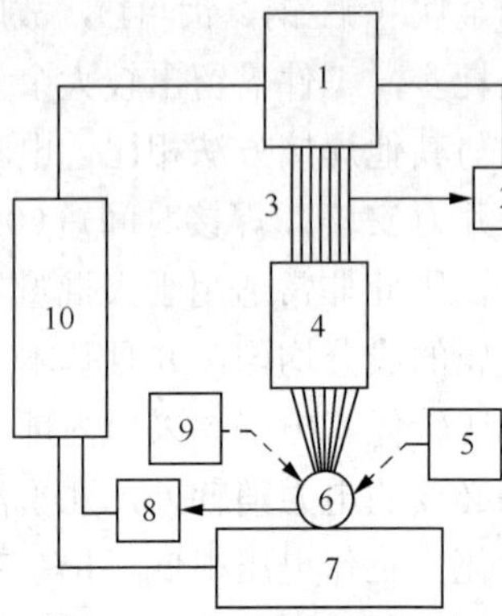

图 11.36　激光焊示意图
1—激光器　2—信号器　3—激光光束
4—光学系统　5—辅助能源　6—工件
7—工作台　8—信号器
9—观测瞄准器　10—程控设备

激光焊的优点如下。

能量密度大，穿透深度大，焊缝可以极为窄小；热量集中，作用时间短，热影响区小，焊接残余应力和变形极小，特别适于热敏感材料焊接。

激光焊可以焊接一般焊接方法难以焊接的材料，如高熔点金属等，甚至可用于非金属材料，如陶瓷、塑料等的焊接。还可以实现异种材料的焊接，如钢和铝、铝和铜、钢和铜等。

激光可以反射、透射，能在空间传播相当远的距离而衰减很小，因而可进行远距离焊接或一些难于接近部位的焊接。

焊接过程时间极短，不仅生产率高，而且焊件不易氧化，因此不论在真空、保护气体或空气中焊接，其效果几乎相等。

但激光焊的设备昂贵，能量转化率低（5%～20%），功率较小，焊件厚度受到一定限制，所以它主要用于电子仪表工业和航空技术、原子能反应堆等领域。在汽车工业中，激光技术主要用于车身焊接、坯板拼焊和零部件焊接，如齿轮及传动部件、非金属及对电磁性有要求的汽车零件（塑料燃料箱、发动机的传感器）等。

激光拼焊是在车身设计制造中，根据车身不同的设计和性能要求，选择不同规格的钢板，通过激光截剪和拼装技术完成车身某一部位的制造，例如前挡风玻璃框架、车门内板、车身底板、中立柱等。激光拼焊具有减少零件和模具数量、减少点焊数目、优化材料用量、降低零件重量、降低成本和提高尺寸精度等好处，目前已经被许多大汽车制造商和配件供应商所采用。

（2）电子束焊。电子束焊是一种高效率的熔焊方法，经过聚焦的高速运动的电子束，在撞击焊件时，动能转化为热能，从而使焊件连接处熔化形成焊缝，如图11.37所示。

电子束焊机的核心是电子枪，它是完成电子的产生、电子束的形成和会聚的装置，主要由灯丝、阴极7、阳极9、聚焦线圈3等组成。灯丝通电升温并加热阴极，当阴极达到2400K左右时，即发射电子；电子在阴极和阳极之间的高压电场作用下，被加速并穿过阳极孔，然后经聚焦线圈会聚成直径为 0.8～3.2mm 的电子束，再以极大的速度（约160000km/s）射向工件，撞击工件后电子的动能转化为热能，使焊件连接处迅速熔化，经冷却结晶后形成焊缝。

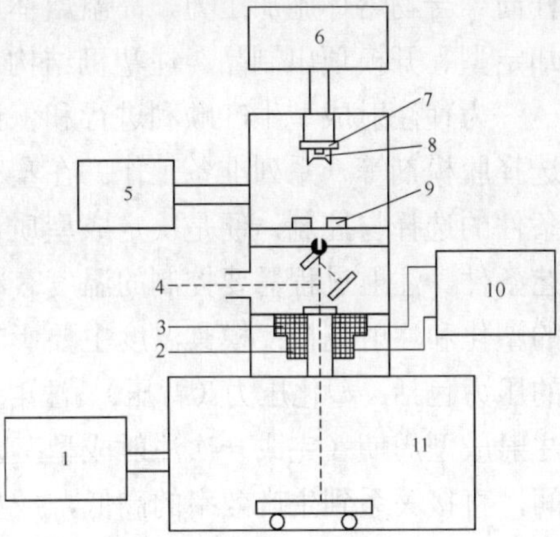

图11.37 真空电子束焊示意图
1—工作室真空系统 2—偏转线圈 3—聚焦圈 4—光学观察系统 5—电子枪室真空系统 6—高压电源 7—阴极 8—聚束极 9—阳极 10—聚焦电源和偏转电源 11—工作台及转动系统

真空电子束焊与其他焊接方法相比有以下特点。

① 电子束能量密度很高，穿透能力强。电子束焊缝的深宽比可以达到50:1，焊接厚板时可以不开坡口一次焊透，比电弧焊节约能源和节省辅助材料。

② 焊接速度快，热影响区小，焊接变形小，可对精加工后的零件进行焊接。真空电子束焊接有利于金属的除气和净化，因而特别适合于活性或高纯度金属以及难熔金属的焊接。

③ 在真空中焊接，既可以防止熔化金属受氧、氮等有害气体侵蚀，又有利于焊缝成型。

④ 电子束焊工艺参数可在较广的范围内进行调节，控制灵活，适应性强。可焊 0.1mm 薄板，也可焊200～300mm厚板；能焊接各种金属材料、复合材料以及异种材料等。

⑤对焊接接头的装配质量要求较高，被焊工件的尺寸和形状常受到真空室的限制。

⑥设备复杂，成本高，使用、维修较困难。电子束产生的X射线需要防护。

目前电子束焊已在航空、航天、仪器仪表、原子能、机械等领域得到应用。汽车制造工业也是电子束焊接的最大用户之一，如汽车变速齿轮、卡车后桥、汽车铝合金结构件等工件的焊接。

11.3 高分子材料成型

用高分子材料生产汽车零部件，涉及的主要成型方法有注射成型、挤出成型、中空吹塑和热成型。

11.3.1 注射成型

注射成型是一种间歇式的操作过程，可生产结构复杂的制品，其成型制品占目前全部塑料制品的20%～30%，是塑料成型加工中的重要方法之一。

注射成型是一种注射兼模塑的成型方法，又称注射模塑或注塑。即将聚合物组分的粒料加入注塑机的料斗，经过塑化（加热、软化、压缩、剪切、混合均化、熔融），然后借助于螺杆向聚合物熔体施加压力，高温熔体通过喷嘴、流道系统注入闭合的模腔内，经过保压、冷却定型、开模顶出制品。注塑机结构及注射成型工艺流程分别如图 11.38 和图 11.39 所示。

为使注射成型生产顺利进行和保证制件质量应进行原料预处理、清洗机筒、预热嵌件和选择脱模剂等一系列准备工作。在塑料原材料、注射机和模具结构确定之后，注射成型工艺条件的选择与控制，便是决定成型质量的主要因素。注射成型具有温度、压力、时间三大工艺条件。注射过程需要控制的温度有料筒温度、喷嘴温度和模具温度。前两种温度影响塑料的塑化和注射充模；模具温度主要影响塑料的流动和冷却定型。注射成型时需要选择与控制的压力包括：塑化压力（背压）、注射压力、保压压力。注射成型时需要选择与控制的时间是注射成型周期（完成一次注射成型工艺过程所需的时间）它包含着注射成型过程中的所有时间，直接关系到生产效率的高低，成型周期中最重要的是注射时间和冷却时间。

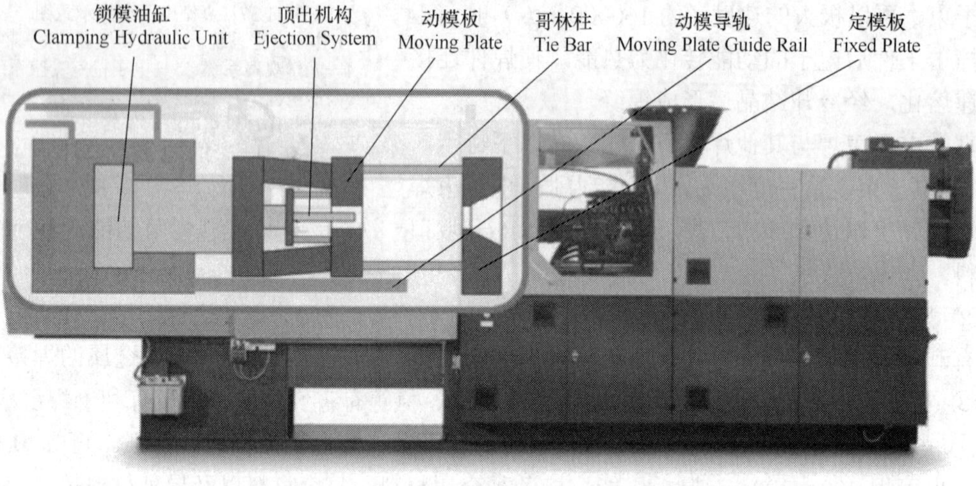

图 11.38　注塑机的结构组成

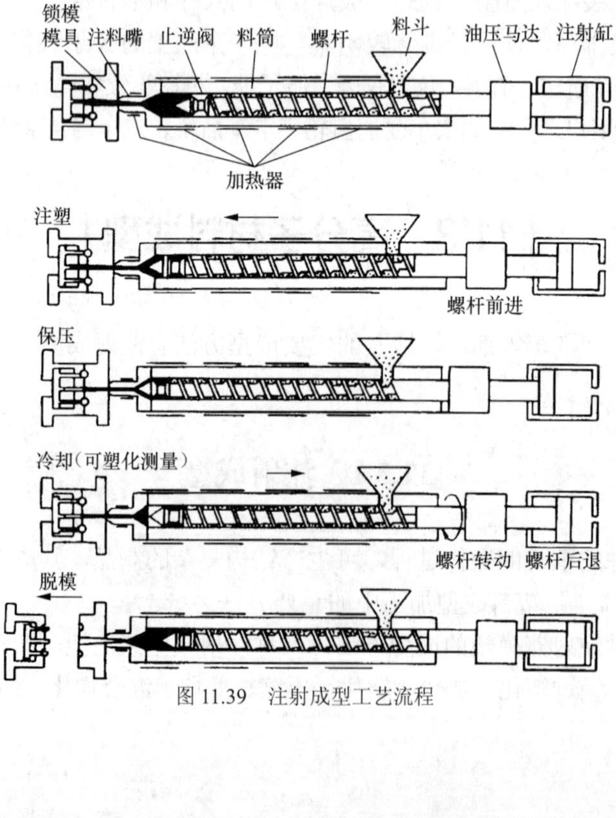

图 11.39　注射成型工艺流程

注射成型生产周期短、生产效率高；能成型形状复杂、尺寸精确或带嵌件的制品，制件重量从几克到几十千克不等；易于实现自动化。其缺点是设备及模具成本高，不适合小批量生产。

注射成型是在汽车零部件中广泛应用的加工工艺之一，如仪表板、保险杠、门内饰板散热器格栅、挡泥板（轮罩壳）等大都采用注射成型工艺。

11.3.2　挤出成型

挤出成型又叫挤塑、挤压、挤出模塑，是借助螺杆和柱塞的挤压作用，使塑化均匀的塑料强行通过口模而获得具有恒定截面连续制品的一种成型方法。

挤出成型设备由挤出机（主机）、机头和口模、辅机等组成。挤出机结构及挤出机成型实例分别如图 11.40 和图 11.41 所示。

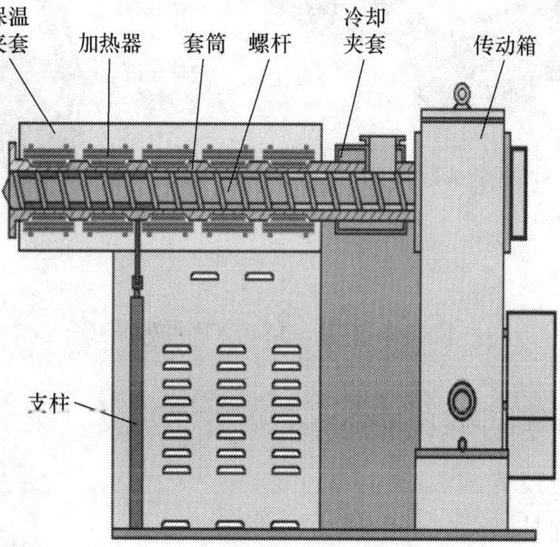

图 11.40　单螺杆挤出机结构示意图

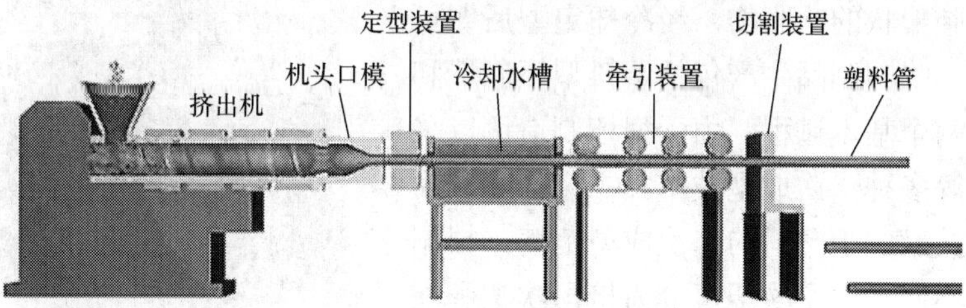

图 11.41　挤出管材生产线

挤出成型的工艺过程是：经过干燥或（和）预热处理后的粉状、粒状或带状物料加入加料装置，松散的固态物料随着螺杆的转动被攫入螺杆的螺槽中。在加料段，物料始终保持固体状态。随着螺杆转动，物料被输送至压缩段后，物料受到来自高温料筒传热的作用逐步熔化，并在剪切作用下加速熔化，大约在压缩段结束处，物料全部熔化变为液态（熔体），但此时各点熔料温度仍不够均匀.经计量段均化后，熔料被定压、定量、定温地输送给机头和口模并挤出，挤出物即具有了一定的截面形状和尺寸。挤出物再经冷却定型及牵引等工序，即成为最终的制品。

挤出成型是汽车中各种线缆、门框内护条以及密封条系统成型的重要环节。采用的原料可以是塑料也可以是橡胶。密封条兼有功能性和装饰性双重功能，作为乘用汽车车身附属系统的一部分，参与组成了乘用车的内外装饰系统。乘用车密封条系统如图 11.42 所示。

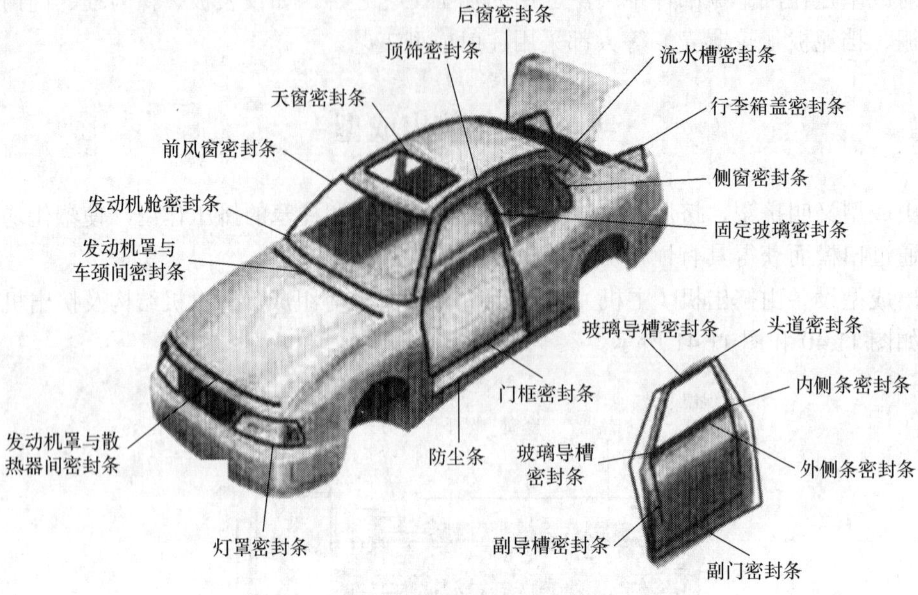

图 11.42 乘用车密封条系统

11.3.3 中空吹塑

中空吹塑常简称为吹塑或中空成型，是生产中空塑料制品最重要的成型技术。

中空吹塑的基本过程是借助气体的压力，使闭合在模腔内尚处于半熔融状的型坯膨胀直至紧贴模腔壁，取得模腔形状的吹胀物，经冷却定型后即可开模脱出制品。吹塑制品生产包括塑料型坯制造和型坯吹胀成型两个基本过程，由于型坯制造可以采用挤塑、注塑等多种一次成型技术独立完成，因而常将中空吹塑技术归于塑料的二次成型范畴。根据型坯制造方法不同，中空吹塑可分为挤出吹塑和注射吹塑。

图 11.43 挤出吹塑设备

挤出吹塑设备如图 11.43 所示。挤出吹塑工艺过程如图 11.44 所示：先由挤出装置挤出半熔融状管坯；当型坯到达一定长度时，模具移到机头下方闭合，抱住管坯，切刀将管坯割断；模具移到吹塑工位，吹气杆进入模具吹气，使型坯紧贴模具内壁而冷却定型；打开模具，取出制品。

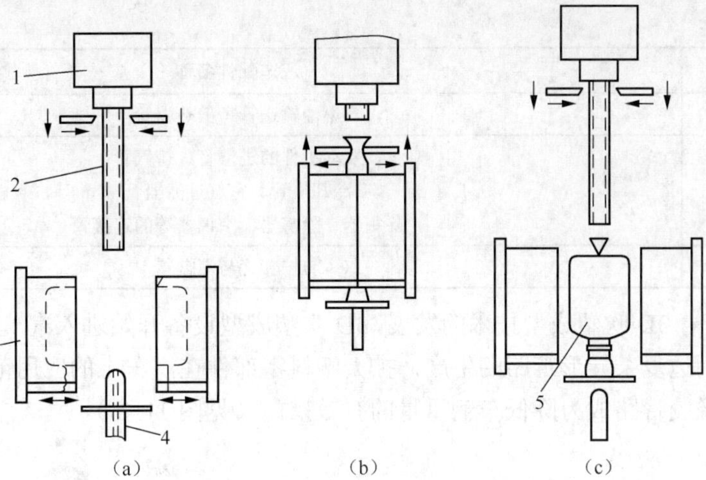

图 11.44 挤出吹塑过程示意图

1—挤出机头 2—型坯 3—吹塑模具 4—进气杆 5—容器制品

注射吹塑工艺过程如图 11.45 所示：首先采用注射方法将带底的空心型坯成型在一个带有压缩空气通道的芯模上；然后将此型坯连同芯模转移到吹塑模中，吹塑模完全闭合后，通过芯模将压缩空气引入型坯中，迫使型坯吹胀变形并紧贴在吹塑阴模内壁，保压一段时间，当制件冷却定型后即可开模将其取出。

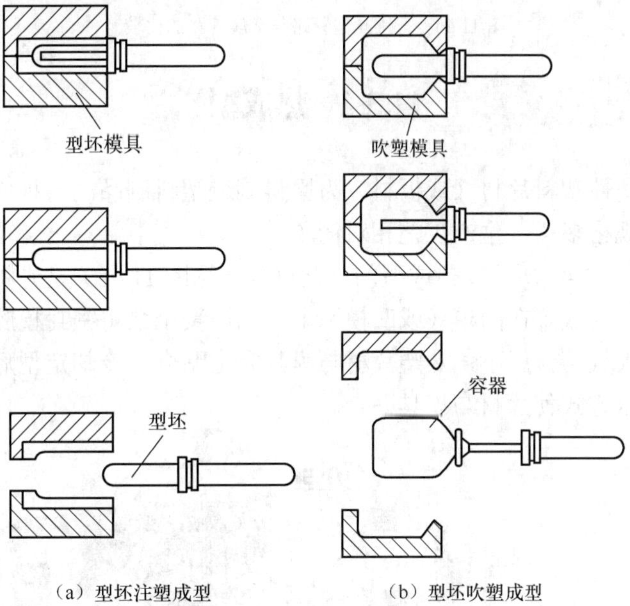

图 11.45 注射吹塑过程示意图

中空吹塑也是汽车配件生产的重要方法之一，采用中空吹塑生产的汽车配件见表 11.5。

表 11.5 吹塑成型的各种汽车配件

分类	汽车配件名称
外部构件	保险杠、扰流板、各种挡板及防护板、门板、顶板
内部构件	仪表板、座椅及头枕、车门内衬、靠手、扬声器壳体
箱（罐）件	燃油箱、液压油储罐、散热器溢流罐、空气过滤器壳体

（续表）

分类	汽车配件名称
管件	燃油输送管、散热器管
通风管	发动机件的进气管、排气管 冷却气管、空气过滤器管 除霜器、除雾器、空调器等的连接管
套管	防护套管与消振罩

近年来，随着3D吹塑成型技术的发展，3D吹塑成型设备开始进入汽车零部件生产商家，以满足发动机周边复杂异形管路的生产，扩大塑料零部件在汽车上的应用范围，用塑料零部件代替金属和橡胶管路成为降低车辆重量的有效措施（见图11.46）。

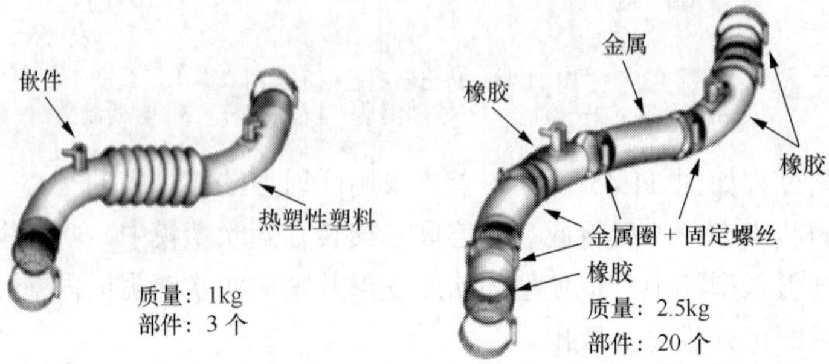

图11.46　三维吹塑管路与金属管路的比较

11.3.4　热成型

热成型是以热塑性塑料片材（或板材）为原料制造塑料制品的一种成型方法。热成型的生产效率高，产品规格多样，生产工艺相对简单。

热成型设备如图11.47所示。热成型的工艺过程（见图11.48）是先将成型的塑料片材加热至软化温度后，密封放置在凸模（或凹模）上，利用真空泵将密封模腔中的空气抽出，使模腔产生真空，在大气压作用下，热塑片材与模具完全贴合，冷却定型后取出制品。除抽真空外，也可采用加压方式使片材与模具贴合。

图11.47　热成型设备

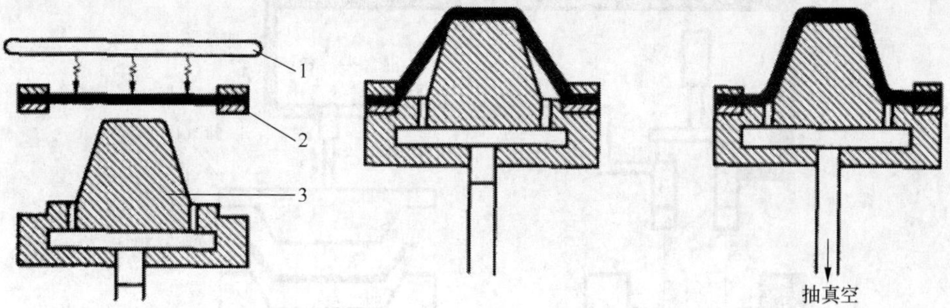

图 11.48 热成型过程示意图
1—加热器 2—塑料片材或薄板 3—模具

热成型也是塑料汽车零部件的重要成型方法，可以成型汽车门内板及车身内饰、仪表台、发动机罩、保险杠、客货车用顶置空调外壳及风道、座椅的背板等。

11.4 复合材料成型

以热固性树脂及玻璃纤维、碳纤维等增强纤维构成的复合材料广泛地应用于汽车发动机部件、保险杠、车体外壳件，甚至于全部覆盖件、保护板等。复合材料的传统成型方法有传递模塑、模压成型等。随着成型工艺不断改进，滚塑等成型方法也逐渐应用到汽车车身成型等方面。

11.4.1 传递模塑

树脂传递模塑 RTM（Resin Transfer Molding）是复合材料成型的重要方法，是以一定压力将热固性基体树脂（不饱和聚酯、环氧树脂等）注入预先铺设好增强材料（或预成型坯）的封闭型腔而固化成型的工艺过程（见图 11.49）。

树脂传递模塑（RTM）工艺被认为是较有潜力的高效复合材料成型技术之一，但要满足汽车工业的生产效率，还需要进一步缩短成型周期。提高加热速度，实现低温注射，然后快速升温至固化温度完成固化和冷却定型，是进一步提高 RTM 成型效率的技术途径。

RTM 可一次成型大型复杂结构的制件，生产效率高，投资小，可满足汽车工业的大型覆盖件，如车身板、车顶、车厢、地板、排气管等的成型需要。

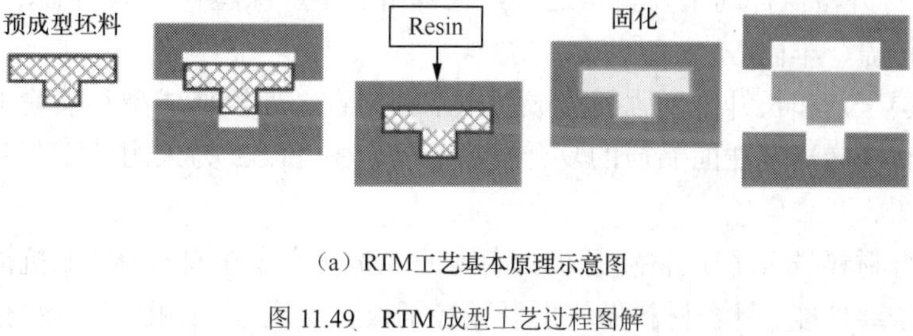

（a）RTM工艺基本原理示意图

图 11.49 RTM 成型工艺过程图解

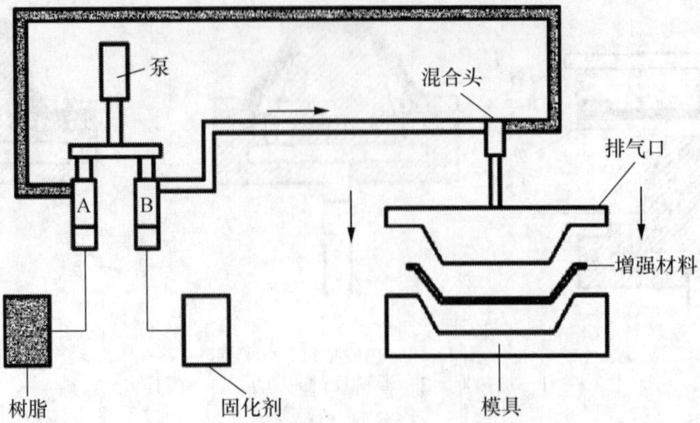

（b）RTM工艺过程

图 11.49　RTM 成型工艺过程图解（续）

11.4.2　模压成型

模压成型是复合材料成型的传统工艺，同时也是容易实现自动化和高效成型的工艺。

模压成型设备如图 11.50 所示。模压成型原理是在模具上铺好纤维制品，然后浇上配好的热固性树脂加热加压固化成型（见图 11.51）。为简化工艺流程，目前多采用片状模塑复合料（Sheet Molding Compound，SMC）为原料。SMC 是将热固性树脂（不饱和聚酯、酚醛树脂、环氧树脂等）及纤维、固化剂、填料等多种成分经充分混合而成的片状预浸料。SMC 模压成型的原理是先将 SMC 附胶片材用裁剪/缝制等方法制成与制品形状相仿的型坯并正确安放在模具中，然后闭合模具，在一定压力和温度下使热固性树脂固化而成型。

图 11.50　复合材料模压成型设备

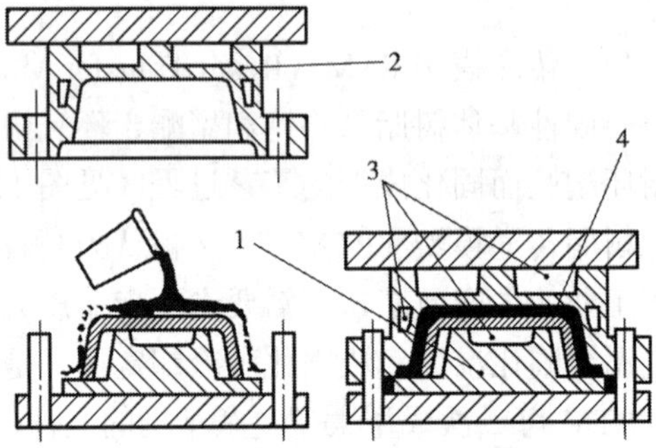

图 11.51　复合材料模压成型原理
1—下模　2—上模　3—加热通道　4—制品

SMC 是车身外覆盖件的主要材料之一，也可用于生产保险杠、散热器、外壳、仪表盘、挡泥板、行李箱盖、车门等。

将模内涂层工艺和长纤维增强模压成型技术相结合，使板材成型和喷涂工艺同步进行，可以生产出具有高光洁度表面品质的复合材料产品。图 11.52 为采用此工艺制造的复合材料产品结构示意图。

热塑性复合材料/金属层压材料是极具潜力的轻量化汽车车身板材料。抗撞凹性能是汽车车身板的一个重要性能，复合材料做底层既减轻了板材的质量，又提高了板材的抗撞凹性能；金属材料做蒙皮使其易于连接并能改进表面质量。因此，混合热塑性复合材料/金属层压材料具有优良的表面质量，可采用标准复合材料板的连接方式连接。与传统金属汽车车身板材料相比，混杂层压板材的抗撞凹性能更好，且随着复合材料/金属比率的升高而提高，板材重量也随着该比率的升高而降低。

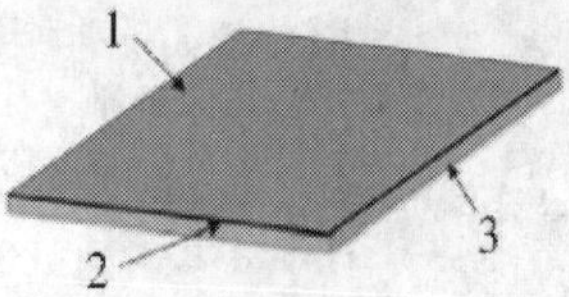

（a）层板结构示意图

（b）高光洁度表面发动机罩

图 11.52　模内涂层工艺和长纤维增强模压成型技术相结合的产品
1—表面喷涂层　2—隔离防护层　3—复合材料结构层

11.4.3　滚塑

滚塑也称为旋转模塑或旋转浇铸成型。

滚塑的成型原理是先将塑料加入到模具中，然后给模具加热，与此同时，模具沿两垂直轴不断旋转。加热旋转过程中，模内的塑料在重力和热的作用下，逐渐均匀地涂布、熔融黏附于模腔的整个表面上，成型为所需要的形状，经冷却定型后制得塑料制件。在整个成型过程中，塑料除了受到重力和热空气的作用之外，几乎不受任何外力的作用。滚塑设备及工艺过程示意图如图 11.53 和图 11.54 所示。

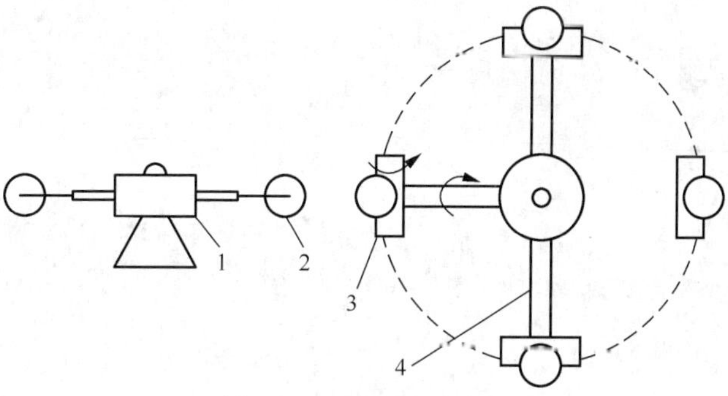

图 11.53　滚塑设备示意图
1—旋转机　2—模具　3—次轴　4—主轴

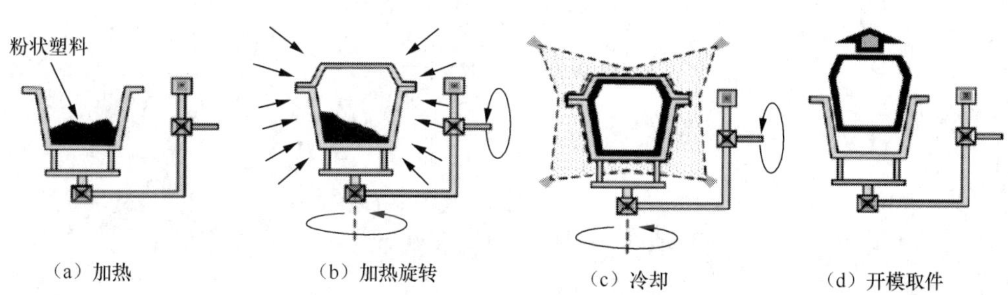

（a）加热　（b）加热旋转　（c）冷却　（d）开模取件

图 11.54　滚塑工艺过程

滚塑适合制备大型及超大型中空塑料制品，可以整体加工复杂曲面的塑料制品，能够满足汽车外观的线条流线型和圆滑曲面。利用滚塑工艺可以制得超轻汽车车身，不仅简化了传统的汽车车身制造工艺（包括冲压工艺、焊接工艺以及涂装工艺），同时缩短了车身成型周期，简化了成型设备，有利于汽车的生产与研发。目前，国内公司与高校经过多年合作研发，已成功攻关了全塑车身整体一次成型技术，如图 11.55 所示。

图 11.55　新能源汽车全塑车身

第四篇

汽车电子篇

第 12 章 汽车电子概述

12.1 汽车电子的定义及分类

12.1.1 定义

汽车电子是主要包括汽车电器和汽车电子控制装置，电子控制装置由车体汽车电子控制装置和车载汽车电子控制装置组成，汽车电子系统是汽车的重要组成部分，其性能的好坏直接影响到汽车的动力性、经济性、安全性、可靠性、舒适性及排放性。蓄电池、起动机、发电机、灯光照明等是传统汽车电器和电子控制系统的基础，多年来，在汽车工业中发挥了极其重要的作用，并将继续发挥其应有的作用。但是，近几十年来，随着电子技术的迅猛发展和对汽车性能要求的不断提高，电子技术在汽车上的应用越来越广，汽车电子设备和电子控制系统不断更新，特别是大规模集成电路和微处理器的应用，更是促进汽车的电子化，汽车电子控制系统在汽车中的作用也越来越重要。汽车电器和电子控制技术发展到今天，发动机、变速器、悬架、制动系统、转向系统、门锁控制、车身控制等各大系统都已电子化，汽车电子化程度已成为衡量汽车技术水平和先进性的重要标志。当今，汽车工业的竞争，在很大程度上，表现为汽车电子技术的竞争。用传感器、微处理器、执行器、数十甚至上百个电子元器件及其零部件组成的汽车电子系统，最重要的作用是提高汽车的安全性、舒适性、经济性和娱乐性。

12.1.2 分类

（1）传统汽车电子装置如图 12.1 所示。

（2）新型汽车电子装置如图 12.2 所示。

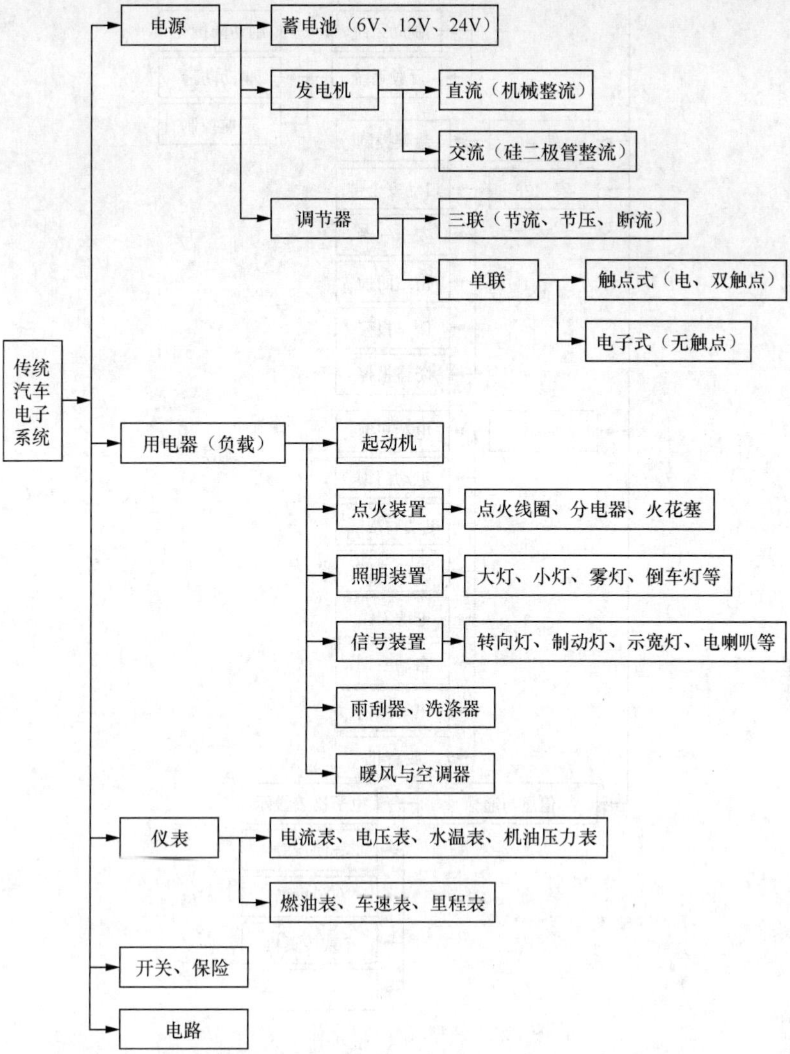

图 12.1　传统汽车电子装置

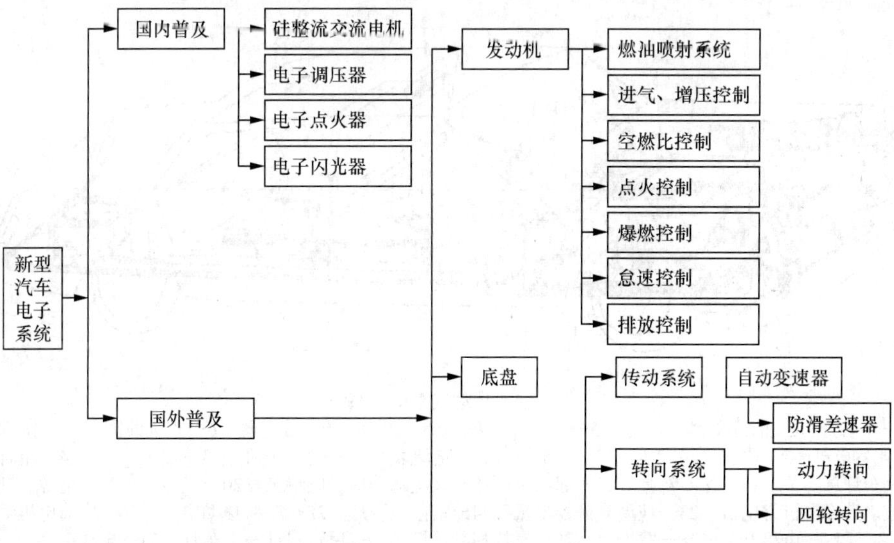

图 12.2　新型汽车电子装置

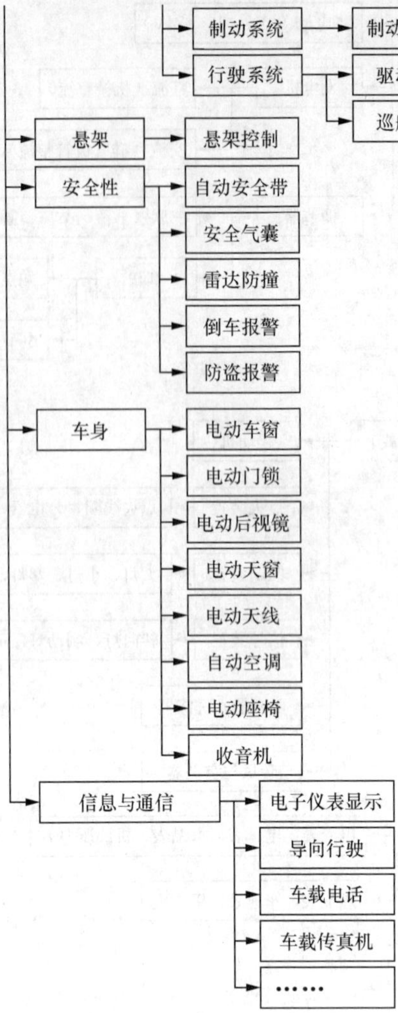

图 12.2　新型汽车电子装置（续）

（3）汽车所采用的电子系统如图 12.3～图 12.7 所示。

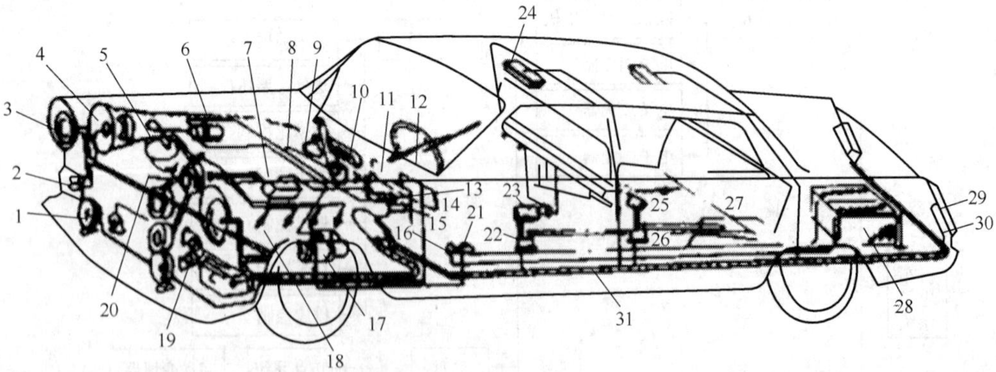

图 12.3　传动汽车电子系统

1—前雾灯　2—前小灯和转向灯　3—前照灯　4—冷暖风电机　5—分电器　6—点火线圈　7—调节器　8—刮水器电机　9—收放机扬声器　10—收放机　11—电流表　12—喇叭按钮　13—点火开关　14—组合仪表　15—车灯总开关　16—保险丝盒　17—起动机　18—火花塞　19—电喇叭　20—发电机　21—电源总开关　22—玻璃升降电机继电器　23—玻璃升降器电机　24—室内照明灯　25—座椅移动电机　26—座椅电机继电器　27—电机开关　28—蓄电池　29—尾灯和制动灯　30—后转向灯和倒车灯　31—电线束

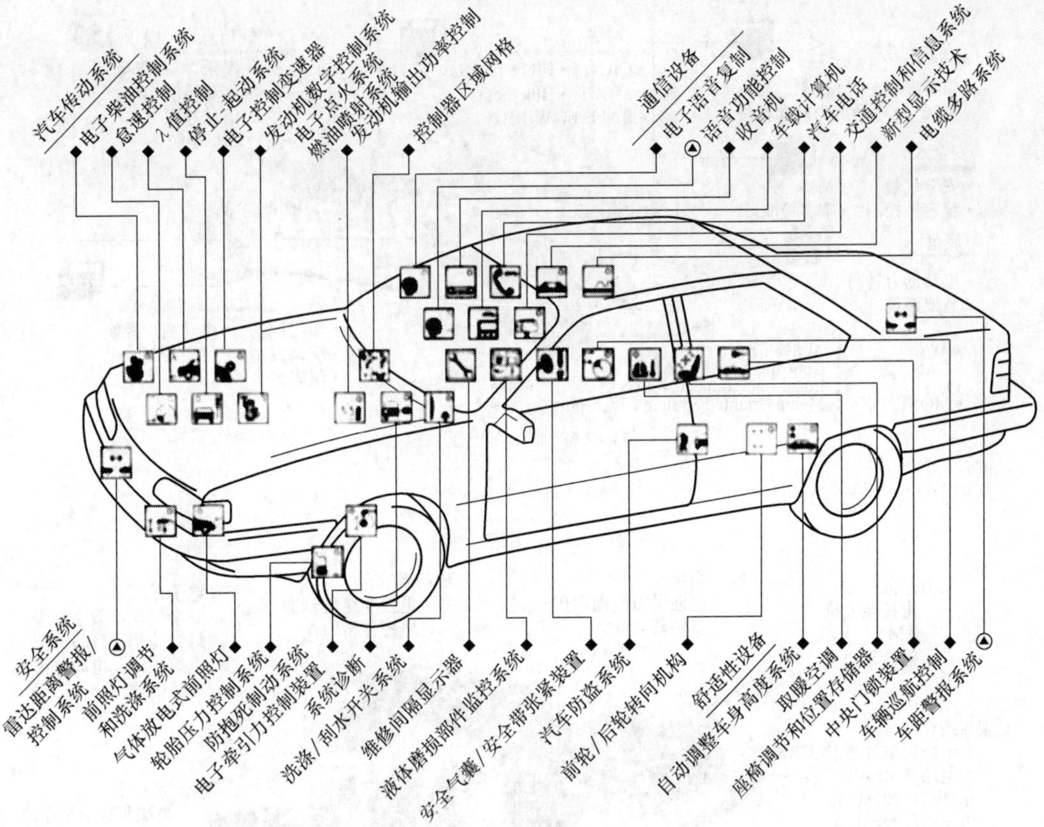

图 12.4　新型汽车电子系统

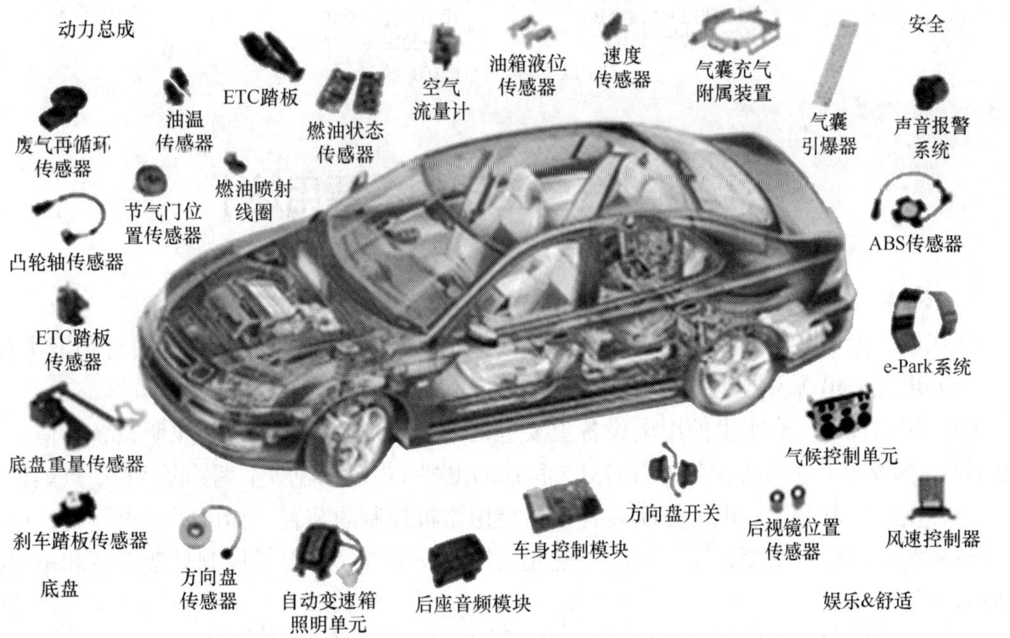

图 12.5　现代汽车电子系统

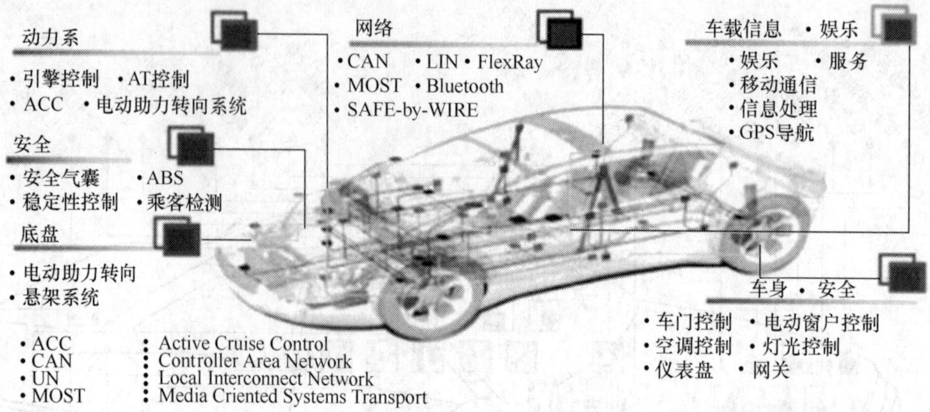

图 12.6 乘用车电子系统

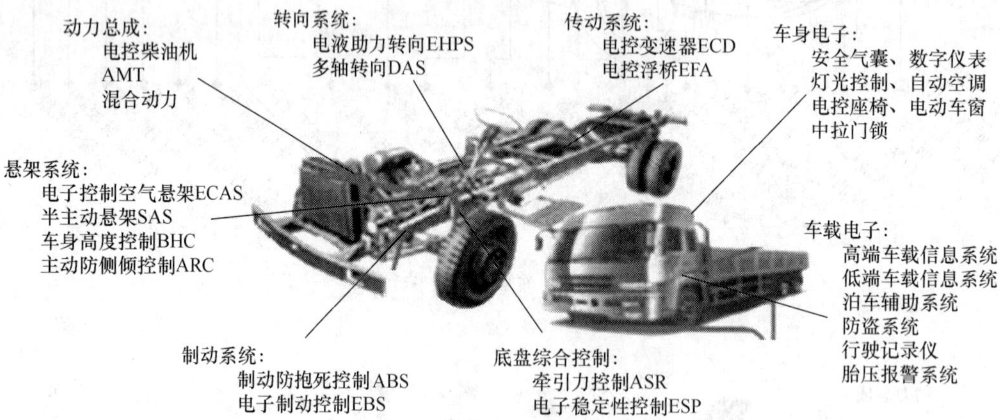

图 12.7 商用车电子系统

12.2 汽车电子的主要用途

1. 汽车电子的组成

现代汽车上所装用的汽车电子系统尽管数量越来越多，但按照用途大致可分为五大部分。

（1）电源。电源主要包括蓄电池、发电机及其调节器。

（2）用电设备。汽车上的用电设备主要包括：起动机、点火系统、照明设备、信号装置（电喇叭、闪光器、蜂鸣器和各种信号灯）和辅助电器（电动雨刮、空调、收音机、点烟器等）。

（3）电子控制装置。电子控制装置主要指由微机控制的装置，如电子点火装置、电控汽油喷射系统、电控自动变速器、制动防抱死系统、安全气囊、电子控制悬架系统和电子控制转向系统等。

（4）检测装置。检测装置包括各种检测仪表，如：电流表、电压表、机油压力表、温度表、燃油表、车速里程表和各种报警装置等。

（5）配电装置。配电装置包括中央接线盒、电路开关、继电器、保险装置、接插件和导线等。

2. 汽车电子的特点

和其他系统不同，汽车电子系统有其自身的特点。

（1）直流。尽管汽车采用交流发电机作为并联电源之一，但是汽车的所有用电设备使用的都是直流电，即汽车电系为直流电系。

（2）低压。汽车电系的额定电压有12V、24V两种，汽油车普遍采用12V电系，而重型柴油车则多采用24V电系。

（3）单线制。单线制是指从电源到用电设备只有一根导线连接，而用汽车底盘、车架和发动机等金属机体作为另一公用导线。单线制节省导线、线路清晰，安装和检修方便，且电器也不需要与车体绝缘，因此，现代汽车均采用单线制。

（4）负极搭铁。采用单线制时，将蓄电池的负极接车架就称之为“负极搭铁”；反之则称为“正极搭铁”。按照国家标准，我国的汽车电系采用负极搭铁。

12.3 汽车电子的现状及发展趋势

1948年，晶体管收音机被发明，到了1955年，在汽车上使用的晶体管收音机数量迅速增加。1959年，集成电路制作的收音机开始在汽车上推广应用，因此收音机称为在汽车上最早应用的汽车电子装置。

20世纪60年代初期，硅二极管整流器出现，交流发电机采用了硅二极管整流，开始替代原来车上使用的直流发电机。随后，车用发电机的交流化迅速在世界范围内得到推广。60年代中期，晶体管电压调节器在车用交流发电机上开始普及。从20世纪60年代起，汽车制造商已经开始试图用电子技术来改善发动机和汽车的性能，最早开发的晶体管点火装置，用来提高点火能量，以改善发动机的经济性。1967年开发成功了各种简单的电子燃油喷射控制系统。此外，在汽车底盘方面还有巡航控制系统和制动防抱死系统等。当时这些新技术的应用，存在着价格昂贵、可靠性差的共性问题，并且复杂的电路使维修费用也较高，因而没有得到推广应用。

1966年美国加利福尼亚州首先颁发了世界上第一个汽车排放法规，1971年美国清洁空气法规要求必须大幅度降低汽车废气中的有害污染物，以及当时在世界范围内又出现了能源危机，从而推动了汽车电子技术的快速发展。

进入20世纪70年代，电子工业的长足进步，特别是大规模集成电路和超大规模集成电路技术的快速发展，使微处理器得到广泛应用，被称为“第三次工业革命”。微处理器在汽车上的应用使汽车的性能发生了重大的改变，第一个在汽车上应用的微处理器是点火定时控制系统，它能够精确地控制发动机的点火时刻，用来提高发动机的燃烧效率和输出功率，同时还可以大幅度地降低排放中的有害成分。随后在这种电子点火控制技术的基础上，又增加了废气再循环和二次空气喷射的控制功能。为了进一步改善汽车的排放性能，有的汽车公司又将这个系统发展成为电子控制化油器空燃比控制系统，但由于电子控制燃油喷射系统的出现，电子控制化油器只存在了很短的时间。从1979年开始，燃料喷射系统大批量投放市场。汽油发动机燃油喷射系统具有空燃比控制功能，空燃比闭环控制和三元催化转换器一起使用，和传统的化油器发动机相比，可以使发动机排气中有害生成物 CO，HC，NOx 的排放量减少 95%以上，是解决汽油发动机降低排放量的有效技术措施。

出于对汽车动力性、经济性和排放性能的综合要求，1970 年以后，美国联邦政府和加州政府实施了强制安装发动机电控燃油喷射系统的规定。在废气排放立法方面，欧洲一般落后于美国和日本，直到 1993 年 1 月才要求美国销往欧共体（EEC）国家的汽车，全部强制安装排气污染控制系统，这意味着大约每年有 4000 万辆汽车都配有电控发动机燃油喷射系统。北京从 1999 年开始实施排放法规。

从 20 世纪 80 年代开始，微处理器的应用已经深入到人民生活中的各个领域，从家用电器、各种工业控制装置到航空航天领域。汽车制造商们也把微处理器控制汽车的各种系统作为提高和改善汽车性能最有效的控制手段。

自动变速箱的微型计算机控制系统，改善了换挡时的平稳性，使汽车的使用油耗大幅度降低。牵引力控制系统（Traction Control System，TCS）能够帮助车辆在光滑的道路表面上加速；在恶劣的驾驶条件下 ABS 可以保证汽车良好的制动性能；装有电子四轮转向系统（Electronic 4 Wheels Steering，E4WS）的车辆，在车辆陷入狭窄空间或拐角时，控制系统可以准确地操纵前后轮，使车辆摆脱困境；电子控制悬架系统可以改善车辆的舒适性和操纵性。

在车内，电子装置已经用来大幅度改善驾乘人员的舒适性和方便性。车内普遍安装了立体收音机，许多汽车配置了电操纵的座椅、后视镜、遮阳顶棚和车窗、空调及娱乐系统。

安全气囊的使用，已经证明是保证驾乘人员生命安全非常重要的安全设备，在美国已经规定为汽车强制性安装的设备，在许多欧洲生产的车型上也是标准的配制。由于传感器技术的最新发展，侧面碰撞的安全气囊也已经被众多汽车制造商所采用。

在国外，汽车的安全也是一个特别受到重视的问题。为了防止汽车失窃，现在市场上出售的汽车，很多都安装了由工厂配置的防盗报警器和发动机阻行器，目的是减少新车的保险费。

进入 20 世纪 90 年代，汽车保有量的不断增多，导致石油能源消耗的急剧增加，汽车排出的废气造成的大气污染日趋严重，交通拥堵，交通事故增多。加之人们对汽车安全、舒适、便捷、豪华的追求，对汽车的性能提出了更高的要求，使用传统的机械办法已不能使汽车的性能进一步得到明显的改善和提高。由于微电子技术的飞速发展，特别是微型计算机技术的巨大进步，电子技术和传统的机械机构相结合，使得人们对环保、节能、安全、舒适和便捷等问题的需求得到了进一步的满足。

在此期间，各种控制系统的功能进一步增强，性能更加完善。例如，在动力控制方面，发动机管理系统（Engine Management System，EMS），增加了变速器的控制功能，组成了动力传动控制系统（Powertrain Control Module，PCM）控制；在汽车主动安全控制方面，制动防抱死系统（ABS）、驱动防滑系统（Acceleration Slip Regulation，ASR）、电子差速系统（Electronic Differential System，EDS）和电子稳定程序（Electronic Stability Program，ESP）等功能集成在一起；在被动安全控制方面，发展了安全带和安全气囊的综合控制技术。

智能管理巡航控制也称为自适应巡航控制（Adaptive Cruise Control，ACC），包括制动防抱死系统、牵引力控制系统和车辆稳定性控制系统。驾驶员即使没有踩制动踏板，ACC 也能够在必要的时刻自动完成制动的操作。

此外，汽车内部环境的人性化设计方面、无线网络通信技术、自动防盗系统和车载防撞雷达等电子装置，都得到了进一步的开发和应用。由于汽车上的电子控制装置越来越多，车上的线束就变得非常粗大。为了减少导线的数量，控制器局域网（Controller Area Network，CAN)中线技术在此期间有了很大的发展。CAN 总线将各种汽车电子装置连接成为一个网络，在这个网络中，各种控制装置独立运行，完成各自的控制功能，同时还可以通过网络为其他控制装置提供数据服务。

12.4 汽车电子未来发展的主要方面

20 世纪 90 年代，电子技术取得了巨大的进步，电子元器件的体积变得很小，重量减轻，电能的消耗进一步降低。由于微处理器功能的增强，计算速度的提高，价格也变得非常便宜，特别是可靠性得到了极大的改善，为用电子技术改造传统的汽车创造了条件。未来汽车电子的发展趋势仍会集中在环保节能、安全、驾驶乘坐环境和公共设施的建设四个方面。

1. 环保节能

全世界约有 4 亿辆汽车在道路上行使，汽车对环境造成的影响是非常可怕的。德国政府的研究表明，一辆典型的汽车，从投入使用到最后报废，要向大气中排放 59.7 吨产生温室效应的二氧化碳、污染 20.4 亿 m^3 的空气和产生 26.5 吨的固态垃圾。除此之外，还要对汽车产生的废弃物进行处理。

为了保护地球上现存的有限的碳氢化合物资源，减少汽车排放的二氧化碳和其他有害污染物，提高发动机的效率仍是当前急迫解决的问题。为了使发动机获得最好的燃油经济性，汽车制造商们正在开发“稀薄燃烧”的发动机，采用先进的电子控制系统，精确地控制发动机的点火和喷油，这样将使燃油效率比传统发动机提高 25%。

减少汽车排气对环境的污染还可以通过使用“代用染料”、采用油电混合动力系统和氢燃料电池技术的发动机来实现，为此要研究制造新型的发动机、传感器、执行器以及体积小、运算速度更快和更智能的控制器。

2. 安全

一年一次的道路意外事故统计，在人们的心中并没有引起足够的重视。统计资料表明，2003 年我国发生一般交通事故 667507 起，造成 104372 人死亡，494174 人受伤，万辆车死亡率达到 10.8%，已是发达国家的 10 倍以上，汽车给人们的生命财产造成了巨大的损失。

近年来，汽车安全装置的销售呈上升趋势。电子技术的应用主要集中在两个方面：①主动安全，指协助驾驶者避免意外事故的发生和提高驾驶的安全性；②被动安全，指一旦不可避免地发生了碰撞事故，可以保护车上乘员的安全。

（1）主动安全

汽车由于安装了主动安全的电子控制系统，减少了驾驶员的疲劳程度，从而使驾驶变得轻松和比较安全。由于电子控制系统的响应速度快，能够非常快地参与对汽车的操纵和控制，在紧急情况发生时，它们的价值是无法估量的。制动防抱死系统和牵引力控制系统在车辆发生事故时，可以减少车辆碰撞事故的发生；碰撞预测系统使用雷达或红外线探测器能够识别障碍物，将其连接到车辆的速度控制和制动控制系统，可以发出警报，并可采取减速和制动措施。

此外还有驾驶员检测系统，这个系统可以在驾驶员的行为或反应变得异常时警告驾驶员。改进的显示和警告系统，可以清晰地显示或用语音提示，给驾驶者提供所需的信息，而不需要他的视线离开行进道路的前方。

（2）被动安全

1960 年开始在汽车上使用汽车安全带。已经证明，安全带的使用在汽车发生意外碰撞事故时，在防止乘员受到伤害方面起到了明显的效果。作为安全带的补充又开发了安全气囊系统。最初的安全气囊是使用机械方式触发的，在使用电子控制后性能有了相当大的提高，气囊瞬时充气胀大所需的时间只有 20～30ms。未来的智能保护系统将安全带、气囊、乘员感知系统和碰撞预测系统集成在一起，在实际碰撞发生之前就能够预知碰撞的发生。这种技术能够使气囊在撞击的时候已经充满气体。

3．驾驶乘坐环境

对任何一种乘用客车的最基本的要求应当是使乘坐者舒适和容易驾驶。换句话说，车辆的设计应当满足“人体工程学”的设计要求。在操作时要省力和准确，车辆行驶信息应当醒目、易读。

按照人体工程学设计的“智能”转向助力系统，车上的转向盘和转向柱会在驾驶员上下车的时候自动摆向仪表板一侧，让出一个驾驶员容易通过的通道。有一些车使用的电子“钥匙”，不但可以操纵门锁和点火钥开关，而且还可以把调整座椅、后视镜和转向柱个性化的位置数据自动保存起来。此外常见的还有动转向助力系统和车速巡航控制系统，它们可以减轻驾驶员在长途旅程中的疲劳。

汽车已经变得非常先进，随着提供给驾驶员信息量的增多，指示灯、报警灯和各种机械仪表使得仪表板变得非常复杂。为了使这些数据显示醒目和容易辨识，正在研制的新型显示系统，可以把汽车仪表上的图像投影在挡风玻璃上，位置正好在驾驶者的视线前方，即所谓的“平视显示系统”（HUD），这样驾驶员的视线可以不离开车辆行进的道路，就可看到仪表板上显示的各种信息。为了增强信息的效果，会像在航行器座舱中一样，使用语音提示驾驶员注意。

4．公共设施的建设

社会逐步走向信息化，汽车将会越来越多地配置一些电子装置，在车辆行进中为驾驶员和乘客提供大量来自车辆外部的信息。将来的车载通信系统（On-board Communication Systems）将会使驾驶员能够避免塞车和发生意外事故，并且能够获得停车位、商店和购物场所等详细的地理位置方面的信息。

目前，绝大多数汽车上都配置了 AM/FM 收音机，提供娱乐和收听由电台播放的交通信息。未来的交通数据系统将会具备更多的功能，道路数据系统在大屏幕液晶显示屏上，可以显示车辆所处的位置、导航系统所选择的最佳行驶路线以及到目的地所需要的最少时间。惯性导航系统采集车速传感器提供的车速信号、车载陀螺仪输出的方位信号以及 GPS（全球定位系统）卫星网络的信号，和保存在 CD-ROM 数据磁盘上的道路地图相比，在屏幕上实时显示车辆的位置。

因为这些系统的运行都需要通信基础设施的支持，所以一些国家的政府正在支持所在地区的相关发展。在欧洲，欧盟国家正在发起 DRIVE 和 PROMETHEUS 计划。在美国，联邦政府正在与大学合作发展智能汽车-公路系统（Intelligent Vehicle High-way System，IVHS）。在日本，正在开发车辆智能通信系统（Vehicle Intelligent Communication System，VICS）。

第13章 汽车安全性电子系统

13.1 主动安全性电子系统

13.1.1 主动安全技术简述

随着汽车在普通家庭的不断普及，车辆事故和因车祸伤亡的人数也在不断增加，汽车的安全性能越来越受到消费者的关注。汽车的安全性能分为主动安全和被动安全，被动安全只是在发生事故时起保护作用，而主动安全系统则事先防范以避免事故的发生。汽车的主动安全性因其定位于防患于未然，所以有着广阔的发展前景，越来越受到汽车厂商和消费者的重视。为满足人们对汽车的安全性能日益增加的需求，越来越多的先进技术被应用到汽车主动安全装置上。

汽车主动安全就是指事故前的“安全”，即实现事故预防和事故回避，防止事故发生。主动安全性是指通过事先预防，避免或减少事故发生的能力。过去，汽车安全设计主要考虑被动安全技术，如设置安全带、安全气囊、保险杆等。现代汽车设计师们更多考虑的则是主动安全设计，使汽车能够自己“思考”，主动采取措施，避免事故的发生。主动安全技术可以分为两大类：预防安全技术和事故安全技术。预防安全技术包括：车况、路况监测、车载视觉增强、驾驶员状态监测、自主导航；事故安全技术包括：安全报警和车辆驾驶操纵性提高。

主动安全性所涉及的因素很多，但归纳起来可以分为“车”“人（驾驶员）”“环境”三方面。同时三者相互作用，构成一个闭环系统，系统的输入为驾驶目标，输出是汽车的反应。这里，驾驶员相当于一个控制器。为了防止这个“控制器”的不稳定和误操作，主动安全技术（系统）还需要增加一个更可靠的控制器以监测人、车、环境的状况。

在这种背景下，自20世纪80年代以来，各种主动安全装置也相继问世。先后出现了汽车制动防抱死系统（ABS）以及在此基础之上发展起来的制动辅助系统（BAS）、电子驱动系统（EBS）和驱动调节系统（ASR）、车载雷达与超声波防撞装置等。这些装置充分发挥制动效能，增加了汽车可控性和加速过程中的稳定性，同时为实现汽车电子化、系统化提供了良好条件。

主动安全将保护提前到事故发生之前，在保护的基础上更注重预防。而人工智能的研究成果使得让车具有某种人的“智能”，能感知外界和自己思考，主动采取措施，避免事故的发生成为可能。这就构成了我们通常所说的“智能汽车”。

13.1.2　底盘主动安全技术

1．电子控制四轮转向系统

在驾驶员转动转向盘时，电子控制四轮转向系统能对汽车的前后四个车轮进行转向操纵，可以改善汽车低速行驶时转向的轻便性、灵活性，并且可以提高汽车高速行驶时的稳定性和控制性。其特点是：前轮转向器与后轮转向执行器之间无任何机械联系，后轮转向执行器直接受控于 ECU；在高速运行中进行转向操纵时，后轮与转向盘的转动方向基本一致，行车摆动小、稳定性好；在汽车出入车库、大转弯或做 U 型调头时，后轮与转向盘转动方向相反，可使汽车易转弯，具有较小的转弯半径。

2．汽车一体化底盘控制系统

汽车一体化底盘控制系统是一种先进的集成系统，通过中央底盘控制器，将制动、悬架、转向、动力传动等控制系统进行电子化连接。控制器通过微电脑的控制运算，对各个子系统进行协调，以获得车辆整体性能和稳定性控制达到最佳，保持汽车在任何行驶状态下的平稳性和快速转弯时的可控性，减少颠簸和转向时离心力造成的冲撞。

3．电子控制扭矩分离式四轮驱动

电子控制扭矩分离式四轮驱动（E-TS），是为了确保四轮驱动的优异性能，适当分配前后轮的驱动力，实现高操纵稳定性的四轮驱动系统。若车轮在转向中，分配到前轮的驱动扭矩较大时，车辆出现不足转向。反之，分配到后轮的驱动扭矩较大时，车辆出现过度转向；通过控制驱动扭矩在前后轮的分配，能够按照驾驶者意愿控制车辆的转向特性，车辆在转向加速时的运转变化被限制在弱过度转向到弱不足转向之间。此外，通过检测横向加速度（横向加速度控制），能够在所有路面上最优分配驱动扭矩，并实现与防抱制动系统（ABS）的综合控制。该系统是由通过四轮的车轮速度传感器与加速度传感器、计算前后轮驱动扭矩分配的 E-TS 电控单元以及按照电控单元的指令输入压力的液压装置、内装湿式多板离合器的分动器构成。驱动力从变速器直接传递到后轮，但是驱动力传递到前轮则要借于多片离合器才能实现。

4.胎压监测系统

当轮胎气压过低时，会使汽车的行驶性能变坏，加速轮胎磨损，甚至造成车辆倾翻事故。为了解决这一问题，研制出了胎压监测系统。当轮胎气压低于某一定值时，该系统报警，以便驾驶人员采取一定措施，确保行车安全。为了减少轮胎气压过低对安全行驶的影响，英国哈蒙雷塑料研究所研制出一种自动吸气的轮胎。其内部填充一种能自动吸气的泡沫塑料，吸气特性取决于所受压力。轮胎受的压力越大，吸入气体越多，当压力减小时，它又释放出一部分气体，始终保持一定压力。

5．电子控制悬架系统（ESS）

普通的悬架系统必须在舒适性和操纵性中进行折中，缓冲性能越好，车辆的减震性能越好，但操控性越差，它自然也会影响制动距离。电子控制悬架系统利用电子技术来提高底盘悬架的技术水平，与一般悬架系统相比，车辆的安全性和舒适性大大提高。电子控制悬架系统能根据不断变化的道路状况对阻尼系数和车身高度进行调整。在颠簸不平的道路上，电子控制悬架系统可以通过升高车身和采用自动电子阻尼控制技术，明显地提高驾乘人员的舒适性。而在高速公路上，它会自动降低车身高度，减小风阻系数，同时在必要时通过调整阻尼系数来改善汽车的操纵稳定性。如果转向稳定性提高，后轮可以传递更大的制动力，从而缩短制动距离。

6．人工智能自动变速器

自动变速箱是为了让人们从繁琐的操作中解脱出来，其智能化设计也是为了自动学习驾驶者的习惯，自动判断道路情况。但自动化终究不能代替人的思想，在目前条件下，人工智能还不能起着人脑同样的作用。所以在高级轿车上，在提供智能化功能的同时会同时提供人工手动干预功能，使驾驶更加安全。自动变速箱虽说基本功能相仿，但其技术内涵则大不一样。传统的自动变速箱采用电控技术，智能化程度较低、较初级。而新型的自动变速器则采用“人工智能”又称“AI”技术，它与自动化和电控化有显著区别。以富康的AL4自动变速箱为例，它采用了“模糊逻辑控制”和能模拟人脑神经功能的“人工神经网络”等人工智能技术，利用35种统计功能，自动识别各种道路，自动学习、记忆驾驶者的驾驶习惯，随时提供驾驶者期望的换挡模式。

13.1.3　主动安全驾驶系统

1．智能型车灯

有关资料显示，夜间行车的事故率普遍高于白天，为了提高夜间行车的安全性，智能型车灯照明系统应运而生。这种车灯由微电脑控制，通过车内的电子系统和传感器获取数据，并以此决定各种照明方式。它可以实现3种功能：一是根据路线自动变换照射方向，能够在汽车转弯之前，先将车灯的照射方向转过去，汽车随后跟进，这样既有助于驾驶员看清弯道的路况，也能让弯道上的行人与车辆提前发现来车；二是根据能见度自动开关，当太阳落山或汽车驶入隧道，或因雨雪雾等天气能见度低于一定要求时，汽车车灯便会自动打开，这种功能主要依靠能见度感应装置实现；三是自动调节亮度及照射角度。车灯亮度低会导致照射距离过短，从而增加驾驶员的疲劳程度，但亮度过高又容易妨碍对面驾驶员的视线。针对这种情况，智能车灯可以根据路况及道路能见度自动控制灯光亮度和照射角度，尤其能够在会车时减弱亮度并降低照射高度。除此之外，这种智能车灯还可以根据制动强度不同，调节制动灯的亮度，以便使后面的驾驶员判断出前车是否采取了紧急制动，从而采取相应的操作。

智能型前车灯一般由5个元件组成：一是基本型灯，用于白天行驶；二是辅助灯，用于高速公路照明的辅助高强度光束；三是恶劣气候灯，用于雨雪雾等能见度较低的天气时自身定位；四是双氙投影车前灯，用于高速近光及高强度照射；五是位置灯。

2．偏离行驶路线警报系统

由于某种原因，车辆稍微偏离行车路线，而驾驶员又没有注意修正时，该系统发出警报，直到车辆回到原来的路线为止。日本三菱汽车公司和马自达汽车公司采用车载摄像机识别道路中间白线的方法，当车辆偏离白线或偏离白线较多时，该系统报警。汽车报警后，驾驶员仍没有使车辆回到原来路线时，该系统便自动地使车辆回到原来路线。

3．自动巡航系统

普通的巡航系统是在汽车行驶到一定速度时，起动巡航系统，汽车会保持一定的速度自动前进，不用再踩油门，但当遇到情况时驾驶员必须踩制动以防事故发生。因此，驾驶员必须随时准备制动。采取制动后巡航系统自动失去功能，必须重新加速后重新设定巡航速度。自动巡航系统则具有高度智能化功能，能自动调整车速，巡航时速最低可达 32km/h。利用携带的 GPS 系统会时时提醒自动巡航系统近 1km 范围内可能出现的物体，自动巡航系统接收到信息后判断出最佳的车速，待确认无潜在危机后，又会恢复到较快的巡航速度。

4．距离警示系统

该系统可以帮助司机保持与前车的安全距离，当距离警示系统启动后，司机可以预先设定自己与前车的时间间隔。汽车行驶时，系统探测到汽车与前面的汽车时间间隔低于设定时，会在前挡风玻璃发出警示，同时发出警告铃声，如果司机仍然没有采取任何安全措施，这个系统将会主动帮助驾驶员刹车。

5．Eye Car 技术

沃尔沃的 Eye Car 系统可以将不同身高的驾驶员的视线都保持在最佳高度系统，会根据每个人的特点对座椅进行调节，使驾驶员视野不受任何限制。可确保任何体型驾驶员都能保持最佳的坐姿，拥有最佳的观察视野和舒适度。Eye Car 系统是通过两种方式对驾驶员座椅进行调节的。一种方式是利用人眼独特的反光特征，来确定眼睛的最佳位置，再通过调节系统对驾驶席等进行调节。另外一种方式是系统利用人体的水含量特征，通过人头顶的电流变化来判断驾驶员疲劳后坐姿的改变，进而调整座椅以使驾驶员保持最佳视野。

6．Sensor Car 技术

交通伤亡事故中碰撞行人占有很大的比例。马自达 Sensor Car 概念车中采用的碰撞预警系统技术主要是为了减少追撞和伤害行人的事故，对于今后在事故防范方面取得进展具有重要的意义。

Sensor Car 概念车采用的新技术包括以下几点。

（1）装在格栅上的激光雷达装置监测车前行人的行动，如测到有人走入汽车的行驶中线便点亮仪表板上的警示灯，使前扬声器发出声响，甚至鸣响喇叭。

（2）后保险杠中的传感器监测后面的车流情况，由计算机程序确定有无撞车的可能。

（3）在马上要发生后端碰撞时，后端警示系统启动安全带电动预紧器，自动拉紧安全带，最大程度地减少系安全带乘员受伤害的危险。系统还会点亮仪表板上的一个警示图标，同时通过后扬声器发出警报讯响。

7．Cam Car 技术

Cam Car 技术旨在帮助提高驾驶员的感知能力，多个铅笔大小的摄像机和三个可切换的视频显示屏为驾驶员提供了前、后视视线，这样既可方便泊车时的操作，又可在拥挤的交通中提高行驶的安全性。Cam Car 的技术特点包括以下方面。

（1）安装在汽车两侧的前向摄像系统，使驾驶员能够绕过大型车辆提前看到隐蔽处的汽车或行人。在典型的行驶情景中，驾驶员在拥挤的车流中左转弯时可以更方便地查知对面的车辆。

（2）侧置后视摄像机提供增强的侧面视野，摄像机的覆盖面比传统的后视镜要广，特别是对于相邻的车道。

（3）安装在车后，扇面形布置的四个微型摄像机可以获得车后的全景视野，图像经电子合成，具有变焦和 160° 广角能力。

（4）“夜眼”（Night Eye）摄像机可在低照度条件下，在汽车处于倒挡时工作，即使在近乎黑暗的情况下也能提供车后近距离内的细部影像。

8. 驾驶员警示控制系统

该系统能够记录汽车在道路上的行驶情况并向注意力分散的司机发出警示，避免或减少因疲劳驾驶导致事故的发生。驾驶员警示控制系统由一个摄像头、若干传感器和一个控制单元组成。摄像头装在风挡和车内后视镜之间，不断测量汽车与车道标志之间的距离；传感器记录汽车的运动；控制单元储存该信息并计算是否有失去对汽车控制的危险。如果评估的结果是高风险，即通过声音信号向司机发出警示。此外，在仪表盘上还显示一段文字信息，用一个咖啡杯的符号提示司机休息一会儿。在车辆进入容易使司机进入放松状态的笔直、平坦的道路或容易使司机分神和打盹的环境时，以及当车速超过 60km/h 时，该系统激活；当车速超过 65km/h 时，系统便开始进行干预。

13.1.4 主动安全制动系统

1. 防抱制动系统（ABS）

当汽车在行驶时制动，尤其在潮湿、泥泞、冰雪路面等低附着系数路面上高速行驶中进行紧急制动时，车轮很容易抱死拖滑。如果有一个以上的车轮抱死，就会造成车轮侧滑甩尾、方向失控，导致车辆相撞，甚至造成车毁人亡的严重事故。防抱制动系统能有效防止车轮抱死，以保持汽车的转向稳定性和操纵性，提高车轮与地面附着系数的利用率和缩短制动距离。

制动防抱死系统主要由轮速传感器、制动压力调节器和电子控制器（ECU）等组成。汽车制动时，首先由轮速传感器测出与制动车轮转速成正比的交流电压信号，并将该电压信号送入电子控制器（ECU）。由 ECU 中的运算单元计算出车轮速度、滑动率及车轮的加、减速度，然后再由 ECU 中的控制单元对这些信号加以分析比较后，向压力调节器发出制动压力控制指令，使压力调节器中的电磁阀等直接或间接地控制制动压力的增减，以调节制动力矩，使之与地面附着状况相适应，防止制动车轮被抱死。

2. 电子制动力分配系统（EBD）

电子制动力分配系统的工作原理是用高速计算机在汽车制动的瞬间，利用传感器分别对 4 只轮胎附着的不同地面进行感应、计算，得出不同的摩擦力数值，进而控制 4 只轮胎的制动装置以不同的方式和力量实施制动，并在运动中快速调整，使制动力与摩擦力相匹配，从而保证车辆的平稳、安全。EBD 通常是 ABS 的附加装置，在汽车紧急制动、车轮将抱死的情况下，EBD 在 ABS 动作之前就已经平衡了每一只轮胎的有效地面附着力，防止出现甩尾和侧滑。配备 EBD 的 ABS，各车轮由于有最理想的制动力分配，故而可进一步缩短汽车紧急制动时的制动距离。

3. 电子稳定控制系统（ESP）

电子稳定控制系统用于自动控制车辆转弯过程的寻迹稳定性。在车辆紧急闪避障碍物或在转弯时出现转向不足、转向过度进而使车身侧倾角度过大、车尾偏摆力矩超过某一程度、车体的行进方向与转向盘所转过的角度差距达到了某一程度时，它可以将车辆行驶方向快速修正到原行驶路径上。

ESP 通常是电子制动力分配系统 EBD 中的一个自动控制程序，通过对各有关传感器电信号的计算、分析来监控车辆的行驶状况。ESP可向ABS、ASR或EBD等输出指令，通过对有关车轮的制动和制动力大小的控制，使行驶车辆自动保持动态平衡。

ESP的工作原理是：当ESP发现车辆转弯过程中出现转向过度时，会降低发动机的输出功率，并执行前面外车轮的制动作用，来产生一向外的力量，使车身行驶的方向恢复到正常的轨迹；如果ESP发现车辆在转弯过程中出现转向不足时，除了会降低发动机动力输出外，还会对后面两个车轮根据转向不足的程度施加不同的制动力，从而使汽车在转弯过程中有较好的稳定性。

ESP是当前汽车安全水准的最高形式，它是针对各种较差路况、低附着路面、高速弯道行驶等状态下研发的一种车辆主动安全稳定控制系统，能大大提高汽车的行驶安全性和操纵稳定性，从而显著减少因外界各种恶劣路况及驾驶员失误等所造成的重大损失。

4．电子液压制动系统（EHB）

电子液压制动系统也称为电子感应制动控制系统（SBC）。它是一个全新的制动助力机构。该机构用一个电子式制动踏板替代了传统的液压制动踏板，取消了体积庞大的真空制动助力器。这种集成电子踏板传感器能精确地感知驾驶人员控制制动踏板的轻重缓急，并将其转换为电信号传递给电子控制单元，高压液压控制单元则会根据不同的驾驶工况自动调节车轮的制动压力。这一系统缩短了制动反应时间，也避免了因液压机械制动系统反作用力引起震动而使驾驶员不自觉地减小制动力带来的危险。其优点在于提高了制动的舒适性，能提前做出响应，而不是像传统的ABS那样在制动后通过信号反馈进行控制。此外，它还可以实现完全的干式制动，在潮湿的气候或路面条件下，制动盘表面也不会形成水膜，保证了车辆快速响应。

电子机械制动系统（EMB）是EHB的第二代产品，它将完全由导线来代替液压油管、制动分泵等部件。车轮上的EMB装置由一台电动机和一个变速器组成，装在制动钳座上的电动机和变速器是执行机构，执行最终的制动动作。一旦接到指令，每个车轮上的制动器都可以在毫秒级的时间里迅速产生足够大的作用力。

5．线控制动系统（BBW）

线控制动系统（BBW）中制动踏板和车轮制动器之间没有机械和液压连接，取消了液压制动系统中的机械式传力机械和带真空助力器的制动主缸，而采用制动踏板模拟器。制动踏板模拟器要符合人们的驾驶习惯，并根据人体工程学设计以提高舒适性和安全性。由制动踏板模拟器将驾驶员踏板力和行程转换成电信号，并将此信号传给ECU，再由ECU结合传感器信息确定各个车轮所需制动力，最后由相应执行器（电动制动器）进行制动。与其他制动系统比较，BBW具有制动响应时间短、摩擦片磨损轻、装配简单等优点。目前研制出的电动制动器是在传统制动器的基础上开发的，有电动盘式制动器和电动鼓式制动器两种，由于鼓式制动器存在制动热衰退性大的缺点，故将来汽车主要以电动盘式制动器为主。电控单元通过CAN总线集中管理。但电动制动器耗能较大，在现有的12V电压系统不能满足要求，将采用42V电压系统为汽车线控制动系统提供支持。

6．辅助制动系统（BAS）

现在轿车上尽管都已安装了ABS，但在紧急情况下，驾驶员施加于制动踏板的力太小，会造成ABS未能工作，为避免发生这种情况，奔驰公司于1996年12月首次在市场上推出电子控制的辅助制动系统，可缩短紧急制动时的制动距离。即当车辆需紧急制动时，即使驾驶员没有猛踩制动踏板，也能自动进入 ABS 制动状态。制动辅助系统的主要特点是带真空助力器的制动主缸上装有踏板速度传感器，紧急制动时，只要踏板速度足够迅速，BAS 功能就发挥出来，通过真空助力器内的电控系统增大制动压力。

辅助制动系统在普通带真空助力器的制动主缸的基础上，作了不少扩展。

（1）AS 内成一个电磁阀，它被打开时，便能产生最大助力比，电磁阀关闭后，回到普通带真空助力器的制动主缸状态。

（2）一个用于测定踏板行程速度的传感器，它可以测定踩制动踏板的速度，如超过规定值，电磁阀便打开。

（3）一个集成于 BAS 中的释放开关，一旦制动踏板力减小，该释放开关关闭电磁阀，这样 BAS 自动增力功能取消。BAS 只能与 ABS 结合使用。

（4）一个集成于 BAS 中的 ECU，它对踏板行程传感器、释放开关、制动灯开关、轮速传感器等信号进行处理并对电磁阀进行控制。

（5）BAS 的另一个功能是辅助——在车辆起步、坡道上停车时，BAS 能自动建立制动压力，使车轮制动。在起步时，能去除制动压力。

7. 牵引力控制系统或驱动防滑控制系统（TCS、ASR）

驱动防滑转控制系统简称 ASR，也被称为牵引力控制系统（TCS），目前只在少数中、高档轿车上才被装用。ASR 的主要作用是使车辆起动或加速时保持平稳，防止驱动轮出现空转或因之而出现的侧滑。ASR 由传感器监测车轮的滑转情况，当驱动车轮出现滑转时，控制系统通过控制发动机的动力输出或对滑转车轮施以制动力来抑制车轮的滑转，以使车轮保持最大的附着力，提高汽车牵引力和行驶稳定性。ASR 对滑转车轮施以制动力所需的制动压力由制动液压装置产生。ASR 对发动机动力输出的控制通常是通过调整点火正时及间歇关闭喷油阀实现的，这样做可以降低发动机转速，降低发动机转矩，从而防止车轮打滑。

ASR 通常是根据汽车的行驶和车轮的滑转状况，对发动机输出功率和驱动车轮制动综合协调控制来控制驱动车轮的滑转率保持在理想的范围之内，以确保汽车在起步、加速及滑溜路面行驶时有良好的牵引性和行驶稳定性。

8. 电子差速锁（EDS）

当车辆在驱动轮两侧附着力不同的路面起动时，电子差速锁（EDS）将对打滑车轮进行制动，保证输出扭矩都用来驱动不打滑车轮，使车辆能有效地平稳起动。即对产生滑转的车轮施加制动来提高另一侧驱动轮的驱动力矩。尤其在单边滑溜的坡度和平路上能改善车辆起步、加速时的牵引性能。为避免制动器过热，将 EDS 功能限制在车辆起步后的一定车速范围内（如<40km/h）。

13.2 被动安全性电子系统

13.2.1 被动安全技术简述

随着全球汽车流量的增加和车速的提高，汽车事故增多，所引起的人员伤亡和财产损失严重，已成为一个不容忽视的社会问题。针对这一问题而设置的安全防护装置是现代汽车结构的重要组成部分。而被动安全系统（也称乘员安全系统）可以在事故发生时最大限度地降低对人员的伤害。在碰撞事故中，要使车厢的变形减至最小，并且要使乘员在车厢内移动发生第二次碰撞的机会最小。侧门防撞杆、安全车身、安全玻璃、预紧式安全带、安全气囊、智能安全气囊、乘员头颈保护系统（WHIPS）及各种安全电子装置即具有这样的防护作用。

汽车被动安全技术涉及的问题很多,其核心是要在汽车碰撞事故中最大限度地保护乘员。而汽车碰撞过程是一个复杂的瞬时物理过程,它包括成百上千个零件的复杂变形和相互作用,具有很强的非线性特性，其中包括以大变形、大应变为特征的几何非线性，以弹性变形为特征的材料非线性，以不同零部件表面接触摩擦作用为特征的边界非线性。这些非线性特性综合作用的结果是，使汽车碰撞过程的分析变得非常复杂。但多年来经过国内外科学家和工程师的艰苦努力和不断创新，发明了一系列汽车碰撞缓冲吸能的结构和装置，在汽车碰撞事故中有效地保护了乘员。采用现代被动安全性措施挽救了大量人的生命，其社会效益和经济效益是巨大的。

13.2.2　抑制安全技术

1. 驾驶记录系统

汽车黑匣子是利用 GPS 先进技术，依据地理信息管理系统（GIS）及计算机数据库系统形成的一套现代化监控体系。该产品实质上是机动车综合记录仪，它不但具有像飞机黑匣子一样记录事故发生前后的详细数据、帮助有关部门迅速准确地分析事故发生原因的功能，而且还能帮助车辆管理人员和驾驶员，适时监控和分析车辆的运行情况，从而加强对车辆的管理，最大限度地减少事故的发生。实践证明，汽车黑匣子的使用，使交通事故率降低了 37%～52%，大大减少了人员伤亡和财产损失，产生了显著的社会效益和经济效益。

2. 事故自动报警系统

事故自动报警系统将是今后汽车必备的安全系统，它是在汽车后视镜内安装了一个与移动电话和撞车传感器相连的微型摄像机，与智能汽车交通系统和全球卫星自动定位系统相配合，一旦汽车发生事故，将自动向有关安全管理部门和医疗急救部门报警，提供汽车所在位置、事故严重程度、车载人员数、系安全带人数和人员受伤的大致程度等信息，并保持联络，使事故车中的人员得到及时救护。

3. 灭火系统

采用燃气传感器、温度传感器和灭火装置，当碰撞发生后，避免发动机起火引起二次伤害。

13.2.3　碰撞安全技术

1. 安全带

安全带的历史悠久，它的作用是当汽车发生急转弯或正面碰撞、后面碰撞、有角度碰撞以及翻车事故时，约束乘员尽可能保持原有的位置不动，避免与车内坚硬部件发生碰撞并防止乘员从座椅上甩出而造成伤害。汽车上使用的安全带，按固定方式分为两点式、斜挂式、三点式和四点式四种，由织带、安装固定件、卷收器和调节件等部件组成。安全带在交通事故中，对驾驶员和乘员有着重要的保护作用，特别是在高速公路上行车时，其作用更加明显。研究表明，使用安全带能够减少乘员在碰撞事故中50%的死亡率。

安全带的设计除了传统惯性束紧式安全带外，近年来更有先进的预拉式安全带及束力限制式安全带。所谓的预拉式安全带就是当事故发生时，安全带系统除了传统的惯性束紧外，更可以产生将安全带回拉的力量，避免向前移动的行程过大或产生过大的冲击，提高安全带的安全性。另一种就是束力限制式安全带，此种安全带可以进一步地保护人在事故发生时，避免由于安全带束力过大而产生的胸部及颈椎伤害。其设计的方式是当安全带束紧的同时，当束力达到某一力量以上时，安全带系统会稍许松开，使束紧的力量不会再升高，使人的胸部所受的冲击力以及颈部的折弯力不至于过大，是一种更先进的安全带保护系统。但不论何种安全带，仍必须注意，正确使用方能发挥其功能。

2. 安全气囊

安全气囊的研究起步于20世纪80年代后期，20世纪90年代开始得到迅速发展。安全气囊的装车使用大大降低了碰撞中乘员受伤的危险。安全气囊主要由传感器、气体发生器、气囊系统三部分组成。传感器的功能是检测、判断车体所经受的撞击信号，决定是否启动安全气囊；气体发生器的功能是在传感器的控制下根据信号指示产生点火动作，点燃固态燃料并产生气体向气囊充气，使气囊迅速膨胀展开保护乘员。气囊一般装在转向盘毂内紧靠缓冲垫处，其容量50～90 L，气囊的材料要求具有很高的抗拉强度，同时气囊设有安全阀，当充气过量或囊内压力超过一定值时会自动泄放部分气体，避免乘客挤压受伤。安全气囊所用的充气气体多是氮气或一氧化碳。

传统安全气囊的设计是在发生正面撞车事故时避免车内乘员的头部、颈部和胸部强烈撞击在仪表盘、方向盘或挡风玻璃上。在后面碰撞、翻车或大多数侧面碰撞的情况下，它不会被引发。随着技术的发展，安全气囊的保护范围将进一步扩大，从现在的前排乘员前方保护扩展到前排乘员的侧面、膝部和后排乘员的前方与侧面以及车外行人。侧面安全气囊、发动机罩宽幅气囊、车外气囊等产品不断推出。同时，安全气囊已出现智能化趋势，能识别乘员席有无乘员、有无逆向儿童座椅以及乘员身材大小、重量，坐姿、是否系戴安全带等，并根据上述信息调整动作，以求最大限度地减少失误和保护乘员。根据美国国家高速公路交通安全局的调查，由于安全气囊的使用，小客车的驾驶死亡率减少了11%，正面撞击更是降低了30%。另一权威单位的调查显示，辅助气囊约可减少八成左右的头部及颈部的伤害，而对于胸部的伤害也可以降低二到三成，因此辅助气囊对于事故人的保护也具有很大的功效。重要的安全防护观念是开车请记得系上安全带，因为辅助气囊必须与安全带配合才能发挥最大的功效。

3. 汽车座椅

汽车座椅是汽车中将乘员和车身联系在一起的重要内饰部件，它直接影响到整车的舒适性和安全性。所谓座椅的安全性是指汽车座椅能有效地防止汽车事故的发生，并在事故发生时能最大限度地减轻对驾驶员及乘员造成伤害。汽车座椅要与安全带和安全气囊一起对乘员定位的同时缓解碰撞的强度，吸收乘员与之碰撞时产生的能量，使乘员的损伤指标达到最小。从座椅的安全性能考虑，其结构可分为靠背、头枕、座垫、座椅总成与车身相连接的固定部件。

（1）靠背。靠背的强度设计分柔性吸能式和刚性吸能式两种。不同的碰撞条件下，两种靠背的保护效果是不同的。在高强度碰撞时，刚性靠背的设计概念对于正常坐姿、按标准状态使用约束系统的成员来讲是合理的。但是，在发生低强度尾部碰撞时刚性靠背座椅会引起乘员身体沿靠背向上滑动，靠背对乘员产生回弹。

（2）安全头枕。随着高速公路的迅速增加，车辆高速运行的情况不断增多，高速公路上发生最多的事故就是追尾撞车。发生追尾事故时，即使车速较低，也会对驾驶员的背部和颈部造成损伤。安全头枕的主要作用是在汽车发生碰撞事故（尤其是受追尾碰撞）时，抑制驾乘人员头部后倾，以防止或减轻对颈部的损伤。更先进的主动式头部支撑系统，在座椅下方设置有一机械装置和一个管状框架与压力板，最后连接着一个旋转轴，整个系统连接在接近座椅底部的位置，而这个管状框架的路径系以一组座椅顶端的横轴导管控制，当车辆承受突然撞击时，驾驶人身体往后压，会迫使导管上升而使头枕向前倾，抵住头部防止头部快速后仰，保护头部颈椎的安全。

（3）座垫。座垫一般不会对乘员造成直接的冲击伤害，但其结构可以影响乘员的运动过程，以及约束力施加到乘员身体上的方式和外部载荷绝对值的大小。

（4）座椅连接部件。汽车座椅连接部件的强度设计在很大程度上影响座椅本身的安全性能，在发生碰撞时，如果连接部件先于座椅失效，很可能造成座椅骨架的断裂、严重变形和调节机构失灵等，此时成员的生命安全将受到极大的威胁。

4. 吸能车身

当汽车受到撞击时，车身在吸收一定撞击能量的同时减缓车内乘员的移动程度，对于保证乘员有足够的生存空间非常重要。在驾驶室中，驾驶员部位最容易受到伤害，因此将转向柱设计为可缩进式，碰撞时能折叠一定的距离，为驾驶员留下生存空间；前、后保险杠能吸收动能；车门要求有一定的刚度，受撞击后车门要易于打开；车顶要有一定的刚度，保证翻车后不能被压扁等。

5. 儿童安全装置

儿童安全装置主要指儿童安全带和儿童安全座椅。由于儿童的身材比例与成人不同，并不是成人身材的简单缩小，所以必须对儿童用安全带和儿童安全座椅进行特殊设计，以保证儿童的安全。试验结果显示，在发生撞击时，一个体重 20kg 的儿童其质量可达 2t，是根本抱不住的。在我国随处可见儿童不加限制地坐在成人座位上，在发生碰撞时是相当危险的。据研究，正确使用儿童安全带和儿童座椅可使 0～1 岁的幼儿在事故中的死亡率减少 69%，1～4 岁的儿童死亡率减少 47%，5 岁以上儿童死亡率减少 45%，减少中到重伤 50%。

6. 安全玻璃

汽车发生碰撞事故时，挡风玻璃的性能如何对高速行驶的汽车安全性影响较大。汽车安全玻璃一般具有足够大的变形余量和柔性，一方面可保证正常状况下良好的视觉效果，另一方面能防止碰撞时乘员从窗中飞出时，玻璃不对其头颈部位造成较严重伤害。安全玻璃包括强化玻璃和夹层玻璃。

13.3 事后安全性电子系统

汽车事故后安全技术旨在保障乘员及时救助和减少事故后损失，避免再次伤害。有代表性的电子装置有门锁紧急施放系统、GPS 救援系统等。

（1）门锁紧急施放系统。在车辆发生碰撞事故后，为了使乘员能迅速地从被撞车辆中救出，车门应能容易打开。其工作原理是碰撞传感器确认已发生碰撞，则系统立即施放门锁。

（2）GPS 救援系统。车辆发生碰撞后，为了快速救助伤者，必须准确确定事故车辆地点。GPS 救援系统利用卫星导航定位，能很快确定车辆方位，缩短救助时间，降低乘员的伤害程度。

13.4 生态安全性电子系统

生态安全性是指发动机排气污染、汽车灯光、汽车行驶噪声和电磁波等对环境的影响。设想一下，当你在路上驾车行驶，路上的车辆都很快，这时候前车遇到障碍突然刹车，而你的车辆早就在前车刹车之前接到前车的信号，知道前方有障碍，并且计算出避免追尾的刹车时间，顺利将速度减至安全范围内。而这个时候，你会发现，不仅是你的车辆这样，周围的所有车辆都接收到了信号，有效地避免了事故，如图 13.1 所示。

图 13.1 车辆信号示意图

这样的交通，似乎每个地方都井然有序，没有了抢灯，没有了加塞，更没有各种违规的行驶，无形中增加了安全性，如图 13.2 所示。这样的安全，就不仅仅是一个个体的安全，而是一个系统、一个生态的安全。在这个生态中的每一个分子都在参与，行人在过马路时会接收到周边车辆传来的信号，车辆同样也可以接收到行人传出的信号，来保障双方的安全。

图 13.2 车辆生态示意图

这一切，都源自于大的生态圈，这个生态圈，更像是一张很大的网，把每一个个体都联系在一起。而如果再将这张大网与无人驾驶连接在一起，那么整个交通就会变成一个高效而又强大的系统，人们不用再担心各种路况了，就像是如今的高铁一样，路线都是地图计划好的，路上的状况都是实时监测预见的，不仅没有交通事故，还可以准时地计算出路线与时间。未来的汽车生态圈如图 13.3 所示。

图 13.3 未来汽车想象图

所以，未来的汽车重点并不在汽车本身，而是要构建一个汽车生态系统，无论是无人驾驶还是新能源汽车，离开了生态系统，始终还是一个个体，面对拥堵不通的交通，即便是再先进的车辆，也无法施展开拳脚，只有拥有了整个汽车的生态系统，才能对未来的汽车起到一个里程碑的意义。汽车安全性的内容如图 13.4 所示。

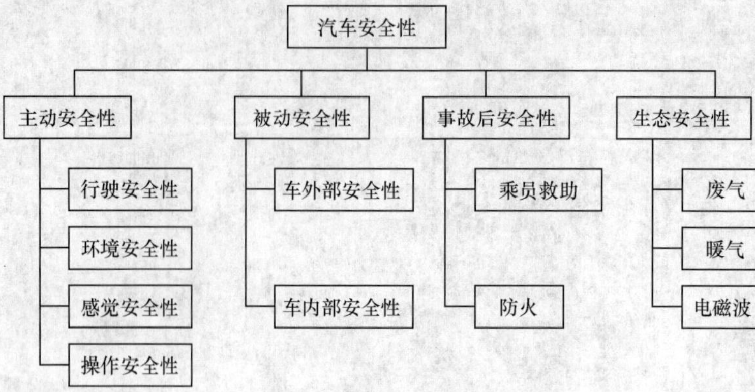

图 13.4　汽车安全性的内容

第 14 章 舒适、信息与娱乐电子系统

14.1 电控悬架

14.1.1 悬架系统分类及组成

悬架系统主要由弹簧、减震器和横向稳定杆组成。弹簧用来产生弹性变形，缓和路面不平引起的冲击和震动；减震器耗散震动能量，衰减震动；横向稳定杆在转向时防止车身侧倾过大，改善转向特性。对于传统的悬架，这些元件的特性和参数在设计时选定以后就无法更改，称为被动悬架。汽车使用过程中，载荷、路况和行驶状态会有较大变化，平顺性和操纵稳定性对悬架要求的侧重点不同。例如，平顺性希望悬架软；而在急转弯、紧急制动和加速、高速驾驶时要求悬架硬，以保持车身的姿态。被动悬架无法满足不同工况下对悬架的特定要求。智能悬架则可根据车辆行驶工况适时调节悬架阻尼或者刚度，从而提高车辆乘坐舒适性、汽车平顺性与行驶安全性。

汽车智能悬架主要由传感器、控制器、驱动器和执行器组成，其中控制器是整个悬架系统的信息处理和管理中心，它接收来自各传感器的信号，依照特定的数据处理方法和控制策略，确定控制输出量并发送给驱动器进行信号转换和功率放大，驱动执行器完成相应的控制动作，改变系统工作状态，构成闭环控制系统，达到提高乘坐舒适性和操纵稳定性、保持正常姿态和车身高度控制的目的。在整个系统中，执行器的工作特性，尤其是执行器能否及时准确地响应控制器的控制指令是决定控制系统成败的关键。

根据执行器的特性，智能悬架系统可进行如下分类：

- 智能悬架
  - 主动悬架
    - 慢主动悬架（窄带主动悬架）
    - 全主动悬架（宽带主动悬架）
  - 半主动悬架
    - 分级可控减震器阻尼悬架
    - 连续可控减震器阻尼悬架

20 世纪 60 年代以来开始研究采用液压伺服机构作为主动力发生器。它用传感器测量汽车运动状态信号，输入到电控单元，电控单元经过分析、判断给力发生器发出指令，使主动控制力满足不同工况对悬架系统特性参数变化的要求，即主动悬架。70 年代开始推出半主动悬架，它通过控制阀调节弹簧刚度和减震器阻尼力，能耗很小，结构比主动悬架也相对简单。90 年代以来，可以进行悬架刚度和阻尼力有级调节以及车高调节的半主动悬架在高档轿车上的应用范围不断扩大，阻尼力调节能在 10～12ms 反映道路和行驶状态，进入 21 世纪这个时间已能进一步缩短，逐步做到实时动态调节。

主动悬架实际上是一个动力驱动系统，它依靠外界能源向悬架部件提供能量，并能对能量的大小进行控制。主动悬架没有固定的弹簧特性和阻尼特性，力（力矩）发生器和相应的外加动力源替代了被动悬架中的弹簧阻尼构件，能够根据悬架系统状态和当前路面状况主动做出反应，抑制车身震动和摆动。根据力（力矩）发生器的响应带宽，主动悬架又可以分为全主动悬架和慢主动悬架。如果控制信号是基于车身和车轮两方面减震，那么控制信号的带宽至少应该覆盖车轮的共振频率，一般为 10～15Hz，这样执行器响应带宽应该大于 15Hz，由于主动悬架大多采用电液伺服系统，所以要使其达到这样的带宽很困难，需要相当高的制造水平，同时高带宽的执行器对能量的消耗也是巨大的。慢主动悬架采用一个与力发生器并联的弹簧来支撑车辆载荷，减轻力发生器负担和降低能量消耗。如果只考虑减震车身的话，则慢主动悬架的响应频率只需要覆盖车身的共振频率，一般达到 4Hz 就可以了。

半主动悬架介于主动悬架和被动悬架之间，可以在一定范围内对执行元件的阻尼系数或者刚度系数进行调节。一般地，汽车悬架弹性元件需要承担车身的静载荷，因而在半主动悬架中实施刚度控制比阻尼控制困难得多，目前半主动悬架的研究基本上局限于阻尼控制的研究。半主动悬架可以根据阻尼系数的调节方式分为连续可控的半主动悬架和分级可控的半主动悬架。

全主动悬架虽然能够对许多相互矛盾的悬架特性进行最佳协调，实现真正意义上的最优控制，但这是以悬架系统的复杂程度、制造成本和能量消耗的大幅度提高作为代价的。慢主动悬架降低了对车轮的震动限制，使系统的能量消耗大幅度降低，基本上可以达到全主动悬架的控制水平，但当激励超过上限频率以后，会对汽车的乘坐舒适性产生不良影响，需要采取一定的补偿措施。

半主动悬架不仅能量消耗较低，而且结构简单，成本低廉，可靠性高，在大多数情况下具有与主动悬架相近的性能。半主动悬架已成为目前最受汽车制造厂商青睐、最有可能投入批量生产和实际应用的智能悬架形式。

14.1.2 电控悬架实例

1. 弹簧刚度和减震器阻尼力综合控制的空气悬架

空气悬架系统用充满一定体积压缩空气的气室代替传统的螺旋弹簧，有时将气室与减震器制成一体，和螺旋弹簧并联安装。空气弹簧通过主气室与副气室间的空气开关阀改变气室的有效容积，达到弹簧刚度的调节，在不同载荷状态下得到比较稳定的悬架频率，这可以改善平顺性。空气悬架系统还可以通过对气室充放气进行行驶高度控制，当它再与减震器阻尼力一起综合控制时，能显著提高汽车的乘坐舒适性和操纵稳定性。1989 年丰田首次在 LEXUS LS400 上采用电控空气悬架（Electronic Modulated Air Suspension，EMAS），其部件配置如图 14.1 所示。

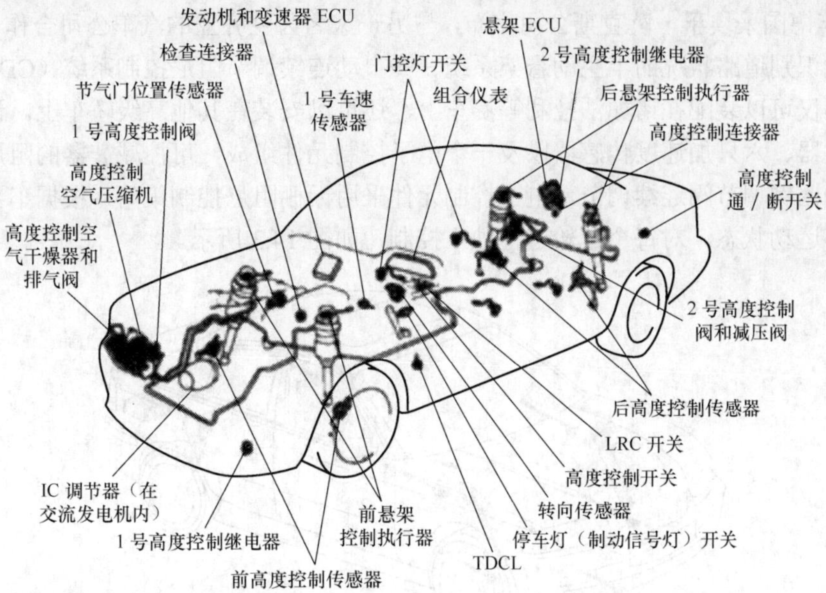

图 14.1　LEXUS LS400 电控空气悬架

2. 自适应阻尼控制系统

梅赛德斯-奔驰（Mercedes-Benz）公司在一种轿车上采用了自适应阻尼控制系统，用于调节减震器阻尼力以适应路面变化。其减震器安装在汽车悬架的支柱中，油液的阻尼作用产生在一个电阀内，电磁阀通过高压油管与悬架支柱连接，阻尼阀包括两个电磁阀和两个不同节流孔阻尼活塞，减震器有两种工作状态，通过转换电磁阀为 ON/OFF，油液流经不同硬度的弹簧盘和不同大小的通路来改变减震器的阻尼力。执行器主要由控制杆、活塞杆、回转阀等构成，活塞杆的中心是空的，在活塞杆中心孔中装有控制杆，控制杆的上端与执行器相连，控制杆的下端装有回转阀，回转阀上有三个油孔，活塞杆上有两个油孔。当执行器工作时，通过活塞杆带动回转阀转动，使回转阀与活塞杆之间的小孔接通或者切断，从而增大或者减小油液的流通面积，达到调节减震器阻尼力的目的，如图 14.2 所示。

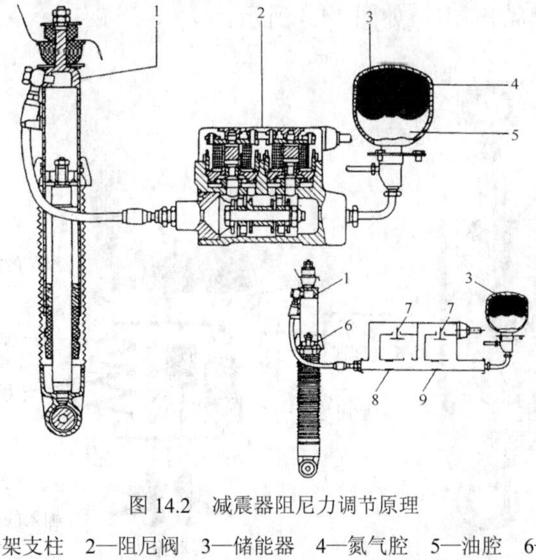

图 14.2　减震器阻尼力调节原理

1—悬架支柱　2—阻尼阀　3—储能器　4—氮气腔　5—油腔　6—活塞
7—电磁阀　8—阻尼活塞　9—阻尼活塞

2002年德国采埃孚－萨克斯公司宣布，与另一家名为兰齐亚的汽车公司合作，开发出了一种能自动识别道路状况的半主动悬架系统——自动连续调节阻尼控制系统（CDC）。据称，这一系统不仅可以装配在诸如法拉利等赛车上，还可以安装在其他高级轿车上。该系统由四只可控减震器、六只加速度传感器以及一个电子控制元件组成，可控减震器的阻尼力通过内部或外部的比例调节阀连续调节，电子控制元件采用天棚阻尼控制策略，根据车身起伏、俯仰、侧倾等运动状态，对每个车轮进行独立控制，如图14.3所示。

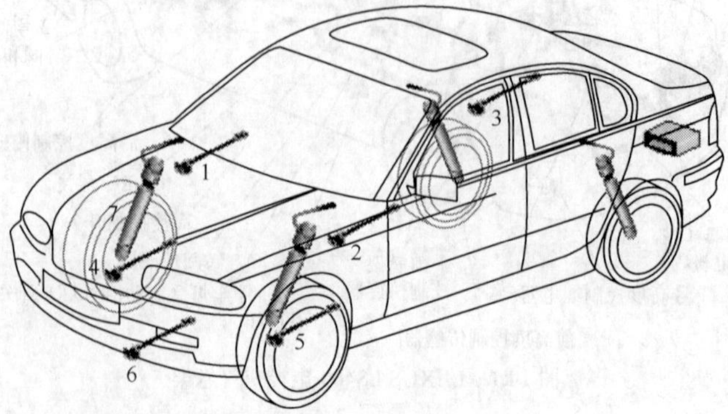

图14.3 CDC半主动悬架系统

1—右前车身加速度传感器 2—左前车身加速度传感器 3—后车身加速度传感器
4—右前车轮加速度传感器 5—左前车轮加速度传感器 6—横向加速度传感器
7—阻尼力连续（CDC）可控减震器

美国洛德（Lord）公司是世界上最大的磁流变液供应商，也是磁流变技术商业开发的先驱，拥有磁流变阻尼器、制动器、离合器及其控制系统的多项专利，洛德公司的工程技术人员开发了一种汽车磁流变半主动座椅悬架系统（Motion Master），并申请了专利。“Motion Master”系统由一只磁流变阻尼器、一个位移传感器和一个控制器组成。磁流变阻尼器为单筒式，装有70mL磁流变液，采用压缩氮气作为补偿，阻尼孔环形分布在活塞上，励磁线圈也绕制在活塞上，通过活塞杆引出电源线。位移传感器用于检测座椅的震动信号，控制器具有软、中、硬三种模式，可根据驾驶员的体重选择。经实验室测试，该座椅悬架系统可以有效降低40%的震动和49%的冲击，如图14.4所示。

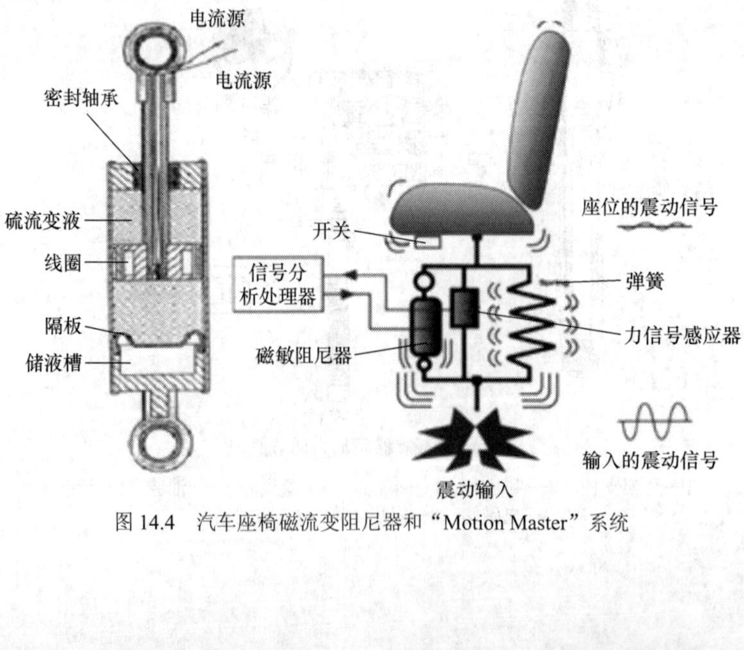

图14.4 汽车座椅磁流变阻尼器和“Motion Master”系统

世界最大汽车零部件制造和系统集成商——美国德尔夫（Delphi）公司与洛德（Lord）公司合作开发了汽车磁流变半主动悬架系统 MagneRide，并获得了 1999 年度世界一百大科技成果奖，有关专家预言，该项目的研制成功对汽车减震系统而言是革命性的进步。MagneRide 半主动悬架系统由四只单筒式磁流变减震器，一个控制器，四个悬架位移传感器，一个横向加速度传感器和一个方向盘位移传感器组成，整个系统采用现场总线技术进行集成。MagneRide 系统省略了调节阀片，也没有可移动的细小部件，能够安静地、连续地、实时地控制阻尼力。试验表明该悬架系统不但可以隔离由于路面不平引起的车身震动，抑制汽车制动和转向引起的俯仰和侧倾，而且能够增加轮胎的着地性，使汽车的舒适性和安全性都得到提高。现在德尔夫公司已经开始与通用汽车公司合作，在 2002 Seville STS 型高档轿车上试用该系统，如图 14.5 所示。

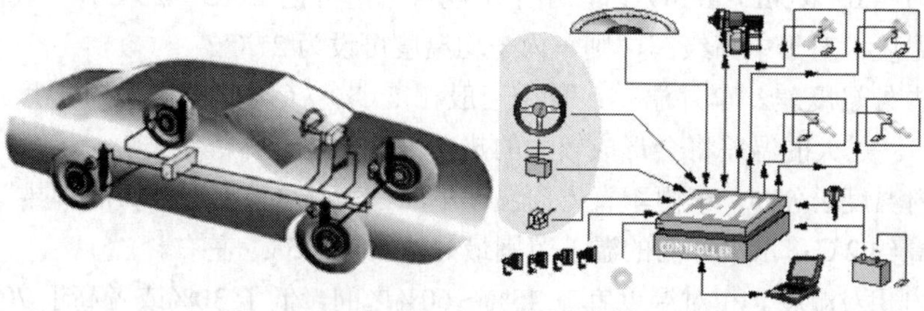

图 14.5　MagneRide 可控悬架系统

美国弗吉尼亚工学院车辆动力学高级实验室（AVDL）也在汽车磁流变半主动悬架研究中做了大量工作。他们利用洛德公司提供的磁流变阻尼器设计了半主动悬架控制系统，并在 Volvo VN 重型卡车和 Chevrolet Lumina 轿车的悬架上进行道路试验，如图 14.6 所示。试验结果说明该系统对汽车俯仰和侧倾运动有明显抑制，而对车身震动没有明显效果，因此其阻尼器和控制算法有待进一步改进。

图 14.6　磁流变阻尼器在 Volvo VN 重型卡车和 Chevrolet Lumina 轿车上的试验

14.2　环控系统

随着国内汽车工业的发展和人们生活水平的提高，汽车已经进入普通百姓家庭，人们对汽车性能的要求也越来越高，尤其是在安全性、经济性和舒适性三个方面。国外的一份调查报告显示，人们大约有 7%的时间是在诸如汽车、飞机、火车以及轮船等交通工具上。在这些交通工具中，人们在汽车上的时间最长。一些特殊行业的人群（如司机和售票员）则待在汽车上的时间更长。

14.2.1　热舒适性概述

汽车空调属舒适性空调，它以提供具有合适的空气状态使人感到舒适为目的。汽车空调的车内参数直接影响车内舒适性。周围物体的表面温度、空气的流速、温度、湿度等环境因素对人体的热平衡有较大影响。国内外在热舒适性要求方面已经有了较明确的定义，同时结合我国的气候条件，我国人民的热舒适性应满足以下要求。

（1）车内平均温度。夏季炎热条件下，温度在 24℃～26℃ 时人体的热舒适度最佳，超过 28℃则会引起不舒适。夏季汽车空调车内平均温度推荐值为 22℃～28℃。鉴于我国大部分地区夏季普遍炎热，长期以来人们普遍对高温有一定的适应性，当车外气温为 35℃以上，太阳辐射强度为 4.6J/（cm^2·min）时，出于节能考虑，可把 28℃～29℃作为我国普通车辆夏季基础设计温度；对于中高级车，则车内平均温度可设为 27℃。

（2）车内外温度差。车外温差：夏季一般在 5℃～7℃较适宜，车外温度过高时，可增至 8℃～10℃。过大的温差将会形成较大的热冲击，影响人体健康。

（3）车内温度场分布。车内垂直方向温差不应过大，总体保证“头冷脚热”，足部温度比头部温度稍高约 2℃；水平方向的温差范围最好控制在 1.5℃ 左右。

（4）车内相对湿度。相对湿度宜在 45%～60%之间，低于 30%或者高于 70%都将使人感到不舒适。若温度维持在脚底范围时，人体的热舒适性与湿度关系不大，一旦温度高于一定范围（一般以 28℃为临界值）后，湿度的影响就会渐渐明显。

（5）车内空气流速。车内空气流速保持在 0.15～0.5m/s 之间比较合适。夏季时应取上限值，并且气流应吹过脸部。

（6）车内新鲜空气换气量。人体在较小的封闭空间内不能长期停留，过多的 CO_2 含量和过低的 O_2 含量会使人体大脑失去意识从而危及生命。据资料显示，空气中 CO_2 含量要始终保持低于 0.1%，氧气含量应保持在 18%～20.7%之间，为满足这些要求，车内平均每人所需的新鲜空气应为 20～30m^3/h。汽车空调系统可分为封闭式系统、直流式系统和一次回风系统，各类系统的特点见表 14.1。

表 14.1　空调系统分类

分类	特点
封闭式系统	空气 100%内循环 优点：节省能耗 缺点：车内空气不新鲜
直流式系统	空气 100%外循环 优点：车内空气新鲜 缺点：能耗大
一次回风系统	新风回风混合 综合前两者优点 需控制混合比例

（7）风口位置与出风口风速差。空气流动方向和吹风部位影响人体舒适度，风口位置应避免直吹风速敏感部位，各出风口风速差不宜超过 2m/s，否则会引起车内温度场、风速场不

均匀，出现气流漩涡。

对汽车内环境的研究主要从人体的舒适性和健康两个方面着手，汽车室内环境的舒适性主要是人体对热和冷的感知的舒服程度，而乘员舱内环境所含的物质的化学成分是影响乘员健康的关键因素。2011 年 10 月 27 日国家环境保护部发布《乘用车内空气质量评价指南》的国家标准，该标准明确规定了车内空气中苯、甲苯、二甲苯、乙苯、苯乙烯、甲醛、乙醛、丙烯醛的浓度要求，并严格规定了检验方法，该标准于 2012 年 3 月 1 日起实施。在汽车乘员舱这个相对封闭的环境下，室内的冷热程度对人体的舒适度有重要的影响。对轿车内的人体而言，其热舒适度很大程度上是由人体周围的温度分布直接决定的。

汽车乘员舱内温度的高低很大程度上是由外界环境的温度决定的。随着我国高速公路的发展，驾驶汽车做长途旅行的人越来越多，汽车经常需要从酷暑地区驶向严寒地区，或是在不同天气环境下行驶，所以汽车外部环境的温度差异较大。上世纪 50 年代末，西欧与北美的许多国家开始大力研究热舒适性的问题。但当时主要集中在建筑室内人体热舒适性的研究方面，并且在研究的开始阶段他们已经认识到了多个因素能对人体热舒适性产生影响。伴随着越来越多的汽车保有量，汽车乘员舱的热舒适性的研究也开始引起了人们的重视。

乘员舱内要有一定的新鲜空气来源，完全封闭的室内不能保证人体呼吸所需要的氧气量。对于小轿车而言，一般所需要的新鲜空气量为 20～30m^3/h。乘员舱内的温度分布，控制垂直方向的温度变化在 2℃以内，针对人体不同部位对热舒适的要求的不同，舱内温度分布应满足“头冷脚热”的要求，水平方向的温度差值控制在 1.5℃以内。出风口风速差值应控制在 1.6m/s 以内，否则乘员舱内会出现气流漩涡，不利于气流更替；出风口布置位置应避免冷风直接吹在人体上，冷风吹在人体上，不仅会使人感到不舒适，而且不利于人体健康。

汽车乘员舱内人体的热舒适性主要取决于车内空气的温度、车内空气的相对湿度、车内空气的流动速度和内部热辐射。热环境的各个客观因素是互不相同的物理量，但对人们的热感觉来说，它们相互之间又有密切的关系，改变其中一个因素往往可以补偿其他因素的不足，乘员舱内人体的热舒适性是四者相互作用的结果，因此必须同时考虑。

14.2.2　传统空调系统与局部空调系统

传统空调系统变排量式压缩机根据发动机转速、车内温度自动调节压缩机输出的制冷量，达到压缩机能量输出与车内热负荷的匹配。局部空调系统功率相对较小，不考虑除驾驶舱外其他空间的热舒适性，与传统汽车空调控制系统兼容性不高，需单独设置一套动力源。当车内仅驾驶员一人时，汽车空调系统从传统空调系统切换为局部空调系统，如图 14.7 所示。

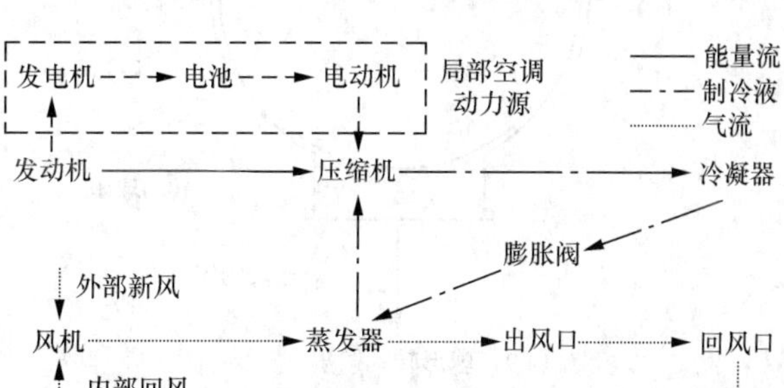

图 14.7　局部空调与传统空调控制路线图

通过调整出风口、回风口的位置和形状，出风温度和速度以及出风方向，来保证驾驶舱局部舒适性。车内的气流组织很大程度上取决于送风口的形态、位置和送风方向。根据车型、车内结构、车内温度场分布要求的不同，汽车空调送风口也有不同的形式。

（1）侧送风口。侧送风口是指将几种常用的风口，如格栅送风口、百叶送风口、条缝送风口等安装在车室侧壁或风管侧壁上的送风口。侧送风口常向车内横向送出气流。百叶送风口是在风口处设置多片能转动的叶片。随着外层叶片的转动方向变化，送风射流的方向能随之变化。垂直叶片能调节气流的扩散角，叶片平行时扩散角只有 19° 而叶片张开时，最边缘叶片与送风口平面夹角呈 45°，扩散角可增大至 60°，如图 14.8 所示。

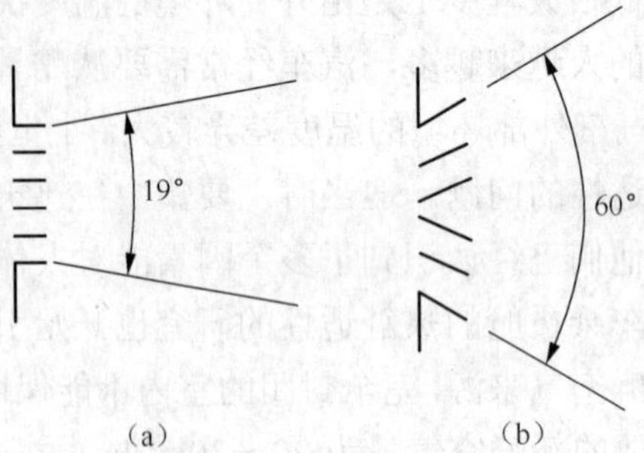

图 14.8　百叶送风口气流扩散角

对于乘用车空调、货车空调或其他小型车空调，常采用格栅送风口、百叶送风口、条缝送风口，统称为侧送风口。通常将侧送风口装在车内仪表板下方，或置于车内其他适当位置。通过格栅或百叶中转动片可调节风量、风向，并借助风扇的速度调节、控制风速和风量。

（2）喷射式送风口。喷射式送风口主要用在大客车空调上。由于大客车室内空间较大，而且有座椅等凹凸不平的物体存在，采用喷射式送风口可使车内气流组织较均匀。图 14.9 所示为球形转动喷射式送风口。该风口可根据人体舒适性要求进行风向和风量调节。该送风口噪声低、湍流系数小、射程长，具有调节风量、射流轴线、仰角和送风方向等功能，是大型客车空调的主要送风口形式，同时也在民用客机上普遍应用。

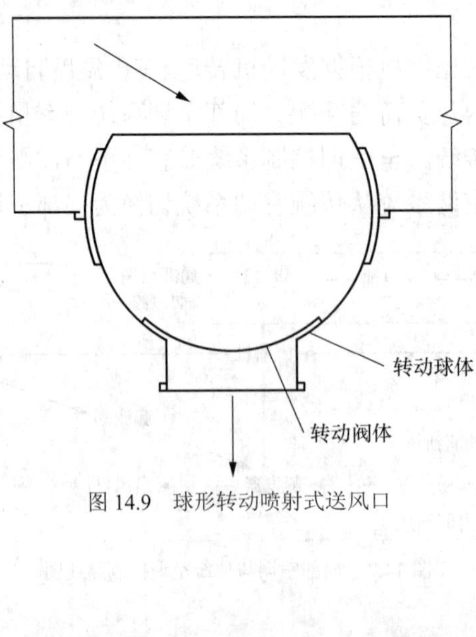

图 14.9　球形转动喷射式送风口

14.3　信息系统

14.3.1　汽车综合信息显示系统设计原则

随着机动车辆用途的日益扩大，形态的日益多样化，功率和工作速度的不断增长，自动化程度的不断提高，行驶道路和交通环境条件的日益复杂化，驾驶员的工作越来越繁重、复杂。机动车辆驾驶员的主要职能是：用手和脚操纵机构以驾驶车辆；观察车辆的工作情况，监控它们的技术状态，并做出正确反应。现代汽车对工况信息的显示要求越来越高，不但要求提供信息量大，显示直观、清晰、稳定，而且要求响应速度快，显示精度高。

针对我国国情，以及国内汽车工业现状、汽车电子技术水平和它们的发展趋势，根据车辆人机工程学和汽车电子学，汽车综合信息显示系统的设计原则如下。

（1）作为驾驶员和车辆之间进行信息交流的界面即综合信息显示系统必须是简洁和直接方便的，使驾驶员能够在不需要分神的情况下很方便地得到相关信息。因为驾驶员不可能分出很大精力去阅读或者操作一个复杂的显示界面，同时汽车仪表板对汽车内部造型也有美化作用，因此要求带有综合信息显示系统的汽车仪表板具有美观、舒适的特性。

（2）汽车综合信息显示系统必须能及时准确地为驾驶员提供丰富的信息。汽车结构的复杂，功能的增多，人们对汽车使用性能要求的提高，以及出于环保、经济性、安全性等方面的考虑，驾驶员从仪表板所需获取的信息量越来越大。驾驶员不仅需要从仪表板这个信息中枢及时准确地了解汽车行驶工况，如车速、里程、水温等项目；而且出于经济性考虑，驾驶员也需知道汽车平均每小时耗油量等。通过这些信息，驾驶员可以更加有效地控制汽车正常工作。据统计，在车辆行驶过程中，驾驶员有 40%的空闲时间。因此驾驶员在驾车之余，还可从仪表板获取日历、时间、空调和电话簿等信息。

（3）汽车综合信息显示系统必须具有高的可靠性。我国的交通现状是路况十分复杂，交通拥挤堵塞，而汽车的速度越来越高。因此为了避免交通事故，汽车综合信息显示系统给驾驶员提供的信息必须可靠性很高。否则，驾驶员若收到一个不可靠的信息，很可能发生交通事故。这不仅会导致财产上的损失，而且可能导致生命危险。

（4）汽车综合信息显示系统要求显示信息响应速度快。综合信息显示系统的响应速度如果不快，那么对于在高速行驶中的汽车，驾驶员获取到的信息就不能保证其有效地控制汽车正常、安全地工作。

（5）汽车综合信息显示系统要满足舒适性要求。汽车综合信息显示系统是驾驶员获取各种信息的地方，因此汽车综合信息显示系统不仅要求操作方便，而且要求观看舒服。

（6）汽车综合信息显示系统的发展空间必须大。随着汽车电子技术的快速发展，人们对汽车的性能要求越来越高，未来汽车综合信息显示系统就不仅仅局限于常规信息和监视报警、日历、时间等信息的显示，它还要能显示地图、维修、电视和电话等信息。

（7）汽车综合信息显示系统应具有良好的经济性。

14.3.2 综合信息采集

汽车综合信息显示系统的实现，包括信息的采集、分析以及显示这一整个过程，如图 14.10 所示。

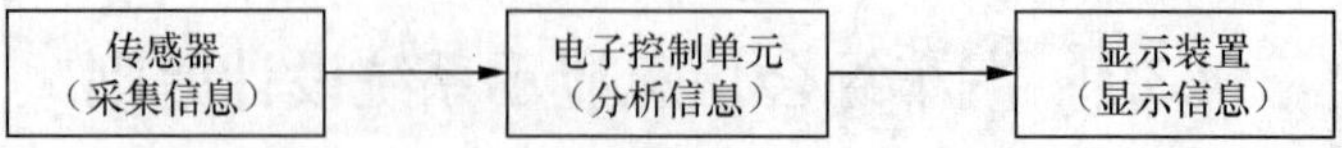

图 14.10 信息流程图

传感器是一种变换器，广义而言，传感器是将被测的物理量（信号）按一定规定转换成与其对应的另一种（或同种）物理量的输出装置。目前一般对传感器的理解是指非电物理量与电量的转换，即传感器是将被测的非电物理量（如温度、流量、转速等）输出的一种装置。

信息是以信号的形式进行交换的。汽车综合信息显示系统的信息采集依靠车用传感器完成。可以形象地说车用传感器是汽车感知外界和感知自身的“神经”和“触手”。汽车上被测的信号通过车用传感器处理后转换成模拟信号或数字信号再输入到电子控制单元。传感器是汽车电子控制系统的关键性部件。如果没有传感器，则微机控制根本无法实现。

车用传感器的基本要求如下。

（1）有较好的环境适应性。汽车所处环境温度变化极大（－40℃～80℃），如烈日、暴雨、冰雪等，而且汽车有时也处于电磁场中，故要求传感器耐温、抗电磁干扰等。

（2）响应速度。不同的传感器测量不同的参数，因此不同传感器所要求的响应速度也就不同。

（3）可靠性要高。传感器的信息采集直接涉及后面信息的分析与显示，并最终影响驾驶员的操作，因此传感器的可靠性要高。

（4）体积尽量小，质量尽量轻，以便于安装。除此之外，还要求所用传感器具有耐久性和经济性。

车用传感器种类很多，具体见表 14.2。

表 14.2 汽车用传感器分类

项目	检测量或检测对象
温度	冷却水、排除气体（催化剂）、吸入空气、发动机油、车内外空气
压力	吸气压、大气压、燃烧压、发动机油、制动压、轮胎压、各种泵压
转速	曲轴转角、曲轴转速、车轮速度
速度、加速度	车速（绝对值）、加速度
流量	吸入空气量、燃料流量、废气再循环量、二次空气量等
液量	燃料、冷却水、电解液、洗窗器液、机油、制动液等
位移、方位	节流阀开度、车高（悬架、位移）、行驶距离、全球定位
排除气体	氧气、二氧化碳、碳氢化合物、柴油烟等
其他	转矩、爆燃、湿度、燃料成分、轮胎失效、电压等

目前汽车传感器总的发展趋势是：多功能化、集成化、智能化和微型化。多功能是指一个传感器能检测两个或两个以上物理参数或化学参数。集成化是指利用集成电路制造技术和半导体特性制作单片集成（IC）式传感器。智能化传感器是指传感器与大规模集成电路（LSI）

相结合，带有微处理器，具有智能功能的高档传感器。它具有检测、信息处理功能，自动进行各种误差补偿，精度高，量程覆盖范围大，稳定性好，输出信号大，信噪比高，传输中抗干扰性能好，可远距离输送信号，有的还带有自检功能。微型化是指微机械加工技术，除全面继承氧化、光刻、扩散、沉积等微电子技术外，还发展了平面电子工艺技术、各向异性腐蚀和机械分断技术。

14.3.3 综合信息分析

信息的分析是在汽车各电子控制系统中的电子控制单元（Electronic Control Unit，ECU）中完成的。ECU 是汽车各电子控制系统的核心部分。由传感器采集来的信号输入到 ECU，在这里经过计算、分析和加工处理后，再输出到执行机构或显示装置。ECU 包括硬件和软件两部分。ECU 的硬件部分如图 14.11 所示，主要由中央处理装置（中央处理器 CPU、存储器 ROM 及 RAM）、输入/输出（I/O）接口电路等组成。为了保证微处理器及其接口电路工作在+5V 的电压下，一般带有电池和内置电源电路。

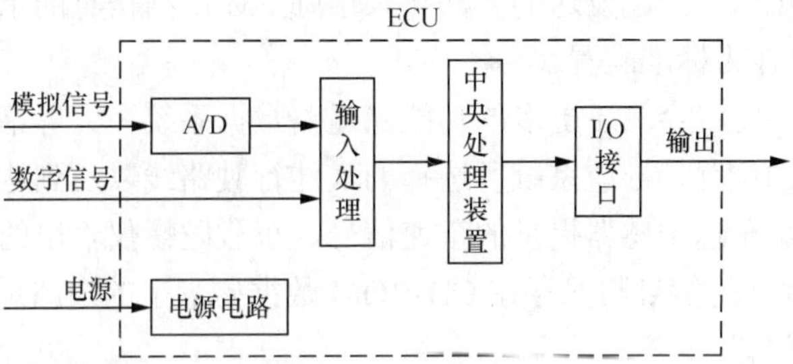

图 14.11　ECU 的组成

1．中央处理装置即微处理器

微处理器是 ECU 的核心部件，它包括中央处理器 CPU、存储器 ROM 以及 RAM。汽车微机系统中的中央处理器和一般计算机的中央处理器相同，由运算器和控制器组成。ROM 用于存储固定程序和数据，而 RAM 则存储输入/输出数据。

2．输入处理电路

输入信号主要为模拟信号和数据信号。模拟信号必须经过 A/D 转换（模/数转换）为数字信号，再由输入处理电路处理后，才能被微处理器处理。

3．输入/输出（I/O）接口

通常将 CPU 与内存储器合称为主机，介于主机和外围设备之间的电路称之为接口。I/O 接口作为桥梁起信息转换和协调的作用，以与 CPU 相兼容。根据工作过程的需要而编写的软件，构成了 ECU 的软件部分，即 ECU 的控制程序。ECU 控制程序主要由监控、管理、计算、控制、检测和自诊断等部分组成。ECU 通过控制程序完成电子控制系统的实时操作。ECU 控制程序采用的语言与所选择的微处理器的形式直接相关，目前大都采用汇编语言，也有用 PL/M、C、BASIC 和 FORTH 等高级语言来汇编的。在复杂的控制系统中，可选择配有实时多任务操作系统执行软件的微处理器，并在此操作系统管理下进行开发编程。

目前汽车上大部分控制系统（如发动机系统、自动变速系统等）中的 ECU 的电路结构大同小异（个别的如安全气囊采用的ECU，因直接将传感器置入其内而结构差别较大），其控制功能的变化则主要依赖于软件及输入输出模块的变化，随控制系统所完成任务的不同而不同。

汽车已经变得非常先进，随着提供给驾驶员的信息量的增多，指示灯、警告灯和机械式仪表使得仪表板变得非常复杂。为了使这些数据显示醒目和容易辨识，已将仪表板改为液晶（LCD）和荧光管（VFD）显示的电子仪表板。正在研制的新型显示系统，可以把汽车仪表上的图像投影在挡风玻璃上，位置正好是在驾驶者的视线下方，即所谓的平视显示系统（HUD），这样驾驶员的视线可以不离开车辆行进的道路，就看到仪表板上各种信息的显示。为了增强信息的效果，还可像在航行器座舱中一样，使用语音提示驾驶员注意。

汽车在行进中为驾驶员和乘客提供大量来自车辆外部的信息。在板通信系统（On-board Communication Systems）能够使驾驶员避免塞车和发生意外事故，并且可获得停车位、商店和购物场所详细的地理位置等许多有用的信息。

目前，绝大多数的汽车上都配置了调幅、调频（AM/FM）收音机，提供娱乐和收听由电台广播员播出的交通信息。在20世纪90年代早期，欧洲普遍采用了收音机数字系统（RDS），用传送的数据和收音机信号一起发送的方法，来增强FM广播信息的承载能力。许多车辆现在仍然把RDS收音机作为标准配置。

未来的交通数据系统将会具备更多的功能，道路数据系统在大屏幕的液晶显示屏上，可以显示车辆现在所处的位置、导航系统所选择的最佳行驶路线以及到达目的地所需的最少时间。惯性导航系统采集车速传感器提供的车速信号、车载陀螺仪输出的方位信号以及全球定位系统（GPS）卫星网络的信号与保存在CD-ROM数据磁盘上的道路地图相比较，在屏幕的地图上实时显示车辆位置。

14.4 娱乐系统

车载娱乐信息系统作为汽车内的部件组成，原型是汽车收音机，随着人们对功能要求的不断提升，汽车收音机逐步发展成为车载音响、车载磁带播放器、车载CD播放器，最后发展成目前的车载信息娱乐系统。

车载娱乐信息系统与传统意义的软件系统不同，它是车辆设备的一部分，提供辅助驾驶、多媒体播放、互联网服务、通信服务等功能。

随着车载娱乐信息系统技术的发展，它给我们的驾车生活带来方便的同时也提高了趣味性。随着人们对驾车的安全性、舒适性等要求的不断提高，车载系统也会不断地发展，具有集成娱乐功能的车载信息系统的汽车在人们日常驾车活动中已经超越了代步工具这一概念的局限，同时也从原有的个体服务发展成为能够与网络进行通信的车载移动服务终端。车载娱乐信息系统在未来一段时间内还会继续快速发展，尤其是车载娱乐信息系统的安全驾驶、通信服务和娱乐功能更是会得到大幅的提升。

车载电子产品的一个重大的发展趋势就是实现多功能的集成化。现代的车载信息娱乐系统不再是以前那种单一的收音机功能的车载系统。车载信息娱乐系统的诞生使得汽车不再只是一种简单的代步的工具，无线联网的功能使得它在将来会成为办公的场所之一。车载信息娱乐系统的使用将会为各个品牌汽车提供巨大的市场竞争力。车载信息娱乐系统是集多媒体系统、导航系统、信息系统于一体的全新的车载系统。它集 WIFI、BT、GPS、GPRS、3G、收音机、录音、放音、视频播放、无线数字电视、后置摄像头等多个功能于一身，并提供了多种接口，如 USB 接口，iPHONE 接口，SD 接口等与外部的设备进行有线数据的高速传输。信息娱乐系统的整体功能如图 14.12 所示。使用蓝牙播放与 WIFI display 使得音乐、视频的播放不再需要繁杂的有线数据连接。后置摄像头的使用使得驾驶员有更加广阔的开车视野。USB 接口使得车载信息娱乐系统与外部移动设备可以进行快速数据交互。音视频播放、无线数字电视使乘客在乘车之余还能够娱乐。车载信息娱乐系统为汽车提供的强大的功能，不仅可以取代传统的 DVD、导航等设备，而且还能够满足汽车与外部的通信、影音娱乐、GPS 定位、GPS 导航、汽车安全、自动报警、汽车故障检测等多项需求。车载电子产品的网络化、智能化、多功能集成化不仅仅是为了满足人们的需求，更是社会发展的必然结果，是社会进步的标志之一。车载信息娱乐导航系统的提出为汽车电子产品的发展指明了方向。

车载电子产品有如下功能。

（1）GPS 模块：可根据 GPS 来了解具体的位置信息以及行车线路问题，还可以了解到车周围的娱乐、用餐、银行等信息。GPS 需要实时显示定位时间应在 15～30s 之间。

（2）AM/FM 模块：通过收音机能够知道具体的路况信息，如堵车等信息，同时在车内也可以通过收音机了解新闻。车载收音机需要满足我国的调幅频带范围 144kHz～26.1MHz，调频频带范围 87.5～108MHz。

（3）视频模块：进行多种格式的视频播放，如 MP4、AVI、MOV 等，图像分辨率至少在 720P 实时高清显示。

（4）内存储器：至少支持 DDR3，其相关的数据传输速率至少要达到 800Mbit/s。

（5）外存储模块：存储设计有 SD 卡存储、SPI flash 存储、MMC 存储。存储各种需要的数据，如视频数据、音频数据、地图数据等数据信息。对于 MMC 卡需要支持 8 位数据宽度。

（6）后置摄像头：实时显示车尾信息。

（7）G-sensor：加速度计，用来测量加速度，对于汽车安全有着非常重要的作用。

（8）接口电路：USB 接口，能够将移动硬盘等数据传输到汽车系统中；iPhone 接口，实时与 iPhone 数据进行传输；CAN 总线接口实时进行数据采集。应至少支持 USB2.0 接口，根据车载需求，CAN 总线的传输距离应在 10m 范围，传输速率至少需要达到 1Mbit/s。

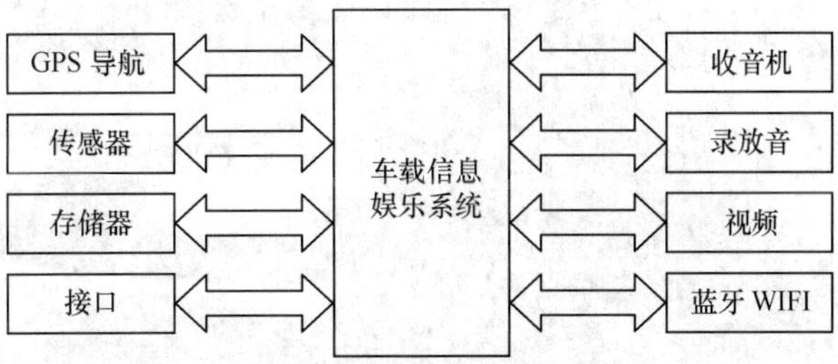

图 14.12　系统整体功能

第 15 章
汽车电子新技术

15.1 智能汽车

1954 年美国巴里特电气公司研发出一辆用于实现仓库内物品自动运输自动引导智能汽车系统，标志着智能汽车的诞生。自诞生之日起，智能汽车共经历了萌芽、起步、大发展和高潮阶段，智能汽车的应用场景逐步由室内转向室外规则化道路再转向室外越野环境，车载环境感知系统也由最初的电缆引导发展到了目前机器视觉、GPS、激光雷达和三轴陀螺仪的多传感器综合环境感知系统。目前欧美发达国家关于智能汽车的研究仍是世界领先，我国近几年也取得了可喜的进展。

谷歌公司于 2010 年 10 月在其官方博客中宣布，该公司开发出一种全新的智能汽车，如图 15.1 所示，以防止交通事故并减少二氧化碳排放。该车采用智能传感设备，包括摄像机、GPS、雷达和激光设备等，能够 360° 全方位感知汽车周围的道路环境。车顶的激光雷达能够扫描半径 70 m 范围内的环境信息，车载控制系统通过摄像机能“看懂”交通灯，识别行人和障碍物等，并模拟驾驶员对相应交通状况作出正确反应。试验汽车已经行驶了约 22.5 万 km 路程，期间为防不测驾驶员可以干预。在完全无人干预的状态下，行驶总路程已达 1600 km，其中一辆车行驶过号称美国“最陡最弯曲”道路之一的旧金山隆巴德街。

图 15.1　谷歌智能汽车

在欧洲，为了有效解决城市道路堵塞、停车困难、能源消耗、噪声污染和环境污染等交通问题，一种新型的公共交通汽车系统已经问世，这种交通汽车系统被称为 Cyber-car System，是智能汽车应用领域的一个新突破。图 15.2 所示为法国国立计算机及自动化研究院研发的 CyCab 智能汽车，该车采用激光扫描技术实现自主导航、障碍物检测以及汽车跟踪等功能。

图 15.2　CyCab 智能汽车

意大利帕尔玛大学的无人驾驶汽车如图 15.3 所示，从意大利起程，重温当年马可 • 波罗的旅行路线，在 80 多天的行程中，途经俄罗斯、哈萨克斯坦等多个国家，最终进入中国境内，再穿过戈壁沙漠，于 2010 年 10 月 28 日抵达上海世博园。这项试验将智能汽车置于实际的环境中进行测试，汽车跨越了两个大洲，在各种不同的极端环境条件进行了试验。试验过程中该智能汽车没有使用任何地图，采用了低成本技术，所设计的控制器可以较容易地安装到大多数的汽车底盘，还有助于改善道路安全，并且对燃油效率的提高也有积极的影响。

图 15.3　帕尔玛大学的无人驾驶汽车

智能汽车的两个重要组成部分是环境感知系统和自主循迹控制系统，它们既相互联系又相互制约，环境感知是前提，自主循迹控制是目的。智能汽车自主循迹控制系统的主要任务包括任务规划、行为决策以及底层汽车操作。在实际应用中，汽车的自主循迹控制分为横向控制和纵向控制。横向控制主要是通过控制转向盘转角使汽车沿期望的既定路线行驶，同时满足一定的舒适性和平顺性要求。纵向控制是行车方向上的控制，主要是通过控制汽车的油门和刹车使汽车按期望的车速行驶，同时实现与前后车车距的保持及紧急避障等功能。智能汽车自主循迹横向和纵向控制系统的基本结构如图 15.4 所示。

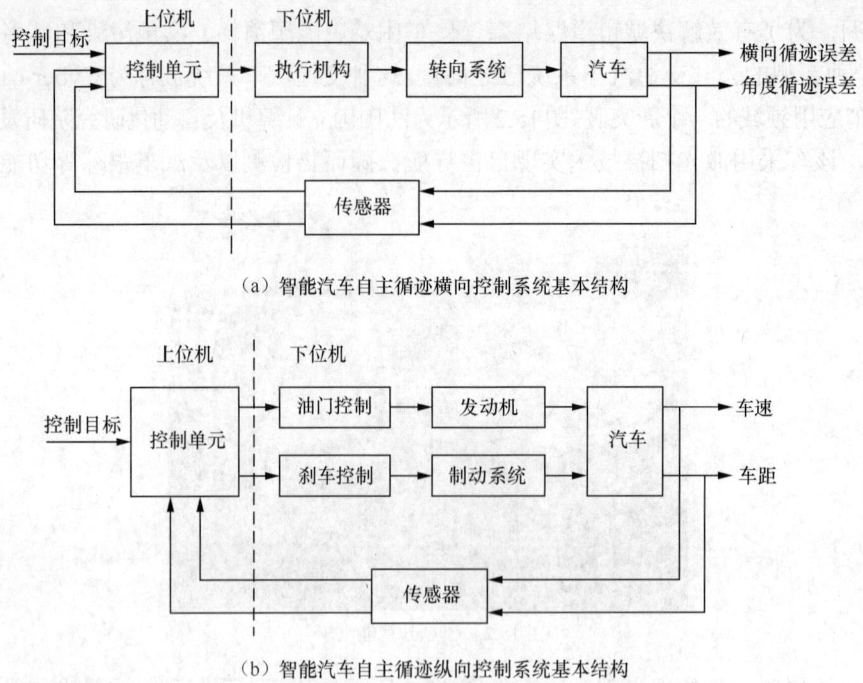

图 15.4　智能汽车自主循迹横向、纵向控制系统

智能汽车横向控制系统的上位机控制单元通过汽车横向循迹误差和角度循迹误差信息计算出期望的转向盘转角，然后通过转向执行机构实现对转向系统的实时控制，进而实现对期望道路轨迹的跟踪。纵向控制系统的上位机控制单元通过期望车速和期望车距信息分别计算出期望油门踏板信号和制动踏板信号，然后通过执行机构实现对汽车发动机和制动系统的实时控制，使汽车始终保持期望的车速，同时处于安全的车距范围内。

15.2　车联网

随着经济发展，汽车数量飞速增长，导致交通阻塞、能源消耗以及大气污染等问题日益严重，这使得即便道路设施十分发达的美国、日本等国家也不得不从以往只靠供给来满足需求的思维模式转向采取供、需两方面共同管理的技术和方法来改善日益尖锐的交通问题。在此过程中，“智能交通系统”（ITS）的概念便逐步形成，而车联网正是实现智能交通的一个重要技术手段。

在我国，目前车联网发展的基本目标是实现在信息网络平台上对所有车辆的属性信息和静、动态信息进行提取和有效利用，并根据不同的功能需求对所有车辆的运行状态进行有效的监管和提供综合服务的一种无线网络。随着车载通信技术和相关应用研究的长足进展，汽车再也不独立于通信网络以外。得益于无线通信技术的发展，现在可以做到以车辆作为一个终端，将终端与服务端互相连接起来组成网络，这样的网络就称之为车联网。

与此同时，车辆驾乘人员对于车载服务的需求也在飞速增长，相关分析数据显示，车联网服务需求主要包括：语音服务、通信服务、定位服务、导航服务、车辆服务中心连接服务、移动互联网接入、车辆第三方信息管理服务、车辆紧急救援、车辆数据和管理服务、车载娱乐服务等。如果能有效实现以上服务，就可以在一定程度上解决包括交通安全、交通堵塞及环境污染在内的当今交通领域的三大难题。

通过车载 GPS、GPRS、无线射频、CAN 总线等技术，实现在信息网络平台上对所有车辆的属性信息和静、动态信息提取和有效利用，并根据不同的功能需求对所有车辆的运行状态进行有效的监管并提供相应服务。建立以车为节点，区域车辆集合的信息网络系统，进行区域热点监控和管理的智能交通模式。汽车移动物联网（以下简称车联网）是指利用车载电子、标准信源、传感器网络等技术实现车辆的信息采集，利用无线射频识别（RFID）、专用短程通信（DSRC）、广域无线通信等技术实现车辆的信息互联，基于信息网络平台完成对车辆的静态、动态信息的深度挖掘与综合利用，并根据不同的功能需求实现车辆的综合信息监管。1997 年，通用汽车公司在 Cadillac 汽车上安装了“OnStar”系统，揭开了现代信息技术 Telematics 服务的序幕。在车联网系统中，车与车、车与控制中心之间信息传输，构建成了一个网状的通信结构，实现了远程通信和无线传输。

车联网的概念中包含了三个角度的信息。

车辆既是初始信息来源，也是最终的服务对象。车辆互联包含了车辆—车辆、车辆—路测设备、车辆—信息平台等多个层面的信息双向传输。车联网发展的目标是通过互联技术提供车辆相关的综合服务来带动新一轮的产业发展，面向车辆的服务是发展的首要目的，而监控与管理是可持续发展所必需的保证。车联网的概念是物联网与智能交通结合的产物，可以说车联网是物联网在智能交通领域的专项应用。车联网与互联网、移动互联网、物联网、智能交通系统等概念有着千丝万缕的联系，如图 15.5 所示。

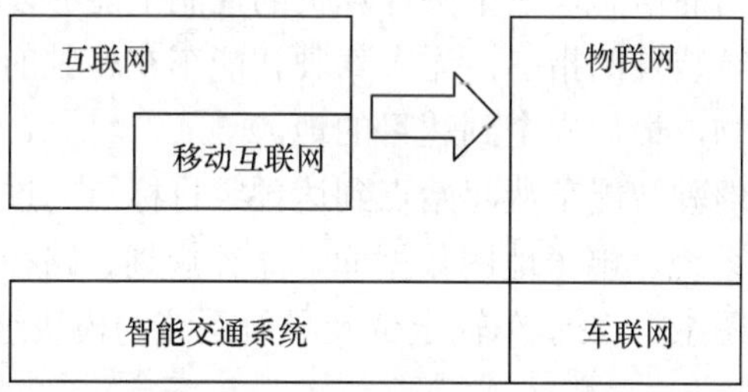

图 15.5　车联网概念

车联网的特点注定了它的应用载体为汽车。通过安装必要的车载设备，使车辆具备信息交流的能力，通过无线互联技术充分利用车辆的身份、属性、位置以及行驶状态等信息，挖掘其中蕴含的应用价值，并以此满足车联网参与各方的需求，如图 15.6 所示。

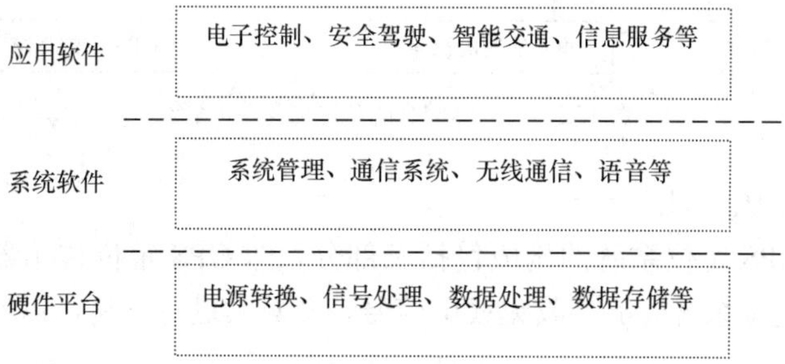

图 15.6　车联网系统架构

15.3 无人驾驶

传统汽车是一个闭环控制系统，包括人、车、路三个方面，其中的人（驾驶员）——具有很大的不可测性，无人驾驶智能车则改变了这种传统且不稳定的控制方式，从传统的控制系统中剔除了不可控的驾驶员，在一定程度上提高了道路交通系统的安全性以及行车效率。汽车工业是现代无人驾驶智能车发展的基础，依托于高科技和持续不断的技术创新，以实际需求为目标，智能车正在积极地向更加安全、更加稳定的智能化方向发展。智能车能够在危险发生之前，根据车载计算机系统对多种有用的数据信息进行分析和处理的结果，由中央计算机对车体发出相应的命令，控制智能车做出必要的避障动作，自主地完成避险。

因此，智能车系统是一个综合性的系统，它的功能包括感知环境信息的功能、多传感器信息融合、规划路线并做出相应决策以及其他的辅助功能，它跨越了多个研究领域，融合了多种先进的高端技术，例如多传感器信息融合技术、图像处理技术、电气控制技术、无线通信技术以及计算机控制技术等。

导航是无人驾驶智能车应具备的基本功能，是反映无人驾驶智能车实现智能化及完全自主工作的关键技术之一。理想的无人驾驶智能车应具有以下功能：面对一个复杂的、动态的且未知的非结构环境，无人驾驶智能车能够在缺少人的介入下，通过自身装载的各种传感器感知车辆周围环境等各方面的信息，在中央计算机的控制下能够以最小的代价到达所期望的目的地。正是因为有了导航装置的指引，无人驾驶智能车在行驶的过程中才能不迷失方向，而且能够灵活地避开障碍物，最后安全到达目的地。

车载导航是引导无人驾驶智能车从起始点到达预定目标点的过程。一般来说，车辆导航系统通常包含：GPS 定位系统、电子地图数据库、路径规划、路径引导、地图匹配、人机接口、无线通信七个模块。图 15.7 表示车辆定位及导航系统的模块组成。

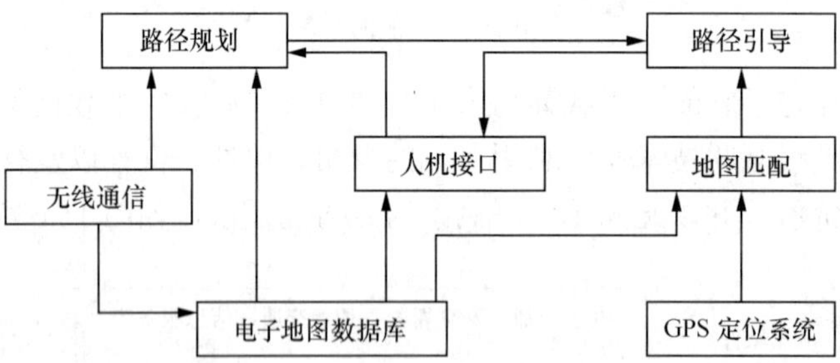

图 15.7　无人驾驶智能车定位及导航系统

1. GPS 定位系统

一般情况下，GPS 定位系统的构成包括三部分，即 GPS 定位传感器、数字滤波器和数字处理电路。GPS 定位系统能够接收无线电信号，并对其进行分析，以此来确定车辆的实时位置。

GPS 全球定位系统由三部分组成:空间部分、控制部分和用户设备，如图 15.8 所示。

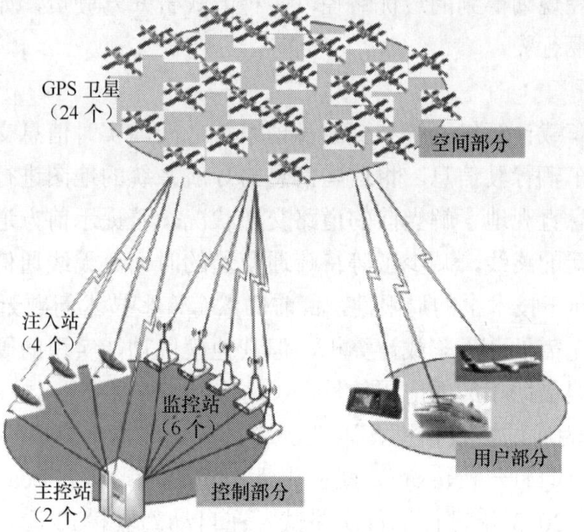

图 15.8　GPS 系统构成

2．电子地图数据库

电子地图数据库主要包含存储的数字地图信息，该地图的存储格式必须是适合导航系统并能准确表达导航系统的各种信息特征的格式，这种易识别的存储格式有助于车载计算机处理与电子地图有关的多种重要信息，例如地理特征、车辆位置、交通标识、路边设施等。同时该模块还能够提供电子地图的显示以及缩放等多种功能。要使车辆实现导航系统的功能，就要把车辆位置、电子地图和相关的地理信息综合起来。

3．路径规划

由车载传感器获取的道路信息将被存储于电子地图中，路径规划就是车辆导航系统根据这些存储的信息，结合 GPS 定位系统获取的车辆的实时信息，采取适合当前导航系统的算法，计算起始点与目标点之间最佳行驶路线的过程。一般情况下，路径规划的标准是车辆的当前位置与目标点之间具有最小行车代价，其中的最小行车代价可以是最短行车时间、最短行车距离、最少行车费用等各种因素。

4．路径引导

路径引导模块的作用是引导车辆的行驶方向，其标准是由路径规划模块计算得到的最佳行驶路线。通常来说，为使驾驶员能够快速、准确地获得行驶信息，路径引导模块能把获得的最佳路径转化成图像或音频，实时地展示图像或发出声音指令来引导驾驶，使车辆能够快速、安全地驶向目标点。

5．地图匹配

电子地图数据库显示的是道路交通网的信息，而 GPS 定位模块计算的是实时的车辆位置信息，地图匹配就是将车与路的信息进行实时对比，并采用合理的匹配算法对两者之间的误差进行及时修正。这样就能确定车辆当前在地图上所处的准确位置。

6．人机交互界面（人机接口）

人机交互界面指的是车载计算机系统和驾驶员之间进行信息传递和信息交换的过程。驾驶员可以通过人机交互界面把有效的信息传递给车载计算机系统，例如车辆的位置、当前道路交通状况、路径规划等信息等。车载计算机系统会在电子地图上实时显示出车辆的位置信息，通过该模块将路径规划得到的最优路径以多种方式告知驾驶员，如通过显示图像或语音指导等方式来引导车辆行驶。

7. 无线通信

无线通信指的是车载计算机系统和交通管理系统之间的实时信息交换。其中，交通管理系统获取的是实时的车辆行驶信息，将这些信息与导航系统的地图进行匹配，驾驶员就可以通过显示屏显示的信息直观地了解当前的道路交通状况。若提示前方道路拥堵等状况，导航系统能够及时地更换新的路线，减少了等待疏通交通的时间。无线通信功能的实现需要相应的通信网络的支持，介于技术上的局限性，目前仍然有许多技术问题无法解决，只有 GPS 定位与无线通信的实现无需借助于车载计算机，但其他模块功能实现的硬件平台都必须使用车载导航计算机，而且要借助相应的应用软件。

目前许多高端车辆通过搭载相机、激光雷达、微处理器组合成不同功能的先进驾驶辅助系统（ADAS），例如日产（Nissan）就在旗下一款名叫聆风（Leaf）的车型上试验最新的 ADAS 系统，并于 2013 年进行了首次路试。在自动驾驶模式下，Leaf 依据激光雷达、摄像头所获取的实时道路信息来预测周围车辆和行人的动向及速度，并结合自身运行状态做出减速避让、变道、提速超车等相应动作。ADAS 对于提高行车安全性、减缓驾驶员工作负荷、增强交通通行能力有重大帮助。目前已广泛应用的 ADAS 包括有车道偏离报警、360° 全景摄像头、探测疲劳驾驶、适应性巡航控制等。各品牌车的 ADAS 技术见表 15.1。

表 15.1　车辆无人驾驶技术

厂商	代表车型	搭载技术	产业化前景
谷歌	普锐斯	车载相机、雷达传感器、激光测距仪、网络云平台技术、车载计算机系统	目前谷歌所拥有的无人车技术非常接近量产、受限于法律，目前还未正式投产
雷克萨斯	LS	立体高像素摄像头、GPS 天线、360° 激光追踪技术、主动巡航、车道偏离系统、侧向辅助系统	雷克萨斯发布的无人驾驶车型不仅拥有诸多感应设备，同时车载辅助系统也十分丰富
沃尔沃	V60、S60、XC60	堵车辅助驾驶系统、摄像机、雷达、激光感应器、自动泊车系统、自动刹车系统、应急车道辅助系统	沃尔沃致力于成为第一家推出无人驾驶技术的厂商，目前沃尔沃正在逐步开发无人技术
宝马	5 系、i3	新型自动巡航系统、GPS 定位、雷达、超声波、激光探测器、激光扫描仪、摄像监控设备、车道偏离系统、自适应巡航控制系统	搭载 CDC 系统的宝马 5 系已经行驶了 5000km 的路面测试，无人技术已比较成熟
奥迪	TTS、A6	雷达传感器、激光扫描仪、视屏摄像头、泊车辅助系统、自适应巡航系统、主动式车道保持系统、超车警示等系统	奥迪是继谷歌之后第二家拿到美国无人车驾驶测试的厂家，足以证明奥迪无人车技术成熟
奔驰	新 S 级	智能巡航系统、车道保持系统、路标识别系统、自动导航系统、自动泊车系统	目前 S 级拥有丰富驾驶辅助系统，同时拥有部分智能感应设备
通用汽车	凯迪拉克 XTS	雷达、激光、摄像头、自适应巡航系统、智能刹车辅助系统、前方碰撞报警系统、车道偏离报警系统	能用汽车独有的 Super Cruise 系统，已可使汽车半自动驾驶，不过暂无无人车实验
福特	FUSION HYBRID	自适应巡航系统，智能刹车辅助系统、盲点信息系统、车道偏离报警系统、自动泊车系统、光探测与光测距系统	福特与麻省理工大学和斯坦福大学合作开发麻省理工大学研究汽车如何最准确的预测行人和周围其他车辆的行动，而斯坦福大学团队则研究如何让汽车看清四周的障碍物

美国卡内基-梅隆大学（CMU）在 AGV 系统基础上，研发了从 NAVLAB-Ⅰ到 NAVLAB-Ⅺ一系列智能车。NAVLAB 通过车辆搭载相机、激光、GPS 磁场计、陀螺仪以及计算机，实现了车辆的无人驾驶，如图 15.9 所示。1995 年由帝亚克（Potiac）改造成的 NAVLAB-Ⅴ无人车完成了 4587km 无人驾驶实验，人为干预行程只占总行程 1.8%，全程平均速度达到 102km/h。尽管该实验中 NAVLAB-Ⅴ只控制车辆方向，制动和加速由驾驶员控制，但还是大大加速了无人车的适用进程，为无人车的进一步研究奠定了技术基础。

图 15.9　卡内基-梅隆大学的无人车

谷歌无人驾驶车如图 15.10 所示，该车通过相机、雷达和激光等传感器检测道路障碍物；基于特别设计的详细地图，采用 GPS 实现无人车导航。该无人车截止 2012 年 8 月已自主在各种路况下安全行驶 48 万 km，并获得美国内华达州上路行驶许可，标志着无人车进入新时代。

图 15.10　Google 无人车

第五篇

新能源汽车篇

第 16 章 新能源汽车概论

面对全球范围日益严峻的能源形势和环保压力，近年来，各大汽车生产厂商都把发展新能源汽车作为提高产业竞争能力、保持社会可持续发展的重大战略举措。进入 21 世纪以来，新能源汽车代表了世界汽车产业的未来发展方向，是未来世界汽车产业的制高点，是世界各主要国家和汽车制造厂商的共同战略选择。发展新能源汽车已经成为中国汽车产业的重要发展方向，我国为实现“到 2020 年单位国内生产总值二氧化碳排放比 2005 年下降 40%～45%”的目标和实现汽车产业“弯道超车”的历史使命，将其列入七大战略性新兴产业之一。新能源汽车产业已被七部委联合制定的《中国制造 2025》列为十大重点发展领域之一，必将成为未来我国国民经济的重要支柱产业。

16.1 新能源汽车的定义

新能源汽车的英文名称是 New Energy Vehicles，是指采用非常规的车用燃料（即除汽油、柴油之外）作为动力来源（或使用常规的车用燃料、采用新型车载动力装置），综合车辆的动力控制和驱动方面的先进技术，具有新技术、新结构的汽车。

如图 16.1 所示，节能和新能源汽车包括：燃气汽车（液化天然气、压缩天然气）；液化石油气汽车；燃料电池电动汽车（FCEV）；氢能源动力汽车；纯电动汽车（BEV）；混合动力汽车（油气混合、油电混合）；太阳能汽车和其他新能源（如高效储能器）汽车等，其废气排放量比较低。

对新能源汽车的界定，我国没有统一的定义，但比较权威的说法有两种。一个是 2009 年 6 月 17 日，工业和信息化部制定的《新能源汽车生产企业及产品准入管理规则》中对新能源汽车的界定。此规则界定新能源汽车是指采用非常规的车用燃料作为动力来源（或使用常规的车用燃料、采用新型车载动力装置），综合车辆的动力控制和驱动方面的先进技术，形成的技术原理先进，具有新技术、新结构的汽车。新能源汽车包括混合动力汽车、纯电动汽车（包括太阳能汽车）、燃料电池汽车、氢发动机汽车和其他新能源（如高效储能器、二甲醚）汽车等。

另一个是 2012 年 7 月 9 日，国务院发布的《节能与新能源汽车产业发展规划（2012—2020 年）》中对新能源汽车的界定。此规划界定新能源汽车是指采用新型动力系统，完全或主要依靠新型能源驱动的汽车。此规划中所指新能源汽车主要包括纯电动汽车、插电式混合动力汽车及燃料电池汽车。

参考上述新能源汽车的界定，本书中提到的新能源汽车主要是指纯电动汽车、普通混合动力汽车、插电式混合动力汽车和燃料电池汽车。

新能源汽车的发展旨在通过技术创新，重点在能源消耗、环境污染等方面，改善汽车相关性能。因此其在排放与能源消耗方面，较传统内燃机汽车具有更大的优势。

16.2 发展新能源汽车的必要性

随着经济社会持续快速发展，群众购车刚性需求旺盛，我国汽车保有量继续呈快速增长趋势。截至 2015 年底，中国汽车保有量达 1.72 亿辆，而全球汽车保有量同期已突破 11.2 亿辆。2015 年我国汽车产销量超过 2450 万辆，创全球历史新高，连续 7 年蝉联全球第一。汽车发展在给人类生活带来便利的同时，也带来了环境污染与能源短缺等问题。发展新能源汽车，主要有这几个方面的内在需求。

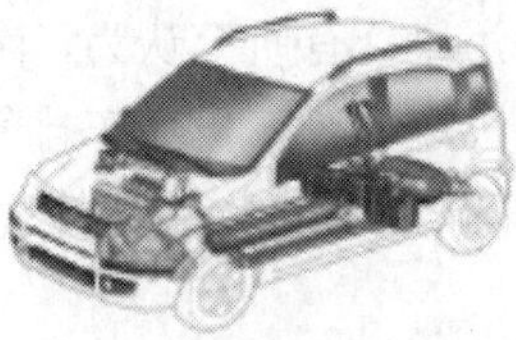

燃气汽车

液化石油气汽车

燃料电池电动汽车

氢能源动力汽车

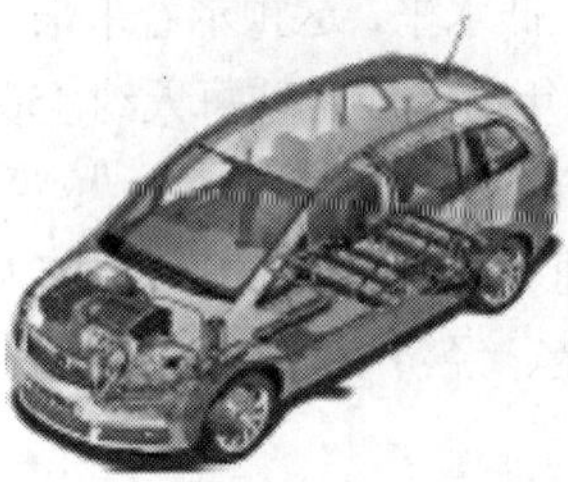

纯电动汽车

混合动力汽车

太阳能汽车

图 16.1 各种节能及新能源汽车

16.2.1 汽车尾气引起严重环境污染

燃油汽车在行驶过程中会产生大量的有害气体，不但污染环境，还对人类的健康产生极大的影响。汽车尾气排放的主要污染物为一氧化碳（CO）、碳氢化合物（HC）、氮氧化物（NO_x）、铅（Pb）、细微颗粒物及硫化物等。这些一次污染物还会通过大气化学反应生成光化学烟雾、酸沉降等二次污染物。特别是过去的几年，全国各地深陷雾霾天气的困扰，环境污染异常严重，如图 16.2 所示。

图 16.2 雾霾和汽车尾气污染

全球大气污染物 42%源于交通车辆产生的污染。有研究认为，汽车尾气对 PM2.5 的“贡献”达到了 22%之多。随着城市机动车数量的快速增长，机动车排气污染已成为城市大气污染的主要源头。因此，必须研究改善城市机动车排放污染物的对策和措施。开发新能源汽车，减少环境污染，也是汽车技术发展的必然趋势。

16.2.2 化石能源短缺及国家能源安全问题日益凸显

据 2016 年 7 月发布的《BP 世界能源统计》显示，截至 2014 年底，世界石油探明储量为 1.6976 万亿桶，可以满足全球 50.7 年的生产需要。全球天然气探明储量为 186.9 万亿立方米，可以满足全球 54.1 年的生产需要。全球煤炭探明储量为 8915.31 亿吨，可以保证全球 114 年的生产需要。2015 年全球新探明石油储量已降至逾 60 年来最低水平，这预示着未来 10 年可能出现供给短缺。据估计，如果石油勘探的速度不提高，到 2035 年将造成全球每天约 450 万桶的供给缺口。

传统汽车工业以石油为燃料，对化石燃料有着巨大的依赖。尽管中国是世界能源大国，但化石燃料资源有限。随着近年中国经济高速增长，我国的石油进口依存度一直在持续在上升，国际石油价格直接影响着我国的能源安全、经济安全乃至国家安全。目前我国已成为全球第二大石油消耗国和最大的石油进口国。

图 16.3 为我国对进口石油依存度及未来预测。目前，我国石油对外依存度已经超过了警戒线 50%，达到了 56.7%，这一数字背后是能源短缺的危机以及能源安全的警示。

汽车工业是石油消费最主要的推动力。据统计，每年汽车消费掉的成品油占全年成品油产量的 60%左右。来自公安部交通管理局的数据表明，截至 2015 年底，中国汽车保有量达 1.72 亿辆。预计到 2020 年，中国汽车保有量将大大超过 2 亿辆。如果不发展节能与新能源汽车，按照目前的传统汽车保有量增长速度和油耗水平，到 2020 年，汽车产业每年的成品油消耗量将达到 3 亿吨，按照 60%的成品油率，年消耗原油量将达到 6 亿吨，二氧化碳年排放量在 12.5 亿吨到 15 亿吨，届时石油对外依存度将超过 60%，由此产生的能源安全问题，进而带来的经济、政治、社会和国际安全问题将更加突出。

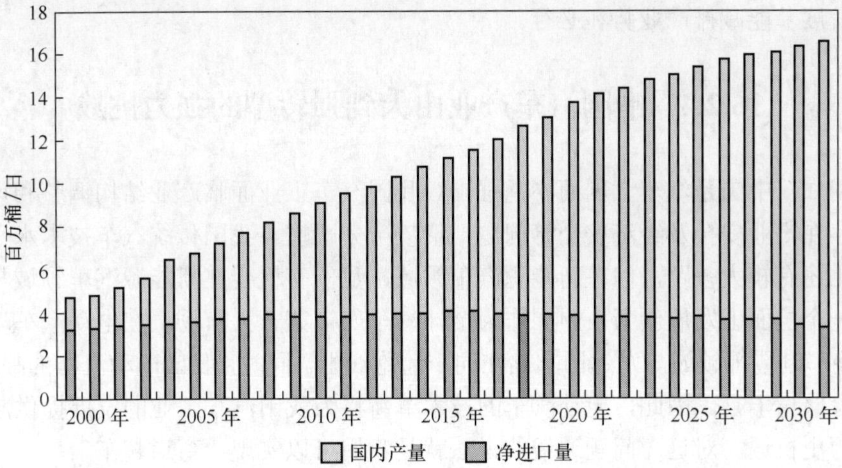

图 16.3　我国对进口石油依存度及未来预测

图 16.4 为中国石油中需求供需缺口和汽车用油占比情况。未来汽车用油将占我国石油消耗总量的 50%以上。因此，大力开发新能源汽车，减少对化石燃料的依存度，对国家未来发展至关重要。

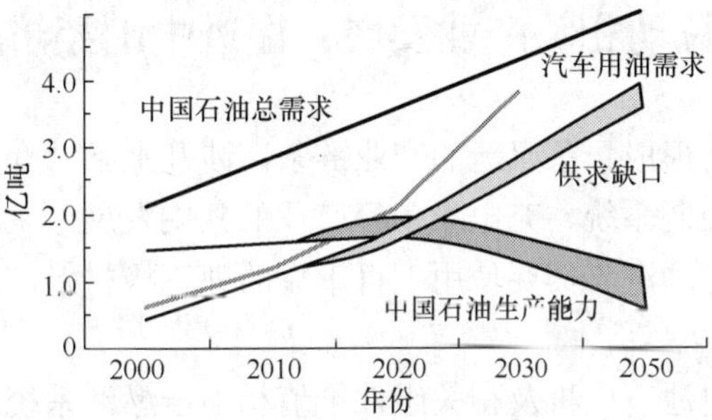

图 16.4　中国石油总需求供需缺口

16.2.3　汽车排放引起的气候变暖引发广泛关注

二氧化碳是全球最主要的温室气体，是造成气候变化的主要原因。由于人类活动的影响，21 世纪温室气体和硫化物气溶胶的浓度增加过快，使未来 100 年全球温度迅速上升，全球平均地表温度将上升 1.4℃～5.8℃，到 2050 年我国平均气温将上升 2.2℃。而交通领域的二氧化碳排放成为关注重点。据国际能源署（IEA）估计，汽车二氧化碳排放总量将从 1990 年的 29 亿吨增加到 2020 年的 60 亿吨，汽车对地球环境已经造成了巨大的影响。新能源汽车能够大大减少二氧化碳排放甚至零排放，这对解决全球气候变暖有着非常重要的积极意义。

中国在 2009 年哥本哈根会议前向国际社会承诺：到 2020 年单位 GDP 碳排放在 2005 年基础上减排 40%～45%，并把该指标纳入强制性的国民经济发展纲要中。这充分体现了中国的国家战略和大国义务。因此，降低汽车尾气的污染物排放，使用清

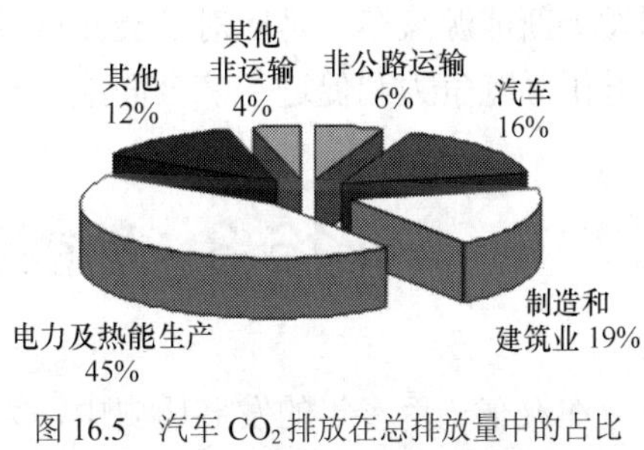

图 16.5　汽车 CO_2 排放在总排放量中的占比

洁能源，发展节能减排产业势在必行。

16.2.4　中国汽车产业由大到强转型的强力挑战

众所周知，中国是汽车大国而不是强国。我国汽车工业面临产业结构调整和可持续发展的压力，存在产业安全及经济安全等问题，形势十分严峻。我国传统汽车技术水平与国际先进水平相比还有较大差距，但在新能源汽车领域，我们有机会在新能源汽车领域与西方发达国家在同一个层面上发展创新。中国作为全球汽车产销第一大市场，在电动汽车动力电池研发生产、整车制造等领域与发达国家站在同一起跑线上。同时，我国电动汽车的战略资源锂、稀土、镁等储量丰富。因此，电动汽车的技术革新将为我国汽车工业的发展提供赶超世界一流水平的历史机遇。对这一问题通俗的说法就是我们可以实现“弯道超车”。

目前，我国汽车工业以纯电驱动作为技术转型的主要战略方向，重点突破电池、电机和电控技术，推进纯电动、燃料电池、插电式混合动力、油电混合动力等汽车产业化，实现汽车工业的跨越式发展。加快新能源汽车持续创新，推进中国汽车产业技术转型升级，是中国科技发展的重大战略需求。

16.2.5　拉动相关产业发展，促进中国经济战略转型

新能源汽车的发展将形成一条崭新的产业链条，涉及上下游众多领域。新能源汽车将带动材料、电池、电机、控制系统、充电设备等产业的共同发展。

（1）材料。一辆纯电动汽车需要使用上百千克的锂正极材料，从而带动对锂矿及相关新材料产业的大量需求。

（2）电池。PHEV 电池、电机及相关组件价值相当于燃油系统的两倍。电力驱动系统的价值占整车成本的一半以上。其中，动力电池单体的成本约占一半，而单体的成组、管理系统和封装的成本占另外一半。

（3）电机。驱动电机和电机控制器所占的成本之比约为 1:1，它们又分别带动精密制造业、电子产业。电机制造对铜、铁、稀土等原材料具有较强的拉动作用。

（4）充电。建设一个中型的快速充电站约需投入 300 万元，建设一个充电桩的投入约需 1.5 万元。目前国内充电站/桩的建设正在快速展开，对相关设备市场将产生有力拉动。

总之，能源与环境问题已经成为 21 世纪全球面临的重大挑战，对尚处于发展中的中国来说尤为严峻。汽车作为石油消耗、大气污染物和二氧化碳排放大户，需要进行革命性的变革。为了减少大气污染物和二氧化碳的排放，发展新能源汽车已经在全球范围内成为了共识。我国发展新能源汽车，是应对节能减排重大挑战的现实需要，同时也是汽车产业跨越式发展、提升国际竞争力和促进经济全面战略转型的迫切需要。

16.3　新能源汽车发展现状及趋势

在汽车一百多年的发展历史中，为能源危机所迫，人类另寻出路开始研发新能源汽车，

新能源汽车量产的历史只有十余年。面对全球范围内日益严峻的能源形势和环保压力，近年来，世界主要汽车生产国都把发展新能源汽车作为提高产业竞争力、保持经济社会可持续发展的重大战略举措，新能源汽车成为市场新的增长点。通过对新能源汽车发展的背景的分析，不难看出，新能源汽车的研发将是今后汽车产业发展的焦点。国内外各大汽车公司和科研机构也纷纷致力于开发新能源汽车并使之产业化。这对新能源汽车的长足发展有着极其积极的意义。

16.3.1　国外新能源汽车发展现状

发展电动汽车等各种新能源车，对于汽车大国美国来说，早在 150 年前就不是新话题。美国人托马斯·达文波特在 1834 年就制造出第一辆直流电机驱动的电动汽车并获专利。在早期的美国汽车消费市场上，电动汽车还曾与蒸汽车和内燃机车三分天下。但随着美国得克萨斯州石油的开发和内燃机技术大大提高，电动汽车渐失优势，从此停滞大半个世纪。如今石油资源紧缺、大气污染严重，以电动汽车为中心的新能源汽车才重受关注。

当前国际上车用替代燃料发展主要是乙醇和生物柴油等非化石类燃料，美国一直致力于提高乙醇以及生物柴油等可再生资源的使用量。2007 年美国提出了能源和节能政策，努力在未来 10 年之内将汽油使用量降低 20%。为此，政府也对生产燃料乙醇制定了优惠政策。2010 年 4 月 1 日在纽约举行的国际汽车展上，新一代的新能源汽车如电动汽车、油电混合动力电动汽车和体积小的节能汽车毫无悬念地占据了中心的舞台。

日本新能源汽车的产业化成果在全球范围内是最好的。在新能源汽车方面，日本主要走混合动力电动汽车的技术路线。以丰田普锐斯为代表的日本混合动力电动汽车，在世界低污染汽车开发销售领域已经占据了领头羊地位。日本政府在 2009 年 6 月启动了“新一代汽车”计划，所谓“新一代汽车”，实际上指的就是环保汽车，包括混合动力汽车、纯电动汽车、燃料电池汽车等。该计划力争在 2050 年使环保汽车占据汽车市场总量的一半左右，为了实现这一计划，日本政府通过援建汽车基础设施、减税和发放补贴等促进环保汽车的发展。

德国在新能源汽车方面也做了重要贡献，宝马也是氢动力发动机车型研究的先行者，早在 2004 年宝马所研发的 H2R 赛车就在法国南方小镇的高速赛道创造了 9 项世界纪录。德国政府表示，到 2020 年，可再生能源要占全部能源消耗的 47%，因此，2020 年德国境内的新能源汽车要超过 100 万辆。

16.3.2　国内新能源汽车发展现状

“十五”和“十一五”期间，我国从维护能源安全、改善大气环境、提高汽车工业竞争力及实现我国工业的跨越式发展的战略高度出发，先后启动了“863”计划、“电动汽车重大科技专项”“节能与电动汽车重大项目”等，投入科技经费近 20 亿元，形成了以纯电动、油电混合动力、燃料电池三条技术路线为“三纵”，以多能源动力总成控制系统、驱动电机及其控制系统、电力蓄电池及其管理系统三种共性技术为“三横”的电动汽车研发格局，共计 200 多家整车及零部件企业、高校和科研院所参与了电动汽车专项研发。2012 年 7 月，国务院发布的《节能与电动汽车产业发展规划》中指出以纯电驱动为电动汽车产业发展和汽车工业转型的主要战略取向，当前工作重点是纯电动汽车和插电式混合动力汽车的产业化建设。

在此方针的指导下，我国新能源汽车技术经过“三纵三横、整车牵头”和“三纵三横、动力系统技术平台为核心”两阶段攻关，继续取得重大突破，逐步形成了整车零部件企业协同研发、标准检测平台和应用示范为支撑载体的研发创新体系，并取得了丰硕的成果。如锂离子动力电池和燃料电池系统性能与耐久性稳步提升，成本大幅下降；车用电机系统性能取得较大进展，产业化能力大幅提升；高密度永磁电机功率密度达 2.68 kW/kg，系统最高效率达到 94%以上。国内汽车企业也纷纷增加对电动汽车及相关零部件的研发投入。2008 年，比亚迪一款型号为 F3DM 的电动汽车获准批量生产和销售，标志着我国电动汽车产业正式进入产业化阶段。2012 年，我国累计发布 60 多项电动汽车相关标准，涉及电动汽车及动力电池安全、能耗消耗量测量、充电接口及通信协议等多个领域，为实现电动汽车规模产业化，尤其是跨越纯电驱动汽车销量达到同类车型总销量 1%左右的门槛提供了重要的科技支撑。

2010 年 8 月 18 日，国务院国资委在北京召开中央企业电动汽车产业联盟成立大会。

2015 年中国取代美国成为全球第一大电动汽车市场，近年来在中国政府的强力推动下，电动汽车的产量和销量均实现了巨大的飞跃。2015 年全年累计生产电动汽车达到 37.9 万辆，同比增长达 3 倍。总体来说，目前我国电动汽车销量的增长以小型车为主，我国本土涉足电动汽车领域的企业逐渐增多，包括比亚迪、北汽新能源、东风日产等，市场上可供选择的车型也开始丰富。

16.3.3 新能源汽车发展趋势

目前，新能源汽车主要指的是混合动力汽车、纯电动汽车和燃料电池汽车。我国应当积极攻关新能源汽车关键技术，抓住新能源、新材料、信息化科技带来的新能源汽车新一轮技术变革机遇，超前研发下一代技术；到 2020 年，建立起完善的电动汽车动力系统科技体系和产业链，技术支撑新能源汽车战略性新兴产业又好又快发展。

由于受续驶里程的影响，纯电动汽车向超微型发展。这种汽车降低了对动力性和续驶里程的要求，充电过程比较简单，车速不高，较适合于市内或小范围内使用。

混合动力汽车是内燃机汽车和纯电动汽车间的过渡产品，既充分发挥了现有内燃机技术优势，又尽可能发挥电动机驱动无污染的优势。发展混合动力汽车有两条技术路线值得重视：一是轿车混合动力的模块化。通过功能模块的发展与组合逐步推进汽车动力的电气化。二是城市客车混合动力系统的平台化。发电机组、驱动电机和储能装置构成了混合动力系统的基础技术平台。混合动力汽车可以大幅度降低油耗，减少污染物排放，且技术成熟。

燃料电池汽车成为竞争的焦点，燃料电池汽车在成本和整体性能上，特别是续驶里程和补充燃料时间上明显优于其他电池的电动汽车，并且燃料电池所用的燃料来源广泛，又可再生，并可实现无污染、零排放等环保标准。因此，燃料电池汽车已成为世界各大汽车公司 21 世纪激烈竞争的焦点。燃料电池及氢动力发动机车型被看作是新能源汽车最终的解决方案。

总体上看，混合动力汽车具有较好的节能减排效果，技术上易实现，是近期产业化重点，但其过渡性特征明显；纯电动汽车是中长期发展方向；燃料电池是未来汽车工业发展战略方向。

动力电池是新能源汽车的绿色心脏。动力电池是电动汽车的动力之源，是能量的存储装置，是新能源技术和产业发展的重点，同时也是目前制约电动汽车发展的关键因素。要使电动汽车与传统的燃油汽车相竞争，关键是开发出能量大、功率高、使用寿命长、成本低的电池。目前锂离子电池是首选。突破电池技术是关键，作为动力源，现在还没有任何一种电池能与石油相提并论，动力电池已经成为限制电动汽车发展的瓶颈。

驱动电机呈现多样化发展。美国倾向于采用感应电机，其主要优点是结构简单、可靠，质量较小，但控制技术较复杂。日本多采用永磁无刷直流电机，优点是效率高，起动转矩大，质量小，但成本高，且有高温退磁、抗磁性较差等缺点。德国、英国等大力开发开关磁阻电机，优点是结构简单、可靠、成本低，缺点是质量较大，易产生噪声。

从全球范围看，以动力电气化、材料轻量化、车辆智能化三大科技为核心的新能源汽车技术大变革，正在深入发展，未来5～10年，将迎来全球汽车产业重组和技术转型升级的重要战略机遇期。

第 17 章 新能源汽车类型

目前新能源汽车主要有纯电动汽车（BEV）、混合动力汽车（HEV）、燃料电池汽车（FCEV）、太阳能汽车和其他新能源汽车。纯电动汽车将作为未来汽车的主流，燃料电池汽车作为未来汽车多样化的重要组成，而混合动力汽车是在石化资源枯竭之前的过渡车型，其他类型的汽车则作为因地制宜的补充。纯电动汽车作为最有发展前景的类型，得到了国家的支持，并已经在城市公交、重大比赛活动中得到推广。我们期待清洁交通时代早日到来。

17.1 纯电动汽车

纯电动汽车（Battery Electric Vehicle，BEV），是以车载电源为动力，用电机驱动车轮行驶，符合道路交通、安全法规各项要求的车辆。

纯电动汽车完全采用可充电电池驱动，其基本结构并不复杂。电动发电机和车载电池是其中的关键部件，其中又以电池最为关键。其难点在于电力储存技术。目前蓄电池的单位重量储能太少，充电后行驶里程不理想，而高效能的电池使用寿命较短，由于没形成经济规模导致纯电动汽车使用成本太高，难以商业化运行。

电力可以从多种能源获得，如煤、核能、水力、风力、光、热等，解除了人们对石油资源日渐枯竭的担心。纯电动汽车还可以充分利用夜晚用电低谷时富余的电力充电，使发电设备日夜都能充分利用。有关研究表明，同样的原油经过粗炼，送至电厂发电，经充入电池，再由电池驱动汽车，其能量利用效率比经过精炼变为汽油，再经汽油机驱动汽车，因此发展电动汽车有利于节约能源和减少二氧化碳的排放。正是这些优点，使电动汽车的研究和应用成为汽车工业的一个“热点”。对于发展纯电动汽车而言，最大的障碍是基础设施建设以及价格，电动汽车更需要基础设施的配套（充电站、充电桩），需要大量的投入，需要各企业联合起来与当地政府部门一起建设。

纯电动汽车具有应用前景广泛，具有无污染、低噪声、高能效等优点。但蓄电池单位重量储存的能量太小，充电后持续行驶里程不理想。纯电动汽车采用蓄电池及电机控制器使成本较高、充电时间长、维护成本较高、蓄电池寿命短。

纯电动汽车的整体汽车结构主要由电力驱动及控制系统、驱动力传动等机械系统、完成既定任务的工作装置等组成。电力驱动及控制系统是电动汽车的核心，也是其区别于内燃机汽车的最大不同点，汽车行驶时，由蓄电池输出电能（电流）通过控制器驱动电动机运转，电动机输出的转矩经传动系统带动车轮前进或后退。

纯电动汽车需要解决的关键技术主要在于：动力电池技术、电机驱动及其控制技术，电动汽车整车技术与能量管理技术。

（1）动力电池技术。动力电池是电动汽车的动力源泉，也是一直制约电动汽车发展的关键因素。电动汽车用电池的主要性能指标是比能量、能量密度、比功率、循环寿命和成本等。

（2）电机驱动及其控制技术。电动机与驱动系统是电动汽车的关键部件，要使电动汽车有良好的使用性能，驱动电机应具有调速范围宽、转速高、起动转矩大、体积小、质量小、效率高且有动态制动强和能量回馈等特性。

（3）电动汽车整车技术。电动汽车是高科技综合性产品，除电池、电动机外，车体本身也包含很多高新技术，有些节能措施比提高电池储能能力还易于实现。采用轻质材料如镁、铝、优质钢材及复合材料，优化结构，可使汽车自身质量减轻 30%～50%；实现制动、下坡和怠速时的能量回收；采用高弹滞材料制成的高气压子午线轮胎，可使汽车的滚动阻力减少 50%；汽车车身特别是汽车底部更加流线型化，可使汽车的空气阻力减少 50%。

（4）能量管理技术。蓄电池是电动汽车的储能动力源。电动汽车要获得非常好的动力特性，必须采用具有比能量高、使用寿命长、比功率大的蓄电池作为动力源。能量管理系统是电动汽车的智能核心，在电动汽车上实现能量管理的难点在于如何根据所采集的每个电池单元的电压、温度和充放电电流的历史数据，来建立能够精确计算电池单元瞬时能量的数学模型。

目前，纯电动汽车主要有以下几类。

① 城市纯电动汽车（Urban Electric Vehicle，UEV）。这类车的车速和续驶里程都较低，适合于城市短距离交通，主要车型是小型纯电动汽车和城市公交车。目前国内主要汽车厂家，如一汽、上汽、北汽、江淮、东风、奇瑞等汽车品牌生产的主要是城市纯电动汽车，动力电池以锂电池为主。而一些老年代步车、电动观光车、轻型电动车等小型低速电动车，动力电池以铅酸电池为主。

② 全纯电动汽车（All Electric Vehicle，AEV）。这类汽车装有足够容量的动力电池，车速和续驶里程基本可以满足日常较远距离的行驶要求。如图 17.1 所示，2016 年 4 月北京车展惊艳亮相的国产电动跑车前途 K50，百公里加速仅 4.6 秒，续航里程日可达 300 公里。美国的 Tesla（特斯拉），车速可达到高端跑车的水平。特斯拉是全球知名的生产纯电动汽车的公司，目前市值超过 300 亿美元。Tesla Model S 省去了汽油机、油箱、变速器、传动轴等，这让车身结构变得空前简洁，几乎只分为底盘、车身两个部分，如图 17.2 所示。与国内大多数纯电动汽车不同的是，Tesla 的轮胎和电动机几乎融为一体，而整个底盘由电池组成，电池和框架紧密结合，刚性很好。85kW・h 的版本从静止加速到 100km/h 仅需 5.6s，最高速度可达 200km/h，续航里程可以达到 425km。在加速性能上，Tesla Model S 相比与宝马 740 毫不逊色。

图 17.1 国产电动跑车：前途 K50

图 17.2 Tesla Model S

17.2 混合动力电动汽车

混合动力电动汽车（Hybrid Electric Vehicle，HEV），是由多于一种的能量转换器提供驱动动力的混合型电动汽车，即使用蓄电池和副能量单元的电动汽车。目前混合动力电动汽车多采用传统燃料的燃油发动机与电力的混合方式，其关键技术为混合动力系统，它直接影响到混合动力电动汽车的整车性能。

17.2.1 普通混合动力汽车（HEV）

混合动力是指那些采用传统燃料，同时配以电动机/发动机来改善低速动力输出和燃油消耗的车型。按照燃料种类的不同，主要又可以分为汽油混合动力汽车和柴油混合动力汽车两种。国内市场中，混合动力汽车的主流是汽油混合动力汽车，而国际市场中柴油混合动力车型的发展也很快。按混合动力汽车动力系统结构类型的不同，可以将其分为串联式混合动力汽车、并联式混合动力汽车和混联式混合动力汽车。按混合动力汽车混合程度的不同，可以分为微度混合动力汽车、轻度混合动力汽车、中度混合动力汽车和重度/全混合动力汽车。

采用混合动力后可按平均需用的功率来确定内燃机的最大功率，此时处于油耗低、污染少的最优工况。当大功率内燃机功率不足时，由电池来补充；负荷少时，富余的功率可发电给电池充电，由于内燃机可持续工作，电池又可以不断得到充电，故其便捷程度与普通汽车一样。

17.2.2 插电式混合动力汽车（增程式、插电式）

插电式混合动力汽车（Plug-in Hybrid Electric Vehicle，PHEV）是可以在正常使用情况下，从非车载装置中获取电能，以满足车辆一定的纯电动续驶里程的混合动力汽车，可分为增程式和混联插电式。

增程式混合动力汽车是在纯电动汽车的基础上开发的电动汽车。增程式混合动力汽车的由来是因为车辆追加了增程器（传统发动机加发电机），而为车辆追加增程器的目的是进一步提升纯电动汽车的续驶里程，使其能够尽量避免频繁地停车充电。

插电式混合动力汽车是由混合动力汽车进化而来的，它继承了混合动力汽车的大部分特点，但把混合动力汽车的功率型电池替换为比容量（单位质量所包含的能量）更大的能量型电池，如此一来动力电池就有足够的能量保证车辆可以在零排放、无油耗的纯电动模式下行驶一定的距离。

从驱动的角度分析，增程式混合动力汽车不论工作在纯电动模式还是增程模式下，其车轮始终仅由电动机独立驱动，而插电式混合动力汽车如果工作在混合动力模式下，发动机会与电机一同参与到驱动车轮的行列（经动力耦合后）。

从系统选型的角度分析，增程式混合动力汽车必须是串联式混合动力形式，而插电式混合动力汽车可以是并联式混合动力形式，也可以是混联式混合动力形式。

从电气化程度的角度分析，增程式混合动力汽车的电气化程度无疑更高，具体表现就是电功率占总输出功率的百分比是 100%，而插电式混合动力汽车不足 100%。

混合动力技术是由发动机驱动向纯电动驱动发展的必经过程。如何应用混合动力技术，实现节油减排，且将成本控制在一定范围，成为各大汽车公司发展混合动力电动汽车的关键问题。根据车用能源的使用情况，混合动力电动汽车的发展有发动机与电机集成、传动系统与电机集成两种趋势，而最终目标则是纯电动。

在混合动力电动汽车的核心——电池技术研发方面，我国已自主研制出容量为 6~10A •h 的镍氢和锂离子动力电池系列产品，能量密度和功率密度接近国际水平，同时突破了安全技术瓶颈，在世界上首次规模应用于城市公交大客车。

目前，国内汽车企业已将混合动力电动汽车作为未来主流竞争型产品在战略上高度重视，一汽、东风、上汽、长安、奇瑞、比亚迪等都已投入了大量的人力、物力，混合动力车型已完成样车开发，并有部分车型已经实现小批量上市。

目前，我国混合动力汽车技术发展较快，部分车型已处于技术成熟期，如已经上市的上汽荣威 750，如图 17.3 所示。

在世界范围内，自 1997 年丰田首先在日本推出 Prius 混合动力汽车以来，各大汽车企业纷纷推出自己的混动产品，如本田 Insight，通用 Saturn VUE、福特 Escape 等。随着技术的成熟和生产规模的扩大，成本大幅下降。丰田普锐斯（Toyota Prius），是首款量产的油电混合动力车，于 2001 年在全球范围内被引入。在人们日益关注环保的今天，普锐斯 Prius 因革命性地降低了车辆燃耗和尾气排放，其划时代之意义与先进性得到了全世界的高度评价。截至目前，一共有四个世代的超过 800 万辆丰田普锐斯汽车已销往世界各地，它是世界上最畅销的油电混合动力车，如图 17.4 所示。

图 17.3 荣威 750 混合动力汽车

图 17.4 丰田普锐斯混合动力汽车

17.3 燃料电池汽车

燃料电池汽车（Fuel Cell Vehicles，FCV 或 Fuel Cell Electric Vehicle，FCEV）是利用燃料电池，将燃料中的化学能直接转化为电能实现动力驱动的新型汽车。其核心部件是燃料电池，燃料电池是一种能够持续地通过发生在阳极和阴极的氧化还原反应将化学能转化为电能的能量转换装置。从本质上来说，它也应归属于电动汽车的一种。

与内燃机汽车相比，燃料电池电动汽车通过电池直接将化学能转化为电能，利用电机驱动，而不是利用燃料的燃烧过程。其能量转换效率较内燃机要高 2～3 倍。燃料电池化学反应过程不会产生污染物、噪声低、结构简单、运行平稳、效率高和节能环保。因此从能源利用和环境保护方面来看，燃料电池汽车是一种理想车辆，代表着清洁汽车未来的发展方向。但燃料电池组的生产成本高，使用配套不足、需要配备辅助电池系统和集成，产业化仍待发展。

燃料电池由阳极、阴极和离子导电的电解质构成，其工作原理与普通电化学电池类似，燃料在阳极氧化，氧化剂在阴极还原，电子从阳极通过负载流向阴极构成电回路，产生电流。

燃料电池的基本组成有：电极、电解质、燃料和催化剂。两个电极被一个位于它们之间的、携带有充电电荷的固态或液态电解质分开。在电极上，催化剂常用来加速电化学反应。

燃料电池电动汽车的总体结构通常包括燃料电池系统、电机、蓄电池（超级电容）等功能部件。燃料电池电动汽车实质上是电动汽车的一种，在车身、动力传动系统、控制系统等方面，燃料电池电动汽车与普通电动汽车基本相同，主要区别在于动力电池的工作原理不同。

燃料电池已经发明很久，最初主要应用于航天和军事领域，后来，随着世界能源危机爆发及环境污染日益加剧，以质子交换模式为代表的燃料电池技术受到世界各国及大型汽车公司的普遍重视，纷纷投入巨资研发各类燃料电池电动汽车。2016 年 4 月北京车展期间，日本丰田公司推出了外观设计非常简约和超前的 FCV PLUS 概念车，如图 17.5 所示。这款车搭载了最新的燃料电池技术。其燃料电池堆设置在两个前轮之间，而氢气罐则放在车后，并配备四轮电机驱动。随着氢能源的普及，未来各种各样的初级能源（风能、水能等）可清洁地转化成氢能源，从而实现能源的“自给自足”。

在国家“十五”“863”计划电动汽车关键技术重大科技专项和“十一五”“十二五”节能与新能源汽车重大项目支持下，我国燃料电池汽车技术研发取得了重要进展，基本掌握了整车、动力系统与关键零部件的核心技术；建立了具有自主知识产权的燃料电池汽车动力系统技术平台；形成了燃料电池发动机、动力电池、DC/DC 变换器、驱动电机、储氢与供氢系统等关键零部件配套研发体系，具有百量级燃料电池汽车动力系统平台与整车生产能力。

图 17.5 丰田 FCV Plus 概念车

17.4 太阳能汽车

随着能源危机和环境污染的加剧，太阳能作为一种取之不尽、用之不竭的新能源，近年引起了广泛关注，如图 17.6 所示。太阳能电池结构简单，能够将光能直接转换成电能，不经过任何中间能量的转换（没有机械转动部分），不排出任何废水废气，是最卫生、不污染环境的清洁能源，太阳能电池提供的电能也几乎是永久的、是一种不需维持费用的能源。太阳能电池用于汽车，一方面可以用于建设大型充电站，为电动汽车等新能源汽车充电；另一方面可以直接用于汽车驱动力（这就是太阳能汽车），也可用作汽车辅助设备的能源。

17.4.1　太阳能汽车的基本概念

太阳能汽车（Solar Car）主要是利用太阳能电池将太阳能转变为电能，再利用电能驱动作为能源驱动行驶的汽车，如图 17.7 所示。从某种意义上讲，太阳能汽车也是电动汽车的一种，所不同的是通常电动汽车的蓄电池靠工业电网充电，而太阳能汽车用的是太阳能电池充电。太阳能汽车使用太阳能电池把光能转化成电能，电能会在储电池中存起备用，用来推动汽车的电动机。

由于其电能直接来自于太阳能，因此太阳能汽车是真正的零排放，具有节能、安全、环保的特点。由于其零污染，能源用之不竭，故被人们称为“未来汽车”。太阳能汽车被诸多国家所提倡，太阳能汽车产业的发展也日益蓬勃。但太阳能汽车目前还没有实用化，主要原因是成本过高，行驶里程不长。

图 17.6　太阳能的应用

图 17.7　太阳能汽车掠影

17.4.2　太阳能汽车组成结构及关键技术

太阳能汽车主要由太阳能电池组件、蓄电池、太阳自动跟踪系统、驱动系统、控制器和机械系统等部分组成。

1．太阳能电池组件（光伏面板）

它是太阳能汽车的核心部分，由一定数量的单体太阳能电池串联或并联组成太阳电池阵列，能够直接把光能转变为电能，作为汽车的驱动能源。

太阳能电池实际上是一个大面积半导体 PN 结器件。它利用 PN 结区存在的内建电场分离光生电子和空穴，从而在光照下向外电路输送电能，如图 17.8 所示。可以这样简单理解，太阳能电池板由光伏材料（只有半导体材料具有这种属性）制成，是一个两层结构，上层叫 N 层，下层叫 P 层。上层的原子被太阳照射后呈激活状态，核外电子脱离原子核成为自由电子，留下带正电部分的空穴（Electron hole）。自由电子汇集在 N 层，相邻原子间会不断补充电子。于是就像传送带一样，自下而上传送核外电子补足空穴，补电子的过程等同于正价电子向下运动。当 N、P 两层被导线接通后，就形成了电流。如果接上电动机，车轮就开始转动，如果接上储能电池，就能把电能留存下来。

目前太阳能电池主要有晶硅电池、硅薄膜电池、砷化镓太阳电池等，是光伏电站、宇航空间应用等光伏系统的发电单元。

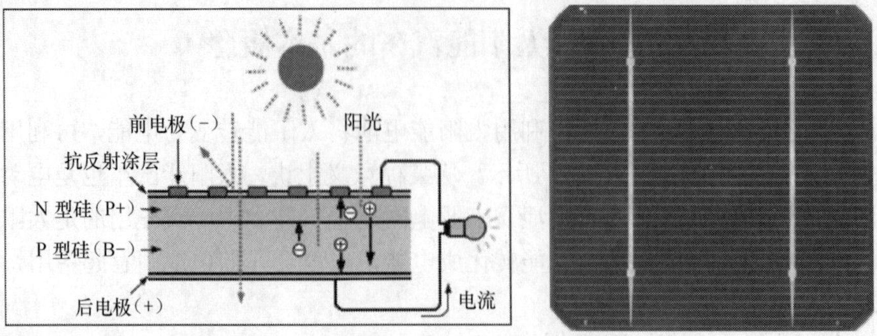

图 17.8　太阳能电池原理示意图（剖面和正面）

太阳能电池的输出功率大小与太阳光照强度和太阳能电池的面积大小成正比。车用太阳能电池组件将很多单体太阳能电池串并联排列成一个太阳能电池板，面积大小为 $10m^2$ 左右，覆盖于车身表面，以产生所需要的大电流和高电压。

目前商用太阳能电池的转换效率为 15%～20%。制约太阳能汽车发展的主要因素是太阳能电池的转换效率较低。未来太阳能汽车用的光伏组件可以采用高效率的薄膜型第三代太阳能电池，具有质轻而且转换效率高的优点。

2．蓄电池

为了解决太阳能电池夜晚和阴雨天不能发电的问题，太阳能汽车通常还需配备蓄电池存储电能。储能电池技术也是阻碍太阳能汽车走向实用化的因素之一。目前，太阳能汽车用蓄电池主要为锂电池或锂聚合物电池。

3．太阳自动跟踪系统

部分太阳能汽车配备有太阳自动跟踪系统。该系统可使太阳能电池板在自动跟踪器的控制下始终正对太阳辐照，最大限度地提高太阳能电池板接收太阳辐射能的能力。

4．驱动系统

太阳能汽车采用的驱动电动机主要有交流异步电动机、永磁电动机、直流电动机等，其驱动系统与通常电动汽车类似。

5．控制系统

它主要管理太阳电池发电、蓄电池充放电以及电机控制和驾驶控制等。能源管理系统技术是发展太阳能汽车的关键技术之一，对于其整车性能有着重要意义。应该说，太阳能汽车相较一般的电动汽车，其能源管理系统技术有更高的要求。加强对电池及其能源系统的有效管理，合理匹配及正确使用与维护，不仅能大大提高太阳能汽车的续航里程，而且在提高电池的使用寿命的同时降低了汽车成本。但是，由于储能电池的电容量与电压、电流严重非线性，因此能源管理系统还缺乏准确的数学模型。

6．机械系统

机械系统主要包括车身系统、底盘系统和操控系统。

太阳能汽车最具魅力的莫过于其车身系统。太阳能电池的性能严重制约了太阳能汽车的车身技术的发展。首先，现有的前太阳能电池转换效率低，若要达到车辆行驶所需功率需要安装大面积的太阳能电池板。这会使车身过大，降低车辆操控性。其次是车身轻量化技术。研究表明，车辆质量每减少 10%，能源消耗可降低 6%～8%。因此，太阳能汽车除了满足汽车的安全和外形尺寸要求外，车身设计还需尽可能使行驶过程中风阻尽量小，同时又要使太阳能电池板的面积尽量大。整个机械系统满足一定的强度和安全要求外，尽量满足轻量化要求。碳纤维复合材料是目前较好的车身材料。

17.4.3 太阳能汽车类型

1．太阳能作为第一驱动力驱动汽车

完全用太阳能为驱动力代替传统燃油，是几代汽车工作者的梦想。这种全太阳能车是最理想的太阳能汽车。目前此类太阳车的车速最高能达到 100km/h 以上，而无太阳光最大续行能力也在 100km 左右。

2．太阳能和其他能量混合驱动汽车

太阳能辐射强度较弱，光伏电池板造价昂贵，加之蓄电池容量和天气的限制，使得完全靠太阳能驱动的汽车的实用性受到极大的限制，不利于推广。因此就出现了一种采用太阳能和其他能量混合驱动的汽车。

复合能源汽车的外观与传统汽车相似，只是在车表面加装了部分太阳能吸收装置，比如车顶电池板，用于给蓄电池充电或直接作为动力源。这种汽车既有汽油发动机，又有电动机，汽油发动机驱动前轮，蓄电池给电动机供电驱动后轮。电动机用于低速行驶。当车速达到某一速度以后，汽油发动机起动，电动机脱离驱动轴，汽车便像普通汽车一样行驶。

由于采用了混合驱动形式，带来了诸多好处。首先，因为有汽油发动机驱动，所以蓄电池不会过放电，蓄电池的容量只要满足一天使用即可，与全用蓄电池的车相比，其容量可减少一半，也减轻了车重。其次，城市中大多数车辆都处在低速行驶状态下，采用电机驱动可最大可能地降低城市局部污染。

3．汽车辅助能源

传统的小轿车，功率一般在几十千瓦左右，而太阳辐射功率至多 $1kW/m^2$，目前的光电转换效率小于 30%。因此全部用太阳能驱动传统的轿车，需要几十平方米的接收面积，显然难以达到。但在传统汽车上可以用太阳能作为辅助动力，以减少常规燃料的消耗，而且现代汽车的电气化程度日益提高，各辅助设备的耗电量也因此急剧增加。这方面的应用主要有以下几种形式。

（1）太阳能用作汽车蓄电池的辅助充电能源。在轿车上加装太阳电池后，可在车辆停止使用时，继续为电池充电，从而避免电池过度放电，节约能源。

日本应庆大学设计了一款叫作 Luciole（萤火虫）的概念车，它的颜色像萤火虫。这款车曾在北京展览过，车顶上贴有近 $1m^2$ 的转换效率较高的光伏板，作用是辅助给 12V 的电池充电，当 12V 电池充满后，12V 电池又会给主电池充电。电池充满电时，这辆概念车能行驶 800km。

（2）用于驱动风扇和汽车空调等系统。汽车静止在阳光下，由于车内空气不流通，使得车体成了收集太阳能的温室，造成车内温度升高，使车内释放大量的有害物质，从而使车内空气品质变糟。若加装太阳能装置，比如加装太阳能风扇等，则可以为车辆在停泊期间无能耗提供新风并降温，保证车辆再次上路时有良好的空气品质。

汽车天窗的玻璃下方设置有太阳能电池，太阳能电池与设置的控制单元输入端相连接，输入端连接车辆空调系统的温度传感器，同时输入端还与蓄电池和点火器相连接。玻璃下方的太阳能电池吸收太阳能，经汽车天窗控制单元可对蓄电池进行充电，保证蓄电池的电能充足，同时延长蓄电池的使用寿命。而太阳能天窗带给消费者的最直接好处是，在夏天高温天气里，汽车在烈日下停车熄火，完全没有能源供给时，能自动调节车内温度。利用内置在天窗内部的太阳能集电板依靠阳光所产生的电力，经过控制系统来驱动鼓风机，将车厢外的冷空气导入车内，驱除车内热气，达到降温的目的。当驾驶者及乘员再打开车门及坐在座位上时，不会感觉热浪袭人、闷热难耐，汽车的空调系统可以在最短时间内将车内温度降至舒适的程度。同时可以改善车内的空气状况，冬天也可以减少车内前挡风玻璃的结霜。根据资料显示，与没有通风降温的车型相比，安装了太阳能天窗的汽车驾驶室内的温度最高降低20℃。利用太阳能供电，节能降温，十分有效地减少了汽车内由热所产生的“孤岛”效应。

目前国内销售的车型当中，奔驰 E 级，奥迪 A8、A6L、A4、途锐等部分车型都已配备了太阳能天窗。

17.4.4 太阳能汽车发展现状及趋势

1. 国内外太阳能汽车的发展

早在 1978 年，世界上第一辆太阳能汽车便在英国研制成功，时速达至 13km/h。此后世界各国都纷纷组成了太阳能汽车研发大军，经过了几十年的发展，现在的太阳能汽车，无论是在设计理念还是在制造工艺上，都取得了长足进步，成绩斐然。

1982 年墨西哥研制出一种外形像三轮摩托车的太阳能汽车，速度达到每小时 40km。

在 1987 年澳大利亚首届太阳能汽车比赛上，有 7 个国家的 25 辆太阳能汽车参加了比赛。在这次大赛中，美国“圣雷易莎”号太阳能赛车以 44 小时 54 分的成绩跑完全程，夺得了冠军。

1999 年 5 月巴西圣保罗大学的科研人员设计出一款新型太阳能汽车，这种汽车全部使用太阳能作为能源，发动机和车轮之间没有传输装置，最高时速超过 100km。澳大利亚 2003 年太阳能汽车比赛上，由荷兰制造的“NunaII”（纽约 2 号）太阳能汽车取得了冠军，它以 30 小时 54 分钟的时间跑完了 3010km 的路程，创造了太阳能汽车最高时速 170km 的新世界纪录，标志着人们在转化太阳能的道路上又迈出了坚实的一步。

我国也从 20 世纪 80 年代开始投入对太阳能汽车的研发。1984 年 9 月，我国首次研制的“太阳号”太阳能汽车试验成功，在不用任何燃料的情况下，这辆汽车时速为 2km/h，可连续行驶一百多千米。

1996 年，清华大学参照日本能登竞赛规范，研制了“追日”号太阳能汽车。最高车速达 80km/h。

2001 年，全国高校首辆可载人的太阳能电动车“思源号”在上海交通大学诞生。它无需任何助动燃料，只要在阳光下晒三四个小时，便能轻松跑上十几千米。

中山大学太阳能系统研究所的一辆太阳能电动车，外观上，跟公园的电瓶车一样，可以搭乘六名乘客，但是国产的时速最高却只有 48km，持续行驶时间也只有 1 小时。

2006 年底，在南京国际展览中心举办的 2006 江苏新能源博览会上，国内首辆太阳能轿车隆重登场。这辆可以直接切换电能的太阳能汽车，行驶速度最高可达 88km/h。如果加上电能，这辆车晚上能行驶 220km，白天可行驶 290km。

2004 年五月南京的 70 岁老人熊国权制造出一辆太阳能汽车，该太阳能汽车比一般汽车车型小，车身轻。载人数为 2～3 人，最高时速 40km，吸收阳光 1～2 天，可供它完成 200km 的路程，售价约 1.5 万元。如果遇到阴雨天，还可通过家用电源进行充电，大约需要快速充电 30 分钟，车即可行驶 70km，耗电为 6～7kW。该车制好后曾在南汽试车厂试车，无论爬坡还是转弯都十分自如。

2008 年 2 月 24 日，一辆太阳能汽车亮相江苏靖江街头。这辆由 6m^2 太阳板和 5 组电瓶等材料造成太阳能汽车，是江苏省靖江市市民陈顺贵在其亲友帮助下手工打造成的。据试验，该车正常时速 30～80km，光照 2 天可行驶 120～150km，停在家门前还可当太阳能发电车发电供正常家用。

2．实用型太阳能汽车

实用型的太阳能汽车主要有两种：一是与比赛用车相近的专用车身上装载的 5～7m^2 电池和 3～5kW・h 的蓄电池的汽车，二是在轻型且结构紧凑的专用车身上装载 2～3m^2 的太阳能电池和 5～9kW・h 的蓄电池汽车。

另外，还有一种实用型太阳能汽车，就是将市场上出售的小型乘用车改造后的电动汽车上装载 1.5～2km 的太阳能电池和 14～18kW・h 的蓄电池的车。实用型太阳能车上的车载蓄电池，除应付天气变化外，还起到在太阳能电池电力不足时，能配合太阳能电池一同工作的作用。

比赛用太阳能汽车的车身为了减少空气阻力，将其侧断面制成流线型；为了使车身更为轻便，大量使用了轻合金、复合材料等来制造，而且在车身表面搭载了面积在 7~10m^2 的太阳能电池。另外，为了应付太阳辐射量及天气情况的变化，增添了 3～5kW・h 的蓄电池。

由于太阳能发电和电动车的技术已经基本成熟，人们可以将太阳能发的电存储起来，再应用到电动车上。相信，随着实用型太阳能电动车的不断改进和完善，它将具有无可辩驳的生命力，走进千家万户之中。

3．世界太阳能汽车挑战赛

从 1987 年开始，每两年在澳大利亚举办的世界太阳能汽车挑战赛（World Solar Challenge）是全球影响最大的太阳能汽车赛事，如图 17.9 所示。参赛队伍需由澳大利亚北部的达尔文港出发，经过高速公路，横越澳大利亚中部，到达位于南部的阿德莱德市。参赛的太阳能车可以使用不超过 6m^2 的太阳能硅电池板或者 3m^2 砷化镓电池板，总重量不超过 20kg 的蓄电池（只允许在出发日充满电一次），在 50 小时内完成 3000km 的赛程。每天的驾驶时间是早 8 点到下午 5 点，夜间露营。荷兰 Delft 大学的 Nuna（1~8 代，图 17.10 为 Nuna8）车队几乎获得了自 2001 以来的所有挑战者级冠军，除了有两届输给日本 Tokai 大学车队。2015 年 10 月 18 日至 25 日举行了第十三届世界太阳能汽车挑战赛，来自 25 个国家的 43 辆赛车一展身手。来自荷兰的 Nuna8 赛车（见图 17.10）用时 37 小时 56 分钟跑完 3000km 全程。

图 17.9　世界太阳能车挑战赛

代表中国参赛的是来自北京理工大学的光梭车队，这是北京理工大学车队第二次参赛，如图 17.11 所示。2013 年光梭 Sun Shuttle 只完成了半程。经过 5 天的跋涉，光梭二号终于完成 3022km 的赛程，首次完成这一艰苦赛事。

图 17.10　第十三届世界太阳能汽车挑战赛冠军 Nuna8

图 17.11　第十三届世界太阳能汽车挑战赛中国赛车

值得指出的是，本次大赛巡航组的桂冠被荷兰队埃因霍温车队 Stella Lux 再度摘取。巡航组竞赛在 2013 年上届大赛被引入，目的是推进太阳能车向实用型发展。Stella Lux 成为第一辆家用太阳能汽车（见图 17.12），一次充电行驶 1500km。由荷兰埃因霍温理工大学的学生团队研发并打造。在满员载荷四人的情况下，最快行驶速度可达每小时 125km，实现了技术创新、舒适感和驾驶操控性能的完美结合。该车预计未来 5～10 年内投入量产。

图 17.12　实用性太阳能汽车的先行者——荷兰埃因霍温 Stella Lux 太阳能汽车掠影

第 18 章 电动汽车技术

电动汽车（EV）是以车载电源为动力，用电机驱动车轮行驶，符合道路交通、安全法规各项要求的车辆，一般采用高效率充电蓄电池作为动力源。电动汽车作为最有发展前景的新能源汽车，将成为未来汽车的主流。燃料电池汽车和太阳能汽车本质上说也是电动汽车的一种，只不过其动力源主要来自于车载燃料电池和太阳能电池；混合动力汽车也需要使用电动汽车技术。因此，电动汽车技术是新能源汽车的核心技术和重要标志。本章主要探讨电动汽车有关技术和发展，这里的电动汽车主要指的是纯电动汽车（BEV）。

纵观汽车发展史，电动汽车比搭载内燃机的奔驰专利一号车还要早面世半个世纪。而在 21 世纪的今天，电动汽车又将会成为未来新能源的最终解决方案。毫无疑问，电动汽车最大的优势便是无排放污染。电动汽车在行驶时与燃料电池车一样不会产生尾气，可以做到真正意义上的零排放。另外，由于电能作为可快速再生能源，它可以由多种清洁能源如水力、核能、太阳能、风力、潮汐等快速转化而来，所以可以有效地减少汽车对石油资源的依赖。同时通过对车载电池的回收利用，电动汽车对环境保护和减少大气污染的有益推动是无需质疑的。其次电动汽车还具有噪音低，结构简单，使用维修方便等特点。

18.1 电动汽车发展历程及特点

18.1.1 电动汽车的发展历程

电动汽车的产生由来已久，早在 19 世纪，电动车就已经登上历史舞台。1830 年，苏格兰发明家罗伯特·安德森（Robert Anderson）就成功地将电动马达装在一部马车上，后来 1842 年与托马斯·达文波特（Thomas Davenport）合作打造出第一部以电池为动力的电动汽车，自此开创了电动车的历史。随着蓄电池技术的进步，很多西方国家陆续制造出了电动汽车。

19 世纪末 20 世纪初，电动汽车在欧美广泛应用，有 40%的美国汽车采用蒸汽机，38%的汽车采用电力驱动，22%的汽车使用汽油动力。美国的电动车保有量达到 33842 辆，电动车在 19 世纪 20 年代大获成功，销量在 1912 年达到了顶峰。

到 19 世纪 20 年代，大油田的不断发现使汽油价格降低到普通人可以消费的水平，内燃机技术的发展也使得汽油车展现出无可比拟的优越性，汽油车逐渐成为主流。电动汽车则因电池重量大、能量密度低、充电时间长、续航里程和使用寿命短以及制造成本高等原因逐渐淡出大众视野。此后数十年里，尽管零星的有一些电动车问世，但受制于高成本和短续航，没有一款车型能达到商用规模。

从 20 世纪 80 年代末起，节能与环保问题成为世界各国关注的主要社会问题，同时随着科技的发展，特别是新型高能电池技术的发展，使电动汽车的续驶里程大大提高、充电时间大大缩短，电动汽车又进入了一个新的发展阶段，并开始步入实用化阶段。欧美日各系厂商竞相在电动车领域发力。1993 年，美国政府制订了 PNGV 计划，三大整车厂纷纷推出以内燃机为基本动力源的混合动力概念车（轻混），这些概念车型由于采用了制动能量回收技术而更加节能，在降低油耗和排放方面都有十分出色的表现。尽管过高的成本未能使这些概念车实现商业化，但这个计划在全美国掀起了一波汽车新技术研发的浪潮。大众、丰田等车厂也推出了各自的混合动力车，其中，丰田 Prius 获得了巨大的成功。美国的纯电动汽车 Tesla（特斯拉），以其卓越的性能更是风靡全球。

中国电动汽车虽然没有欧美等国家起步早，但国家从维护能源安全，改善大气环境，提高汽车工业竞争力，实现我国汽车工业的跨越式发展的战略高度考虑，电动汽车研究一直是国家计划项目，并在 2001 年设立了“电动汽车重大科技专项”。通过组织企业、高等院校和科研机构，集中各方面力量进行联合攻关，现正处于研发势头强劲阶段。

中国电动汽车发展采用的是“弯道超车”战略，并且已经在电动汽车关键部件电池技术研发上取得领先。2015 年，比亚迪全年累计销售电动汽车（含纯电动车和插电式混合动力车）6.17 万辆，力压特斯拉成为全球电动车销量冠军。在国外，比亚迪电动大巴更是先后卖到东京、纽约、伦敦等全球 160 多个城市，成为继高铁之后，中国高端制造业的另一张名片。比亚迪纯电动汽车 e6，续航里程达 400km，如图 18.1 所示。

图 18.1　比亚迪纯电动汽车 e6

18.1.2　电动汽车的特点

1. 无污染、噪声小

电动汽车无内燃机汽车工作时产生的废气，不产生排气污染，对环境保护和空气的洁净是十分有益的，几乎是“零污染”。众所周知，内燃机汽车废气中的 CO、HC 及 NOx、微粒、臭气等污染物形成酸雨、酸雾及光化学烟雾。电动汽车无内燃机产生的噪声，电动机的噪声也较内燃机小。噪声对人的听觉、神经、心血管、消化、内分泌、免疫系统也是有危害的。

2. 单一的电能源

相对于混合动力汽车和燃料电池汽车，纯电动汽车以电动机代替燃油机，噪声小、无污染，电动机、油料及传动系统少占的空间和重量可用以补偿电池的需求；且因使用单一的电能源，电控系统相比混合电动车大为简化，降低了成本，也可补偿电池的部分价格。

3. 结构简单，维修方便

电动汽车较内燃机汽车结构简单，运转、传动部件少，维修保养工作量小。当采用交流感应电动机时，电机无需保养维护，更重要的是电动汽车易操纵。

4. 能量转换效率高

电动汽车的研究表明，其能源效率已超过汽油机汽车。电动车的能源转化效率达到90%左右，而传统燃油车能源转化效率仅为17%左右。特别是在城市运行，汽车走走停停，行驶速度不高，电动汽车更加适宜。电动汽车停止时不消耗电量，在制动过程中，电动机可自动转化为发电机，实现制动减速时能量的再利用。有些研究表明，同样的原油经过粗炼，送至电厂发电，经充入电池，再由电池驱动汽车，其能量利用效率比经过精炼变为汽油，再经汽油机驱动汽车高，因此有利于节约能源和减少二氧化碳的排量。

5. 平抑电网的峰谷差

电动汽车可在夜间利用电网的廉价“谷电”进行充电，起到平抑电网的峰谷差的作用。电动汽车的应用可有效地减少对石油资源的依赖，可将有限的石油用于更重要的方面。向蓄电池充电的电力可以由煤炭、天然气、水力、核能、太阳能、风力、潮汐等能源转化。除此之外，如果夜间向蓄电池充电，还可以避开用电高峰，有利于电网均衡负荷，减少费用。

18.2 电动汽车的主要结构

电动汽车相比常见的内燃机汽车，特有的结构主要包括电动机、电池组和电控系统等，其他装置（如行驶装置、转向装置和制动装置等）基本与内燃机汽车相同。

18.2.1 电动汽车的心脏：电动机

电力驱动及控制系统是电动车辆的核心，也是区别于内燃机车辆的最大不同点。电力驱动及控制系统由驱动电动机、电池组和电动机的调速控制装置等组成。电动车的其他装置则基本与内燃机车辆相同。纯电动汽车是完全用电动机（见图18.2）来取代发动机驱动的，不少人认为电动机的动力没有发动机好，然而在先进的交流电机（见图18.3）的驱动下，现代电动汽车的动力性甚至远远超过了不少大排量内燃机。

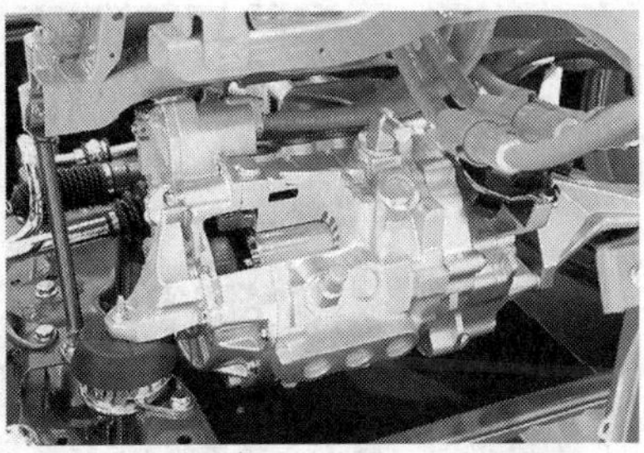

图18.2 电动汽车的心脏：电动机

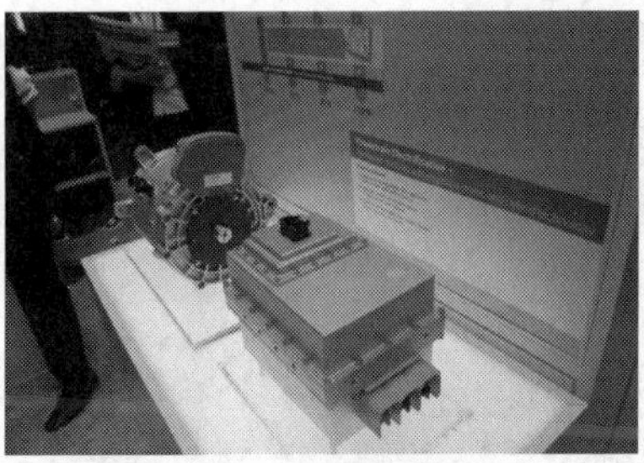

图18.3 先进的交流电机

事实上，电动机驱动与发动机相比有两大技术优势。首先，发动机能高效产生转矩时的转速被限制在一个较窄的范围内（即经济运行区），因此需要变速器适应这一特性。而电动机可以在相当宽广的速度范围内高效地产生转矩，这意味着电动车甚至只需要单级减速齿轮就可以驱动车辆。其次，由于高度电气化的控制系统引入，电动机实现动力输出的快速响应能力远高于发动机，这意味着电动机的响应比发动机更加灵敏。

通用在十年前推出的第一款电动汽车 EV1 便可以实现百公里加速小于 8 秒，最高车速为 130km/h（电子限速）。而在 1994 年研发时，通用 EV1 原型车更是创下了最高车速 295km/h 的惊人纪录。不过量产电动车一般并不会完全发挥出电动机的全部实力，因为电动车上搭载的电池所储存的电量十分宝贵。为了节省电力，量产电动车的加速性能大多与同级的内燃机车型相近。

18.2.2 电动车的“油箱”：电池组

制约电动汽车发展的主要问题还是集中于电池成本较高，充电时间长，续驶里程较短。近年来，不少汽车公司和研究机构的最新研究正在逐渐弥补电动汽车的这些先天缺陷。目前镍氢电池和锂电池为不少电动车和混合动力车所使用，其中镍氢电池可快速充电，循环寿命长，同时它不存在重金属污染，也被称为“绿色电池”，但是比能量没有锂电池高。锂电池有很多种类，例如锂离子电池、锂熔盐电池、锂聚合物电池，具备较高的能量密度，等比功率大、比能量高，非常适合作为电动车车载电池，如图 18.4 所示。近年来，锂电池的研究使其在寿命和稳定性方面有大幅提升，因此锂电池很可能成为未来电动车的主力电池类型。

18.2.3 电动车的神经中枢：电控系统

电力驱动控制系统是电动车的神经中枢，它将电动机，电池和其他辅助系统互为连接并且加以控制。电力驱动控制系统按工作原理可划分为车载电源模块、电力驱动主模块和辅助模块三大部分。

车载电源模块主要由电池电源、能源管理系统和充电控制器三部分组成。电动机驱动所需的等级电压往往与辅助装置的电压要求不一致，辅助装置所要求的一般为 12V 或 24V 的低压电源，而电动机驱动一般要求高压电源，并且所采用的电动机类型不同，其要求的电压等级也不同。为满足该要求，可以用多个 12V 或 24V 的蓄电池串联成 96~384V 高压直流电池组，再通过 DC/DC 转换器（见图 18.5）供给所需的不同电压。

图 18.4　锂电池

图 18.5　DC/DC 转换器

能源管理系统的主要功能是在汽车行驶中进行能源分配，协调各功能部分工作的能量管理，使有限的能量源最大限度地得到利用。能源管理系统与电力驱动主模块的中央控制单元配合一起控制发电回馈，使在电动汽车降速制动和下坡滑行时进行能量回收，从而有效地利用能源，提高电动汽车的续航能力，如图 18.6 所示。充电控制器则把电网供电制式转换为对蓄电池充电要求的制式，即把交流电转换为相应电压的直流电，并按要求控制其充电电流，如图 18.7 所示。

图 18.6　电力电子控制

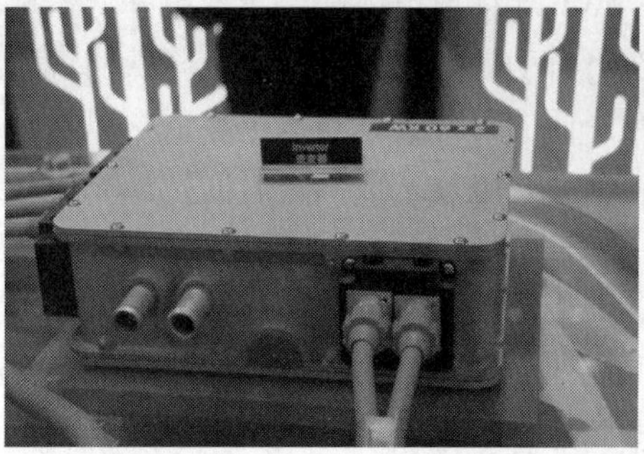

图 18.7　逆变器

电力驱动主模块主要由中央控制单元、驱动控制器、电动机、机械传动装置等组成。中央控制单元根据加速踏板与制动踏板的输入信号，向驱动控制器发出相应的控制指令，对电动机进行起动、加速、降速、制动控制。驱动控制器的功能是按中央控制单元的指令和电动机的速度、电流反馈信号，对电动机的速度、驱动转矩和旋转方向进行控制。

辅助模块包括辅助动力源、动力转向单元、显示仪表和各种辅助装置等。这部分装置的功能与传统汽车上的非常类似。

18.3　电动汽车蓄电池及储能技术

蓄电池（Storage Battery），又名二次电池（Rechargeable Battery）或充电电池，是一种化学电源，电池放电后可通过充电的方式使活性物质激活而继续使用。

蓄电池是电动汽车的动力源泉，也是一直制约电动汽车发展的关键因素，直接关系到电动汽车的动力性能、续航能力，也与电动汽车的安全性直接相关。电动汽车用电池的主要性能指标是比能量（E）、能量密度（E_d）、比功率（P）、循环寿命（L）和成本（C）等。从新能源汽车的成本构成看，电池驱动系统占据了新能源汽车成本的 30%～50%。提高功率密度、能量密度、使用寿命以及降低成本一直是电动汽车动力电池技术研发的核心。

18.3.1　电动汽车对蓄电池的要求

为了满足实际运行的需要，电动汽车的电池应包括以下几个特性。

（1）能量密度高。能量密度指电池的质量比能量（Wh/kg）和体积比能量（Wh/L），亦即单位质量或单位体积的电池所能供给的能量。比能量越高，同一质量或同一体积电池所储存和释放的电能就越多。显然，使用比能量高的电池体系有助于降低动力电池的质量和体积，提高电动汽车的有效载量，乃至它的一次充电续驶里程。因此，能量密度是评价动力电池应用性能的一个最重要指标。

（2）比功率大。比功率指单位质量或单位体积电池所能输出的功率，分别称为质量比功率（W/kg）和体积比功率（W/L）。比功率越高，则单位时间电池的输出能量越大，电动汽车的加速性能和爬坡性能就愈优越。就混合动力车而言，如电池系统的比功率大，其制动能量回收的效率一般就越高，节油效果也越理想。

（3）连续放电率高，自放电率低。电池能够适应快速放电的要求。自放电是电池在开路状态下自动放电致使电池容量降低的现象。其自放电程度，由自放电率表示，即单位时间内容量降低的百分数。自放电率低，以保证电池能够长期存放。

（4）充电技术成熟，时间短，充电技术通用性强，能够实现快速充电。

（5）高低温性能好、环境适应性强。电动汽车作为一种交通工具，要求电池不仅能在北方冬天极冷的气温下，而且能在南方夏天炎热环境中长期稳定地工作。在最恶劣的气候条件下，电池的工作温度可能要从-40℃变到 60℃，甚至 80℃。因此，要求电池应当具有良好的高低温特性。另外，能够适应电动汽车行驶过程中的震动。

（6）安全性好。能够有效避免因泄漏、短路、撞击、颠簸等引起的起火或爆炸等危险事故发生，确保汽车在正常行驶或非正常行驶过程中的安全。电池应干燥、洁净，电解质不会渗漏腐蚀接线柱、外壳。不会引起自燃或燃烧，在发生碰撞等事故时，不会对乘员造成伤害。废电池能够回收处理及再生利用，电池中的有害重金属能够集中回收处理。电池组可采用机械装置进行整体拆解、更换，线路连接方便。

（7）循环或使用寿命长。循环或使用寿命即指一定的充放电制度或工况条件下，电池容量降到某一额定值前所经历的充放电次数。循环寿命越长，则电池在正常使用周期内支撑电动汽车行驶的里程数就越多，有助于降低车辆使用期内的运行成本。通常电池的循环寿命不低于 1000 次，在使用寿命限定期间内，不需要进行维护与修理。

（8）均匀一致性好、可靠性高。对于电动汽车而言，电池组的工作电压大多应达到数百伏，这就要求至少有几十到上百只电池的串联。为达到设计容量要求，有时甚至需要更多的单体并联。由于电池组的使用性能会受到性能最差的某些单节电池的制约，因此设计上要求各电池单体在容量、内阻、功率特性和循环特性等方面具有高度的均匀一致性，而运行过程中高的可靠性，则有利于减小汽车的维修次数和维修成本。

（9）绿色环保。要求电池制作的材料与环境友好、无二次污染，并可再生利用。

（10）价格低廉。材料来源丰富，电池制造成本低，以降低整车价格，提高电动汽车的市场竞争力。

对于目前任何一种动力电池来说，如要完全满足上述要求，显然存在一定的困难。在实际选择电池时，往往根据汽车本身动力系统的要求，侧重于电池的某一部分指标，而其他指标仅作参考。

18.3.2 常用电动汽车蓄电池

到现在为止，电动汽车动力电池经过不断地研究和发展，已经获得了重大进展。目前，电动汽车所使用的动力电池主要包括铅酸电池（主要为阀控式铅酸电池）、镍镉电池、镍氢电池以及锂离子电池。它们之间的性能比较见表 18.1。

表 18.1　　　　　　　各种动力电池性能比较

性能指标	铅酸电池	镍镉电池	镍氢电池	锂离子电池	超级电容器
工作电压（V）	2.0	1.2	1.2	3.6	可调
工作电流	高	高	高	中	极高
充电时间（h）	4～12	4～10	12～36	3～4	10s 至几分钟
电池容量（Ah）	3～3000	0.1～7	0.01～3	0.05～50	极高
质量比能量（Wh/kg）	35～40	40～60	60～80	90～160	4～40
体积比能量（Wh/L）	70	150	200	270	极高
功率密度（W/kg）	<1000	>1000	>1000	>1000	>1000
工作温度（℃）	−40～60	−40～50	−40～50	−20～60	−40～50
充放电循环寿命（次）	300～500	500～1000	500～1000	600～1200	500000
自放电率（%/月）	3	15	20	6	高
记忆效应	无	有	略有	无	无
安全性	高	较高	较高	低	高
环境污染	污染	严重污染	无污染	无污染	无污染
成本	低	较低	较高	高	较高

铅酸电池广泛应用于内燃机汽车的低压供电电源，是一种成熟的汽车电池，但存在比能量低、质量和体积大、续驶里程短、使用寿命短、污染严重等问题，制约了其在电动汽车上的应用。

镍氢电池因其能量密度高、无镉污染、可大电流快速充放电等优点，能够满足电动汽车对动力电池的要求，因此镍氢电池目前被成熟地应用到商业化的电动汽车，如丰田 Prius 即采用镍氢电池。

相对传统的铅酸以及镍氢和镉镍电池而言，锂离子电池的历史虽然很短，但凭借其出色的性能在通讯、IT 等领域获得广泛应用，近年则在新能源动力市场崭露头角。国内比亚迪采用自主研发的锂离子电池，因采用的材料含铁（Fe），故命名为铁电池。

除了这些电池之外，各大汽车公司亦开发了其他的动力电动汽车储能技术，例如飞轮电池和超级电容。

飞轮电池有比能量高、比功率大、充电快、寿命长、无污染等优点，但目前技术难度和成本都较高。

超级电容虽然能量密度较低，但却拥有很高的功率密度，能在瞬时提供很大的电流和功率，同时寿命长、效率高、充电快，是动力系统中很有前途的一种瞬时供能装置。

18.3.3　电动汽车动力锂电池

锂离子电池（简称锂电池）是目前新能源汽车研究的热点，也是目前电动车上最常用的电池种类之一。虽然其从 1970 年诞生至今时间并不算长，但凭借能量密度高、循环使用寿命长等特点迅速占据了电动汽车电池市场的绝大部分江山。

锂电池是指分别用两种能可逆地嵌入与脱嵌锂离子的化合物作为正负极构成的二次电池。锂离子电池反应是一种理想的可逆反应。充电时锂离子从正极化合物中脱出经过电解质嵌入负极，同时电子的补偿电荷从外电路供给到负极，保证负极电荷平衡；放电时则相反，锂离子从负极脱出，经过电解质嵌入正极，如图 18.8 所示。

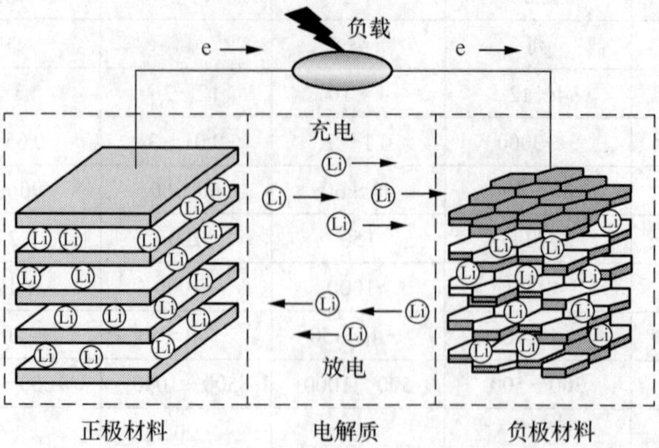

图 18.8 锂电池原理示意图

动力锂离子电池是以锂离子电池为材料的一种高能量密度电池，是专门为机动车提供动力的锂电池，具有零污染、零排放、能量密度高、体积小和循环使用寿命长等优点，是国内外动力电池发展和应用的趋势。

动力电池是新能源汽车的核“芯”，动力电池的性能对新能源汽车的成功发展起着至关重要的作用。而正极材料的性能直接决定相应动力电池能否在电动汽车上有一个好的表现。新能源汽车动力电池应具有比能量高、比功率大、自放电少、价格低廉、使用寿命长及安全性好等特性。相应的正极材料也应满足相同的要求。目前技术最成熟、应用最广泛、商业化最成功的锂离子电池正极材料是钴酸锂，而各国研发的重点则是能够应用于电动汽车的动力电池用正极材料，比如镍钴锰酸锂、锰酸锂和磷酸铁锂等。我国的比亚迪公司从研发磷酸铁锂动力电池入手，迅速成为全球知名的电动汽车生产商。国内比亚迪采用其自主研发的锂离子电池，因采用的材料含铁（Fe），故命名为铁电池。

未来动力锂电池的发展趋势是降成本，提性能。

纯电动汽车续行里程之长短取决于车载动力电池容量的大小，性能上动力锂电应满足以下几个方面。

（1）较高的比能量和比功率。

（2）优良的循环性，较长寿命（10 年左右）。

（3）较快充电时间。

（4）较宽的工作温度范围（−30℃～60℃）。

（5）较高安全性能。

发展电动汽车是人类一个多世纪以来的追求和梦想。但由于受到化学电源技术水平的制约，电动汽车的发展几起又几落。近年来，随着以镍氢电池和锂离子电池为代表的先进二次电池体系的快速发展，电动汽车的开发、应用又一次迎来了高潮，伴随而来的是混合动力车的大规模应用和各种插电式混合动力车、纯电动车的成功上市。但应当看到，目前被寄予厚望的动力锂离子电池仍然存在许多有待解决的应用问题，特别是安全性、环境适应性和成本。而从电动汽车的中长期发展看，现今化学电源的技术水平尚远不能支持纯电驱动电动车的商业化普及应用，化学电源的发展任重而道远。

18.4 电动汽车电机驱动及控制技术

电机驱动控制系统是新能源电动汽车车辆行驶中的主要执行结构，驱动电机及其控制系统是新能源汽车的核心部件（电池、电机、电控）之一，其驱动特性决定了汽车行驶的主要性能指标，它是电动汽车的重要部件，也是其区别于内燃机汽车的最大不同点。电动汽车中的燃料电池汽车 FCV、混合动力汽车 HEV 和纯电动汽车 EV 三大类都要用电动机来驱动车轮行驶，选择合适的电动机是提高各类电动汽车性价比的重要因素，因此研发或完善能同时满足车辆行驶过程中的各项性能要求，并具有坚固耐用、造价低、效能高等特点的电动机驱动方式显得极其重要。

18.4.1 电动汽车电机技术的发展

电动汽车的关键技术之一是驱动电机及电机控制系统，它的选择直接关系到电动汽车的性能及开发过程中的难度。电机驱动系统主要由电动机、功率转换器、控制器、各种检测传感器以及电源等部分构成。电动汽车在不同的历史时期采用了不同的电机，最开始采用了控制性能较好并且成本较低的直流有刷电机（DCM）。随着电力电子技术及电机控制技术的发展，永磁无刷电机（PM）、交流感应电机（IM）、开关磁阻电机（SRM）显示出了比直流电动机更加优越的性能，并已经逐渐淘汰了直流电动机。美国和德国开发的电动汽车大多采用交流感应电机，主要优点是价格较低、效率高、质量轻，但起动转矩小。日本研制的电动汽车几乎全部使用永磁无刷电机，其主要优点是效率比交流感应电机高，但价格较贵，永磁材料一般耐热 1800℃以下。开关磁阻电机结构较新，优点是结构简单、可靠、成本较低、起动性能好，没有大的冲击电流，它兼有交流感应电机变频调速和直流电机调速的优点，缺点是噪声较大。目前，交流感应电机主要应用在纯电动汽车上，永磁无刷电机主要应用在混合动力汽车中，开关磁阻电机目前主要应用在客车中。各种方案各有优缺点，批量生产的可靠性和成本比方案本身更为重要。

18.4.2 电动汽车对电机的要求

（1）高电压。在允许的范围内，尽可能采用高电压，可以减小电动机的尺寸和导线等装备的尺寸，特别是可以降低逆变器的成本。

（2）转速高。电动汽车所采用的感应电动机的转速可以达到 8000～12000r/min，高转速电动机的体积较小，质量较轻，有利于降低装车的装备质量。

（3）质量轻，体积小。电动机可通过采用铝合金外壳等途径降低电动机的质量，各种控制装置和冷却系统的材料等也尽可能选用轻质材料。

（4）电动机应具有较大的起动转矩和较大范围的调速性能，以满足起动、加速、行驶、减速、制动所需的功率与转矩。能够实现快速充电。

（5）电动汽车驱动电动机需要有 4～5 倍的过载，以满足短时加速行驶与最大爬坡度的要求，而工业驱动电动机只要求有 2 倍的过载就可以了。

（6）电动汽车驱动电动机应具有高的可控性、稳态精度、动态性能，以满足多部电动机协调运行，而工业驱动电动机只要求满足某一种特定的性能。

（7）电动机应具有高效率、低损耗，并在车辆减速时，可进行制动能量回收。

（8）电气系统安全性和控制系统的安全性应达到有关的标准和规定。

（9）电机能够在恶劣条件下可靠工作。电动机应具有高的可靠性、耐温和耐潮性，并在运行时噪声低，能够在较恶劣的环境下长期工作。

（10）结构简单，适合大批量生产，使用维修方便，价格便宜等。

18.4.3 电机技术探析

（1）直流电动机。有刷直流电动机的主要优点是控制简单、技术成熟，具有交流电机不可比拟的优良控制特性。由于存在电刷和机械换向器，因此不但限制了电机过载能力与速度的进一步提高，而且如果长时间运行，势必要经常维护和更换电刷和换向器。

由于损耗存在于转子上，使得散热困难，限制了电机转矩质量比的进一步提高。鉴于直流电动机存在以上缺陷，在新研制的电动汽车上已基本不采用直流电动机。

（2）交流三相感应电动机。交流三相感应电动机是应用得最广泛的电动机。其定子和转子采用硅钢片叠压而定子之间没有相互接触的滑环、换向器等部件。它结构简单，运行可靠，经久耐用。

交流感应电动机的功率覆盖面很宽广，转速达到 12000～15000r/min。可采用空气冷却或液体冷却方式，冷却自由度高。

对环境的适应性好，并能够实现再生反馈制动。与同样功率的直流电动机相比较，效率较高，质量减轻一半左右，价格便宜，维修方便。

（3）永磁无刷直流电动机。永磁无刷直流电动机是一种高性能的电动机。它的最大特点就是具有直流电动机的外特性而没有刷组成的机械接触结构。它采用永磁体转子，没有励磁损耗：发热的电枢绕组又装在外面的定子上，散热容易，因此，永磁无刷直流电动机没有换向火花，没有无线电干扰，寿命长，运行可靠，维修简便。

它的转速不受机械换向的限制，如果采用空气轴承或磁悬浮轴承，可以在每分钟高达几十万转运行。永磁无刷直流电动机系统具有更高的能量密度和更高的效率，在电动汽车中有着很好的应用前景。

（4）开关磁阻电动机。开关磁阻电动机是一种新型电动机，该系统具有很多明显的特点：它的结构比其他任何一种电动机都要简单，在电动机的转子上没有滑环、绕组和永磁体等，只是在定子上有简单的集中绕组，绕组的端部较短，没有相间跨接线，维护修理容易。

开关磁阻电动机具有高度的非线性特性，因此，它的驱动系统较为复杂。它的控制系统包括功率变换器。但近年来的研究表明，采用合理的设计、制造和控制技术，开关磁阻电动机的噪声完全可以得到良好的抑制。

18.4.4 电机技术未来趋势及展望

未来，我国车用驱动电机系统的三个技术发展方向是永磁化、数字化和集成化。

（1）永磁化是指永磁电机具有功率密度和转矩密度高、效率高、便于维护的优点。

（2）数字化包括驱动控制的数字化、驱动到数控系统接口的数字化和测量单元数字化。用软件最大程度地代替硬件，具有保护、故障监控、自诊断等其他功能。

（3）集成化主要体现在两个方面一是电机方面：电机与发动机总成、电机与变速箱总成的集成化。二是控制器方面：电力电子总成（功率器件、驱动、控制、传感器、电源等）的集成化。

在技术发展的同时，电机系统也在向产业化多品种、小批量规模化生产模式靠拢，在目前这阶段需要特别解决多品种、小批量柔性生产的工艺和工程化问题。由于驱动电机行业是人力资源相对密集型的产业，且国内有丰富的稀土资源，所以我国车用电机产业在全球资源条件上有明显的比较优势、易于进入全球的分工体系。

18.5　电动汽车能量管理与回收系统

能量管理系统是电动汽车的智能核心。一辆设计优良的电动汽车，除了有良好的机械性能、电驱动性能、选择适当的能量源（即电池）外，还应该有一套协调各个功能部分工作的能量管理系统。整车能量管理策略的实施要依赖电池管理系统对电池状态的判别和对电池性能的维护。电池管理系统的主要功能有：防止电池过充电或过放电判定荷电状态，选择适当的充电或放电模式对电池进行均衡充电控制并且平衡电池组的工作温度。

制动能量回收是现代电动汽车与混合动力车的重要技术之一，它的主要功能是能够节省能源、增加电动汽车的续驶里程。

18.5.1　纯电动汽车能量管理

纯电动汽车的能量管理系统通常有以下设计要求：实时测量电池组电池单元的电压，并能够对电压值的大小是否合适做出相应的指示；实时测量电池组的工作电流，并通过车载电脑进行电池荷电状态值的计算；实时测量电池组的工作温度，并对各种测量值进行温度系数校正；对异常的电池单元能够进行故障诊断，并实时报告故障电池信息；能够对独立电池单元电压实现均衡充、放电管理，保证电池组中单体电池性能一致；电池电压采集模块与整车控制器间实现电压隔离，利用通信网络实现实时数据传输与电池数据共享。

电池管理系统的功能具体有：电池剩余电量估算，这在电池管理系统中占据重要的地位，是电池管理系统中软件处理的核心部分；预测行驶里程，驾驶人员通过智能预测系统来选择自己所要行驶的里程及运行工况，方便驾驶人员操作；电池故障诊断系统，主要针对电池组中的单个蓄电池进行诊断，以便用户适时维护、更换，使汽车保持良好的运行工况；短路保护，电动汽车工作电压较高，因此电池管理系统应具有监控主回路供电状况的功能，以防止短路给设备及人造成伤害；显示报警功能，经 ECU 运算处理后，把电池运行工况等相关信息发送到显示单元，进行人机交换处理；实时跟踪监测电池系统运行状态参数。要实现以上功能，对能量管理系统的硬件与软件设计都有着严格的要求。

世界各大汽车制造商的研究机构都在进行电动汽车车载电池能量管理系统的研究与

开发。应用电动汽车车载能量管理系统，可以更加准确地设计电动汽车的电能储存系统，合理地调配和使用有限的车载能量，确定一个最佳的能量存储及管理结构，并且可以提高电动汽车本身的性能。电动汽车上实现能量管理的难点，在于如何根据所采集的每块电池的电压、温度和充放电电流的历史数据，来建立一个确定每块电池还剩余多少能量的较精确的数学模型。

18.5.2 混合动力电动汽车能量管理

动力电池必须同时具有高能量密度、高功率密度的特点，以便车辆在加速或爬坡时能提供较大的峰值功率。混合动力电动汽车对动力电池的具体要有：大功率充放电的能力；充放电效率；混合动力系统的电池应当在快速充放电和充放电过程变工况的条件下保持性能的相对稳定。此外，作为车用动力电池，还有一些基本要求，如电压、质量比能量和体积比能量、免维护性以及成本等。

18.5.3 电动汽车能量回收系统

燃油汽车的制动过程通常是利用制动装置将汽车行驶的动能通过机械摩擦方式转化为热能而散发掉，从而达到汽车制动或减速的目的。对纯电动汽车而言，这些能量需要通过相应转化设备转化为电能储存到动力电池组中，从而延长纯电动汽车的续驶里程。

制动能量回收（Braking Energy Recovery）就是把电动汽车电机的无用的、不需要的或有害的惯性转动产生的动能转化为电能，并回馈蓄电池。同时产生制动力矩，使电动机快速停止无用的惯性转动，这个总过程也称为再生制动。制动能量回收已经成为纯电动汽车、混合动力汽车等新能源汽车所必备的功能。

影响电动汽车再生制动的因素有许多，主要包括行驶工况、制动安全性要求、车辆驱动形式、电机类型、存储系统。

18.6 电动汽车充电技术

电动汽车充电是电动汽车使用过程中必不可少的环节，新能源汽车的发展需要电力供应和充电设备方面的支持。十三五期间，我国在充电桩的建设方面将迅猛发展。电动汽车充电桩如图 18.9 所示。

图 18.9 电动汽车充电桩

根据电动车动力电池组的技术特性和使用性质，可存在着不同充电模式。不同的充电方式对电动汽车的动力性能、续驶里程都存在着一定的影响。根据电动汽车技术发展与应用情况，由于电动汽车动力电池组的技术和使用特性的不同，电动汽车的充电模式存在一定的差别。

电动汽车充电常有四种方式：常规充电、快速充电、更换电池组和无线电充电方式。

18.6.1 常规充电方式

常规充电是指采用小电流在较长的时间内对蓄电池进行慢速充电，一般充电时间为10～12小时，最长可达15小时。其充电方式通常采用恒压、恒流的传统充电方式对电动车进行充电。

常规充电的优点在于，充电器和安装成本较低，便于实现车载；可充分利用电力低谷时段进行充电，降低充电成本，保证充电时段电压相对稳定；充电设施体积小，可携带，便于车辆在停车场以外的地方充电。

采用这种充电方式的电动汽车，其续驶里程需尽可能大，能满足车辆运营一天的需要，充分利用晚间停运时间充电；可采用规模较大的充电站，对多辆汽车同时充电。因此这种充电方式目前较多用于城市公交车和部分家庭用汽车，充电站多分布于停车场、小区与公交车站场。

18.6.2 快速充电方式

快速充电又称应急充电，是指以较大的电流在较的短时间内，为电动汽车进行充电，以满足汽车行驶需求的充电方式。快速充电模式的代表为特斯拉超级充电站。快速充电模式的电流和电压一般在150～400A和200～750V，充电功率大于50kW。此种方式多为直流供电方式，地面的充电机功率大，输出电流和电压变化范围宽。

虽然快速充电的充电速度非常高，可是充电设备的安装要求和成本也非常高。快速充电的电流电压较高，短时间内对电池的冲击较大，易使电池发热，并不是每种车型都适合这种充电方式，而且长期快速充电会大大缩短电池的使用寿命。

18.6.3 更换电池充电方式

换电池充电方式，即在蓄电池电量耗尽时，用充满电的电池组更换已经耗尽的电池组。这种充（换）电方式的优点在于，通过快速更换电池，提高了车辆的使用效率，方便了用户的使用。解决了充电时间长、蓄存电荷量少、电池质量差、续驶里程短等问题。但这种充电方式同时也对电池与电动汽车的标准化、电动汽车的设计改进、充电站的建设和管理以及电池的流通管理等有严格的要求。

综上，这种方式要求电动汽车车辆电池组设计标准化，易更换；同时由于电池组快速更换专业化要求高，因而电池组快速更换模式只适用于标准的充电站。

18.6.4 无线充电方式（未来充电方式）

无线充电模式即无需通过电缆来传递能量，采用电磁感应、电场耦合、磁共振和无线电波等方式进行能量的传递。采用无线充电模式，首先需要在车上安装车载感应充电机。车辆的受电部分与供电部分没有机械链接，但需要受电体与供电体对接较为准确。

电动汽车无线充电没有外露的连接器，彻底避免了漏电、跑电等安全隐患。采用无线充电，可以将电源和变压器隐蔽在地下，让汽车在停车处或街边特殊的充电点充电。

电动汽车用无线充电技术主要采用电磁感应式和磁场共振式，不需要接触即可实现充电。欧美和日本的众多电动车厂商都在积极探索这项技术商用的可能。目前，日产和三菱都有相关产品推出，其原理是采用了可在供电线圈和受电线圈之间提供电力的电磁感应方式，即将一个受电线圈装置安装在汽车的底盘上，将另一个供电线圈装置安装在地面，当电动汽车驶到供电线圈装置上时，受电线圈即可接受到供电线圈的电流，从而对电池进行充电。

未来将能边跑边充电，电能可能来自于路面铺装的供电系统，或者来自于汽车上接受的电磁波能量。在韩国有一条长达 12km 的道路相当有名。一些经过特殊改造的公交车往返在这条马路上运输载客，但从来不需要停下来加油或者充电。它的原理是：在行驶的过程中，公交车底部的设备通过名为“磁场共振”技术从地面获取能源。安装在路面下方的电缆可以产生电磁场，公交车设备中的一个线圈会与之作用，产生电能。完成公路充电，只需要在 5%～15%深度的路面下安装磁场充电板即可，因此只有少部分道路需要挖开重置。

从国外车企来看，特斯拉、沃尔沃、奥迪、宝马、奔驰等传统汽车都已经开始研发或测试旗下电动车的无线充电系统。全球通信以及 IT 界的新贵们也将“触角”伸向了电动车无线充电的新领域。据报道，奥迪、宝马已有无线充电电动汽车新车型推出计划。国内比亚迪早在 2005 年 12 月就申请了非接触感应式充电器专利。

电动汽车已经推出将近十年，始终不温不火，核心原因就在于电池成本高、充电难。如果无线充电技术（见图 18.10）被推广，不仅可以解决汽车充电问题，还可大大推动清洁能源进程。

图 18.10　电动汽车无线充电

第 19 章 新能源汽车经济

19.1 新能源汽车产业发展分析

19.1.1 新能源汽车产业概述

汽车产业是国民经济的重要支柱产业，在国民经济和社会发展中发挥着重要作用。随着我国经济持续快速发展和城镇化进程加速推进，今后较长一段时期汽车需求量仍将保持增长势头。随着国际石油价格的上涨和世界各国环境保护意识的增强，新型能源汽车成为汽车行业的发展趋势，世界各大汽车企业都在研究各种新能源的核心技术，我国随着政策的不断出台与能源的约束，新型能源汽车需求开始回暖。比亚迪、长安集团、东风集团、一汽集团、上汽集团、奇瑞等都在积极抢占新型能源汽车市场，并且有了自己的产品发展体系与发展方向。

在全球努力减少碳排放、对能源安全感到担忧、对空气质量严重下降感到关切和技术快速进步的大背景下，汽车电动化正得到越来越多国家的关注，而中国正成为一个重要的创新实验场。

估计到 2020 年，插电式电动汽车的全球销量将会达到新车销量的 10%。这种快速的增长预示着一个新的全球电动汽车价值链的出现。估计，世界电动车价值链在 10 年内将会达到 2500 亿美元，为交通业开创了前所未有的机遇。

从政策到技术再到新的商业模式，中国在成功地发展电动车需要的所有要素上都在进行创新。中国为汽车电动化投入 150 亿美元政府资金的计划令人瞩目，在世界上也是首屈一指。如此大规模的新能源汽车规划将有助于中国把握机遇，从汽车电动化潮流中获益。

但当前中国新能源汽车发展也面临一些挑战。比如，中国的电动车充电基础设施和技术开发一直是以公共服务用车为重点，但随着私家车的需求上升，需要开发电池充电的综合解决方案，以确保汽车充电的安全性，防止对电网造成影响，并为消费者提供高水平的服务。

19.1.2 新能源汽车产业特点

1. 高投入

新能源汽车产业作为新兴产业，在发展之初一切都是不成熟的，用于研发制造的机器设备及配套设施都需要大量的投入。美国投入到新能源汽车研究与推广的费用多达700多亿美元。所以想要促进该产业良好快速地发展，必须投入大量的财力、物力和人力，才有可能实现中国汽车产业“弯道超车”的战略目标。

2．高技术

新能源汽车产业对技术要求高，并且在新能源汽车产业链里涉及了众多产业，它的研发制造又涉及了多学科，属于技术知识密集型产业。从电池的研发、电机电控系统的制造到整车的优化设计再到配套设施的建设、售后的修理和维护都需要极高的技术水平。所以，新能源汽车企业只有加大对技术的研发力度，提高对核心技术的创新能力，才可能抓住新能源汽车发展的机遇。

3．高风险

新能源汽车产业在发展的初级阶段会面临很多风险，包括市场风险、政策风险、技术风险、资源风险等。其中，市场风险又包括成本风险、市场竞争风险和消费者认知风险。技术风险又可分为技术竞争风险、技术选择风险和技术开发风险，政策风险包括政策稳定性风险和政策连续性风险。资源风险主要是指人力、物力、财力的可获得性的风险。因此，新能源汽车产业发展面临的诸多高风险决定了制定产业发展政策的必要性。通过制定有利于新能源汽车产业发展的政策，可扭转因为高风险而导致的“市场失灵”的局面，保障新能源汽车产业健康、有效的发展。

4．战略性

随着能源紧缺和环境污染问题日趋严重，发展新能源汽车产业成为解决此种困境的合理选择。世界各国不断加快新能源汽车产业化的脚步，并将其上升为战略性产业，都希望通过加速新能源汽车产业的发展来抢占战略制高点，实现产业升级，减小大气污染和能源紧缺的双重压力，赢取新的经济增长点。

19.1.3 中国新能源汽车产业发展现状

新能源汽车产业是指从事新能源汽车零部件生产和应用及整车设计与制造，提供新能源汽车相似服务的经营单位的集合。

新能源汽车产业是一个很庞杂的系统，它的产业链里包罗了与之相关的许多产业。新能源汽车产业链由上游资源、中游核心部件、下游整车产品以及配套设施四部分组成。上游原材料是制造新能源汽车的基础原料，主要包括金属锂和稀土等；中游核心部件是新能源汽车最重要的部分，主要包括电池、电机、电控的研发和制造；下游整车产品主要包括纯电动、插电式混合动力和燃料电池汽车的制造与设计；配套设施主要包括充电站、充电桩、换电站等基础设施的建设以及有关新能源汽车的售后维修、保养服务等。

中国新能源汽车产业始于21世纪初。2001年，新能源汽车研究项目被列入国家“十五”期间的“863”重大科技课题，并规划了以汽油车为起点，向氢动力车目标挺进的战略。“十一五”以来，我国提出“节能和新能源汽车”战略，政府高度关注新能源汽车的研发和产业化，形成了完整的新能源汽车研发、示范布局。在国家政策的扶持下，我国的新能源汽车产销量逐年递增，自2005年以来，我国新能源汽车的产销量呈明显上升趋势，年均增长率在30%以上，在推广新能源汽车方面有着广阔的前景。

2008 年，新能源汽车在国内已呈全面出击之势。2008 年成为我国“新能源汽车元年”。2008 年新能源汽车的销量增长主要是乘用车的增长，1～12 月新能源乘用车销售 899 台，同比增长 117%，而商用车的新能源车共销售 1536 台，1～12 月同比下滑 17%。

2009 年 1 月，财政部、科技部联合下发了《关于开展节能与新能源汽车示范推广试点工作的通知》，《通知》提出将在北京、上海等 13 个城市开展节能与新能源汽车示范推广试点工作。在密集的扶持政策出台背景下，我国新能源汽车驶入快速发展轨道。虽然新能源汽车在中国汽车市场的比重依然微乎其微，但它在中国商用车市场上的增长潜力已开始释放。相比在乘用车市场的冷遇，“新能源汽车”在中国商用车市场已开始迅猛增长。

2010 年，我国再进一步加大对新能源汽车的扶持力度，2010 年 6 月 1 日起，国家在上海、长春、深圳、杭州、合肥 5 个城市启动私人购买新能源汽车补贴试点工作。2010 年 7 月，国家将十城千辆节能与新能源汽车示范推广试点城市由 20 个增至 25 个。新能源汽车正进入全面政策扶持阶段。

“十一五”以来，我国提出“节能和新能源汽车”战略，政府高度关注新能源汽车的研发和产业化。

2011～2015 年开始进入产业化阶段，在全社会推广新能源城市客车、混合动力轿车、小型电动车。

2012 年 5 月，为加快培育发展新能源汽车，新能源汽车项目每年将获 10～20 亿元资金支持。

2012 年 4 月 18 日国务院常务会议决定争取到 2015 年，纯电动汽车和插电式混合动力汽车累计产销量达到 50 万辆，到 2020 年超过 500 万辆；2015 年当年生产的乘用车平均燃料消耗量降至每百公里 6.9 升，到 2020 年降至 5.0 升；新能源汽车、动力电池及关键零部件技术整体上达到国际先进水平。到 2025 年，中国新能源汽车年销量将达到汽车市场需求总量的 20%，自主新能源汽车市场份额达到 80%以上。

2012 年 7 月，国务院正式发布《节能与新能源汽车产业发展规划》，规划了我国未来新能源汽车将以纯电驱动为主要战略发展方向，当前应重点推进纯电动汽车和插电式混合动力汽车产业化，这为我国新能源汽车的发展提供了路径支持。

2014 年 7 月，国务院办公厅发布《关于加快新能源汽车推广应用的指导意见》，部署进一步加快新能源汽车推广应用。《指导意见》从总体要求、充电设施建设、积极引导企业创新商业模式、推动公共服务领域推广应用、进一步完善政策体系、坚决破除地方保护、加快创新能力建设、进一步加强组织领导等八个方面提出三十条具体政策措施，促进新能源汽车产业转型升级。这是政府对新能源汽车政策的一次完整阐释，为我国未来新能源汽车产业的发展提供了政策蓝图。

2014 年新能源汽车生产 78499 辆，销售 74763 辆，比上年分别增长 3.5 倍和 3.2 倍。

2015 年 10 月，国务院发布《加快电动汽车充电基础设施建设的指导意见》。《意见》提出，到 2022 年基本建成车桩相随、智能高效的充电基础设施体系，满足超过 500 万辆的电动汽车充电需求。到 2015 年年底，要达到 50 万辆。

2015 年 11 月 3 日，《中共中央关于制定国民经济和社会发展第十三个五年规划的建议》中要求实施新能源汽车推广计划，提高电动车产业化水平。这意味着新能源汽车产业迎来黄金 5 年，新能源汽车产业或将迎来爆发式的增长点。

2015年，新能源汽车的全年产量累计已达37.9万辆，其中，纯电动乘用车和插电式混合动力乘用车产量分别达14.28万辆和6.36万辆，同比增长均达3倍；对应纯电动商用车和插电式商用车累计产量分别为14.79万辆和2.46万辆。中国超过美国成为全球最大的电动汽车销售市场。

值得关注的是，中国新能源汽车的领跑者比亚迪新能源乘用车2015年总销量创下61722辆的纪录，远超日产、特斯拉等国际品牌，成为全球新能源车销量第一，占据全球市场份额11%。截至2015年底，比亚迪新能源汽车足迹遍布全球五大洲，43个不同的国家和地区，190多个不同的城市。在比亚迪新能源车销量中，秦、唐等插电式混合动力汽车销量占据86%。全球第一背后更具里程碑意义的数据是，比亚迪新能源车2015年实现的产值达到220亿元，历史上首次超过传统汽车的销售贡献（190亿元）。预计到2020年，新能源车会成为比亚迪汽车销售的绝对主力。比亚迪董事长王传福透露，比亚迪在建造新的电池生产项目。预计新的项目产能将是10GW·h，用来满足新能源汽车的生产需求。

2016～2020年，我国将进一步普及新能源汽车，多能源混合动力车、插电式电动轿车、氢燃料电池轿车将逐步进入普通家庭。充电中的比亚迪“秦”混合动力车如图19.1所示。

图19.1　充电中的比亚迪“秦”混合动力车

19.1.4　中国新能源汽车产业发展趋势及挑战

1. 我国新能源汽车产业发展趋势

（1）短期以混合动力汽车为主，纯电驱动为发展方向。从新能源汽车产业发展技术路线以及节能减排效果分析，中国新能源产业发展路径日趋明朗。近期（2010～2015年），在依靠内燃机汽车技术改进和推进车辆小型化实现降低油耗和排放的同时，尽快推进混合动力技术的应用，并发展小型纯电动汽车和插电式混合动力车；中期（2015～2020年），在混合动力技术得到广泛应用的基础上，提高汽车动力系统电气化程度，加大小型纯电动汽车和插电式混合动力汽车推广力度；中远期（2020年以后），各种纯电驱动技术将逐步占据主导地位。从未来较长一段时间来看，混合动力及插电式混合动力汽车是新能源汽车发展进程中的过渡车型，而纯电动汽车才是新能源汽车发展的终极目标之一。

（2）城市公共服务用车将继续领跑新能源汽车。目前我国新能源汽车主要在城市公共服务领域进行推广，包括公交车、出租车、环卫车以及其他推广领域（包括电力工程车、邮政车、观光车等），而私家车相对较少。随着国家政策的推进，城市公共服务用车将会继续领跑我国新能源汽车，这充分显示了我国新能源汽车的发展很大程度上是政府主导的，在政府政策的大力推动下将会得到较快发展。

（3）新能源汽车将在公务用车中占据较大份额。未来几年，随着国家政策的大力扶持，新能源公务用车市场将助推我国新能源汽车的发展。2014年7月，五部委联合公布了《政府机关及公共机构购买新能源汽车实施方案》，明确了政府机关和公共机构公务用车“新能源化”

的时间表和路线图。要求 2014—2016 年，公务车采购中新能源汽车比例不低于 30%，并且以后将逐年提高。

2. 未来我国发展新能源汽车产业面临的挑战

（1）新能源汽车市场处于培育期，消费者认可度不高。目前，我国新能源汽车主要在城市公共服务用车领域进行推广，消费者的购买意愿普遍较低。据调查显示，仅有 4.3%的用户在购车时会选择新能源汽车，而超过 70%的用户选择不会或者不确定是否购买新能源汽车，这直接反映了我国发展新能源汽车市场需求不足，消费者认可度不高。

消费者认可度不高的主要原因在于新能源汽车性能、成本以及现有基础设施不完善。调研数据显示，70%以上的消费者期望汽车的续驶里程在 300 千米以上，价格应在 10 万元左右，充电时间 2 小时左右。而以北汽的纯电动汽车 E150 为例，其续驶里程仅 150 千米，价格却高达 25 万左右，就算扣除国家最高的 12 万元补贴，其价格仍然高于多数消费者的预期。其次，目前我国新能源汽车充电设施不完善，汽车的充电时间相对较长也是多数消费者考虑不予购买的重要因素。同样以 E150 为例，它的充电时间在 8 小时左右，是多数消费者所不能接受的。因此要推动新能源汽车产业的发展，政府、企业需要双管齐下，加大研发力度，提升新能源汽车的性能，同时逐步降低新能源汽车的价格，缩短充电时间，以提高消费者的认可度。

（2）政府补贴存在金融风险。目前，我国政府主要采取财政补贴或者税收优惠的方式扶持新能源汽车的发展，但是随着我国新能源汽车规模的不断扩大，政府补贴将会持续增加，这一方面会加重政府的财政负担，另一方面也在一定程度上扭曲了市场，造成了社会福利的损失。

如果按照平均每辆新能源汽车政府补贴 10 万元，要实现到 2020 年 500 万辆新能源汽车上路的目标，需要政府补贴 5000 亿元。这个数额无疑是非常巨大的，会给政府带来沉重的负担。此外，对新能源汽车产业提供补贴只能产生“供血效应”，但不能产生“造血效应”，我国新能源汽车产业的长远发展不能仅仅依赖于政府的补贴，政府在提供补贴的过程中可以加大引入民间资本。

2016 年 4 月 29 日，财政部等四部委联合发布《关于 2016～2020 年新能源汽车推广应用财政支持政策的通知》，通知显示，2016—2020 年补贴范围扩大至全国，而且退坡速度加快，2017—2018 年的补贴在 2016 年基础上下降 20%，2019—2020 年在 2016 年基础上下降 40%。

（3）基础设施运维机制不明确，充换电设施建设缓慢。我国充换电设施利益相关主体，如国家电网、中石油、中石化、整车企业、电池企业等在充换电设施建设、运营维护上存在很大分歧，导致企业积极性不高，严重阻碍了充换电设施的建设。在充电模式上，电网企业主张采用换电模式，而车企主张采用充电模式；在建设标准上，快慢充模式也不明确，消费者希望更多地采用快充模式，但是由于快充会对电压造成一定影响，因此电网企业并不乐于采用；在政府补贴资金分配上，建设企业与运营企业存在巨大分歧等问题都亟待解决。

（4）电池技术有待新突破。我国从“十五”计划开始即提出了“三纵三横”的发展路线，将动力电池作为核心攻关项目，经过 10 多年的发展，我国自主研发了镍氢和锂离子等多个系列车用动力电池，技术水平有了很大提高，但是还存在很多问题制约我国新能源汽车的发展。

动力电池能量密度较低。我国锂离子电池的能量密度在 85～100Wh/kg，在保持传统汽车与新能源汽车等重的情况下，其续航里程仅能达到 160km 左右，远低于传统燃油汽车的续航里程。

电池使用寿命短。我国锂电池的平均使用寿命为 3～5 年或 1600 次左右，而传统燃油汽车使用寿命通常高达 10 年，这意味着电池的寿命至少要再提高一倍才能满足消费者的需求。

总体而言，随着国家对能源、环保和空气质量的日益重视，新能源汽车必将成为未来汽车发展的一大趋势。但是鉴于目前我国发展新能源汽车存在着很多的挑战，需要政府、科研机构、企业等多方参与者的共同努力。随着政府对新能源汽车出台的一系列利好政策，未来我国的新能源汽车产业必将克服各种挑战，实现长足的发展。

19.2 新能源汽车选购与维护

19.2.1 新能源汽车的选购

目前，随着新能源汽车技术的逐渐成熟和政府补贴政策的出台，新能源汽车逐渐走入寻常百姓家。购买新能源汽车，需要关注以下几点。

（1）国家和地方的补贴优惠政策。

为贯彻落实国务院关于培育战略性新兴产业和加强节能减排工作的部署和要求，中央财政安排专项资金，支持开展私人购买新能源汽车。2015 年 4 月 29 日，财政部、科技部、工业和信息化部和发展改革委联合公布了《关于 2016～2020 年新能源汽车推广应用财政支持政策的通知》，通知明确，2017～2018 年的补贴在 2016 年基础上下降 20%，2019～2020 年在 2016 年基础上下降 40%。该政策的实施期限是 2016～2020 年，四部委将根据技术进步、产业发展、推广应用规模、成本变化等因素适时调整补助政策。地方政府相应的也有补贴标准，多数地方按照国家标准 1:1 比例补助。值得指出的是，目前国家只对纯电动汽车、插电式混合动力汽车和燃料电池汽车进行购车补贴。不同地方政府的补贴也有差异，例如北京市仅对纯电动汽车进行补贴。消费者购车前应当查询清楚国家和地方政府的补贴政策和标准。另外，近期购买新能源汽车免征车辆购置税和车船税，北京和上海等地取消新能源汽车限牌政策。

例如，按照现行政策，2016 年在北京购买纯电动汽车比亚迪 e6，官方指导价 30 万元左右，除享受不限牌、不限购、不限行和免税优惠政策外，国家和地方各补贴 5.5 万共 11 万元。

（2）可选新能源车型、续航里程、价格、电池稳定性、整车做工、充电时长以及充电桩的安装。

新能源汽车市场发展很快，市面上的可选车型也越来越多。高端有特斯拉 Model S、宝马 i8 这样的产品撑场面，低端有奇瑞 eQ、江淮 iev 这样的产品打市场。比亚迪的热卖车型有纯电动 e6 和混合动力“秦”和“唐”等。根据自己的实际需求选择一款适合自己的车非常重要。作为新能源汽车，续航里程和充电问题需要重点关注。但电池也非常重要，大部分人购车时往往忽略了电动车的核心动力——电池的类型。

钴酸锂 18650 电池。代表车型：特斯拉 MODEL S。此类型电池生产技术成熟，比能量高，大约是磷酸铁锂电池的 2 倍。高温状态下的稳定性相比镍钴锰酸锂（NCM）和磷酸铁锂电池则要稍差些。

镍氢电池。代表车型有丰田 prius，福特汽车 Ford Escape，雪佛兰 Chevrolet Malibu，本田的 Honda Civic Hybrid 等。此类型电池最大的优点是安全性好，但是相对于锂电池，其比容量低，体积大。

磷酸铁锂电池。代表车型有比亚迪 e6、比亚迪秦、比亚迪唐等。磷酸铁锂电池的热稳定性是目前车用锂电池中最好的，但其能量密度较三元锂电池仍有不小的差距。磷酸铁锂电池最大的痛点在于低温下的充电问题，当温度低于−5℃时充电效率较低，更低的温度还会影响电池的电容，因此不适合北方车主在冬天的充电需求。这可能也是比亚迪混动车型宋和元暂时改用三元锂电池的原因。

三元锂电池，是指正极材料使用锂镍钴锰三元正极材料的锂电池。代表车型有雪佛兰沃蓝达 Volt，比亚迪宋、比亚迪元，预计长城汽车也将在第一辆混动车上使用三元锂电池。它相对于钴酸锂电池安全性高，但是电压太低。能量密度介于磷酸铁锂电池和钴酸锂 18650 电池之间，热稳定性不如磷酸铁锂电池，使用寿命上相对较短。

石墨烯电池，即在锂电池内添加石墨烯，可以帮助锂电池降低产能时的热量，达到减少能量损失的目的，最终避免大量能量被浪费，同时也能减少热量对电池的损害，提高电池的使用寿命。石墨烯电池的普及将会是电动汽车的飞跃，一旦石墨烯电池应用到电动汽车上，对整个汽车行业将是颠覆性的改变。

19.2.2 新能源汽车的维护

新能源汽车与传统的内燃机汽车相比，提供动力的是动力电池，电气系统更为复杂。因此，科学维护保养车辆电力系统，无疑能够延长车辆使用寿命。

1. 正确掌握充电时间

提出新车后必须及时补充电能，保持电池在充满状态。在使用过程中，要根据实际情况准确把握充电时间，参考平时使用频率及行驶里程，自我把握充电时间。正常行驶时，如果电量表指示红灯和黄灯亮了，就应该去充电；如果只剩下红灯亮，应停止运行，尽快充电，过度放电会缩短电池寿命。充电时间不宜过长，否则会形成过度充电，使车辆电池发热。过度充电、过度放电和充电不足都会缩短电池使用寿命。在充电过程中，电池温度超过 65℃，应停止充电。

2. 保护好充电器

新能源汽车使用说明书上都有关于保护充电器的说明。很多用户没有认真阅读说明书的习惯，往往出了问题才想起找说明书看。另外，需要注意的就是充电时要保持充电器的通风，否则既影响充电器的寿命，还可能发生热漂移影响充电，对电池形成损伤。

3. 定期深放电

电池定期进行一次深放电也有利于“活化”电池，此举可以略微提升电池的容量。电池经过第一次欠压保护之后，经过一段时间后电压还会上升，又恢复到非欠压状态，这时候如果再使用电池，对电池的伤害很大。在完成完全放电之后，对电池进行完全充电，会感觉电池容量有所提升。

4. 保持电能充足

新能源汽车在日常使用中，要保持电池的足电状态，控制好车速，最佳行驶里程为最长行驶里程的 1/3～2/3。如果每天行驶 10～20km，则最好每两天补充电能一次；如日行驶大于 50km，则应该当天就进行电能补充，使电池长期处于“吃饱状态”。用完了闲置几天再充电，极易出现硫化，电池容量下降。

5. 避免充电时插头发热

电源插头或充电器输出插头松动、接触面氧化等现象都会导致插头发热，发热时间过长会使插头短路或接触不良，损害充电器和电池，带来不必要的损失。当发现上述情况时，应及时清除氧化物或更换接插件。

6. 严禁存放时亏电

车辆蓄电池在存放时严禁处于亏电状态。亏电状态是指电池使用后没有及时充电。在亏电状态下存放电池，很容易出现硫酸盐化，硫酸铅结晶物附着在极板上，会堵塞电离子通道，造成充电不足，电池容量下降。新能源汽车的电池需充足电后储存，并每月补充电一次，保持电池健康状态，避免长期亏电导致电池极板硫酸盐化亏电状态，车辆闲置时间越长，电池损坏越重。

7. 避免大电流放电

新能源汽车在起步时，要均匀加速，尽量避免猛踩油门，形成瞬间大电流放电。大电流放电容易导致产生硫酸铅结晶，进而损害电池极板的物理性能。蓄电池不能放置在密封的容器内，不要接近明火，不要将蓄电池抛入火中或浸没在水中，严禁在阳光下直接暴晒。停车时一定要关闭车内所有电源。

8. 电动汽车的清洗

电动车的清洗应按照正常洗车方法，清洗过程中要注意避免水流入车内充电插座，避免车身线路短路。在下列情况下，将引起油漆层的剥落或导致车身和零部件腐蚀，最好马上清洗车辆。在沿海公路行驶时；在撒有大粒咸盐（融化冰雪）的路面上行驶时；沾有油脂等杂物时；空气里含有大量灰尘、铁屑或化学物质的地区内行驶时。

9. 定期检查

在使用新能源汽车的过程中，要定期检查各处电器件，保证不进水、无灰尘。如果电动车的续行里程在短时间内突然大幅度下降十几千米，则很有可能是电池组中至少有一块电池出现问题。车主要及时到代理商维修部进行检查、修复或配组，延长电池组的寿命，最大程度地节省日后维修车辆的开支。

新能源汽车应避免放在氛围潮湿、温度过高或有腐蚀性气体的场所，还要注意烈日暴晒和雨淋。

使用新能源汽车可以大大节省短途出行的成本、节约能源、降低环境污染。可以预期，新能源汽车将会越来越常见，其性能也将越来越完善，未来必将是新能源汽车的世界。

参考文献

[1] 李松龄. 汽车构造[M]. 北京：知识产权出版社，2010.

[2] 罗灯明，段兴华. 汽车构造（上册）——发动机构造[M]. 北京：北京大学出版社，2010.

[3] 常明. 汽车底盘构造[M]. 北京：北京理工大学出版社，2012.

[4] 赵福堂. 汽车电器设备与维修[M]. 北京：中央广播电视大学出版社，2014.

[5] 张克明，白有俊. 汽车维护与保养[M]. 北京：机械工业出版社，2015.

[6] 盛娇，宋波建. 汽车维护[M]. 北京：机械工业出版社，2015.

[7] 蒋浩丰，文爱明. 汽车使用与维护[M]. 北京：清华大学出版社，2014.

[8] 郭建栋. 柴油发动机高压共轨系统原理与故障检修[M]. 北京：机械工业出版社，2012.

[9] 苏铁熊，蔚庆国，李铁. 汽车发动机构造及原理[M]. 北京：人民邮电出版社，2015.

[10] 颜伏伍. 汽车发动机原理. 2 版[M]. 北京：人民交通出版社，2014.

[11] 李春明. 汽车发动机电控燃油喷射技术[M]. 北京：国防工业出版社，2009.

[12] 刘汉涛. 汽车底盘构造与原理精解[M]. 北京：机械工业出版社，2014.

[13] 童敏用，孟杰. 汽车底盘构造[M]. 北京：科学出版社，2009.

[14] 王宏宇，房永，等. 汽车自动变速器原理与开发[M]. 北京：机械工业出版社，2014.

[15] 石美玉，纪峻岭. 汽车制造工艺学[M]. 北京：人民交通出版社，2014.

[16] 钟诗清. 汽车制造工艺学[M]. 广州：华南理工大学出版社，2011.

[17] 韩英淳，王宝玺. 汽车制造工艺学. 2 版[M]. 北京：人民交通出版社，2013.

[18] 谢永东. 汽车制造工艺基础. 2 版[M]. 北京：机械工业出版社，2014.

[19] 赵桂范，杨娜. 汽车制造工艺. 2 版[M]. 北京：北京大学出版社，2013.

[20] 杨沿平. 中国汽车节能思考[M]. 北京：机械工业出版社，2010.

[21] 李林. 一看就懂的 500 项汽车构造原理[M]. 北京：机械工业出版社，2014.

[22] 李明惠，谢少芳. 汽车应用材料[M]. 北京：机械工业出版社，2015.

[23] 朱春龙，旋艳静. 汽车材料[M]. 沈阳：东北大学出版社，2013.

[24] 黄志杰. 塑料在汽车上的应用现状及发展趋势[J]. 汽车工艺与材料，2008（1）：61-63.

[25] 林振青. 塑料在汽车上的应用及对我国发展汽车用塑料的建议[J]. 塑料工业，1991（1）：7-11.

[26] 朱芝培. 国内外汽车用塑料的现状和展望[J]. 化工新型材料，2001（2）：35-37.

[27] 吴德峰，徐鼐，史铁钧. 塑料在汽车工业中的应用[J]. 塑料科技，2001（4）：34-36.

[28] 王清国. 车用塑料材料应用概况及发展趋势[J]. 国外塑料，2005，23（11）：42-50.

[29] 于清溪. 橡胶-弹性体在汽车上的应用[J]. 橡塑技术与装备，2011(9)：5-18.

[30] 姚斌. 汽车用塑料的开发应用[J]. 现代塑料加工应用，2004，16（5）：34-37.

[31] 符锡仁. 汽车用陶瓷材料[J]. 汽车工艺与材料，1992（9）：34-36.

[32] 吴玉宏. 陶瓷材料在汽车上的应用[J]. 民营科技，2012（3）: 59.
[33] 李建秋，赵六奇，韩晓东，等. 汽车电子学教程[M]. 北京: 清华大学出版社，2006.
[34] 赵福堂. 汽车电器与电子设备. 2 版[M]. 北京: 北京理工大学出版社，2008.
[35] 韩进玉，张永. 汽车电子技术[M]. 北京: 水利水电出版社，2011.
[36] 王绍銚. 汽车电子学. 2 版[M]. 北京: 清华大学出版社，2011.
[37] 凌永成，于京诺. 汽车电子控制技术. 2 版[M]. 北京: 北京大学出版社，2006.
[38] 藏杰. 新能源汽车[M]. 北京: 机械工业出版社，2013.
[39] 崔胜民，韩家军. 新能源汽车概论[M]. 北京: 北京大学出版社，2011.
[40] 李瑞明. 新能源汽车技术[M]. 北京: 电子工业出版社，2014.
[41] 石川宪二. 新能源汽车技术及其未来[M]. 北京: 科学出版社，2012.
[42] 陈新，潘天堂. 新能源汽车[M]. 北京: 化学工业出版社，2015.
[43] 崔胜民. 新能源汽车技术. 2 版[M]. 北京: 北京大学出版社，2014.
[44] 旋艳静，钟海，刘钟. 新能源汽车概论[M]. 沈阳: 东北大学出版社，2013.
[45] 王震坡. 电动汽车原理与应用技术[M]. 北京: 机械工业出版社，2014.
[46] 中国汽车技术研究中心. 新能源汽车蓝皮书: 中国新能源汽车产业发展报告（2015）. 北京: 社会科学文献出版社，2015.
[47] 钟志华. 节能与新能源汽车产业培育与发展研究报告. 北京: 科学出版社，2015.
[48] 新华社瞭望智库. 新能源汽车产业蓝皮书: 中国新能源汽车产业调研报告 2016. 北京: 新华出版社，2016.